Über dieses Buch:

Die *unio mystica* als Lebensprogramm ist ein uraltes Modell der universalen Seelenheilkunde. Es hat eine jahrtausendealte Vorgeschichte, denn sein Ursprung liegt womöglich im frühen Zeitalter - in der östlichen Weisheitstradition, die heute wieder entdeckt wird.

Es geht aber in erster Linie um praktische Übungen, die jeder ohne Vorkenntnisse leicht durchführen kann, um den Sinn seines Lebens zu enträtseln. Es ist ein Praxis- und Übungsbuch, um auf überkonfessionelle Weise das Göttliche-Wunder (= *theomagica*) an sich selbst zu empfinden.

Wie ein guter Seelenarzt wird dieses Buch beraten - nicht diktieren. Die grundlegende Philosophie der mystisch-seelischen Beratung hat in den letzten Jahren (unter dem Einfluß der Fraktal-Geometrie und Chaosforschung) gewaltige Fortschritte gemacht. Daraus ergibt sich die Entwicklung von Techniken und Verfahrensweisen, die man der alten verstaubten Theologie kaum zutraute.

Die Strukturierung des Buches ist dergestalt, daß die anfänglichen 64 Abschnitte auch als ein abendländisches I-Ging Buch verwendet werden können. Man verfahre nach den gleichen Prinzipien des I-Ging Buches, um die gesuchte Zahl (Kapitel Nr.) des Textabschnittes festzustellen, und dann lese man eben diesen Abschnitt (= Kapitel) andächtig nach. Durch Nachsinnen über das Gelesene wird Dir ein Licht aufgehen; und in diesem Lichte findest Du womöglich auch die Entscheidung, die Dir weiterhilft aus der Dich bedrückenden Probleme-Konstellation. Versuche, dieses Buch nicht als einen toten Gegenstand, sondern als einen lebenden Freund, der auch mit Dir reden kann, zu betrachten. Der dankbare Leser wird es dann zu schätzen wissen.

Parallel zu der "Amtskirche" in einer jeden Religion existiert eine selten wahrnehmbare "Geistkirche". Die Theologie der Geistkirche ist nicht Dogma, sondern eben *theomagica* = eine aus dem Ur-Göttlichen stammende Zauberkraft. Eine Spiritualität, die sich überall bewährt, sei es im Büro, an der Börse oder im Bürgerkrieg, wäre die geeignete für die zum komplizierten Großstadtleben verdammte Mehrheit unserer Leser. Und da dieses Leserpublikum sich im christozentrischen Milieu am leichtesten zurechtfinden würde, ist das Buch ebenso gestaltet. Im Prinzip jedoch ist die Konfessionszugehörigkeit bzw. -nichtzugehörigkeit nicht primär. An den Früchten sollten wir sie ja erkennen.

Wir ersparen uns, in einer so sektenreichen Zeit eine Sekte mehr vom Stapel laufen zu lassen. Somit erübrigt sich auch, auf unsachliche Vermutungen näher einzugehen.

Bei aller Praxisnähe kann man eine solche Enzyklopädie der Mystik nicht so ganz ohne wissenschaftliches Beiwerk darlegen. Erst recht nicht dann, wenn es zugleich ein Meilenstein der vergleichenden Religionsphilosophie als auch der tiefenpsychologisch geprägten Theologie ist. Obschon das vorliegende Werk für Kenner gedacht ist, wird auch der Laie davon profitieren - wenn man doch nur reinen Herzens dem Buche naht.

In der Tat:

ein **Lehrbuch für spirituelle Psychotherapie.**

Dr. P. J. Saher

UNIO MYSTICA THEOMAGICA

- Universale Seelenheilkunde -

(Lehrbuch für spirituelle Psychotherapie)

ISBN 3-89478-090-8

Alleinvertrieb für die deutsche Ausgabe
EWERTVERLAG GmbH
Mühlentannen 14 - 49762 Lathen (Ems)
Tel: 05933 92620 - Fax: 05933 92621

Der Kommende

(Eine der heiligsten Ikonen aus Odessa - jetzt in Köln; zeigt in visionärer Vorausschau den Meister, der einst im Wassermannzeitalter als Retter-des-Lichtes zu uns kommen wird. Die Strahlung dieser Ikone macht das Unsichtbare in deiner Umgebung sichtbar.)

Dr. P. J. Saher

UNIO MYSTICA THEOMAGICA

- Universale Seelenheilkunde -

[Lehrbuch für spirituelle Psychotherapie]

EWERTVERLAG

"Damit ist es selbstverständlich, daß den größten (psychotherapeutischen) Erfolg nicht Nervenärzte, sondern ... Seelenführer gehabt haben.

Um Beispiele zu nennen: die so gewaltig erfolgreichen *exercitia spiritualia* des Ignatius von Loyola (a fortiori) eine außerordentliche Wirkung haben die Jogatechnik und die Meditationsübungen von Buddhisten; wie die Heilungen in Lourdes ..."

Karl Jaspers, *Allgemeine Psychopathologie,*
9. Aufl., S. 674, Heidelberg, 1973.

L e h r b u c h

der

SPIRITUELLEN PSYCHOTHERAPIE

UNIO MYSTICA THEOMAGICA

(= Universale Seelenheilkunde)

- Praktische Wege zum Galaktischen Bewußtsein
aus der Urweisheit Lemurias -

Auf der Basis einer Übersetzung aus dem Mittelenglischen

von

Teil I = " C l o u d o f U n k n o w i n g "

(= die Urweisheit der Gnostiker)

Teil II = " E p i s t l e o f P r i v y C o u n s e l i n g "

(Heilwerden durch Innenschau)

bearbeitet mit erklärendem Kommentar.

(Ein Lehrbuch für spirituelle Psychotherapie)

von

P. J. SAHER

Gewidmet: der indischen Nobelpreisträgerin

M U T T E R T E R E S A
(1910 -)

die so vorbildlich in die Fußstapfen Mahatma Gandhis trat, um den Weg der Liebe weiterhin zu beleuchten.

- Dominus illuminatio mea -

VORWORT

Mystik ist die bewußte oder unbewußte Gewohnheit, offen zu werden gegenüber unbeschreiblichen Impulsen aus welcher Quelle auch immer, die man für so heilig hält, daß man bereit ist, alles andere zu opfern für die Gelegenheit, entweder mit ihr in Kontakt zu kommen oder durch die Bande der Verehrung mit ihr in Kontakt zu bleiben; und dieser Kontakt bringt ein so intensives Glück hervor, daß man damit unfähig wird zu Gedanken, Worten oder Taten, die in der ethischen Tradition der Menschheit gemäß gängiger Lehre als schlecht gelten.

- Saher

Saher ist ein Philosoph, der - wie es oft bei Genies der Fall ist - Integration sucht. Integration bedeutet hier Einbezug jener Faktoren, die uns befähigen, eine Sache in ihrer Gesamtheit in uns aufzunehmen. Das bedeutet, auf die moderne Wissenschaft bezogen, oft auch den Einbezug der spirituellen Dimension. Zum Beispiel ist man allgemein immer noch der Überzeugung, der Westen lege besonderen Nachdruck auf die Funktion des Rationalen. In den letzten Jahrzehnten jedoch bahnte sich eine entscheidende Veränderung an. Diese steht im wechselseitigen Verhältnis zu einer beginnenden Wende im Osten zu Ratio und Technik hin. Daraus wird deutlich, daß Osten und Westen keineswegs Gegensätze sind, sondern *Entsprechungen.* Diese Unterscheidung ist von Bedeutung, denn sie bietet die Grundlage für eine Begegnung zwischen Ost und West. Gegensätze sind feindliche Elemente auf beiden Seiten, während Entsprechungen einander ergänzen. Daher kann eine echte Begegnung nur dort stattfinden, wo es eine Entsprechung zwischen den sich begegnenden Elementen gibt, wo sie einander ergänzende Pole sind. Das gilt für den Osten und den Westen in der Mystik mehr als in allen anderen Bereichen.

Heute dämmert im Westen ein neues Bewußtsein herauf. Oder besser, ein Bewußtsein neuer Art, das auf ein Erwachen hinsteuert, ein Bewußtsein, das heute im Westen Erkenntnisse ermöglicht, mit deren Hilfe die Realität in völlig neuer Weise wahrgenommen werden kann. Es läßt sich vermuten, daß in gleichem Maße - und es gibt dafür Zeugen in Indien, zum Beispiel Sri Aurobindo - auch heute in Asien ein neues Bewußtsein entsteht, das in der Notwendigkeit und dem Willen begründet ist, Technologie und Industrialisierung zu integrieren. Es wäre ein schwerwiegender Fehler, Saher nur für einen großen Philosophen zu halten, der sich darauf beschränkt, das gute Werk der Verständigung zwischen Osten und Westen, das von Max Müller, Radhakrishnan und anderen begonnen wurde, lediglich fortzusetzen. So wie Aurobindo ist er der lebende Beweis für dieses neue (vollständige) Bewußtsein, in dessen Aufdämmern die Menschheit derzeit lebt. Es ist das gewisse Etwas, das Teilhard de Chardin, weil er keinen besseren Namen fand, als "Übermensch" bezeichnet. Das Etikett "Übermensch" kann leicht gründlich mißverstanden werden. Ich möchte daher genauer erklären, was ich meine. Evolution ist der Fortschritt der Menschheit zu einer höheren Form des Bewußtseins. Dieses höhere Bewußtsein geht über das Verständnis derer hinaus, bei denen es sich noch in einem potentiellen Stadium befindet. So erwecken Menschen, bei denen sich dieses höhere Bewußtsein entwickelt hat, den Anschein, derart ungewöhnliche Fähigkeiten zu besitzen, daß sogar das Wort Genie unzureichend ist, um ihnen gerecht zu werden. Wir haben im Osten und Westen Beispiele für solch wunderbare Ereignisse. Nehmen wir den Fall von Srinivasan Alyangar (1887-1920). Mit fünfzehn Jahren wurde er, als er in Madras ein Buch mit dem Titel A *Synopsis of Elementary Results in Pure and Applied Mathematics* aus der Stadtbücherei holte, plötzlich durch das neue (integrierte) Bewußtsein erleuchtet. Mühelos konnte er die sechstausend mathematischen Gleichungen in diesem Buch lösen. 1913 lernte er den Mathematikprofessor G. H. Hardy aus Cambridge kennen, der ihn nach England einlud. Später wurde er Fellow der Royal Society und erhielt am Trinity College den Lehrstuhl für Mathematik. Seine Leistungen auf diesem Gebiet waren so überwältigend, daß intellektuelle Anstrengungen allein dafür nicht ausgereicht hätten. Ein höheres Bewußtsein benutzte ihn als Instrument.

Dann haben wir in den Vereinigten Staaten den Fall von Edgar Cayce, der 1945 starb. Ohne medizinische Kenntnisse konnte Cayce, wenn er in Trance war, alle Krankheiten diagnostizieren und die richtige Therapie verordnen. Um den Verdacht abzuwenden, ein Schwindler zu sein, mußte er sich vor der American Medical Association und den Bundesbehörden einer Untersuchung unterziehen - und wurde freigesprochen. Er erhielt sogar die Erlaubnis, ohne medizinische Ausbildung zu praktizieren!

Aus der Korrespondenz von Dr. Samuel Johnson und Voltaire ist uns der Fall Boskowitsch (1711-87) bekannt, ebenfalls Fellow der Royal Society (26. Juni 1760). Auch er hatte das neue Bewußtsein erlangt, so wie es im Laufe der Evolution eines Tages der gesamten Menschheit zuteil werden wird. Boskowitsch sah nicht nur moderne wissenschaftliche Entdeckungen voraus (insbesondere Max Plancks Quanten- und Einsteins Relativitätstheorie), sondern auch die Erkenntnisse kommender Jahrzehnte. Die Wissenschaft ist noch nicht so weit, um alle diese Theorien zu überprüfen. Demzufolge ist ein Übermensch nichts anderes als jemand, in welchem dieses neue (integrierte) Bewußtsein vor der Zeit hervorgebrochen ist; er ist ein Bote, der uns mitteilen soll, was die Evolution für uns vorgesehen hat.

Ich habe an den genannten Beispielen gezeigt, daß ein Übermensch (in diesem legitimen Sinn des Wortes) an jedem beliebigen Ort geboren sein kann: in Asien, Amerika und Europa. Man kann vermuten, daß Asien und der Westen einander in der Erweckung dieses neuen Bewußtseins beistehen werden. Aus der Sicht des Menschen gesehen, kann nur dieses neue Bewußtsein den Fortbestand der Menschheit garantieren.

Der ehemalige indische Ministerpräsident Nehru sagte in diesem Zusammenhang: "Der Denkprozeß muß verändert werden." Und dieser Prozeß, so meinen wir, bedeutet, was hier Bildung des neuen Bewußtseins genannt worden ist. Denn ohne ein neues Bewußtsein als Basis ist eine neue Denkweise, ein Umdenken nicht möglich.

Dieses neue Bewußtsein, das a-rational, noch besser para-rational (und daher integriert) ist und somit über die Wertigkeiten des Bewußtseins des nur Vorrationalen-Irrationalen sowie des Rationalen hinausreicht, tritt heute nicht nur in der Kernphysik des Westens zutage. Um wirklich Nutzen zu bringen, muß es in allen Lebensbereichen spürbar sein. Das ist der Fall: im täglichen Leben ebenso wie in der Kunst, in der bahnbrechenden neuen Denkweise der christlichen Theologien und vielleicht auch in der spirituellen Dimension, um deren Verwirklichung sich die westliche Wissenschaft heute bemüht. Wir dürfen hier aber betonen, daß unser Bezug auf östliche Begriffe, wie auch immer sie genannt werden mögen, einen Versuch darstellt, den spirituellen Höhepunkt der Entdeckungen der westlichen Wissenschaft zu erklären. Da allgemein bekannt ist, daß diese Entdeckungen von herausragenden Wissenschaftlern Asiens weitergeführt wurden, wird nun Asiens großer Beitrag zur Nuklearphysik erwähnt, vor allem das Werk des Physikers und Botanikers Jagdish Chandra Bose, der durch seine Versuche nachgewiesen hat, daß die dualistische Interpretation der Natur als einerseits organisch und andererseits anorganisch unhaltbar ist.

Aus diesem Bezug auf östliche Begriffe soll nicht unbedingt zu folgern sein, daß die westliche Wissenschaft die östliche Denkweise übernehmen wird. Es gibt immer die Möglichkeit einer gegenseitigen Verständigung und Befruchtung. Doch sollten wir nicht vergessen, was einer solchen Interpretation entgegensteht. Die östliche Denkweise neigt zu 'weder - noch', ergänzt damit das westliche 'entweder - oder' und ist insofern genauso unzureichend.

Die *UNIO MYSTICA* ist Fülle und Leere zugleich, wobei Leere nicht unbedingt das Nichts sein muß. Der Westen kann sich dieser Bedeutung von *nirvana* als Ergebnis seiner Forschung in der Kernphysik bewußt werden.

Das 'entweder - oder' gehört zum rationalen Verstandesbereich - zu der streng dualistischen Differenzierung. Das 'sowohl als auch' gehört zum mythisch-irrationalen Bereich, in welchem die Polarität von entscheidender Bedeutung ist, nicht die Gegensätze. Es stellt sich daher die Frage, ob die Wahrnehmung der Existenz beider Bereiche - des Irrationalen wie auch des Rationalen - nicht schon an sich ein Schritt ist hin zu etwas, das als Supra-Rationalität definiert werden kann. Das macht die spirituelle Dimension der Wissenschaft zum ersten Mal deutlich. Noch deutlicher tritt diese spirituelle Dimension der Wissenschaft in Sahers Werken über die wissenschaftliche Forschung zutage. Insofern ist sie in der Tat eine *UNIO MYSTICA THEOMAGICA*.

Die neue Orientierung der westlichen Wissenschaft und die Mystik, wie sie an den eben genannten Beispielen erläutert wurde, sind vielleicht ein entscheidender Beitrag des Westens zu einer Förderung der Begegnung zwischen Ost und West.

Die spirituelle Dimension der Wissenschaft, die bislang fast unbemerkt geblieben ist, gibt Aufschlüsse über das neue Bewußtsein, das heute im Entstehen begriffen ist. Was sie bietet, ist vielleicht der bedeutendste Beitrag der christlichen Mystik zur Erweiterung dieses neuen Bewußtseins unter den Menschen.

In unserer Zeit könnten sich Sahers Werke als unentbehrlich erweisen bei dem Versuch, das unterdrückte individuelle und dem persönlichen Wachstum förderliche Element in der Suche des Menschen nach einem Verständnis seiner selbst zutagezufördern und auf eine gesunde Basis zu stellen.

Dieses Buch ist eine ungewöhnliche eingängige und mitreißende Darstellung der christlichen Auffassung und Auseinandersetzung mit diesem Thema. In ihm spiegelt sich, wie auch in den früheren Werken des Autors, seine tiefe Sorge um den Menschen, sein Wissen und seine Weisheit und jene Erfahrung, die nur mit der persönlichen Aktualisierung der Essenz aller *philosophia perennis* ans Licht kommt.

Research Association
London University

Prof. Georg Feuerstein
(Dekan der Fakultät)

VORBEMERKUNGEN

(des allgemein bekannten Fernsehautors
Clive Cussler zum Buch und zu der
Bibliothek von Alexandrien)

"Die Bibliothek von Alexandria gab es *tatsächlich*. Wenn sie von Kriegen und religiösen Eiferern unberührt geblieben wäre, hätte sie uns nicht nur Wissen über das ägyptische, das griechische und das römische Reich vermittelt, sondern auch über die wenig bekannten Zivilisationen, die, weit entfernt von den Küsten des Mittelmeeres, blühten und schließlich *versanken*. (Gemeint ist hier mitunter womöglich auch *Lemuria*.)

Im Jahre 391 n. Chr. befahl der christliche Kaiser Theodius (346-395 n. Chr.; von der Kirche auch mit dem Beinamen "den Großen" geziert wegen seiner Heidenverfolgungen), alle Bücher und Kunstwerke, die auch nur im entferntesten heidnische Themen und Motive zum Inhalt hatten, zu verbrennen und zu zerstören. Darunter befanden sich auch die Werke der unsterblichen griechischen Philosophen.

Man nimmt an, daß ein großer Teil der Sammlung im geheimen gerettet und versteckt worden ist. Was aus der Bibliothek wurde oder wo dieses Versteck liegt, ist auch sechzehn Jahrhunderte danach noch ein Rätsel."

(Courtsey/Goldmann)

Einen Teil solcher geretteten Schriften möge der dankbare Leser in diesem Buch finden; ein unverzichtbarer Teil unseres morgenländischen Vermächtnisses.

Das fünfsilbige Mantram für die
Einweihung in die Geheimnisse
dieses Buches lautet:

1	2	3	4	5
ga	**ne**	**sha**	**ya**	**namh**

(siehe hierzu Kurzerklärung auf Seite 443)

ZUM GELEIT

WIE DAS BUCH ENTSTAND

(Studien zu Quellen der Vorgeschichte dieses Werkes)

"Die Botschaft der Mystik
besitzt universellen Charakter."

René Bütler,

Die Mystik der Welt, Bern 1994

Dies ist kein gewöhnliches Buch! Deshalb soll der Leser (bzw. Käufer) von vornherein darüber im klaren sein, worauf er sich einläßt, wenn er oder sie sich dieses Buch aneignen soll.

Um den Inhalt des Buches in ein paar Sätzen zu erfahren, ist es unerläßlich, die Entstehungsgeschichte dieses Buches (die immerhin so spannend wie ein Krimi ist) in Gesamtschau zu kennen.

Johannes Scot(tus) ERIUGENA aus Irland (810 - 877) hatte einmal eine hochesoterische Schrift (= *Mss.*) in die Hand bekommen, die arabische Seefahrer bei den Klippen von Athos gefunden und nach Irland gebracht hatten.[1)] Er erwarb die griechisch geschriebene Schrift und übersetzte sie ins Lateinische, worauf er prompt ermordet wurde (so ähnlich wie in dem Thriller *Name der Rose*).[2)] Denn diese Geheimschrift sollte nicht gelesen werden, obgleich damals sowieso nur wenige Menschen lateinische Bücher lasen. Die griechische Vorlage zu dieser Latein-Übersetzung stammte von einem Autor, der sich "Dionysios" nannte, um zu verschleiern, daß er eben *nicht* so hieß; er wollte seine wahre Identität nicht preisgeben.

Auch für ihn wäre das zu gefährlich gewesen. Heute wissen wir, daß es Philon von Alexandrien (20 v. bis 54 n. Chr.)[3)] war, der diese griechische Übersetzung einiger altägyptischer Isis-Papyri aus der weltberühmten Bibliothek zu Alexandrien anfertigte.[4)] Der Papyrus trägt das Siegel der ägyptischen Prinzessin, die Kambyses (um 525 v. Chr.) heiratete, als er als Eroberer nach Ägypten kam. Die Pharaonentochter erhielt von Kambyses als Versöhnungsgeschenk (als Gegenleistung für ganz Ägyten!!) das altpersische Fragment eines heute verlorengegangenen Gesangs ("Gatha" = Lied), verfaßt von Zarathustra selbst.[5)] So ein Kleinod ließ die hochgebildete Königstochter von einer Kommission übersetzen, die aus 72 Sprachgelehrten bestand. Die so aus dem Awesta ins Altägyptische übersetzte Schrift erhielt fortan den Titel: *Briefe aus der Wolke* (d. h. = Unterweisungen vom Himmel).

Das Wesentliche in dem verlorengegangenen Fragment war, daß Zarathustra darin erzählte, weshalb er die lemurianische Legenden-Lehre uns in Gesangform wiedergegeben hat. Er war angetan, sagt er, von der Absicht, den Menschen einen Weg zum Licht zu offenbaren, der keinerlei Gelehrsamkeit abverlangte, sondern nur praktische Übungen enthielt.[6)] Zweitens war er auch angetan von dem lemurianischen Urtext, weil dieser auch den alltäglichen Kummer der einfachen Menschen berücksichtigte. So z. B., ob jemand sich von irgend jemand trennen oder nach einem bestimmten Heilmittel für sein Leiden suchen oder eine andere Beschäftigung aussuchen soll oder nicht und ähnliches mehr; also die Wehwehchen von Otto Normalverbraucher. Also die Anwendung hochspiritueller Weisheit für die Bewältigung von Alltagssorgen.

Somit ist dieser Text in zweifacher Weise ein Juwel. Er führt dich zu Gott und hilft dir, dein Leben zu meistern.[7)]

Also resümieren wir:
Zarathustra entdeckt die Urschrift in den Gebirgen Ost-Irans, nicht weit von dort, wo die Arche Noah von russischen Wissenschaftlern entdeckt bzw. vermutet sein soll. Er setzt das Manuskript in Versform als Gesang in Awesta-Sprache, und als solches wird es berühmt am Hofe der Achämeniden.[8)] Der achämenidische König Kambyses bringt es nach Ägypten als Mitgift für die Pharaonentochter, die es in ihre Landessprache übersetzen läßt, und später findet man es wieder in der weltberühmten Bibliothek zu Alexandrien. Dort wird

es von Philon, dem maßgeblichsten Gelehrten seiner Zeit, wieder entdeckt. Philon war nicht nur der vermögendste Kaufmann seiner Zeit (römische Kaiser zählten zu seinen Kunden), sondern auch einer der schlauesten Köpfe der Weltgeschichte und ein außerordentlich hochstehender Eingeweihter der Hellenistischen Mysterien von Eleusis. Obwohl von Hause aus Jude und großer Kenner der Kabbala als auch der beiden Testamente der Bibel, beherrschte er die griechische Sprache wie kein Zweiter. Zumal er das griechische Kulturgut ganz innig liebte.

Dieser mit einem fast visionären Weitblick begabte Mann konnte wie ein Prophet in die Zukunft schauen, und ihm wurde dabei klar, daß die nächste Zukunft dem Christentum gehörte.[9)] Es war ihm klar, daß er die von ihm entdeckte und von Weisheit berstende esoterische Schrift für die Nachwelt nur dann retten konnte, wenn er sie geschickt verschlüsselte und christozentrisch einkleidete, um nirgends Anstoß zu erregen.

Somit wurden die Schlüsselpositionen im Text äußerst geringfügig, aber äußerst sinngemäß ausgewechselt bzw. personifiziert. So z. B. erscheint nun anstelle des weiblichen Prinzips (das im Urtext von der Isis symbolisiert wird) die Gottesmutter Maria; anstelle des Lichtprinzips von Mithras der Sonnenchristus oder Christus als die Sonne, und ähnliches mehr. Nirgendwo wird der Sinn entstellt, lediglich wird Christus und all das, was damit zusammenhängt, inklusive die Engel und auch die Kirche als Braut Christi, glorifiziert.

Für die damalige Zeit war es überhaupt nichts Außergewöhnliches, esoterische Texte der herrschenden Religion ein- oder unterzuordnen. Noch heute wird der Geburtstag Mithras' als Weihnachtsfest ohne jegliches Übelwollen gefeiert.

Philon tat das, was jeder andere in seinem Zeitalter auch getan hätte; er tat es nur ehrfürchtiger, wohlwollender und sinnvoller, wie es sich einem guten Christen geziemt. Trotz all dem blieb er vorsichtig.

Die so leicht und oberflächlich verarztete Schrift wäre dennoch vor Aufdekkung nicht sicher. Somit versetzte er das alles in eine durch Wortspiele nicht leicht lesbare griechische Übersetzung; ein Gewinn nur für Kenner bzw. Eingeweihte.[10)] Und so blieb es jahrhundertelang.

Um eine Nummer sicher zu gehen, gab er sich für diese Schrift den Künstlernamen Dionysios, um eine fromme Verwechslung mit dem Dionysios der

Apostelgeschichte bewußt, jedoch nicht betrügerisch zu veranlassen. Es gelang. Fast tausend Jahre lang blieb die Schrift unangefochten, weil man vermutete, daß der Autor der über allen Zweifel erhabene Dionysios der Apostelgeschichte sei; zumal die kirchliche Hierarchie hier fast schmeichelhaft mit der Engelshierarchie gleichgestellt wird. Und wer liest so etwas nicht gern![11)] Trotzdem blieb die Schrift zwar hoch verehrt, jedoch kaum gelesen, da der Zugang zum Griechischen im damaligen Abendland unter Christen gewisse Probleme verursachte.

Um so eifriger wurde der Text von arabischen Ärzten gelesen, übersetzt und gewinnbringend verwendet. Eine arabische Anfertigung des griechischen Textes kam auf Handelswegen via Athos nach Irland, wo er die Aufmerksamkeit des überaus großen und gelehrten Scottus Eriugena fand. Der engelgleiche Gelehrte Eriugena übersetzte das Mss. unter Lebensgefahr ins Lateinische.[12)] Er wählte bewußt Latein und nicht die Landessprache, um den Leserkreis auf Gelehrte zu beschränken und somit möglichst wenig Aufsehen zu erregen.

Jedoch war auch das für die damalige Zeit ein zu großes Wagnis, da die damalige Klerikal-Politik allem, was mystisch erschien, mißtraute.[13)]

Der arme Eriugena wurde vor den Augen seiner erschrockenen Studenten ermordet. Danach traute sich wohl kaum einer, die Schrift zu übersetzen - zumindest nicht unter Preisgabe des eigenen Namens. Das erklärt zur Genüge, weshalb der diesem Buch zugrundeliegende Text (aus dem Mittelenglischen) keinen Autorennamen enthält. Derjenige, der die lateinische Übersetzung Eriugenas ins Mittelenglische brachte, wollte verständlicherweise anonym bleiben.

Danach war das Buch ein großer Erfolg.[14)] Über die Hälfte aller Menschen, die später von der Kirche heilig oder selig gesprochen worden sind, haben ausdrücklich das Lesen dieses Werkes als das Moment angegeben, das die große Wende in ihrem Leben brachte. Nähere Einzelheiten über die immense Wirkung, direkt wie indirekt, die dieses Werk ausgelöst hat, erzählt Aldous Huxley in Form von Romanen.[15)]

Für den dankbaren Leser habe ich nun den kompletten Text, beide Abteilungen, "Wolke" plus "Briefe" (= Unterweisungen unter vier Augen) ins Deutsche gebracht und revidiert zusammen mit Quellenforschung und Kommentar zu jedem einzelnen Kapitel für die praktische Anleitung zu den Übungen.

Eine Lebenshilfe in jedem Falle - und wer noch weiter gehen möchte, kann damit auch den Sinn seines Lebens entdecken und verwirklichen.[16)]

Dem dankbaren Leser braucht man kein Glück zu wünschen. Dieses Buch gelesen zu haben = ist Glück.

Wer weiß? Womöglich muß auch ich das Schicksal Eriugenas teilen. Denn auch ich habe waghalsig gehandelt.

Dreißig Jahre lang suchte ich einen Verleger für dieses Buch. Viele Verleger waren des Lobes voll. Etliche wollten es verlegen. Manche haben sogar den Vertrag dazu unterschrieben. Dennoch, im letzten Augenblick haben alle einen Rückzieher gemacht. Ihnen allen fehlte die Zivilcourage. Eriugenas Ermordung dient noch heute als Warnung. Auch Verleger sind Menschen; nicht jeder kann ein Held sein.[17)]

Was beweist das alles? Eben daß neben der kirchlichen Lehre, halb noch geduldet und halb verdammt (siehe Karl Barth und die Barthianer z.B.), eine mystische Überlieferung des Christentums in "Neuplatonischer" (ursprünglich lemurianischer) Form besteht. Sie geht auf Schriften zurück, die man wohlweislich totschweigen möchte; d.h. Tod + Schweigen.

Paradoxerweise haben wenige andere Schriften einen so tiefen Einfluß auf die christliche Theologie dennoch und trotzdem ausgeübt. Albertus Magnus, Thomas von Aquin, Meister Eckehart verehrten sie aufs höchste; und noch paradoxer: unzählige jüdische, islamische und außerchristliche Mystiker als auch insbesondere die Sufis schöpften aus ihr; die Kunst und die Religiosität ganz diverser Glaubensrichtungen sahen in diesen Schriften einen Kompaß zu himmlischen Wesen und Rangstufen.

Denn merke:

Nicht die Esoterik als solche wird verpönt - sondern verdammt wird nur dann, wenn so etwas dem Normalbürger zugänglich gemacht wird.

Aber das Wassermannzeitalter ist nun mal das Zeitalter der einfachen Allgemeinheit. Für sie haben Autor und Verlag sich hier geopfert.

(Sämtliche Beweisführungen sind in den Werken von William Johnston ersichtlich; ich habe mich streng an Johnston gehalten).

Teil I

INHALTSVERZEICHNIS Seite

ALLGEMEINE EINLEITUNG 49
(Psychologie der christlichen Meditation und ihre Verbindung zum Yoga)

VORREDE 73
(Christliche Esoterik)

1. Kapitel
EINSAMKEIT 75
(Von den vier Graden christlichen Lebens und dem Zweck, um dessentwillen dieses Buch geschrieben ist.)

2. Kapitel
DEMUT 78
(Eine kurze Anregung zur Demut und zum 'Werk', um das es in diesem Buch geht.)

3. Kapitel
DIE GEHEIMNISVOLLE WOLKE 80
(Wie das 'Werk' dieses Buches durchgeführt werden soll und über dessen Wert, der höher ist als der aller anderen Werke.)

4. Kapitel
VERGEISTIGE DICH SELBST 82
(Über die Kürze dieses 'Werks' und daß es weder durch die Wißbegier des Intellekts noch durch die Einbildungskraft erreicht wird.)

5. Kapitel
DIE Z W E I WOLKEN 88
(Daß, wenn dieses 'Werk' unternommen wird, alle Geschöpfe, die jemals waren, sind oder jemals sein werden, und alle ihre Werke unter der Wolke des Vergessens verborgen werden müssen.)

6. Kapitel
DER VERSTAND IST MACHTLOS 90
(Eine kurze Feststellung über das 'Werk', in Frageform behandelt.)

7. Kapitel
ERFOLG IN DER MEDITATION 92
(Wie ein Mensch sich in diesem 'Werk' gegen alle Gedanken zu wenden hat, besonders gegen die, welche aus seiner Klugheit, seinem eigenen Wissen und seinem natürlichen Witz aufsteigen.)

8. Kapitel
DAS AKTIVE UND DAS KONTEMPLATIVE LEBEN 96
(Eine gute Erläuterung in Frage und Antwort über gewisse Zweifel, die während dieses Werkes auftauchen können und zu Fragen Anlaß geben, die sich auf die Überwindung der menschlichen Wißbegier und seines natürlichen Witzes beziehen und auf die Unterscheidung der verschiedenen Grade und Abschnitte des aktiven und des kontemplativen Lebens richten.)

9. Kapitel
TECHNIK DER GEISTIGEN ARBEIT 101
(Wenn dieses 'Werk' unternommen wird, dann hindert selbst die Erinnerung an das heiligste Geschöpf, das Gott je gemacht hat, mehr, als daß sie hilft.)

10. Kapitel
TUGEND UND LASTER 104
(Wie der Mensch erkennen kann, wann sein Gedanke keine Sünde ist, und falls es eine sein sollte, wann es eine Todsünde und wann es nur eine läßliche Sünde ist.)

11. Kapitel
BESCHAULICHKEIT FÜHRT ZUM HEIL 107
(Daß der Mensch jeden Gedanken und jede Regung auf ihren Charakter hin erwägen und in bezug auf die läßliche Sünde nicht unvorsichtig sein sollte.)

12. Kapitel
RICHTIGE UND UNRICHTIGE ASKESE 109
(Daß kraft dieses 'Werks' nicht nur die Sünde zerstört wird, sondern Tugenden gezeugt werden.)

13. Kapitel
ZUR TIEFENPSYCHOLOGIE DER DEMUT 111
(Was Demut an sich ist und wann sie vollkommen, wann unvollkommen ist.)

14. Kapitel
VOLLKOMMENE UND UNVOLLKOMMENE DEMUT 113
(Es ist aber unmöglich für einen Sünder, die vollkommene Demut in diesem Leben zu erreichen, ohne daß er zuerst die unvollkommene erfahren hätte.)

15. Kapitel
DIE DEMUT ALS GNADE UND ALS EIGENNATUR 116
(Eine kurze Beweisführung gegen den Irrtum, daß der Hauptgrund zur Demut die Erkenntnis von des Menschen eigener Elendigkeit wäre.)

16. Kapitel
DER FALL VON MARIA MAGDALENA 118
(Daß der Sünder, der wirklich umkehrte und zur Kontemplation berufen wurde, die Vollkommenheit schneller durch dieses 'Werk' erreicht als durch irgendein anderes und eben dadurch auch Gottes Vergebung für seine Sünden empfängt.)

17. Kapitel
DIE GESCHICHTE VON MARTHA UND MARIA 121
(Ein wahrer Kontemplativer hat keinVerlangen, sich in das aktive Leben einzumischen. Es kümmert ihn auch nicht, was ihm geschieht oder was über ihn gesagt wird, und er verteidigt sich nicht gegen Kritiker.)

18. Kapitel
AKTIVITÄT UND KONTEMPLATION 124
(Wie alle Aktiven sich über die Kontemplativen beklagen, genau wie Martha über Maria, und daß Unwissenheit die Ursache solcher Klagen ist.)

19. Kapitel
BETRACHTUNGEN 126
(Eine kurze Verteidigung des Autors, die lehrt, daß die Kontemplativen die Aktiven entschuldigen sollten wegen ihrer anklagenden Reden und Taten.)

20. Kapitel
VERINNERLICHUNG KANN MEHR ERREICHEN 128
(Wie der Allmächtige Gott denen geistlich antworten wird, die Entschuldigungen dafür finden, daß sie nicht aus Liebe zu ihm ihr Geschäft verlassen.)

21. Kapitel
DER BESTE TEIL MARIAS 131
(Eine wahre Auslegung des Evangelienwortes 'Maria hat das gute Teil erwählt'.)

22. Kapitel
DIE BEFREIENDE LIEBE 135
(Handelt von der wunderbaren Liebe, die Christus zu Maria als der Gestalt all der Sünder hegte, die wahrhaft verwandelt und zur Gnade der Kontemplation berufen wurden.)

23. Kapitel
AUSLIEFERUNG bzw. 137
= DIE KONSTRUKTIVE ERGEBENHEIT
(Wie Gott im Geiste antworten und Sorge tragen wird für die, die wegen ihres Werks in Seiner Liebe nicht für sich selbst sorgen.)

24. Kapitel
NÄCHSTENLIEBE 140
(Was Nächstenliebe an sich ist und wie sie wahrhaft und vollkommen in dem 'Werk' enthalten ist, von dem dieses Buch handelt.)

25. Kapitel
PARITÄTISCHE ZUNEIGUNG 143
(Daß eine vollkommene Seele, während sie mit diesem 'Werk' befaßt ist, auf keinen lebenden Menschen besonders achtgeben darf.)

26. Kapitel
EMPFÄNGLICHWERDEN FÜR DIE GNADE 146
(Daß ohne eine ganz besondere Gnade oder eine lange Zeit angewandte gewöhnliche Gnade das 'Werk' dieses Buches außerordentlich schwierig ist, denn es ist das 'Werk' der Seele, der die Gnade hilft, und daß dieses 'Werk' nur von Gott bewirkt wird.)

27. Kapitel
GNADENWERK 149
(Wer in dem Gnadenwerk dieses Buches wirken sollte.)

28. Kapitel
LÄUTERUNG DES GEWISSENS 151
(Daß ein Mensch sich dieses 'Werk' nicht anmaßen soll, bevor er nicht in seinem Gewissen rechtmäßig von all seinen besonderen sündigen Taten geläutert worden ist.)

29. Kapitel
WER URTEILT ÜBER WEN? 153
(Daß der Mensch geduldig in diesem 'Werk' fortfahren, dessen Mühe getrost tragen und über keinen Menschen richten soll.)

30. Kapitel
WER ANDERER LEUTE FEHLER KRITISIEREN DARF 155

31. Kapitel
DER ANFANG ALS ANFANG 157
(Wie der Mensch sich gegen alle Gedanken und sündigen Regungen verhalten soll, wenn er dieses'Werk' beginnt.)

32. Kapitel
DIE ÜBERWINDUNG VON ABSCHWEIFUNGEN 159
(Betrifft zwei geistliche Mittel, die dem Anfänger in diesem 'Werk' nützlich sein können.)

33. Kapitel
PRAKTISCHE FORDERUNGEN 162
(Daß der Mensch in diesem 'Werk' zwar sowohl von seinen besonderen Sünden wie von deren Folgen geläutert wird, daß es aber trotzdem in diesem Leben keinen vollkommenen Frieden gibt.)

34. Kapitel
GOTT ALS VOLLSTRECKER DES SCHICKSALS 165
(Daß Gott diese Gnade frei gewährt, ohne besondere Methoden, und daß Methoden auch versagen können.)

35. Kapitel
DIE DREI METHODEN DER MEDITATIONSTECHNIK 169
(Über drei Methoden, mit denen der Kontemplative sich beschäftigen soll: Lesen, Nachdenken und Beten.)

36. Kapitel
SPONTANE MEDITATIONEN 171
(Betrifft die Meditationen derer, die dauernd mit dem 'Werk' beschäftigt sind.)

37. Kapitel
MANTRAS ALS HILFE BEI DER MEDITATION 173
(Betrifft die besonderen Gebete derer, die dauernd mit dem 'Werk' beschäftigt sind.)

38. Kapitel
DAS KURZE GEBET ALS MANTRA 176
(Wie und warum das kurze Gebet bis zum Himmel dringt.)

39. Kapitel
AUSHARREN MIT DEN ÜBUNGEN 178
(Wie der vollkommen Wirkende beten soll und was Gebet an sich ist; und welche Worte sich am besten zum Gebet eignen, wenn der Mensch in Worten betet.)

40. Kapitel
WIE BESIEGE ICH DIE SÜNDEN 180
(Wenn jemand sich mit diesem 'Werk' befaßt, dann darf er keine besondere Aufmerksamkeit weder auf ein eigenes Laster noch auf eine eigene Tugend richten.)

41. Kapitel
WIE ENTSCHEIDUNGEN ZU TREFFEN SIND 183
(In allen anderen Werken unterhalb dieses 'Werks' hat der Mensch etlichen Spielraum für eigene Entscheidungen, in diesem jedoch keinen.)

42. Kapitel
WIE MAN SEIN BESTES TUT 185
(Daß der Mensch, der sich diesem 'Werk' unbedingt unterwirft, in allen anderen Dingen sein eigener Herr sein wird, anderenfalls aber überhaupt nicht.)

43. Kapitel
DAS VOLLKOMMENE GEWAHRSEIN 187
(Daß alles Wissen und Fühlen der eigenen Persönlichkeit verlorengehen muß, wenn dieses 'Werk in seiner Vollkommenheit in diesem Leben noch wirklich empfunden werden soll.)

44. Kapitel
DAS GEWAHRSEIN 189
(Wie die Seele sich verhalten muß, um alles Wissen und Fühlen ihrer selbst zu vernichten.)

45. Kapitel
SCHLINGENSTELLER AUF DEM WEG NACH INNEN 192
(Eine wichtige Feststellung über Selbsttäuschungen, die in diesem 'Werk' vorkommen.)

46. Kapitel
IRRTÜMER DES GEISTIGEN SUCHERS 195
(Eine wichtige Lehre darüber, wie der Mensch solche Selbsttäuschungen vermeiden kann, indem er eher mit dem geistlichen Verlangen als mit dem Ungestüm des Körpers arbeitet.)

47. Kapitel
DIE VERGEISTIGTE HERZENSSEHNSUCHT 197
(Ein weiterer Hinweis auf dieses 'Werk des reinen GEISTES', der erklärt, wie man sein Verlangen Gott auf die eine Weise, den Menschen auf die entgegengesetzte Weise zeigen soll.)

48. Kapitel
DIE WONNE DER INNEREN MUSIK 200
(Wie Gott will, daß Körper und Seele Ihm dienen, und Er den Menschen in beiden lohnen will; und wie der Mensch erkennen soll, ob die Klänge der Süße, die im Laufe des Gebetes körperlich erlebt werden, gut oder übel sind.)

49. Kapitel
DER GUTE WILLE 203
(Daß die Substanz aller Vollkommenheit nichts anderes ist als der gute Wille und daß alle Tröstungen, die im Laufe des Lebens auftreten, an ihm gemessen, nicht mehr als Zufälligkeiten sind.)

50. Kapitel
DIE HALTUNG DES UNBEKÜMMERTSEINS 205
(Was keusche Liebe ist und wie sinnliche Tröstungen in manchen nur selten auftreten, während sie zu anderen oft kommen.)

51. Kapitel
DIE VERBORGENE BEDEUTUNG DER WÖRTER 208
(Daß der Mensch große Sorge tragen sollte, etwas, das geistlich gemeint ist, nicht auf leibliche Weise zu verstehen, und das besonders sorgfältig bei den Wörtern 'in' und 'auf'.)

52. Kapitel
VERSUCHUNGEN IN DER WÜSTE 211
(Wie diese jungen anmaßenden Schüler das Wort 'in' mißverstehen und welche Irrtümer daraus folgen.)

53. Kapitel
BESONDERE MERKMALE 213
(Betrifft die verschiedenen falschen Praktiken derer, die nicht dem 'Werk' dieses Buches folgen.)

54. Kapitel
DIE ZEICHEN DER HEUCHELEI 216
(Wie kraft dieses Buches ein Mensch durch Weisheit gelenkt wird, so daß er sich körperlich und geistlich auszeichnet.)

55. Kapitel
DER TEUFEL UND SEINE TRICKS 219
(Wie jene betrogen werden, die im Eifer unterschiedlos andere verurteilen.)

56. Kapitel
IN ALLEN RELIGIONEN LEBT DIE HL. KIRCHE 222
(Wie sich die Menschen betrügen, wenn sie sich mehr an ihre natürlichen Kenntnisse und ihr Schulwissen als an die Lehre und den Rat der heiligen Kirche halten.)

57. Kapitel
DIE GEFAHREN VON ENTHUSIASMUS 224
(Wie junge anmaßende Schüler das Wort 'auf' mißverstehen und welche Irrtümer daraus entstehen.)

58. Kapitel
WARNUNG GEGEN OKKULTE KRÄFTE 226
(Daß der Mensch nicht den hl. Martin und den hl. Stephan zum Beispiel nehmen und seine Einbildungskraft nicht anstrengen soll, um sie im Gebet physisch aufwärts zu richten.)

59. Kapitel
DIE HIMMELFAHRT ALS SYMBOL 230
(Daß der Mensch nicht die leibliche Himmelfahrt Christi zum Beispiel nehmen soll, um im Gebet seine Einbildungskraft physisch aufwärts zu zwingen, und daß Ort, Zeit und Körper in diesem geistlichen 'Werk' ganz vergessen werden müssen.)

60. Kapitel
KYBERNETISCHE FERNSTEUERUNG DER SEELE 233
(Daß der höchste und nächste Weg gen Himmel vom Verlangen beschritten wird, nicht von den Füßen.)

61. Kapitel
WESENTLICHE WERTE 236
(Es ist der Lauf der Natur, daß alle körperlichen Dinge den geistlichen untergeordnet sind, nicht umgekehrt.)

62. Kapitel
AUFERWECKUNG: OBEN UND UNTEN 239
(Wie der Mensch erkennen kann, wann sein geistliches Wirken unter ihm oder außerhalb seiner ist, wann es mit ihm auf gleicher Höhe oder in ihm und wann es über ihm und unterhalb seines Gottes ist.)

63. Kapitel
DIE INTELLIGENZ 242
(Von den Seelenkräften im allgemeinen und wie die Intelligenz insbesondere eine Hauptkraft ist, die in sich alle anderen Kräfte und alle Dinge umgreift, in denen diese wirken.)

64. Kapitel
DIE VERNUNFT 245
(Von den beiden Hauptfähigkeiten Vernunft und Wille und von ihren Werken vor und nach dem Sündenfall.)

65. Kapitel
DIE IMAGINATION 247
(Von der ersten Nebenfähigkeit, der Einbildungskraft, von ihrem Wirken und wie sie der Vernunft gehorcht, vor und nach dem Sündenfall.)

66. Kapitel
DIE SINNENKRAFT 249
(Von der anderen Nebenfähigkeit, der Sinnenkraft, von ihrem Wirken und wie sie dem Willen gehorcht, vor und nach dem Sündenfall.)

67. Kapitel
FÄHIGKEITEN UND SCHEINFÄHIGKEITEN DER PSYCHE 251
(Daß der, welcher die Fähigkeiten der Seele und die Weise ihres Wirkens nicht kennt, sich leicht über geistliches Wirken täuscht; und wie die Seele in der Gnade zu Gott wird.)

68. Kapitel
DER INNERE MENSCH 254
(Daß körperlich 'nirgends', geistlich 'überall' ist und wie unser äußerer Mensch das 'Werk' dieses Buches 'Nichts' nennt.)

69. Kapitel
GEWINNUNG GEISTLICHER RUHE 257
(Wie die Kraft dieses Nichts, das im Nirgends bewirkt wird, das geistliche Empfinden des Menschen wunderbar verwandelt.)

70. Kapitel
DAS VERSAGEN INTELLEKTUELLER FÄHIGKEITEN 259
(Daß, ebenso wie wir durch das Versagen unserer körperlichen Sinne fähig zum Erkennen geistlicher Dinge werden, wir durch das Versagen unserer intellektuellen Wahrnehmungen fähig zur Erkenntnis Gottes werden, soweit das hier durch Gnade möglich ist.)

71. Kapitel
ANALOGIE DER BUNDESLADE 262
(Daß etliche die Vollkommenheit dieses 'Werks' nicht eher empfinden werden, als bis sie verzückt werden, während andere es haben,wann sie nur immer wollen, im ganz alltäglichen Zustande der Seele.)

72. Kapitel
MOSES UND DIE LADE 264
(Daß jemand, der an diesem 'Werk' wirkt, keinen anderen, der ebenfalls darin begriffen ist, nach sich selbst beurteilen, noch überhaupt an ihn denken soll.)

73. Kapitel
DIE DREIERLEI WEISEN DER KONTEMPLATIVEN 266
(Wie wir aus dem Gleichnis von Moses, Beseleel und Aaron und ihrem Verhältnis zur Bundeslade auf dreierlei Weisen in dieser Gnade der Kontemplation lernen können, denn eben diese Gnade ist in jener Lade dargestellt.)

74. Kapitel
GEEIGNETE UND UNGEEIGNETE LESER ESOTERISCHER SCHRIFTEN 268
(Daß das Thema dieses Buches von niemandem gelesen oder besprochen oder angehört werden darf, der nicht eine tiefe Zustimmung zu dem 'Werk' empfindet. Außerdem eine Wiederholung des Auftrags, der im Prolog erteilt wurde.)

75. Kapitel
ZEICHEN EINER GNADENBERUFUNG 270
(Über gewisse Zeichen, an denen man nachprüfen kann, ob man von Gott zum Wirken in diesem 'Werk' berufen ist.)

Teil II

INHALTSVERZEICHNIS Seite

1. Kapitel
CHRISTOZENTRISCHE ONTOLOGIE 274
- Ruf und Antwort im Öffnen für eine innere Realität -
(Daß dieses 'Werk' ein Streben zu Gott ist, in dem der Mensch sich als Wesen zu Wesen darbringt, ohne nach Besonderheiten seiner selbst oder Gott zu fragen.)

2. Kapitel
SCHÖPFERISCHE PASSIVITÄT 279
- Empfänglich werden für die Gnade Gottes -
(Auf welche Weise der Mensch Gott sein Sein darbieten soll und, im besonderen, daß er mit dem 'eifrigen' Meditieren aufhören muß.)

3. Kapitel
SELBST-ENTSAGUNG ALS THERAPIE 282
- Die Heilkräfte des seelischen Gleichgewichts -
(Daß dieses 'Werk' von der Heiligen Schrift angeordnet ist und daß in ihm alle Pflichten, besonders die der Nächstenliebe, vollauf befolgt werden.)

4. Kapitel
GOTTESVEREHRUNG IST SELBSTERFORSCHUNG 286
- Von Randzentriertheit zu Kernzentriertheit -
(Daß einer, der in diesem 'Werk' steht, keine besondere Überlegung über die Eigenschaften Gottes oder seiner selbst anzustellen braucht.)

5. Kapitel
DIE VERBORGENE WEISHEIT SALOMOS 289
- Vom Intellekt zur Intuition -
(Daß in diesem 'Werk' die ewige Weisheit, das Wort Gottes, in des Menschen Seele hinabsteigt und diese sich Selbst eint und von den guten Wirkungen, die dem folgen.)

6. Kapitel
RELIGIONSPSYCHOLOGISCHE AUSGLEICHS-MECHANISMEN 295
- Entartung des Selbstbewußtseins im Spiegel der Seele -
(Daß die Seele sich Gott ganz geben muß, der für sie sorgen wird; mit einer Warnung an die, welche dieses 'Werk' kritisieren möchten.)

7. Kapitel
DER KOSMISCHE RHYTHMUS UND DAS RÄTSEL DER GNADE 300
- Persönliches Engagement in der religiösen Selbsterziehung -
(Daß dieses 'Werk' Vollkommenheit ist, wie sich aus den Tugenden, die es begleiten, erweist; und daß wir es fortsetzen sollen auf den Ruf Gottes hin und mit Seiner Gnade.)

8. Kapitel
DIE PSYCHISCH-RELIGIÖSE VEREDELUNG DES PERSONENKERNS 305
- Das gottzugehörige Leben als Synthese zwischen Logos und Bios -
(Daß der Mensch sein eigenes Sein vergessen muß, wenn er nur Gottes Sein empfinden will; und von der Mühe, die diese Anstrengung bedeutet.)

9. Kapitel
MEDITATION FÜR CHRISTEN 308
- Katharsis durch heilende Bewußtmachung -
(Daß dieses 'Werk' nicht in eifrigen Meditationen besteht, daß aber trotzdem die Meditation über unseren Herrn Christus das wahre und einzige Tor dazu ist.)

10. Kapitel
TEILNAHME AN DER LEBENSENTWICKLUNG CHRISTI 314
- Die Überwindung der Kritiksucht -
(Daß der Mensch immer der eigenen Berufung folgen soll, ohne über andere zu urteilen oder zu versuchen, Gott erzwingen zu wollen. Und daß dies 'Werk' nicht von menschlicher Weisheit, sondern durch die Gnade Gottes gelenkt wird, vermittels der geheimen Inspirationen Seines Geistes.)

11. Kapitel
SELBSTANALYSE UND INNERER AUFTRAG 319
- Überprüfe dich selbst -
(Von zwei Arten Zeichen im besonderen, aus denen der Mensch die Berufung Gottes zu diesem 'Werk' entnehmen kann.)

12. Kapitel
DIE THERAPIE DES LEIDENS 323
- Die Frustration als Vorläufer der Beseeligung -
(Von Verzweiflung und Trost und weshalb Gott sie schickt; mit dem Schluß für die Zeichen.)

13. Kapitel
DAS LEIDEN ALS GRUNDBEFINDLICHKEIT DES MENSCHEN 328
- Wach sein ist alles -
(Daß unser Herr Selbst in diesem 'Werk' unterweist und daß der Kontemplative in Demut und in Liebe beharren möge.)

ANHANG

a) SCHRITTE ÜBER GRENZEN 333
(Interreligiöse Begegnungen)

b) ABSCHLUSS DER THEOLOGIE? 346
(Gefahren einer Ideologisierung der Heilsgeschichte)

NACHWORT I 367
(Über einige Unterschiede zwischen morgenländischer und abendländischer Philosophie)

NACHWORT II 383
(Zur Frage nach einem neuen Menschenbild)

ZEICHNUNGEN AUS DER FRAKTAL-GEOMETRIE IM LICHTE RELIGIÖSER MYSTIK 403
(Studien zu Quellen der fünfdimensionalen FRAKTAL-Geometrie im Sinne der modernen "Chaos" Theorie)

ANMERKUNGEN 429

PRESSESTIMMEN 444

DER AUTOR 446
Curriculum vitae

GESAMMELTE WERKE 450

TEIL I

DIE URWEISHEIT DER GNOSTIKER

(Studien zur Ur-Geschichte der christlichen Mystik)

Die Maienbrautfahrt der Seele auf der Suche nach
Einswerden mit Gott

"......so kam
Das Wort aus Osten zu uns,
Und an Parnassos' Felsen und am Kithäron hör ich,

O A S I A ,

das Echo von dir......"

HÖLDERLIN, *Am Quell der Donau*

ALLGEMEINE EINLEITUNG

(Psychologie der christlichen Meditation und ihre Verbindung zum Yoga)

"SEINE Offenbarung geht über jedes offenbarte Erkennen."

Dionysios (Areopagita), *An "Gaios den Mönch";* zit. nach Bütler, *Mystik*, Bern 1994, S. 39

Die "Cloud of Unknowing" (Wolke des Nicht-zur-Kenntnisnehmens, kurz: Nichterkennens) ist eine mittelenglische Abhandlung über die Technik einer kontemplativen Übung, deren Ziel die *unio mystica*, die Vereinigung der Seele mit Gott, ist. Sie entstand im 14. Jahrhundert; ihr Autor ist also Zeitgenosse der Großen im Reiche der Mystik: Im eigenen Lande wird er zeitlich zwischen Richard ROLLE und Walter HILTON vermutet; seine Zeitgenossen auf dem Kontinent sind keine geringeren als u.a. Meister ECKART, Johannes TAULER, Heinrich SUSO und Johannes RUYSBROEK.

Sein geistiges Format, seine religiöse Leidenschaft und Lebendigkeit stehen denen der Genannten nicht nach, und seine Schriften - außer der Wolke des Nichterkennens werden noch sechs weitere seiner Feder zugeschrieben - waren Bestseller ihrer Zeit. Das ergibt sich schon aus der unverhältnismäßig hohen Zahl der noch vorhandenen Handschriften. Die meisten von ihnen gehören dem 15. Jahrhundert an, doch stammt mindestens eine noch aus dem 14. Jahrhundert. Die vorliegende Übertragung stützt sich in erster Linie auf die ausgezeichnete Neuausgabe, die 1924 von Abt Justin McCANN besorgt wurde.

Zum ersten Male erschien die Wolke des Nichterkennens in Druck 1871 (nach einer weniger wertvollen Bearbeitung aus dem 16. Jahrhundert); eine zweite Ausgabe besorgte Evelyn UNDERHILL 1912 nach

Mss. des 15. Jahrhunderts. 1944 erschien eine Ausgabe im Original-Mittelenglischen, von Phyllis HODGSON für die Early English Text Society veranstaltet, und 1959 eine Ausgabe, in der Ira PROGOFF sich des Stoffes psychologisch zu bemächtigen versucht.

Trotz der Fülle der vorhandenen Handschriften und trotz intensiven Bemühens bedeutender Theologen und Nichttheologen aber ist es noch nicht gelungen, das Inkognito zu lüften, das der Autor des Meisterwerkes um seine Person gelegt hat. Sein Name ist unbekannt. Alles, was die Forschung feststellen konnte - teils durch direkte Hinweise aus den Schriften selbst, teils durch indirekte, wie Dialektfärbung etc. -, ist, daß der Autor ein Theologe war, der über das für Theologen damals übliche Wissen verfügte und wahrscheinlich in Mittelengland lebte. Da seine Schriften nicht gelehrte Abhandlungen, sondern in erster Linie praktische Wegweisung sein wollen, dürfte die Vermutung des Abtes Justin McCANN den Tatsachen am nächsten kommen, nach denen er ein Universitätslehrer gewesen ist, der später eine Pfarre im nordöstlichen Mittelengland leitete; wir setzen hinzu, weil sie, im Gegensatz zur Universität, ihm die Umstände bot, um selbst das kontemplative Leben zu führen, das er dem Leser seiner Schriften so dringlich ans Herz legt.

Diese Schriften scheinen zunächst und in erster Linie für bestimmte junge Adressaten geschrieben zu sein, denen gegenüber der Verfasser die Autorität des geistlichen Beraters besaß, doch erweitert er selbst durch gelegentliche Bemerkungen diesen engen Kreis um alle, die einem kontemplativen Leben geneigt sind und dabei erfahrenem Rat folgen möchten. Und das scheinen, wie bereits erwähnt, damals nicht wenige gewesen zu sein.

Der unbekannte Verfasser der Wolke des Nichterkennens stützte sich, wie alle großen Mystiker seiner Zeit, auf jenen anderen unbekannten Meister, der rund 900 Jahre früher unter dem Pseudonym DIONYSOS der AREOPAGIT schrieb und sich dadurch mit der Person jenes Atheners deckte, der nach Apostolischer Geschichte, XVII, 34 ein von PAULUS Bekehrter war. Seine Schriften fanden die Billigung der frühen Kirche nur um dieses Namens willen, dessen Unrechtmäßigkeit sich erst später herausstellte, zu spät, um die ungeheure Wirkung auf die Entwicklung des Christentums wieder aufzuheben. Dieser Pseudo-Dionysius war ein neuplatonischer, vielleicht syrischer Christ, dessen griechisch geschriebene Abhandlung sich schnell über den ganzen Kontinent und England ausbreitete, nachdem Engländer im 9. Jahrhundert den griechischen Urtext in das Lateinische, die

Gelehrtensprache des Mittelalters, übertragen hatten; zuletzt Johannes Scotus **ERIGENA.**

Die Schriften des Pseudo-Dionysius waren Dynamit - und wirkten als solches, zunächst auf die scholastisch erstarrten kirchenchristlichen Vorstellungsformen, später in Gestalt von Ketzerverfolgungen gegen alle, die, von ihnen beeinflußt, konsequent weiterzudenken versuchten. Und da das 14. Jahrhundert bereits zur zweiten Wirkungswelle dieses pseudodionysischen Dynamits gehörte, so ist es nicht unwahrscheinlich, daß hier der Grund für die so erfolgreichen Bemühungen unseres Autors um seine totale Anonymität zu suchen ist. Verfasser von Schriften dieses Schlages lebten um jene Zeit gefährlich.

Die geistlichen Probleme, die in der W o l k e berührt werden, sind die seines Jahrhunderts, d.h. die, welche durch die pseudodionysischen Schriften dazu geworden waren: Die Notwendigkeit der Gnade, Transzendenz und Immanenz Gottes, aktives und kontemplatives Leben, das Verhältnis von Körper und Seele in der Kontemplation u.ä., und vieles von dem, was vorgebracht wird, läßt sich auf bekannte Quellen zurückführen, auch da, wo der Verfasser sie nicht ausdrücklich erwähnt. Aber seine souveräne Art der Behandlung des Ganzen und der Einzelheiten verrät unverkennbar die weitgehende eigene Erfahrung.

Mit all diesen Angaben ist über das Werk selbst noch nichts ausgesagt; sie sind lediglich eine Art Legitimation; 'Personalausweis' für den neugierigen Intellekt und im Grunde dem GEIST des Werks selbst zuwiderlaufend, dessen ganz wesentlicher Zug es ist, alles 'intellektuelle Wissen' energisch beiseite zu schieben, um Platz zu schaffen für etwas ganz anderes.

Dieses ganz andere, das einzige, um das es in dem Werk geht, kommentieren zu wollen, würde bedeuten, etwas, was meisterlich vorgetragen wird, mit anderen Worten weniger meisterlich zu wiederholen. Jedoch heute sind (im allgemeinen) die Meisterwerke der mittelalterlichen christlichen Mystik für den gebildeten Durchschnittseuropäer ohne Kommentar nur schwer verständlich. Es macht das Besondere dieser W o l k e d e s N i c h t e r - k e n n e n s aus, daß sie ohne den Umweg über ein kompliziertes W i s s e n das Wesen der Angelegenheit trifft, indem sie das W e s e n des Lesers anspricht. Und das auf eine so lebendige, so schlichte, manchmal geradezu drastische Weise, daß jedes weitere Wort vollkommen überflüssig ist. Der Text ist für einen ungelehrten Empfänger bestimmt, der an keinerlei theoretischen Auseinandersetzungen interessiert ist, wie sie Hauptanliegen der Theologen jener und jeder anderen Zeit sind. Er beschränkt sich auf das rein Praktische: Was ist zu t u n , was ist zu m e i d e n für den, der nichts will als die Begegnung mit Gott im eigenen Herzen?

Er bekommt eine Antwort ohne Umschweife. Und damit sie nicht mißverstanden werden kann, wird alles Wesentliche nicht nur von verschiedenen Seiten her beleuchtet, sondern bis zur Grenze des Erträglichen wiederholt. Das ist jedoch berechtigt in Anbetracht der Ungewöhnlichkeit des Themas. Der unbekannte Autor hat aber eben damit selbst schon allen nur denkbaren Kommentar geliefert. Und er fügt noch das Rezept hinzu, das vielleicht trotzdem noch verbleibende 'Dunkelheiten' aufhellen kann: Das meditative, immer wiederholte Durchgehen eben des Textes.

Seine W o l k e d e s N i c h t e r k e n n e n s aber enthält e i n Geheimnis, von dem er selbst nichts wissen konnte, und von diesem soll im folgenden die Rede sein. Es ist die Bestätigung dessen, was geistlich Sensitive unserer Zeit seit langem wissen: Daß die wunderbare Wahrheit von der lebendigen Beziehung der Seele zu Gott nicht ausschließlicher Besitz des Christentums ist, sondern daß sie keinem Volk der Erde vorenthalten wurde.

Sie überall da nachzuweisen, wo sie nachweisbar wäre, würde die Arbeit eines ganzen Menschenlebens erfordern. Die W o l k e d e s N i c h t e r k e n n e n s ist kein 'wissenschaftlich' gedachtes Werk, sondern ein Gespräch von Mensch zu Mensch.* Und wie im Gespräch soll hier auch nur angedeutet werden, wo und wie in diesem Text Anweisungen gegeben werden, die als genaue Parallelen im YOGA auftreten, dem Weg der kontemplativen Praxis, den der Mensch des Ostens in seinem Sehnen nach der unmittelbaren Begegnung mit Gott fand.

* *Gesprächstherapie!*

Ein Vergleich mit den Methoden, die der Zen-Buddhismus benutzt, würde ebenso eine Fülle von Parallelen und Verwandtschaften aufdecken und auf seine Art bestätigen: Daß das Ewige seine Eine große Wahrheit in allen Sprachen auszudrücken vermochte, die Eine, auf die es ankommt: Es gibt einen unmittelbaren Zugang zu ihm. Dieser aber führt nicht über Dogmen- und Glaubensdifferenzen, sondern über das Sehnen des Herzens, das ohne 'das Eine, das nottut', nicht sein kann. Und dieses Sehnen ist bereits - Sein Anruf.

Die wenigen Erläuterungen zum Text, die sich als nötig oder nützlich erweisen sollten, werden an Hand der einzelnen Kapitel gegeben werden. Dagegen ist es zum richtigen Verständnis unerläßlich, folgende Sprachregelung zu beachten:

Wie stets in Übertragungen aus dem Englischen geht es um das Problem von m i n d und s p i r i t , für die im Deutschen nur der eine Ausdruck GEIST zur Verfügung steht. M i n d und s p i r i t aber werden, wenn auch nicht immer säuberlich getrennt, auf unterschiedliche Bewußtseinszustände angewandt. Eine Nichtbeachtung dieser subtilen Unterscheidung würde einen Text wie den vorliegenden unnötig verdunkeln. Wir wählen den Ausweg, überall, wo von s p i r i t die Rede ist, mit GEIST zu übersetzen; g r o ß g e s c h r i e b e n , um jeweils besonders darauf aufmerksam zu machen, daß es sich um einen religiös-intuitiv gehobenen 'Geistes'-zustand handelt. Davon leiten wir das Adjektiv 'geistlich' ab mit der Bedeutung des alten englischen g h o s t l y , das zwar in erster Linie das religiöse Denken und Fühlen meint, praktisch aber alles Intuitive mit umfaßt, also nicht so eingeengt in seiner Bedeutung ist wie das 'geistlich' der deutschen Umgangssprache, das mit dem Ausdruck 'theologisch' voll gedeckt ist.

Die Umgangssprache bezeichnet mit dem deutschen Wort 'Geist' überwiegend lediglich diejenigen Fähigkeiten und Funktionen, die der Intelligenz zugeschrieben werden können, die als Ausdruck dem ungemein weitreichenden englischen m i n d noch am ehesten gerecht wird. Wir ersetzen 'Geist' dem jeweiligen Zusammenhang entsprechend sinngemäß durch 'Denken', 'Intellekt' u.ä.

Ein anderer entscheidend wichtiger Hinweis betrifft den Ausdruck w i l l . Statt ausführlich psychologisch zu vergleichen, einzuschränken oder zu erweitern, möge hier ein Zitat stehen, das eindeutig und unmißverständlich wiedergibt, in welchem Sinne 'Wille' in der W o l k e d e s N i c h t e r -

kennens verwandt wird. Es handelt sich um einen Absatz aus der lateinischen Version von De Mystica Theologia des Pseudo-Dionysius, die der Abt von St. Victor, Thomas VERCELLI, im 13. Jahrhundert schrieb. Sie ist allgemein als 'Vercellensis' bekannt und scheint die Dionysos-Quelle zu sein, die der Verfasser der Wolke vorwiegend benutzt hat. Dort heißt es:

"In diesem Werk gibt er (DIONYSOS) uns eine andere und unvergleichlich tiefere Weise, Gott zu erkennen, nämlich eine überintellektuelle und übersubstantielle Art, die der heidnischen (sic!) Philosophie fremd (sic!) war, da die Philosophen sie weder suchten noch überhaupt von ihr wußten, noch die Fähigkeit verstanden, durch die sie der Seele eingegeben ist. Denn sie glaubten, daß die höchste erkennende Fähigkeit der Intellekt wäre, während es noch eine andere gibt, die den Intellekt ebenso weit hinter sich läßt wie dieser die Vernunft oder die Vernunft die Einbildungskraft. Und dies ist der höhere Wille (principalis affectio), der wiederum ein Funke des Gewissens (scintilla synderesis) ist, der allein fähig ist, sich mit dem göttlichen GEIST zu vereinen... In dieser Übung werden die Sinne, die Vorstellungskraft, Vernunft und Intellekt in der Schwebe gelassen, und die Spitze des höheren Willens (apex affectionis principalis) wird mit dem göttlichen GEIST vereint... Diese Weisheit wird von einer großen Liebesglut zu Gott und einer angespannten Ausrichtung des GEISTES auf die ewigen Bilder der Weisheit (aeterna spectacula sapientiae) erlangt."

Wie der Ausdruck 'Wille' in der Wolke des Nichter kennens jeweils verstanden sein will, wird durch das Zitat eindeutig klar. Zu dem kleinen Seitenhieb auf "die heidnische Philosophie" wäre zu bemerken: *Eben sie war es* - in der neuplatonischen Gestalt -, die durch den Pseudo-Dionysos jene "unvergleichlich tiefere Weise, Gott zu erkennen", dem scholastisch erstarrten Christentum eingeimpft hatte. Der Impferfolg war nicht mehr rückgängig zu machen; so mußte wenigstens das Etikett des Impfstoffs geändert werden.

Mitte und einziges Thema der Wolke des Nichterkennens ist das 'Werk', d.h. die geistliche Übung, die zu der sogenannten Wolke des Nichterkennens führt, einer genau beschriebenen geistlichen Erfahrung, genauer: dem Ziel kontemplativen Lebens. Der zunächst seltsam anmutende Titel will also kein literarisches Bild sein, noch weniger geistiges Eigentum des unbekannten Autors. Schon dieser Ausdruck geht auf den Pseudo-Dionysius zurück, der, wie bekannt, den 'negativen Weg' geht, um nachzuweisen, daß

'Gott' jenseits aller Ausdrucksmöglichkeiten nicht nur der Sprache, sondern auch der menschlichenVorstellungsmöglichkeiten ist. Er benutzt dazu mit Vorliebe Paradoxe: Gott ist Licht, aber Er ist auch Dunkelheit; Er ist Sein, auch Nicht-sein. Mit der 'Dunkelheit' in derartigen Definitionen ist zwar zunächst die Tatsache gemeint, daß 'Gott' nicht vom 'Licht' des menschlichen Verstehens zu begreifen ist, sondern von der 'Dunkelheit' jenseits menschlichen Begriffsvermögens bedeckt ist. Das Bild der 'Dunkelheit' wird auch in der Bibel benutzt.

Die *Wolke des Nichterkennens* steht auf gleichem Boden, bezeichnet aber darüber hinaus den Zustand, den die Seele folgerichtig in sich aufrufen muß, wenn sie Gott begegnen will; nicht, um Ihn zu 'sehen' - Gott kann niemals Objekt der Wahrnehmung sein -, sondern um in Ihm aufzugehen. "Gott schauen heißt, von Ihm verschlungen werden", sagt Ramana MAHARSHI, der große Yogi von Arunachala.

Das ist nun allerdings keine erbauliche Angelegenheit mehr für Leute, die den 'lieben Gott' einen guten Mann sein lassen, sondern ein Abenteuer der Seele, das auf Leben und Tod gehen kann, wenn es falsch verstanden und aus eigener Machtvollkommenheit unternommen wird, d.h. vom sich souverän fühlenden Menschen.

Der Verfasser der *Wolke des Nichterkennens* kommt immer wieder darauf zurück, daß die Seele zu diesem kühnsten und letzten Schritt auf ihrem Wege durch Gott Selbst berufen sein muß. Und da das Buch nichts anderes als praktische Wegweisung sein will, *so findet sich im letzten Kapitel auch ein Hinweis auf die Zeichen, an denen eine echte Berufung zu erkennen ist.*

Aber auch für den Berufenen ist der Weg nicht ohne Gefahren, wenn auch alle sich auf eine einzige Ursache zurückführen lassen: Ein Mißverstehen aus Mangel an innerer Reife. Hier liegt der Grund für die vielgescholtene sogenannte Geheimniskrämerei bei den großen Weisen und Mystikern in Ost und West, die letzte Erkenntnisse und Erfahrungen zurückhielten oder davor warnten, sie allgemein bekannt zu machen. Auch in der *Wolke des Nichterkennens* spürt man zwischen den Zeilen das Zögern des Verfassers, ganz zu schweigen von den Stellen, an denen er seine Warnungen eindringlich vorbringt. Wer diese allerdings beachtet und so ernst nimmt, wie sie gemeint sind, der wandert unter sicherer Führung.

Schon das 1. Kapitel weist wie mit dem Finger auf die, für die allein die W o l k e d e s N i c h t e r k e n n e n s bestimmt ist. Unter Vorschiebung eines jungen Anwärters auf das kontemplative Leben - vielleicht war er aber auch der wirkliche Adressat - streift der Autor kurz eine vierstufige Leiter der inneren Entwicklung. Ein Kommentator des 16. Jahrhunderts, ein Ordensmann, scheint die Bezeichnungen 'besonders', 'einsam' und 'vollkommen' aufzufassen als ausschließlich Ordensangehörigen vorbehalten oder zum mindesten solchen, die ihr Leben dem Dienst der Kirche weihten. Diese Einschränkung läßt der Text nicht erkennen.

Die vierstufige 'Leiter' des 1. Kapitels entspricht durchaus dem inneren Werdegang aller, die nicht ganz im üblichen Leben aufgehen, das seinem Wesen nach ein Leben aktiver Betätigung in der Welt ist, für den Verfasser der W o l k e und seine Zeit selbstverständlich ein christliches Leben im Sinne der Kirche.

Es ist demnach keine Frage, daß es sich bei der nächsten Stufe, dem 'besonderen' Leben, nur um eine religiös-geistliche Vertiefung all dessen handelt, was von den 'üblichen' Lebenden mehr oder weniger als 'Christenpflicht' aufgefaßt und geübt wird.

Wer sich aber zu solch einer 'besonderen' geistigen Vertiefung seiner religiösen Überzeugungen und Neigungen getrieben fühlt, der wird bald, auch ohne sein Zutun, immer mehr innerlich vereinsamen, je weiter er auf seinem Wege fortschreitet, und damit die dritte Stufe der Leiter erklommen haben.

Anscheinend ist es diese innere Vereinsamung, über die der Adressat der W o l k e d e s N i ch t e r k e n n e n s sich bei deren Verfasser, der wahrscheinlich sein geistlicher Berater war, Weisungen holen wollte. Sie wird ihm in Form eben des Buches, das ihn auf die vierte, die Stufe der Vollkommenheit geleiten will. Zwischen den Zeilen also schon hier die Mahnung: Nichts für Anfänger!

Im 2. Kapitel heißt es zwar: "Du mußt nur Fenster und Türen bewachen, damit weder Fliegen noch Feinde eindringen können", und das klingt sehr einfach. Unter 'Fliegen' sind belanglose Gedanken zu verstehen; die 'Feinde' mögen Neigungen und Abneigungen personifizieren, die mit größerer Intensität ablenkend wirken und vor allem ichbezogener sind. Und es ist die Ichbezogenheit, der in erster Linie der Kampf angesagt wird.

Das Verlangen, "in deinem Willen durch die Hand des allmächtigen Gottes und mit deiner Zustimmung geformt zu werden", ist das Verlangen, das eigene Leben nicht mehr auf das persönliche Ich bezogen zu leben, sondern auf Das, was hier 'Gott' genannt wird. [1)]

Dieses persönliche Ich loszuwerden ist aber auch Sinn und Ziel aller anderen Religionen und damit einer der Punkte, in denen sie zusammentreffen. Gemeinsam aber ist dabei nicht nur das Ziel, sondern weitgehend auch der 'Weg' dorthin, d.h. die Technik, die angewandt wird, um dieses Ziel zu verwirklichen. Wie schon angedeutet, soll hier versucht werden, an Hand eines der berühmtesten Texte der christlichen Hochmystik aufzuzeigen, daß eine dem Menschen innewohnende metabiologische Uranlage in Ost und West auf überraschend nahe verwandten Wegen den aus der Tierreihe heraufgestiegenen Menschen zu dem Geistwesen zu wandeln strebt, das er sein soll.

Mit der Weisung, "...du brauchst nur Fenster und Türen zu bewachen, damit weder Fliegen noch Feinde eindringen können", setzt das Buch vom 'Werk' genau da ein, wo auch der Yoga einsetzt. Der Leser dürfte hier allerdings bereits vergessen haben, was im ersten Kapitel über die vier Stufen nur ganz am Rande gesagt wurde. Es wurde nur so flüchtig erwähnt, weil deren Wesen und Wert dem Adressaten der Abhandlung wohl vertraut waren - denn er hatte diese Leiter in einem mühsamen Aufstieg bereits erklommen. Dem modernen Leser entgeht in seiner Unterschätzung dieser nur scheinbar belanglosen Erwähnung des Vier-Stufenweges Entscheidendes: nämlich die lange und intensive Vorarbeit, die bereits geleistet sein muß.

Der gleiche Fehler wird von dem Yoga-Schüler des Westens gemacht. Er kann dazu meist die Entschuldigung vorbringen, daß er von Vorbereitungsstadien nichts weiß, denn diese werden in Asien an sich als so selbstverständlich vorausgesetzt, daß sie in Yogatexten ebenfalls nur in Stichworten erwähnt und daher gern übergangen werden. Auf diese Weise blieb im Westen auch die in gewissen Kreisen willkommene Behauptung unwidersprochen und konnte sich ungehindert ausbreiten, daß der sogenannten östlichen 'Geistlichkeit' trotz aller erstaunlichen Qualitäten eben doch die (christliche !) Ethik fehle. Wie gesagt, das ist ein Irrtum.

Die Technik für ein kontemplatives Leben mit dem Hochziel unio mystica, wie sie sowohl der Yoga wie die Wolke des Nichterkennens vermitteln, setzt eine lange innere Vorbereitung voraus, ohne die sie nicht einmal verstanden werden kann. Und bei beiden besteht diese innere Vorbereitung in einer mühsamen und intensiven Läuterung des ganzen Menschen.

Der zweite Satz im Yogasystem des PATANJALI, des bekanntesten Yogatextes, lautet: "Yoga ist das Zur-Ruhe-bringen der fortlaufenden Tumulte der Gedanken" (Yoga citta-vritti-nirodhah).[2)]

Das ist nichts anderes, als "Fenster und Türen zu bewachen, damit weder Fliegen noch Feinde eindringen können". Aber auch der andere Satz dieses zweiten Kapitels geht parallel zum Yoga in die gleiche Richtung: "Er ist ein eifersüchtiger Liebhaber und duldet niemanden neben sich."

In unserem Text ist es Gott, von dem die Rede ist. Der Yoga hat zwar auch den Gottesbegriff, und das Ziel ist ebenfalls die Vereinigung der individuellen Seele mit dieser 'Universalseele'. In der Technik des Yoga spielt 'Gott' aber keine andere Rolle, als daß Er eben das Ziel ist. Yoga hat die Wurzel yuj, die 'vereinen' bedeutet, und ist also nicht nur der technische Ausdruck für den Weg, sondern auch für das Ziel.

Die yogatechnische Parallele zu dem herangezogenen Satz besteht in der Vorschrift, daß, wer Yoga erstrebt, nichts anderes daneben in sein Inneres einlassen darf. Er muß "auf eins gerichtet" werden, sein und bleiben. Die Parallele ist deutlich; sie geht zu Anfang des dritten Kapitels in Einzelheiten über. Aber auch die "tobenden Dämonen" des zweiten Absatzes treten in beiden Techniken auf. Sie sind ein psychologisches Symptom. Konzentrationsübungen des Wachbewußtseins verursachen dessen Einengung, durch die das Unbewußte aktiviert und fähig wird, seinen Inhalt ins Wachbewußtsein einzuschleusen. Es wird später darauf zurückzukommen sein.

Hier nun erscheint zum ersten Male der Ausdruck, der das 'Werk', um das es im ganzen Buch geht, umschreibend näher zu bezeichnen versucht: als die sog. 'Wolke' des Nichterkennens. Die Umschreibung ist deutlich und ausreichend und bedarf keines weiteren Kommentars, zumal der Autor im Laufe des Buches immer wieder auf sie zurückkommt.[3)]

Wer jedoch aus der Lektüre östlicher Schriften den Begriff des 'Nicht-wissens' kennt, der sei darauf aufmerksam gemacht, daß zwischen beiden Bezeichnungen ein entscheidender Unterschied besteht.

A v i d y a , das Nichtwissen der östlichen Geisteswissenschaften, meint zweierlei gleichzeitig: Einmal die glatte, einfache Unkenntnis der wahren Wirklichkeit, die eine geistliche Realität ist, zum anderen das Falschwissen, das die Welt der Erscheinungen für wirklich, wenn nicht gar für die einzige wahre Wirklichkeit hält.

Dagegen ist die 'Wolke' des Nichterkennens der Ausdruck der westlichen Mystik für jenen Bewußtseinszustand, den der Buddhismus als 'Leere' (s h u n y a t a) bezeichnet, d.h. ein Bewußtsein ohne Inhalte. Er bedeutet weder hier noch dort einen Trancezustand oder sonst eine anormale Bewußtseinsveränderung, sondern ganz einfach das Aufhören der automatisch im Bewußtsein auftauchenden und verschwindenden Bilder und Gedanken.

Wesentlich ist an dieser Stelle die Formulierung: "Was du auch immer unternimmst, diese 'Dunkelheit', diese 'Wolke' ist zwischen dir und deinem Gott... Sei daher darauf vorbereitet, so lange es sein muß, in dieser Dunkelheit zu bleiben."

Das bedeutet, anders ausgedrückt: Bis hierher reicht die a k t i v e Mitwirkung des Mystikers; sie besteht ausschließlich im Wegräumen von Hindernissen. Ist es ihm gelungen, sich beliebig lange in der 'Leere' oder der 'Wolke-des-Nichterkennens' halten zu können, dann besteht eben darin seine Übung, seine Kontemplation. Das bedeutet aber:

Die *unio mystica* des christlichen Mystikers wie der *Yoga-Samadhi* des Yogi treten v o n s e l b s t ein. Alle Kontemplation, alle Yoga-Übung ist nur "Wind, der die Wolken vor der Sonne wegbläst"; der Wind braucht die Sonne nicht zu schaffen und könnte es gar nicht. Sie ist immer da.

Der christliche Mystiker spricht in diesem Sinne später von der Gnade; hier formuliert er die Situation vom Übenden aus gesehen: "Sei daher darauf vorbereitet, so lange es sein muß, in dieser Dunkelheit zu bleiben."

Die eigentümliche 'Zeit'-einteilung dieses Kapitels geht zunächst auf 'atomos' zurück, das im griechischen N.T. benutzt wird, um 'einen Augenblick' zu bezeichnen. Im mittelalterlichen Latein wurde diese Zeiteinheit regulär festgesetzt als das kleinste mittelalterliche Zeitmaß: 15/94 einer Sekunde. Eine Stunde enthielt 5 Punkte, 15 Teile, 40 Momente, 60 'ostents', 22.560 Atome.

Im darauffolgenden Absatz versucht der Autor zu begründen, wieso eine Vereinigung der Seele mit Gott überhaupt möglich ist. Er hält sich damit wie in allem anderen an den Pseudo-Dionysos, der das Problem mit der Immanenz Gottes löst. Er kommt immer wieder darauf zurück, wie auf die hier zuerst auftauchende Feststellung, daß ein Erkennen Gottes nicht möglich sei, daß aber die Erfahrung Seiner Wirklichkeit durch die sehnende Liebe erreicht werden kann.

Im 7. Kapitel gibt der Autor dem Leser ein weiteres technisches Hilfsmittel an die Hand, indem er ihm empfiehlt, sich ein möglichst einsilbiges Wort zu wählen. "Dieses Wort soll dein Wehr und Waffen sein, reitest du nun in Krieg oder Frieden. Mit diesem Wort sollst du auf die 'Wolke', die Dunkelheit über dir, einschlagen. Mit diesem Wort sollst du alle Gedanken niederzwingen und unter die 'Wolke-des-Vergessens' treiben."

Die mittelalterlichen Kommentatoren wissen mit diesem so eindrucksvoll vorgebrachten Rat offensichtlich nichts anzufangen; gelegentlich raten sie den eigenen Lesern sogar davon ab, ihn zu befolgen. Das läßt vermuten, daß diese Technik eine eigene Entdeckung des Verfassers der Wolke des Nichterkennens ist. Trifft diese Vermutung zu, dann läge hier ein überaus interessantes Beispiel für das autonome Wirken des GEISTES im Menschen vor, der hier anscheinend spontan ein Hilfsmittel auftauchen ließ, das im Osten auf eine vieltausendjährige Tradition zurückblicken kann: Die Anwendung von Mantras.

Die Bedeutung von Mantras ist im Osten weit umfassender und stützt sich auch heute noch entscheidend auf die fast magische Wirkung des Wortes, während der Autor der Wolke des Nichterkennens darin ausschließlich das Mittel sieht, das ein Auftauchen und Sich-multiplizieren von Gedanken verhindern soll.

Die ihm zeitnahen Kommentatoren zögern mit einigem Recht, ihm dabei zu folgen, denn an und für sich genügt ein bloßes Wort tatsächlich nicht, um diese Wirkung hervorzurufen. Ein beliebiges Wort ist noch kein Mantra.

Die Tradition Asiens besteht darauf, daß das M a n t r a nur wirke, wenn es vom G u r u übermittelt wurde, d.h. Bestandteil einer **Einweihung** in einen geistlichen Pfad ist. Der Verfasser der W o l k e d e s N i c h t - e r k e n n e n s betont das Gegenteil: Daß sein Adressat selbst das Wort finden möge.[4)]

Auch dies zeigt seine ungewöhnliche Sensibilität für Wesen und Wirken geistlicher Vorgänge: Ein Wort, das den Sucher 'anspricht' auf seiner Suche, besitzt bereits für ihn eine gewisse, fast magische Kraft, die das von einem andern vorgeschlagene u.U. nicht hat. Aber diese ursprünglich sich nur andeutende Magie genügt selbst für die bescheidene Aufgabe noch nicht, die ihm in der W o l k e d e s N i c h t e r k e n n e n s gestellt wird, die automatische Tätigkeit des diskursiven Denkens auszuschalten. Auch dazu muß sie erst entwickelt werden. Das geschieht durch die Wiederholung.

Der Übende, der ein solches Wort, das ihn irgendwie 'anspricht', gefunden hat, muß es sich so zu eigen machen, daß es Leben von seinem Leben bekommt; erst dann entwickelt es seinen 'Zauber ' ganz und wird damit stärker als alles, was den Kontemplativen von der Sphäre des Intellekts her abzulenken versucht. Mechanische Wiederholung genügt dazu allerdings nicht; es ist sein 'Sinn', den der Übende zunächst immer wieder in seinem Empfinden aufrufen muß, ihm damit erst die Magie vermittelnd, die später schlagartig die erwünschte Wirkung auslöst.

Dem Orthodoxen Katholizismus, der Ostkirche, ist die Mantratechnik übrigens unter dem Namen des 'Herzensgebets' bekannt. Man ist dort sogar der Meinung, daß der Osten seine J a p a t e c h n i k , die Wiederholung von heiligen Worten oder Wortfolgen, von ihr übernommen habe.[5)] Angesichts des weit höheren Alters der indischen Mantratechnik dürfte das Umgekehrte richtig sein, es sei denn, daß auch hier eine geistliche Gesetzmäßigkeit die spontane Entstehung an verschiedenen Orten ausgelöst hat.[6)]

Das 21. Kapitel steht unter der besonderen Bedingung des englischen Bibeltextes vom ' b e s t e n ' Teil, den MARIA für sich erwählt hat; die Lutherbibel spricht nur vom g u t e n Teil. Für die Sache, das 'Werk', um das es geht, ist diese Betrachtung ohne Belang. Es bedarf einer derartigen rein intellektuell genährten Beweisführung nicht. Wer reif ist, das Werk anzutreten, erspürt die diesem innewohnende mystische Kraft von selbst; wer es nicht ist, wird es auch von einer solchen Beweisführung 'aus der Schrift' nicht werden.

Das Gewicht, das der Verfasser auf dieses Wortspiel vom 'besten Teil' legt, entspricht wahrscheinlich der gleichen Quelle, die sein ausführliches Verweilen bei der Geschichte von MARIA und MARTHA bestimmt, nämlich die eigene trübe Erfahrung, die keinem Kontemplativen erspart bleibt; ihre Auswirkung auf den Verfasser taucht auch an späteren Stellen immer wieder auf.

Im Raum westlichen Denkens bleibt der Konflikt zwischen aktivem und kontemplativem Leben unlösbar; auch das Verlangen unseres Autors nach gegenseitiger Toleranz beseitigt ihn nicht, sondern läßt ihn nur in der Schwebe.

Der Yoga kommt an sich zu positiverem Ergebnis insofern, als er verschiedene Übungswege kennt, die als durchaus gleichberechtigt gelten, ja, nebeneinander und gleichzeitig geübt werden müssen, wenn sie Erfolg haben wollen. Das um Jahrtausende ältere indische Wissen um die Reaktionsweisen des Menschen stellt in Rechnung, daß Wesenseigentümlichkeiten sich nicht einfach ausschalten, viel weniger vergewaltigen lassen. Es teilt die Temperamente in die vier großen Gruppen der Kontemplativen, der Aktiven, der Denker und der Empfindungsmenschen und entwickelte entsprechend die Yogapfade von Raja-Yoga, Karma-Yoga, Jnana-Yoga und Bhakti-Yoga.

Der Aktive, der in der Geschichte von MARIA und MARTHA im Alltagshandeln einfach aufgeht, hat im Osten im Karma-Yoga die gleiche Möglichkeit, die der Kontemplative hat: Das Aufgehen im Göttlichen, ohne erst zum Kontemplativen werden zu müssen. Er muß nur lernen, sein gesamtes Handeln ausschließlich "um Gottes willen" zu tun, und dessen Früchte, Erfolg oder Mißerfolg, gelassen und unberührt entgegenzunehmen als sein 'Karma' in der zweiten Bedeutung des Ausdrucks: Folgen früheren Handelns, aber eines Handelns in früheren Existenzen, dessen Folgen noch nicht ausgelebt wurden und daher noch als Hindernisse zwischen dem Karma-Yogin und seinem Ziel liegen, dem Ziel der Großen Befreiung im Yoga, der Vereinigung mit Gott. [7)]

Der Jnana-Yoga, der Yoga der Erkenntnis, berührt einen der Kardinalsätze der christlichen Mystik; der Verfasser der Wolke des Nichterkennens formuliert ihn im 4. Kapitel: "Für die Erkenntniskraft bleibt Gott auf immer unbegreiflich." Im 6. Kapitel heißt es erneut: "Gott kann sehr wohl geliebt, aber nicht gedacht werden." Der Gegensatz, der hier aufzutauchen scheint, täuscht, denn es wird von zweierlei Erkenntnis gesprochen. Die christliche Mystik, allen voran DIONYSOS und mit ihm der Verfasser der Wolke des Nichterkennens, meinen die rationale Erkenntnis, den menschlichen Verstand. Für ihn gibt es kein 'Erkennen' Gottes. Jnana, der Sanskrit-Ausdruck für 'Erkenntnis', ist jedoch weit umfassender; er bezeichnet nicht nur die 'niederen' Fähigkeiten des diskursiven Denkens, sondern schließt höhere, wie die Intuition, mit ein. Weg und Technik des Jnana-Yoga bestehen sozusagen darin, durch das diskursive Denken den Beweis zu erbringen, daß dieses Denken 'Gott' nicht erreichen kann, um sich Ihm dann 'im leeren Raum' zu vereinen, d.h. in einem von Gedanken und Vorstellungen entleerten reinen Gewahrsein. Eben dieses Erleben aber nennt er auch noch Jnana, 'Erkenntnis'; es handelt sich also bei dem scheinbaren Unterschied zwischen Ost und West lediglich um einen Unterschied im Anwendungsbereich des Ausdrucks 'Erkenntnis'.

Bhakti-Yoga aber ist der Yoga, der genau der Technik entspricht, die in der Wolke des Nichterkennens entwickelt wird, mit dem Unterschied, daß der Bhakta nicht der ausschließlich Kontemplative ist, als der eher der Jnani anzusprechen wäre. Der Bhakta lebt sein Leben als ein 'Spiel', das die Gottheit mit ihm spielt, und das als solches nichts enthalten kann, was er beklagen oder ablehnen könnte. Er ist der Yogi, der sich selbst am gründlichsten vergißt in seinem Bestreben, den 'Geliebten' zur Mitte seines Seins und Lebens zu machen. Der fortgeschrittene Bhakta erwartet nichts von der geliebten Gottheit, weder Schutz noch Vorteile, weder 'Lohn' noch 'Tröstungen', nicht einmal Gegenliebe; er bittet Ihn um nichts, als Ihn lieben zu dürfen. Und da Gott 'Liebe' ist, so hat der Bhakta in seiner grenzen- und bedingungslosen Liebe zu Ihm mit dem 'Wege' schon das Ziel.[8)]

Der Vollständigkeit halber, soweit davon überhaupt bei diesen Andeutungen die Rede sein kann, sei noch ein vierter Yogapfad erwähnt, Raja-Yoga, der 'königliche' genannt, der praktisch eine Kombination der genannten drei Pfade ist.[9)]

Worauf es an dieser Stelle ankam, war, nachzuweisen, daß der Gegensatz Aktive - Kontemplative an sich keine unumgängliche Notwendigkeit, keinen unlösbaren Konflikt auf dem Wege zur höchsten Erfüllung des Menschseins zu bedeuten brauchte. Daß er sich immer wieder als Konflikt anbieten wird, heute wie vor 600 Jahren, gehört auf das Konto menschlicher Unzulänglichkeit, nicht auf das Konto der Suche nach Gott.

In Kapitel 29 wird, wie an vielen anderen Stellen, 'das freie Wirken' der göttlichen Gnade herangezogen, deren scheinbarer Willkür-Charakter gerade an dieser Stelle besonders stark zur Geltung kommt. Es ist eine Vorstellung, die nachzuvollziehen dem Osten nicht unmöglich ist. An dieser Stelle klafft keine unüberbrückbare Kluft zwischen christlichem und östlichem religiösen Denken und Empfinden. Nicht etwa, daß der Mensch des Ostens auf dem lächerlich engen Standpunkt stünde, Gottes Wesen und Tun müsse menschlichem Verstehen begreiflich sein. Im Gegenteil: er weigert sich, IHN überhaupt auf die menschliche Ebene herabzuziehen, indem er IHM alle Eigenschaften abspricht - genau wie der christliche Mystiker.

Gott ist nicht gnädig, ER ist die Gnade selbst. Diese aber kennt weder ein Verweigern ihrer selbst noch gar Willkür.

Der Yogi benutzt gelegentlich das schöne Bild vom 'Meer der Gnade', das ja auch dem Christen nicht fremd ist. Der Yogi bleibt aber logisch, indem er nicht das Meer seine Gaben unterschiedlich bemessen und austeilen läßt. Der Mensch empfängt vielmehr entsprechend dem Gefäß, das er zum Schöpfen mitbringt, der eine einen Becher, der andere einen Eimer voll. Und für dieses Gefäß - seine Empfänglichkeit für die Gnade - ist er selbst verantwortlich, denn er besitzt es gemäß seinem ethischen Verhalten und seiner entsprechenden inneren Reife und Entwicklung. Diese aber hat nicht unbedingt erst mit diesem Leben eingesetzt.[10)]

Damit wird jene entscheidende Vorstellung berührt, die das Kirchen-Christentum von heute von allen östlichen Religionen trennt, die Vorstellung von einem Weg des Erwachens der Seele, der durch eine Kette von Verkörperungen führt. Schicksal ist nicht Zufall, viel weniger Willkür unsichtbarer Mächte; es ist Folge von Ursachen, die der Mensch mit seinem Handeln setzt bzw. in vergangenen Existenzen gesetzt hat. Diese Lehre von der Evolution der Psyche durch eine Folge von körperlichen Existenzen, die heute allgemein als spezifisch östlich gilt, wurde auch im frühen Christentum noch durchaus vertreten, und nachdrücklicher, als es die Spuren vermuten lassen, die im Alten und Neuen Testament erhalten geblieben sind.

Sie braucht hier nicht diskutiert zu werden, mußte aber Erwähnung finden, weil es sich beide Male um wesentliche Pfeiler der jeweiligen Weltanschauung handelt: Im einen Falle die willkürlich ausgeteilte Gnade Gottes, im anderen die

Eigenverantwortlichkeit des Menschen für sein Geschick bis zu dem Augenblick, in dem er - auf sich selbst verzichtet.

An diesem entscheidenden Punkt, dem Verzicht auf sich selbst, begegnen sich die Ströme aus Ost und West wieder und münden in das Zentralthema des Buches ein:

D i e s e r V e r z i c h t i s t d i e e n t s c h e i d e n d e B e d i n g u n g z u r m y s t i s c h e n B e g e g n u n g z w i s c h e n M e n s c h u n d G o t t .

Am Schluß dieses Kapitels und dem Anfang des folgenden wird vor jeder Kritik an anderen gewarnt, mit der Begründung, daß niemand in den anderen hineinsehen könne. Eine mittelbare Begründung also; die andere, die sich unmittelbar auf das Thema der Gedankenkontrolle richtet, wird nicht gesehen. Urteilen als 'Unterscheiden und Vergleichen', ganz besonders aber in der Form der Kritik an anderen, ist ein Gebiet, auf dem sich das diskursive Denken mit besonderer Vorliebe bewegt. Im Augenblick aber, in dem sich die Aufmerksamkeit auf den Nebenmenschen richtet, kann sie nicht gleichzeitig auf Gott gerichtet sein, ganz abgesehen vom sittlich negativen Charakter jeder Kritik am Nächsten.

Umgekehrt: Ein Bewußtsein, das auf die W o l k e d e s N i c h t e r k e n n e n s gerichtet ist, wird niemals in Versuchung sein, Handeln oder Wesen des Mitmenschen abzuwägen, um sich "ein Urteil darüber zu bilden". Es empfindet sich weder als Polizist noch als Richter; es ist vielmehr bedrückt und verzweifelt, daß es 'sich' überhaupt noch empfindet - nämlich als Hindernis auf seinem geistlichen Wege. Es sieht sich in der Lage von MOSES, dem nach der Sufi-Überlieferung der HERR zurief:
"Was tust d u zwischen Mir und dir?!"

Wie könnte jemand auf den Gedanken kommen, über andere zu urteilen, der sich so angesprochen fühlt?!

'Sich ein Urteil bilden' gehört zu den mentalen Funktionen, die sich beim modernen Menschen am hartnäckigsten behaupten und am schwersten zu überwinden sind. Wie schwer, das zeigt erst der eigene Versuch, dieses nur scheinbar verhältnismäßig harmlose Laster unter Kontrolle zu bringen.[11)]

Die beiden Methoden, die der Autor im 32. Kapitel als Hilfsmethoden nennt, bedürfen an sich keiner Erläuterung. Aber vielleicht interessiert manchen zu erfahren, was psychologisch dabei vorgeht. Der Versuch, "dich so zu verhalten, als ob du gar nicht bemerktest, daß diese Gedanken dich so hart bedrängen", ist insofern wirksam, als Gedanken und Vorstellungen sich nicht unmittelbar unterdrücken lassen; was hier empfohlen wird, ist die mittelbare Methode, die sich auf die Tatsache stützt, daß das Bewußtsein nicht zwei Gedanken oder Vorstellungen gleichzeitig hegen kann.

Will man also einen unliebsamen Gedanken loswerden, dann kann das nur geschehen, indem man die Aufmerksamkeit auf einen anderen richtet. Eben dies wird hier geraten. Erfolg hat dieses Mittel allerdings nur, wenn bereits eine gewisse Konzentrationskraft zur Verfügung steht. Reicht sie noch nicht aus, dann entsteht die Situation, die anschließend beschrieben wird: Der Erfolg bleibt aus, zur Verzweiflung des Ringenden. Gibt er dann den Kampf auf in der Erkenntnis seiner Unfähigkeit, ihn zu bestehen, und überantwortet er sich Gott, dann ist es kein Wunder, wenn Gott ihm zuhilfekommt, denn er hat 'sich selbst' aufgegeben. Damit hat er endlich Platz gemacht für die Größere Kraft, die in ihm ist, aber nicht zum Zuge kommen kann, solange das kleine 'ich selbst' sich behauptet - selbst wenn es das in der besten Absicht tut wie hier: Um 'sich selbst' in Gestalt unliebsamer Gedanken oder Vorstellungen loszuwerden.

Der Dreiklang "Lesen (Hören), Überdenken, Beten" in Kapitel 35 deckt wiederum eine besonders auffallende Parallele westlicher und östlicher Praxis zur Entwicklung der geistlichen Fähigkeiten auf. Er findet sich wörtlich als der klassische Weg wieder: Hören (sravana), Überdenken (manana), Meditieren (nidid- yasana).

Die Übermittlung der Weisheit geschah im Osten durch die Jahrtausende hindurch stets mündlich vom Meister (Guru) auf den Schüler (Chela). Dieser hatte sich das Gehörte durch Überdenken zu eigen zu machen, d.h. nicht nur seinem Gedächtnis einzuprägen, sondern vor allen Dingen durch das gründliche Überdenken sich vom Wahrheitsgehalt des Gehörten zu überzeugen, und zwar, um mit dieser Überzeugung dem diskursiven Denken jeden Anhalt an Zweifeln und dergleichen zu nehmen. Danach erst kam das Meditieren.

Hier wird mancher Leser mit Recht stutzen. Ist denn Überdenken nicht dasselbe wie Meditieren? Das Christentum benutzte früher den Ausdruck Meditieren in diesem Sinne und hat ihn im gleichen Sinne neuerlich wieder aufgenommen; es kennt nur ein Meditieren ü b e r ein Thema![12)]

In der östlichen Anwendung ist dies nur das Anfangsstadium. Dort ist Meditieren eine reine Technik zur Erlangung der Kontrolle über das ungewollte Denken. Der Übende wählt einen Gegenstand oder ein Bild, später lediglich eine Vorstellung, und darf zunächst die Gedanken um diese kreisen lassen; solange sie sich mit dem Meditationsobjekt beschäftigen, ohne von ihm abzuschweifen, gilt die Aufgabe als bewältigt. Es folgt eine Stufe, auf der die Vorstellung selbst festgehalten werden muß, ohne daß sich verwandte Vorstellungen oder Gedanken daran heften dürfen. Kann diese bloße Vorstellung beliebig lange festgehalten werden, ohne daß die Aufmerksamkeit abschweift, dann wird auch sie fallen gelassen; zurück bleibt ein stilles, waches, reines Gewahrsein, ein Bewußtsein, das ohne alle Bilder und Vorstellungen in sich selbst ruht.[13)]

Diese letzte Stufe entspricht also der Kontemplation, wie sie in der W o l k e d e s N i c h t e r k e n n e n s beschrieben wird, wenn von der "nackten Absicht" die Rede ist, die auf Gott gerichtet werden soll. Der Übende sucht einen Bewußtseinszustand zu erreichen, in dem er "nichts" von sich "weiß", sondern ist, "wie er eben ist", und Gott so erfährt, "wie ER ist", also ebenfalls ohne jede Eigenschaft oder Besonderheit.

Die Parallele ist wieder einer der mancherlei Hinweise auf die Tatsache, daß hier weder Spekulationen noch ein Erzwingen-wollen unnatürlicher Zustände vorliegen, sondern eine natürliche Tendenz zur Entfaltung von Fähigkeiten, die auf der Entwicklungslinie des Menschen vom Säugetier zum Geistwesen liegen, eine Entwicklungstendenz, die von einer verborgenen Intelligenz gesteuert wird; nur so läßt sich erklären, wie in den unterschiedlichen Rassen - durch Kontinente getrennt - nah verwandte Methoden mit gleichem Ziel entwickelt werden konnten.

Der Unterschied auch an dieser Stelle ist nur einer des Ausdrucks. Meditation steht im Text an zweiter Stelle, entspricht aber genau dem Ü b e r d e n k e n , das in der indischen Methode den zweiten Platz besetzt. Der Unterschied zwischen den Begriffen der dritten Stelle wird von der Tatsache bestimmt, daß die Technik dieser geistlichen Übungsmethoden im Osten sehr viel älter und durchgebildeter ist als im Westen. Die östliche Methode geht vom Überdenken zur reinen Kontemplation über, der Verfasser der W o l k e d e s   N i c h t e r k e n n e n s   zum 'Gebet'. Seine weiteren Ausführungen aber ergeben, daß d i e s e s Gebet eine kontemplative Verfassung des Betenden voraussetzt, da "die Fähigkeit zu rechtem Beten ... sich erst nach der Fähigkeit zu meditativem Denken entwickelt".

Schon in den Kapiteln 48/49 wird von gewissen Phänomenen berichtet - Klängen, süßen Empfindungen -, die nicht durch äußere Ursachen hervorgerufen werden, sondern als Tröstungen auf dem schwierigen Wege des 'Werks' aufzufassen sind. Sie werden dort nicht beanstandet; der Verfasser warnt nur davor, sie als Selbstzweck anzustreben, da sie dann zum Hindernis vor dem wirklichen Ziel werden, der Vereinigung der Seele mit Gott. [14)]

Im Kapitel 52 kommt er auf diese Phänomene zurück, erklärt sie an dieser Stelle aber zu Täuschungen, die der Teufel denen vorgaukle, die sich 'falschen Praktiken' hingeben.

Die Phänomene selbst können nicht bestritten werden; sie sind Begleiterscheinungen jeder einige Zeit hindurch verfolgten Konzentrationsübung, daher sie hier nicht nur beim Anwärter auf das 'Werk', sondern auch bei den 'Kontemplativen des Teufels' vermerkt werden. Ebenso treten sie im Laufe der Yogapraxis auf. Nur werden sie im Osten weder mit einer positiven noch mit einer negativen Bedeutung belastet, sondern als belanglose Begleiterscheinung zur Notiz genommen - und beiseitegeschoben, indem der Übende ihnen weder Interesse noch Aufmerksamkeit zuwendet. Denn die Warnung, die der Verfasser ausspricht, ist berechtigt. Werden sie beachtet oder gar begehrt und gehegt, dann w e r d e n sie zu Verführern, zu einem Nebenpfad, der in die Irre führt.

Der moderne Leser wird geneigt sein, über 'den Teufel' zu lächeln, den der Verfasser hier und an anderen Stellen seiner Abhandlung so eindrucksvoll an die Wand malt. Wollte man dem Thema auf den Grund gehen, würde sich vielleicht herausstellen, daß 'der Teufel', seit er mit diesem souveränen Lächeln zugedeckt wurde, umso leichteres Spiel mit dem Menschen hatte - und hat.

Aber nicht er ist unser Thema. Und so mag nur noch einmal darauf hingewiesen sein, daß Konzentrationsmethoden wie Meditation und Kontemplation ihre sehr realen Gefahren für die Nerven und das seelische Gleichgewicht haben und nur mit äußerster Vorsicht unternommen werden sollten, wenn nicht ein erfahrener geistlicher Berater oder echter Yogameister den Übenden unter Kontrolle hat.[15)]

In den Kapiteln 62-67 tritt die stark persönliche Klangfärbung des Verfassers so auffallend zurück, daß der Eindruck entsteht, als handle es sich um eine nachträglich eingeschobene, ursprünglich vielleicht selbständige Arbeit. Tatsächlich ist dem Verfasser der Wolke des Nichterkennens so ausschließlich an der praktischen Übung und Erfahrung gelegen, daß er sich bei diesem rein theoretischen Thema nicht einmal die Mühe nimmt, eigene Gedanken hineinzutragen; er gibt kurz und flüchtig wieder, was RICHARD von St. VICTOR in seinem Benjamin Minor entwickelt, zeitgenössische Anschauungen, die letztlich auf Lehren des hl. AUGUSTINUS zurückgehen.

Wollte man an dieser Stelle gen Osten blicken, so würde sich keine Parallele ergeben; die analytischen und in ihrem Verfolg die philosophischen Bemühungen um das Wesen des Menschen haben dort zu anderen Auffassungen geführt als im Westen. Näher darauf einzugehen, würde vom 'Werk' dieses Buches entfernen, ohne zu dessen Durchleuchtung wesentlich beitragen zu können.

Beugen also auch wir uns dem Wunsch des Verfassers, der verschiedentlich zwischen den Zeilen durchschimmert und mahnt: "Mir wäre lieber, du analysiertest nicht." [16)]

Die Vermutung, daß es sich bei den Kapiteln 62-67 um eine Einfügung handelt, wird zur Gewißheit, liest man Kapitel 68 im Anschluß an Kapitel 61; es ist dessen unmittelbare Fortsetzung. Und sein Text unterstreicht gleichzeitig die Vermutung über die Theoriefeindlichkeit des Verfassers.

Denn während er im 62. Kapitel noch im Rahmen der gängigen Spekulation bleibt, bricht er im 68. Kapitel aus: "Trachte auf keine Weise danach, in dir selbst zu sein... Ich will nicht, daß du ohne dich selbst bist, noch auch über oder hinter dir, noch auf der einen oder der anderen Seite!" Und auf die vorweggenommene verdutzte Frage des Angeredeten folgt als Antwort das vielleicht schönste Kapitel 68 des ganzen Buches, in dem der Verfasser gleichsam vergißt, daß er zu einem noch Suchenden spricht, und der Seligkeit der eigenen Erfahrung freien Lauf läßt in einem Hymnus auf das 'Nichts' im 'Nirgends', wie sie tiefer und schöner auch in den tiefsten und schönsten Hymnen des Ostens über die gleiche Erleuchtung nicht zu finden ist. [17)]

Dieses Kapitel versagt sich denn auch jeden Kommentar, wie das ebenso schöne und tiefe Kapitel 44 über den Schmerz dessen, der erkannt hat, daß er 'ist'. In beiden handelt es sich um geistliche Erfahrungen, die nicht näher beschrieben, sondern eben nur - erfahren werden können. Und der Kommentator des XX. Jahrhunderts kann sich nur seinem Vorgänger aus dem 16. Jahrhundert anschließen, der feststellte: "Wo der Text der W o l k e dunkel geblieben ist, da würde jeder Kommentar ihn nur noch dunkler machen."

Da hilft nur eins: Der Mahnung des Verfassers zu folgen und das Buch - als Ganzes - wieder und wieder zu lesen. Geschieht es in der richtigen, einer meditativen Verfassung, dann werden auch die Stellen immer durchsichtiger und klarer, die zunächst unverstanden blieben.

Kapitel 69 zeigt noch einmal eine schöne und klare Parallele zu den mystischen Erfahrungen, wie sie der Osten verzeichnet: Das Auftauchen aller 'Sünden' der Vergangenheit vor dem inneren Blick des Kontemplativen.

Hier bietet sich auch ein Anschluß an die Erfahrungen der noch so jungen wissenschaftlichen europäischen Psychologie. Der Christ des Mittelalters spricht von den 'Sünden', der Yogi von v a s a n a s, latent gewordenen Eindrücken und Neigungen, der Psychologe des XX. Jahrhunderts vom Unbewußten, das seinen Inhalt in das Wachbewußtsein ergießt, wenn dieses durch Meditationsübungen seines sonstigen reichbebilderten Inhalts entleert wird. Damit entsteht in ihm gleichsam ein Vakuum, das andere Inhalte ansaugt, eben die des Unbewußten. Auf diese Weise, - und nur auf diese - , ist die Möglichkeit geboten, auf die anders nicht erreichbaren Inhalte der Tiefe einzuwirken. Denn auch sie muß entleert werden, um ihre vergiftenden Einflüsse aufzuheben.

Die Beschreibung hier trifft sehr genau auf das zu, was geschieht. Wenn der Kontemplative dem Medusenantlitz ruhig und gleichmütig ins drohende Auge zu blicken vermag und in seinem Bemühen nicht nachläßt, dann verliert es allmählich an Gewalt über ihn. Die v a s a n a s steigen seltener auf; es werden ihrer immer weniger und immer länger die Perioden eines 'Friedens, der höher ist als alle Vernunft'. Der Kontemplative nähert sich seinem Ziel.

Die Allegorie der Kapitel 71-73, in der die B u n d e s l a d e des Alten Testamentes als Symbol für das 'Werk' dieses Buches herangezogen wird, erweist sich bereits durch den deutlichen Stilwechsel wieder als Fremdkörper im Sinne der Kapitel 62-67 über die Seelenkräfte.

Auch diese Kapitel führen auf RICHARD von St. VICTOR zurück; sie sind eine fast wörtliche Übernahme. Doch spürt man trotzdem hier eine stärkere persönliche Beteiligung des Verfassers; die Allegorie entspricht offenbar so durchaus seiner eigenen Überzeugung und Erfahrung, daß er es für überflüssig hält, ihr eine andere, eigene Formulierung zu geben, zumal er diesen großen Vorgänger tief verehrt.

RICHARD von St. VICTOR ist der dritte in dem großen Dreigestirn der Mystik, dem der Verfasser der Wolke des Nichterkennens sich verbunden fühlte; die beiden andern sind, wie bereits erwähnt, der Pseudo-DIONYSIUS und Thomas VERCELLI, ebenfalls ein Abt von St.Victor.

Für den aufmerksamen Beobachter kann es kaum mehr zweifelhaft sein, daß die stammesgeschichtliche Entwicklung des Menschen sich in einem Einschmelzungsprozeß befindet, der das bisherige Nacheinander und Nebeneinander der verschiedenen Hochkulturen aufzuheben im Begriff ist. (Siehe mein *Evolution und Gottesidee,* A. Henn Verlag, 1967.)

Angesichts dieser offenbaren Tendenz zur Entstehung einer planetaren Einheitszivilisation taucht der Gedanke an die Möglichkeit einer Einheitsreligion auf; er wird immer wieder einmal, hier und da, zur Diskussion gestellt.

Tatsächlich geht er jedoch von einer falschen Voraussetzung aus, die 'Religion' mit 'Glaubensformen' gleichsetzt. Die Glaubensformen in Gestalt der verschiedenen Hochkirchen sind lediglich Entwicklungsprodukt einer Uranlage des Menschen, seines metabiologischen Bewußtseins; anders ausgedrückt: Der ihm eingeborenen Gewißheit seines wahren Wesens, von dem er zunächst allerdings nur ahnt, daß es sich nicht mit seiner sicht- und greifbaren Person deckt - so wenig wie Das, was er als 'Gott' empfindet, sich mit dem deckt, was seine Kirche ihm als den 'Herrn der Welt' bietet. Ist sein metabiologisches Bewußtsein entsprechend entwickelt, dann geht er auf die Suche nach dem eigenen wahren Sinn.

Das erst ist Religion und ist der Kern und das Gemeinsame aller Glaubensformen.

In diesem Sinne hat es seit je nur e i n e Religion gegeben; sie braucht also nicht erst geschaffen oder 'entwickelt' zu werden.

In demselben Sinn aber wäre es auch abwegig, die bestehenden Glaubensformen übereinbringen zu wollen. Es hieße nichts anderes, als reiche und vielgestaltige Pfade und Möglichkeiten zu verschütten, die ohnehin alle nur zur Mitte führen, zu der e i n e n Religion: Der Begegnung des Menschen mit seinem wahren Wesen, dem Antlitz-des-Schweigens in der Wolke-des-Nichterkennens - um in IHM aufzugehen.[18)]

VORREDE

Christliche Esoterik

"ER *ist* Liebe"

Mahatma Gandhi

Im Namen des Vaters und des Sohnes und des heiligen Geistes! Ich gebe dir den Auftrag und bitte dich mit soviel Nachdruck, als die Nächstenliebe verträgt, was du auch seist, der dieses Buch besitzen wird, sei es als Eigentum, in Aufbewahrung oder als Überbringer oder auch als Leihgabe: Daß, soweit es in deinem Willen und deiner Überlegung liegt, du es weder liest noch abschreibst, noch sprichst, noch auch duldest, daß es von jemand anderem gelesen, geschrieben oder gesprochen wird, es sei denn von jemandem oder für jemanden, der aufrichtig und in voller Absicht entschlossen ist, ein vollkommener Nachfolger Christi zu sein. Und das nicht nur im aktiven Leben, sondern auch im höchsten Grade kontemplativen Lebens, das durch Gnade in diesem Leben von einer vollkommenen Seele erreicht werden kann, obwohl sie noch in diesem sterblichen Leibe weilt. Und es müßte jemand sein, der alles tut und - nach deinem besten Wissen - lange vorher schon alles getan hat, was er kann, um sich durch die Tugendmittel eines aktiven Lebens zum kontemplativen Leben fähig zu machen. Denn sonst ist es nichts für ihn.

Überdies gebe ich dir den Auftrag und bitte dich im Namen der Barmherzigkeit, daß du diejenigen, die es lesen, schreiben oder sprechen, beauftragst wie ich dich, sich dazu Zeit zu lassen. Denn vielleicht ist etwas darin

- zu Beginn oder in der Mitte -, das in der Luft hängt und dort, wo es steht, nicht ganz erklärt wird; dann wird es das aber bald darauf oder sonst gegen Ende.

Wenn daher jemand nur ein Thema sieht und ein anderes nicht, dann mag er leicht irregeführt werden. Um solchen Irrtum bei dir und allen anderen auszuschalten, bitte ich dich um der Barmherzigkeit willen zu tun, was ich dir sage. Was aber nun die weltlichen Schwätzer angeht, die Schmeichler und Kritiker, Klatschmäuler, Zwischenträger und alle Arten von Nörglern, so kümmert es mich nicht, ob sie dieses Buch sehen. Denn es war nie meine Absicht, so etwas für sie zu schreiben.

Und daher wünschte ich, daß sie sich nicht damit befaßten, weder sie noch andere gelehrte und ungelehrte Neugierige. Ja, selbst wenn sie ausgezeichnete Leute im aktiven Leben wären, so wäre dieses Thema doch nichts für sie.

Anders ist es bei denen, die zwar ihrer äußeren Lebensform nach aktiv sind, aber trotzdem durch innere Neigung im geheimen im Geist Gottes gnädiglich tief veranlagt sind, denn Gottes Gaben können verborgen sein. Zwar werden sie nicht bestätigt, wie es sich für echte Kontemplative gehört, aber doch hin und wieder auch am höchsten Grade dieses kontemplativen Aktes teilnehmen. Wenn solche Menschen das Buch sehen, werden sie durch die Gnade Gottes davon höchst getröstet werden.

Dieses Buch ist in 75 Kapitel eingeteilt. Das letzte davon unterrichtet über gewisse Zeichen, durch die eine Seele zuverlässig nachprüfen kann, ob sie von Gott dazu berufen ist, in diesem 'Werk' zu wirken oder nicht.

Kommentar:
Nur Menschen, die Selbstzucht, Hingabe und das Verlangen nach dienender Verehrung haben, sind imstande, die heilige Botschaft zu begreifen. Die anderen werden sie hören und über sie murren oder alles zerreden.

Auch die Gita warnt:
"Du darfst dies niemals einem sagen, dessen Lebenswandel unseriös ist oder welcher ohne Frömmigkeit oder ohne Selbstzucht ist oder Gott lästert." (XVIII, 67).

In jeder Religion (ohne Ausnahme) gibt es eine Esoterik.

1. Kapitel

EINSAMKEIT

(Von den vier Graden christlichen Lebens und dem Zweck, um dessentwillen dieses Buch geschrieben ist.)

"Nahe ist und schwer zu fassen der Gott."

- Hölderlin, *Patmos*

Mein geistlicher Freund in Gott, verstehe wohl, daß meine bescheidene Beobachtung mich dazu geführt hat, v i e r Grade oder Formen christlichen Lebens festzustellen; sie mögen der allgemeine, der besondere, der einsame und der vollkommene Grad genannt sein.

Die ersten drei können in diesem Leben begonnen und beendet werden; der vierte kann - durch Gnade - hier begonnen werden; er wird sich, ohne je zu enden, in der himmlischen Seligkeit fortsetzen. Und in der Reihe, wie sie hier aufeinanderfolgen, - allgemein, besonders, einsam und vollkommen -, so auch, scheint es mir, hat der HERR in seiner großen Barmherzigkeit dich gerufen und führte dich, deinem Herzenswunsch entsprechend, in dieser gleichen Reihenfolge durch die gleichen Grade.

Über den ersten Grad wußtest du, wie mir scheint, wohl folgendes: Du lebtest in jener allgemeinen christlichen Form mit deinen weltlich gesinnten Freunden. Die ewige Liebe Gottes aber, durch die Er dich erschuf und gestaltete, als du noch nichts warst, und dich um den Preis Seines kostbaren Blutes erkaufte, als du in Adam verloren warst, sie wollte nicht dulden, daß du deiner Lebensweise nach so fern von Ihm sein solltest.

Darum entzündete Er mit der größten Gnade deinen Wunsch und legte ihn an die Leine der Sehnsucht und führte dich so in jene Lebensform, in der du ein Dienender seist unter denen, die Ihm besonders dienen, auf daß du so lernen mögest, besser und geistlicher in Seinem Dienst zu leben als bisher oder als du es getan haben würdest in der früheren allgemeinen Lebensform.

Und weiter?
Nun, mir scheint, als ob Er dich trotzdem nicht so leichten Kaufes davonkommen lassen wollte, um der Liebe willen, mit der ER dich geliebt hat, seit du geschaffen wurdest. Was tat Er also dann?

Siehst du nicht, mit welch großer Gunst und Sorgfalt er dich ganz im geheimen in den d r i t t e n Grad hineingezogen hat, die dritte Lebensform, die 'einsame'? In dieser Lebensform der inneren Einsamkeit magst du den Fuß deiner Liebe heben, um zur Vollkommenheit zu gelangen, der letzten der Lebensformen.

Kommentar:
"Dein Reich komme" setzt "mein Reich vergehe" voraus.

Die islamische Mystik sagt: "Wenn das Herz weint um das, was es verloren, lacht die Seele wegen dessen, was sie gefunden hat."

Und ECKEHART sagt: "Gott kann nicht umhin, einem abgeschiedenen Herz sich selber zu geben." "Bringt die Liebe mich dahin, um Gottes willen alles zu erdulden, so bringt die Abgeschiedenheit mich dahin, nur noch für Gott empfänglich zu sein."

Das integrierte Leben (ewige Fülle) kann nur durch jene erlangt werden, die absichtlich das gesellige Leben preisgegeben haben. Die innere Einsamkeit ist unentbehrlich für den geistigen Aufbau.

Auch die Gita sagt: "Der Yogi soll versuchen, seinen Geist beständig auf das Göttliche zu richten, in der Abgeschiedenheit verharrend, einsam und selbstgebändigt."(VI, 40).

Hauptziel der Einsamkeit und Abgeschiedenheit ist es, unser Bewußtsein aus seinem gewöhnlichen Wachzustand zu höheren Ebenen hinaufzuführen, bis es schließlich die Integration erreicht. R a h a s i (Abgeschiedenheit) und E k a k i n (Einsamkeit) sind nötig, um das sanfte Drängen der Seele zu spüren und ihre leise Stimme zu hören.

1. KIEN / Das Schöpferische

Fiat lux! = aus der Anfangsursache
entsteht LICHT als Ur-Energie
= *Shakti*; sie "bleibt in Gott..."

I. *Johannes* 4,16

Am Schluß jedes (der ersten 64) Abschnittes nennen wir das I-Ging Äquivalent in dem Kürzel chinesisch/deutsch.

Der geschulte Leser kann dann alles Weitere nach eigenem Forscherstil zuende führen; die Zahlen sind ja ohnehin dieselben.
Also hier z.B.

Nr. 1 K I E N = das Schöpferische.

Gemeint ist selbstredend nicht eine etwaige Gleichstellung mit den Inhalten des I-Gings, sondern daß hier etwas christlich-mystisch formuliert vorliegt, was mit dem korrespondierenden numerierten Abschnitt im I-Ging womöglich vergleichbar wäre.

(Empfehlenswerte Einzelheiten gibt das I-Ging Buch von
J. *Murphy*, Ariston Verlag, Genf 1979.)

2. Kapitel

DEMUT

(Eine kurze Anregung zur Demut und zum 'Werk', um das es in diesem Buch geht.)

Gib acht nun, schwacher und elender Mensch, und sieh dich an. Was bist du, und was hast du getan, daß du verdientest, vom HERRN so berufen zu sein? Welches müde und elende Herz würde von dem Sog dieser Liebe, von der Stimme dieses Rufes n i c h t aus dem Schlaf der Trägheit erwachen?

Hüte dich also, während du noch mit deinem Feinde im Kampf liegst, daß du dich nicht für heiliger oder auch nur besser hältst um dieser hohen Berufung und der Lebensform der inneren Einsamkeit willen, in der du jetzt bist! Du würdest tatsächlich nur noch elender und verflucht sein, wenn du nicht dem Gnadenruf entsprechend lebtest und lerntest.

Du solltest immer sanfter, immer liebender deinem geistlichen Bräutigam gegenüber werden, der der Allmächtige Gott ist, der König der Könige, der Herr über alle Herren. Denn ER hat sich vor dir und der ganzen Herde Seiner Schafe so herabgelassen, dich gnädig zu erwählen, einer derjenigen zu sein, die Ihm besonders eigen sind, und dich dementsprechend auf eine Weide gesetzt, auf der du mit der Süße Seiner Liebe genährt wirst, während du dich ernstlich um dein Erbe, das Reich Gottes, mühst.

So geh denn mutig voran. Blick voraus und kümmere dich nicht um das, was hinter dir liegt. Sei dir dessen bewußt, was dir fehlt, und nicht dessen, was du schon erreicht hast, denn das ist der beste Weg zur Demut, das beste Mittel, sie zu finden und zu bewahren. Notwendig ist jetzt, daß dein ganzes Leben sich ganz nur auf ein Verlangen richtet, wenn du Fortschritte zu deiner Vollkommenheit machen willst. Dieses Verlangen ist aber: In deinem Willen durch die Hand des Allmächtigen Gottes und mit deiner Zustimmung geformt zu werden.

Aber dies Eine muß ich dir sagen: Er ist ein eifersüchtiger Liebhaber und duldet niemanden neben Sich. Er wird in deinem Willen nur wirken, wenn Er mit dir allein ist. Er verlangt keine andere Hilfe als nur die deine, und Er verlangt auch von dir nur, daß du deine Aufmerksamkeit auf Ihn richtest und Ihn dann wirken läßt. Du mußt nur Fenster und Türen bewachen, damit weder Fliegen noch Feinde eindringen können.

Wenn du willig nur dies tust, dann brauchst du nur ruhig und demütig zu beten, und Er wird dir bald helfen. Vorwärts denn, und laß sehen, wie du dich verhältst. Er ist bereit, und Er wartet auf dich. Aber was wirst du tun? Und wie willst du vorgehen?

Kommentar:
Die Seele hat einen heimlichen Zugang in die göttliche Natur, wo ihr die Gegenständlichkeit zunichte wird. Diesen Zugang bietet nur die Demut.

Demut ist das nicht, sich auf die Erde niederzuwerfen, mit ausgebreiteten Händen vor den Altären zu liegen oder Gelübde zu häufen. Demut ist es, mit ruhigem Gemüte auf alle Demütigungen hinsehen zu können.

Der islamische Mystiker Ibrahim Adham sagte:
"Bevor sich dem Suchenden das Tor zur Erleuchtung öffnet, müssen drei Schleier von seiner Seele gezogen werden. Erstens darf er, wenn ihm der Bereich aller Welten als Geschenk zuteil werden soll, keinerlei Freuden hegen; der zweite Schleier ist der, daß er über seine Verarmung nicht betrübt sein möge, falls er dem Bereich wieder verlustig gehen sollte; der dritte zu entfernende Schleier ist jener, daß er sich von keiner Gunst und keinem Lobe täuschen lasse."
Der Sucher muß demütig sein.

2. KUN / Das Empfangende

Die Urenergie polarisiert sich in *Yang* (+)
und *Yin* (-). Dies, der weibliche Aspekt
Gottes (= Maria), "... ist eure Stärke".

Nehemia 8, 10

3. Kapitel

DIE GEHEIMNISVOLLE WOLKE

(Wie das 'Werk' dieses Buches durchgeführt werden soll und über dessen Wert, der höher ist als der aller anderen Werke.)

Erhebe mit einer sanften Liebesregung dein Herz auf zu Gott und meine nur Ihn Selbst und keines der Dinge, die Er schuf. Denke an nichts als an Gott Selbst, so daß nichts außer Gott in deinem Denken oder Willen wirkt. Du mußt alles tun, was dazu beiträgt, daß du alle Wesen vergißt, die Gott geschaffen hat, und alle ihre Werke. Deine Gedanken und Wünsche dürfen nicht auf sie gerichtet werden, noch sie in irgendeiner Weise berühren, weder allgemein noch in irgendeinem besonderen Falle; du mußt sie rücksichtslos beiseite lassen und nichts beachten.

Dies ist das Werk der Seele, das Gott am meisten gefällt. Alle Heiligen und Engel freuen sich über solches Wirken und tun alles, was in ihrer Macht ist, um es zu unterstützen. Andrerseits werden alle Dämonen toben über dieses dein Tun, und sie werden versuchen, es auf alle Weise zunichte zu machen. Der ganzen auf Erden lebenden Menschheit aber wird durch dieses Werk auf wunderbare Weise geholfen, ohne daß du dessen auch nur gewahr würdest.

Tatsächlich wird selbst den Seelen im Fegefeuer dadurch leichter in ihrer Pein. Du selbst aber wirst durch kein anderes Werk so sehr geläutert und in der Tugend gefördert wie gerade durch dieses. Und doch ist es das einfachste Tun von allem, das, was am leichtesten und schnellstens getan werden kann, wenn der Seele die Gnade zuteil wird, daß sie ein starkes Verlangen empfindet, dieses Werk durchzuführen. Andernfalls ist es schwer, und es wäre ein Wunder, wenn du es fertigbrächtest.

Laß daher nicht nach, sondern beharre im 'Werk', bis du den freudigen Wunsch verspürst. Denn wenn du es erst beginnst, wirst du zunächst nur Dunkelheit entdecken; am Anfang ist nichts als sozusagen eine W o l k e d e s N i c h t e r k e n n e n s . Du weißt nicht, was es ist außer, daß du in deinem Willen eine nackte Absicht fühlst, die zu Gott strebt.

Was du auch immer unternimmst: Diese Dunkelheit, diese W o l k e ist zwischen dir und deinem Gott, und ihretwegen kannst du Ihn weder mittels der Vernunft im Lichte des Verstehens deutlich sehen, noch kannst du Ihn durch die Zuneigung in der Süße der Liebe erfühlen.

Sei daher darauf vorbereitet, so lange es sein muß, in dieser Dunkelheit zu bleiben und nur immer lauter nach Ihm, den du liebst, zu rufen. Denn wenn du Ihn jemals fühlen oder sehen wirst, dann nur i n dieser W o l k e , in dieser Dunkelheit. Und wenn du dich mit ernstem Bemühen ans Werk machst, wie ich dich heiße, dann glaube ich, daß du es durch Seine Barmherzigkeit erreichen wirst.

Kommentar:
Gott ist in Begriffen nicht faßbar. Er ist jenseits des Bereiches des logischen Denkens. Der Buddhismus kennt das Wort: A + t a k k a + a v a c a r a . (a = nicht, takka = logisches Denken, avacara = Bereich). Das mittelenglische Wort 'un-knowing' bedeutet genau dasselbe wie atakkavacara. Der Buddha gebraucht diesen Ausdruck nur, wenn er von dem Zustand eines Erlösten spricht.

Also das Göttliche ist weder wahrnehmbar noch vorstellbar. Die Persönlichkeit (bzw. das Ego) ist etwas unserem wahren Wesen Fremdes. Eine noch so erhabene Vorstellung von Gott bleibt eben nur 'Vorstellung'; besser ist es, in einem vorstellungslosen Wachzustand zu beharren. In diesem Zustand kann nichts wahrgenommen werden, und es gibt auch keine Vorstellungen; also eine Wolke-des-Nichterkennens. In diesem Vakuum kommt 'Gott' bzw. das Integrale Bewußtsein.[1)]

3. DSCHUN / Die Anfangsschwierigkeit

Die Polarität ist zugleich der Ursprung
aller Wandlungen.
= "... wandelt in der Liebe ..."

Epheser 5,2

4. Kapitel

VERGEISTIGE DICH SELBST

(Über die Kürze dieses 'Werks' und daß es weder durch die Wißbegier des Intellekts noch durch die Einbildungskraft erreicht wird.)

Damit du in diesem 'Werk' nicht fehlgehst und es als etwas mißverstehst, was es nicht ist, will ich dir ein wenig mehr darüber erzählen.

Dieses 'Werk' richtig durchzuführen, erfordert keineswegs lange Zeit, wie manche glauben; es ist das kürzeste Werk, das man sich vorstellen kann. Es ist weder länger noch kürzer als ein Atom, und ein Atom ist entsprechend seiner Definition durch wahre Philosophen der astronomischen Wissenschaft das kleinste Partikel der Zeit. Es ist so klein, daß es unteilbar und praktisch unbegreiflich ist.

Es ist diese Zeit, von der geschrieben steht: 'Ihr werdet gefragt werden, wie ihr die Zeit, die euch gegeben war, verbracht habt'. Und es ist richtig, daß du Rechenschaft dafür ablegst, denn sie ist weder länger noch kürzer, sondern wechselt jeweils entsprechend einer einzigen Regung in der Hauptwirkungskraft deiner Seele, nämlich in deinem Willen.

In einer Stunde deines Willens können nur genau so viele Willens- oder Wunschregungen sein, wie Atome in einer Stunde enthalten sind, nicht mehr und nicht weniger. Und wenn du durch einen Gnadenakt in den Urzustand von des Menschen Seele verwandelt würdest - den Zustand vor dem Sündenfall -, dann würdest du auf immer danach durch eben jene Gnade Herr jener Regung oder Regungen sein. Keine davon würde verlorengehen, aber sie würden alle nach dem Letzten greifen, das gewünscht, dem Höchsten, das gewollt werden kann: Nach Gott.

Denn Er gleicht Sich unserer Seele an, indem Er Seiner Gottheit Grenzen auferlegt, und unsere Seele ist Ihm angeglichen durch den Wert, den sie erhielt, als sie zu Seinem Bilde und Gleichnis geschaffen wurde. Und Er allein, ohne etwas Weiteres, und niemand als Er, ist mehr als ausreichend, um Wille und Wunsch unserer Seele zu genügen. Und unsere Seele reicht kraft dieser verwandelnden Gnade voll aus, Ihn durch Liebe ganz zu begreifen, Ihn, der für alle geschaffenen Erkenntniskräfte unbegreiflich ist, wie für Engel = oder Menschenseelen. Ich meine damit, daß Er ihrem Erkennen unbegreiflich ist, nicht ihrem Lieben, und nenne sie in diesem Falle daher Erkenntniskräfte.

Aber schau! Alle vernünftigen Wesen, Engel und Menschen, haben jedes für sich eine Hauptwirkungskraft, die Erkenntniskraft heißt, und eine andere, die Liebeskraft heißt.

Für die erste von diesen, die Erkenntniskraft, bleibt Gott, der sie beide schuf, auf immer unbegreiflich; für die zweite aber, die Liebeskraft, ist er ganz begreiflich, wenn auch in jedem Menschen unterschiedlich, und zwar insofern, als eine liebende Seele allein durch sich selbst, kraft der Liebe, Ihn in sich selbst umfassen kann, Ihn, der so groß ist - und viel größer noch, über allen Vergleich -, um alle Seelen und Engel zu erfüllen, die es geben mag.

Dies ist das unendliche und erstaunliche Wunder der Liebe, dessen Wirkungen ohne Ende weitergehen, denn es ist eben Er, der es bewirkt und der niemals damit aufhören wird. Wem die Gnade gegeben ist, dies zu sehen, der sehe es; denn es zu erfahren, ist endlose Seligkeit, das Gegenteil endlose Pein.

Darum soll jeder, der durch die Gnade verwandelt wurde, so daß er diesen Regungen seines Willens gehorcht, in diesem Leben nicht ohne Vorgeschmack der unendlichen Süße bleiben, noch in der himmlischen Seligkeit ohne die volle Befriedigung sein.

Wundere dich daher nicht, daß ich dich zu diesem 'Werk' dränge. Du wirst später erfahren, daß es das Werk ist, das der Mensch fortgesetzt hätte, wenn er niemals gesündigt hätte. Denn um eben dieses 'Werks' willen ist der Mensch geschaffen worden, wie auch alle Dinge dazu gemacht wurden, ihm zu helfen und ihn darin zu fördern, damit er mit Hilfe dieses Werks wieder heil würde.

Verfehlt er aber, dieses Werk durchzuführen, dann verfällt er immer tiefer der Sünde und wird immer weiter von Gott fortgezogen. Hält der Mensch aber an diesem 'Werk' fest und arbeitet dauernd in dessen Sinn, dann steigt er ohne weiteres immer höher fort von der Sünde und kommt immer näher zu Gott.

Achte darum genau auf die Zeit und bedenke, wie du sie verbringst, denn nichts ist kostbarer als die Zeit. In einem Augenblick, so kurz er auch sein mag, kann der Himmel gewonnen oder verloren sein.

Ein Hinweis auf die Tatsache, daß Zeit so kostbar ist: Gott, der die Zeit schenkt, gibt niemals zwei Augenblicke gleichzeitig, sondern nur gesondert, jeweils einen nach dem andern. Das geschieht, da Er nicht den einmal gesetzten Gang Seiner Schöpfung umzukehren wünscht. Die Zeit ist für den Menschen gemacht, nicht der Mensch für die Zeit. Daher will Gott, der Herr der Natur, in diesem Geschenk der Zeit über die natürlichen Regungen in der menschlichen Seele nicht hinweggehen, denn diese regen sich jeweils nur einen Augenblick.

Daher aber kann der Mensch auch am Tage des Gerichts, an dem er Rechenschaft ablegen muß, wie er seine Zeit verbracht hat, sich nicht damit entschuldigen, daß er sagt: 'Du hast mir zwei Augenblicke auf einmal gegeben, ich habe aber nur eine Regung auf einmal.'

Jetzt wirst du besorgt fragen: 'Was soll ich aber machen? Wie soll ich Rechenschaft ablegen über jeden einzelnen Augenblick in dem Sinne, in dem Ihr davon sprecht? Bis auf diesen Tag, an dem ich 24 Jahre alt bin, habe ich niemals auf die Zeit geachtet. Selbst wenn ich mich jetzt bessern würde, so wüßtet Ihr sehr wohl, daß ich aus Gründen, über die Ihr selbst schon geschrieben habt, möglicherweise weder dem Lauf der Natur noch der allgemeinen Gnade entsprechend in Zukunft aufmerksamer sein oder richtiger handeln würde als in der Vergangenheit. Überdies weiß ich gewiß, daß auch in Zukunft meine Schwäche und Geistesträgheit mich hindern werden, mehr als ein Prozent dieser Augenblicke zu bemerken. Aus diesem Grunde bin ich wirklich gefangen und eingeschlossen. Jetzt helft mir, um der Liebe Jesu willen.'

Du hast wohl gesprochen mit deinem 'Um der Liebe Jesu willen'. Aus eben der Liebe Jesu wird dir Hilfe werden. Liebe ist die Kraft, die alle Dinge eint. Darum liebe Jesus, dann wird alles, was sein ist, dein werden.

Kraft seiner Gottheit ist er der Schöpfer und Spender der Zeit; kraft Seines Menschseins ist er der wahre Wächter der Zeit. Und kraft Seines Gott- und Menschseins zusammen ist er der höchste Richter, der die Abrechnung darüber verlangt, wie man seine Zeit verwendet hat.

Darum binde dich durch Liebe und Glauben an Ihn, und kraft des Knotens, der dich bindet, wirst du teilhaben an Ihm und allen, die gleicherweise durch Liebe an Ihn gebunden sind, d.h. zusammen mit Unserer lieben Frau Maria, die die höchste Gnade besaß im Bewahren der Zeit, mit allen himmlischen Engeln,die niemals Zeit verlieren, und mit allen Heiligen im Himmel und auf Erden, die durch die Gnade Jesu kraft der Liebe auf ihre Zeit achtgeben.

Schau, hier ruht der wahre Trost: Begreife und wahre deinen Vorteil!

Sei jedoch vor einem mehr als vor allem anderen gewarnt: Niemand kann Anspruch erheben auf die Gemeinschaft mit Jesus und Seiner guten Mutter, Seinen hohen Engeln und Seinen Heiligen, der nicht alles tut, was er kann, um mit Hilfe der Gnade seine Zeit recht zu nutzen. Erst dann wird er zu denen gehören, die ihre Zeit verwenden, um sich selbst zu bessern und so viel wie möglich zum Wohle der Gemeinschaft beizutragen unter den gleichen Bedingungen wie jeder andere.

Richte daher deine Aufmerksamkeit auf dieses 'Werk' und dessen wunderbare Wege in deiner Seele. Wenn es richtig begriffen worden ist, dann kommt es einfach als eine plötzliche Regung, ohne sich vorher anzukündigen, und springt augenblicklich Gott entgegen wie ein Feuerfunke. Und wunderbar ist es, die Anzahl der Regungen zu zählen, die sich innerhalb einer Stunde in einer Seele zeigen, die zu diesem 'Werk' geeignet ist.

Dabei mag es geschehen, daß in einer solchen Regung jedes erschaffene Etwas plötzlich und vollkommen vergessen wird. Infolge der Verderbnis des Fleisches aber sinkt die Seele unmittelbar nach solcher Regung ab zu einem Gedanken oder einer Handlung, die begangen oder unterlassen wurde. Aber was tut das? Unmittelbar darauf erhebt sie sich ebenso plötzlich wieder wie vorher.

Dem Gesagten mag man in Kürze entnehmen, wie dieses Wirken tatsächlich vor sich geht, so daß der Mensch deutlich erkennen kann, daß es wirklich weit davon entfernt ist, Fantasie oder Einbildung oder raffiniert ausgedachte Meinung zu sein, denn die letzteren steigen nicht aus so frommer Demut und einer blinden Liebesregung auf, sondern sind das Ergebnis eines stolzen, neugierigen und zur Einbildung geneigten Intellekts. Solch stolzer, wißbegieriger Intellekt muß dauernd niedergehalten und streng unter die Füße getreten werden, wenn dieses 'Werk' in voller Lauterkeit des Geistes begriffen werden soll.

Wenn aber jemand hört, daß von diesem 'Werk' gelesen oder gesprochen wird, und wähnt, es könne durch intellektuelles Bemühen begriffen werden, wenn er daher sitzt und intellektuell zu erkennen sucht, wie und was es sein mag, und wenn er in seiner Wißbegier seine Einbildungskraft anwendet, vielleicht sogar auf eine unnatürliche Weise, und erfindet eine Methode, die weder physisch noch geistlich ist - wahrlich, solch ein Mensch, was er auch sonst immer sei, täuscht sich gefährlich.

Wenn Gott in Seiner großen Güte ihm nicht bald ein barmherziges Wunder zeigt, um ihn zu veranlassen, von seinem Tun zu lassen und demütig den Rat derer anzunehmen, die im 'Werk' erfahren sind, dann wird er tatsächlich bald in Wahnsinn oder in anderes großes Unheil, wie geistliche Sünden oder teuflische Gaukeleien, verfallen. Und durch diese mag er leicht Leib und Seele auf ewig verlieren.

Sei daher - um der Liebe Gottes willen - vorsichtig in diesem 'Werk' und laß auf keinen Fall deinen Intellekt, noch deine Einbildung an ihm beteiligt sein; denn ich sage dir, es kann nicht durch deren Tätigkeit bewerkstelligt werden.

Laß sie darum beiseite und nimm sie nicht dabei in Anspruch. Und wähne nicht, weil ich es eine Dunkelheit oder W o l k e genannt habe, daß es eine Wolke ist, die aus der Luftfeuchtigkeit gebildet wäre, noch daß es eine Dunkelheit von der Art wäre, die zur Nacht in deinem Hause herrscht, wenn die Kerze ausgegangen ist. Eine solche Dunkelheit oder Wolke kannst du dir in der Geschicklichkeit deiner Sinne leicht einbilden und kannst sie am hellsten Sommertag vor Augen haben, ebenso gut, wie du dir deutlich ein helles Licht in der dunkelsten Winternacht vorstellen kannst.

Laß solche falschen Vorstellungen beiseite. Sie entsprechen nicht dem, wovon ich rede. Wenn ich von 'Dunkelheit' rede, meine ich einen Mangel an Erkennen in dem Sinne, in dem alles, was du nicht weißt oder vergessen hast, für dich 'dunkel' ist, weil du es nicht mit dem geistlichen Auge sehen kannst. Aus diesem Grunde wird es nicht eine Wolke der Luft genannt, sondern eben eine 'Wolke-des-Nichterkennens', die zwischen dir und deinem Gott steht.

Kommentar:
Die Demut besteht nicht darin, daß wir unsere Begabung und Tugenden verheimlichen oder uns für sündiger halten, als wir sind, sondern darin, daß wir eine genaue Liste von allem, was uns fehlt, klar vor Augen haben.

Man spricht heute sehr viel von der 'Angst'. Die Angst ist im Grunde genommen eine Hilfsquelle. Die Angst soll nicht verdrängt, sondern besiegt werden durch die Barmherzigkeit, und zwar über den Weg der Demut. Die Angst ist eine Quelle der psychischen Energie. Durch die Rationalisierung des eigenen psychischen 'Betriebes' kann auch die Angst in Energie verwandelt werden.

Verschenke aus all deinen Tagen eine stille Stunde an dich. Die jedem Besinnen entsagen, verlieren sich. Beschaulichkeit ist alles. [2)]

4. MONG / Die Jugendtorheit

Die Macht der Polarität ist aber auch ergänzend bzw. komplementär; aus dem kosmischen Einwirken der Pole entsteht Bewegung = *Dynamik*. Gründliches Handeln festigt den Charakter.

5. Kapitel

DIE Z W E I WOLKEN

(Daß, wenn dieses 'Werk' unternommen wird, alle Geschöpfe, die jemals waren, sind oder jemals sein werden, und alle ihre Werke unter der Wolke des Vergessens verborgen werden müssen.)

Und wenn du jemals an diese W o l k e kommst, um in ihr zu weilen und zu wirken, wie ich dich heiße, dann wird es nötig werden, ebenso wie diese Wolke-des-Nichterkennens ü b e r dir, zwischen dir und deinem Gott ist, in der gleichen Weise eine Wolke-des-Vergessens u n t e r dich zu bringen, zwischen dich und alle Geschöpfe, die jemals waren.

Du magst vielleicht meinen, daß du sehr fern von Gott bist, weil diese Wolke aus Nichterkennen zwischen dir und Ihm ist. Das mag wohl wahr sein. Du bist Ihm aber ganz gewiß viel ferner noch ohne die Wolke-des-Vergessens zwischen dir und allen Geschöpfen. Und wenn ich 'alle Geschöpfe' sage, dann meine ich damit immer nicht nur die Geschöpfe selbst, sondern auch alle ihre Werke und Umstände. Ich nehme dabei kein einziges Geschöpf aus, sei es körperlich oder geistlich, noch Zustand oder Werk irgendeines von ihnen, ob gut oder böse. Kurz:
A l l e s sollte unter der Wolke-des-Vergessens verborgen werden.

Obgleich gewisse Umstände und Taten einiger besonderer Geschöpfe es wohl wert sein möchten, ihrer zu gedenken, so ist es in diesem 'Werk' doch sehr wenig oder überhaupt nicht nütze. Denn Erinnerung oder Gedanke an irgendein Geschöpf oder irgendeines seiner Taten ist eine Art geistlichen Lichts, denn das Auge deiner Seele öffnet sich ihm und heftet sich darauf, wie das Auge des Bogenschützen auf den Punkt geheftet ist, auf den er zielt.

Und das sage ich dir, daß alles, woran du auch immer denken magst, für diese Zeit über dir und zwischen dir und deinem Gott ist. Und in dem Ausmaß, in dem irgendetwas anderes als Gott in deinem Denken ist, in demselben Ausmaß bist du Ihm ferner.

Soweit man das vernünftiger- und ziemlicherweise sagen darf, hat es tatsächlich nur sehr geringen oder gar keinen Wert, in diesem 'Werk' über die Güte und den hohen Wert Gottes, noch über den der heiligen Jungfrau oder der Heiligen oder Engel im Himmel nachzudenken. Das will heißen, daß es keinen Wert hat, sie besonders im Denken zu hegen, etwa, um dein Vorhaben zu stärken und zu erhöhen. Ich glaube sogar, daß es zur Durchführung dieses 'Werks' überhaupt nichts nützt. Denn wenn es auch gut ist, an Gottes Güte zu denken und Ihn dafür zu lieben und zu loben, so ist es doch weit besser, an Sein nacktes SEIN zu denken und Ihn um Seiner Selbst willen zu preisen und zu loben.

Kommentar:
Da alle unsere Erfahrungen nur in der Gegenwart durchlebt werden, ergibt sich daraus, daß nicht die Zeit, sondern wir uns weiterbewegen!

Das Realitätsempfindungsvermögen, das wir dem gegenwärtigen Augenblick zuschreiben, stammt von der latenten Realität des Ewigen-Lebens, die ihm zugrunde liegt. Wenn man diese einzelnen Augenblicke wachsam nacherleben würde, könnte man das integrale Bewußtsein ganz in das Ewige-Leben gleiten und darin verweilen lassen. Das ist dann Yoga.

Die Wolke-des-Vergessens dient der Konzentration; die andere Wolke-des-Nichterkennens der Versenkung. [3)]

5. SÜ / Das Warten (die Ernährung)

Auch Ursache und Wirkung sind den
Polen vergleichbar; sie enthalten sich
einander, und doch können sie ohne
einander nicht bestehen.
"Durch Stillesein und Hoffen werdet
ihr stark sein."

Jesaja 30, 15

6. Kapitel

DER VERSTAND IST MACHTLOS

(Eine kurze Feststellung über das 'Werk', in Frageform behandelt.)

Jetzt aber fragst du mich: "Wie soll ich denn an Ihn denken, und was ist Er?" Und darauf kann ich dir nur antworten: "Das weiß ich nicht."

Mit deiner Frage hast du mich in dieselbe Dunkelheit, in dieselbe Wolke-des-Nichterkennens versetzt, in der ich dich wünschte. Ein Mensch kann durch Gnade ein großes Wissen von allen anderen Geschöpfen und ihren Werken und selbst von den Werken Gottes haben und kann an all dieses denken; Gott Selbst aber kann niemand d e n k e n . Ich würde darum alle Dinge, an die ich denken kann, lassen und für meine Liebe das eine erwählen, das ich n i c h t denken kann.

Und warum? W e i l e r s e h r w o h l g e l i e b t , a b e r n i c h t g e d a c h t w e r d e n k a n n . Durch Liebe kann Er erreicht und festgehalten werden, durch Denken niemals.

Darum: Wenn es auch gut ist, gelegentlich an die Güte und den hohen Wert Gottes im besonderen zu denken, und wenn es selbst Licht und Teil der Kontemplation ist, so sollte es trotzdem in diesem 'Werk' niedergehalten und mit der Wolke-des-Vergessens bedeckt werden.

Du hast mutig und unentwegt und mit einer fromm-fröhlichen Liebesregung darüber hinauszugehen; du mußt versuchen, die Dunkelheit, die über dir ist, zu durchdringen. Und was immer auch geschieht: Laß nicht nach, auf jene dicke Wolke-des-Nichterkennens mit dem scharfen Speer sehnender Liebe einzuschlagen!

Kommentar:

Der Verstand ist wie eine Maschine, die Gedanken erzeugt. Die Konzentration ist, nach Yoga, das betrachtende Festhalten einer folgerichtig zusammenhängenden aufbauenden Gedankenreihe. Konzentrierter geistiger Tätigkeit ('Wolke-des-Nichtvergessens') muß beschauliche geistige Ruhe ('Wolke-des-Nichterkennens') folgen. Jene 'Wolke', die, den gegenwärtigen Augenblick öffnend, einen in die Ewigkeit einläßt und den Yogi oder den Mystiker von dem Kokon der Verstandestätigkeiten befreit, an dem man sonst unaufhörlich spinnt.

6. SUNG / Der Streit

Durch Konzentration sammelt sich das LICHT an und bewirkt die Koagulation der *Kundalini* in dem Wurzel-Chakra.
"Alle eure Dinge lasset in der Liebe geschehen."

I. *Korinther* 16, 14

7. Kapitel

ERFOLG IN DER MEDITATION

(Wie ein Mensch sich in diesem 'Werk' gegen alle Gedanken zu wenden hat, besonders gegen die, welche aus seiner Klugheit, seinem eigenen Wissen und seinem natürlichen Witz aufsteigen.)

Wenn aber ein Gedanke aufsteigt und sich beständig zwischen dich und jene Dunkelheit drängt, und wenn er dich fragen sollte: 'Was suchst du und was möchtest du haben?', dann mußt du antworten, daß es Gott ist, den du haben möchtest. 'Ihn begehre ich, Ihn suche ich und nichts als Ihn.'

Und wenn er dann fragen sollte: 'Was ist das, Gott?', dann hast du zu antworten, daß Gott der ist, der dich erschaffen und gestaltet und gnädiglich auf deine gegenwärtige Entwicklungsstufe berufen hat. Du hast zu antworten: 'Und in Ihm weißt d u nicht Bescheid!' Und mit dem Befehl 'Geh wieder hinunter!' hast du ihn fest und mit einer Liebesregung wieder niederzutreten, selbst wenn er dir ein ganz heiliger Gedanke zu sein scheint, der dir womöglich bei deiner Suche nach Gott nützen könnte. Vielleicht trägt er eine ganze Menge ausgezeichneter und wunderbarer Punkte in bezug auf Gottes Güte zusammen; vielleicht spricht er davon, wie überaus zart und liebevoll, gnädig und barmherzig Gott wäre. Dabei will er weiter nichts, als daß du ihm zuhörst. Er wird immer weiter plaudern, und indem er dich damit immer tiefer zieht, wird er dich schließlich an das Leiden Christi erinnern.

Hat er dich erst einmal so weit, dann wird er dich die wunderbare Güte Gottes erkennen lassen, und lauschst du ihm, so kann er sich gar nichts Besseres wünschen. Denn bald darauf wird er dir dein schlimmes vergangenes Leben zeigen, und während du damit beschäftigt bist, es zu betrachten und darüber nachzudenken, wird dir irgendein Ort einfallen, wo du vor dieser Zeit gelebt hast. Dann wirst du plötzlich merken, wie du vor lauter Zerstreutheit gar nicht mehr weißt, wo du bist. Der Grund zu dieser Zerstreutheit aber ist der, daß du ihm anfangs willig zugehört hast, dann ihm Antwort gabst, ihn empfingst und gewähren ließest.

Und dies ist das Ergebnis, obgleich alles, was er sagte, gut und heilig war. Diese Gedanken waren sogar außerordentlich heilig, und jeder, ob Mann oder Frau, der meint, er könne die Kontemplation erreichen, ohne vorher lange über die eigene Verderbnis wie über die Passion, die große Güte, die Freundlichkeit und den Wert Gottes meditiert zu haben, wäre sicherlich im Irrtum und würde sein Ziel nicht erreichen.

Und trotzdem: Wer lange Zeit diese Meditationen ausgeübt hat, darf sie trotz alledem nicht fortsetzen; er muß sie unterdrücken und weit unter der Wolke-des-Vergessens halten, wenn er jemals durch die Wolke-des-Nichterkennens hindurchdringen will, die zwischen ihm und seinem Gott ist.

Darum: Immer, wenn du den Drang fühlst, dich diesem 'Werk' zu widmen, immer, wenn du durch Gnade fühlst, daß Gott dich dazu berufen hat, dann erhebe dein Herz in einer demütigen Liebesregung zu ihm. Verstehe unter 'Gott' den Gott, der dich erschaffen und erkauft und dich gnädiglich zu deinem gegenwärtigen Stand berufen hat, und laß keine andere Gottesvorstellung in dein Denken ein. Nicht einmal dies alles ist nötig, sondern nur, wenn du es wünschst; eine nackte Absicht, die unmittelbar auf Gott gerichtet ist, genügt vollkommen, ohne irgend etwas anderes.

Und wenn du dieses Ziel in einem Wort konzentriert und ausgedrückt haben möchtest, damit du es leichter fassen kannst, dann nimm dazu nur ein einsilbiges Wort. Das ist besser als zwei Silben, denn je kürzer es ist, umso besser ist es im Einklang mit dem Wirken des GEISTES. Solch ein Wort ist 'Gott' oder 'Sein'*. Wähle das, welches du vorziehst, oder wähle ein anderes nach deinem Geschmack, vorausgesetzt, daß es einsilbig ist. Und schließe dieses Wort fest in dein Herz ein, daß es niemals daraus entschlüpft, was immer auch geschehen möge.

* Noch besser wäre 'Seyn', d.h. = den göttlichen Grund des Seins.

Dieses Wort soll dein Wehr und Waffen sein, reitest du nun in Krieg oder Frieden. Mit diesem Wort sollst du auf die Wolke, die Dunkelheit über dir, einschlagen. Mit diesem Wort sollst du alle Gedanken niederzwingen und unter die Wolke-des-Vergessens treiben. Sollte dich nach diesem noch irgendein Gedanke mit der Frage, was du suchst, bedrängen, dann antworte ihm nur mit diesem einen Wort und keinem anderen. Und wenn er dann mit großer Gelehrsamkeit anbietet, dir das Wort auszulegen und dir von allen Wandlungen und Möglichkeiten jenes Wortes erzählen will, dann hast du ihm zu antworten, daß du es g a n z willst und weder in Stücke gebrochen noch analysiert.

Wenn du bei diesem Vorgehen beharrst, darfst du sicher sein, daß er nicht lange bleibt. Wie das kommt? Weil du ihm dann nicht erlaubst, sich von so schönen Meditationen über Gott zu nähren, wie vorher beschrieben.

Kommentar:
Intellektuelle Demut ist für die Meditation (im religiösen Sinne) äußerst notwendig. Meditation bedeutet eine vollkommene Wendung des Verstandes von der Einstellung positiver Selbstbehauptung zu jener demütigen Selbst-Befragung. Demütige den Verstand, zwinge sein fortlaufendes Geschwätz zum Schweigen!

Ein yoga-mystisches Gottsuchen kann erst dann erfolgreich enden, wenn es im spirituellen Gebiete unseres integralen Wesens Befriedigung findet und nicht nur im Verstandesmäßigen stecken bleibt. Yoga bedeutet, daß man die Schranken des Intellekts akzeptiert, sobald man die höchste Grenze dieser Fähigkeit erreicht hat. Der Yoga der Meditation ruft jetzt das Eintreten von etwas Höherem herbei. Das sog. 'einsilbige Wort' (das hier als 'Wehr und Waffe' vorgeschlagen ist) und die damit verbundene Technik sind im Yoga 'mantra' genannt.

Bereits etliche Jahrhunderte vor Christus finden wir Mantras in den Veden. Das berühmte vedische Mantra 'Aum' finden wir noch heute im Christentum als 'Amen'. Der Mantra-Yoga beschäftigt sich ausführlich mit Mantras und ihrer tiefenpsychologischen Wirkung. Der Buddhismus des Reinen Landes (in Japan) ist überwiegend auf Mantra-Meditationen aufgebaut. Ein Mantra muß nicht unbedingt nur ein einsilbiges Wort sein. Ausschlaggebend ist die Vibrationswirkung ('Klang-Magie'), die damit verbunden ist. Auch das katholische 'hoc est corpus meum' ("das ist mein Leib") ist als Mantra zu klassifizieren.[4)]

7. SCHI / Das Heer

Das kosmische Einwirken trägt durch das integrierte und systematische Aufsteigen der *Kundalini* den Embryon des geistigen Lebens herbei.
"Ruf mich an, so will ich dir antworten ..."

Jeremia 33,3

8. Kapitel

DAS AKTIVE UND DAS KONTEMPLATIVE LEBEN

(Eine gute Erläuterung in Frage und Anwort über gewisse Zweifel, die während dieses 'Werkes' auftauchen können und zu Fragen Anlaß geben, die sich auf die Überwindung der menschlichen Wißbegier und seines natürlichen Witzes beziehen und auf die Unterscheidung der verschiedenen Grade und Abschnitte des aktiven und des kontemplativen Lebens richten.)

Jetzt fragst du mich: "Was ist das also, was mich in diesem 'Werk' so bedrängt? Ist es etwas Gutes oder Böses, muß man sich dann nicht über die Tatsache wundern, daß es des Menschen Hingabe so steigert? Denn manchmal kommt es mir außerordentlich angenehm vor, seinen Erzählungen zu lauschen. In einem Augenblick macht es mich mit dem tiefsten Mitleid des Herzens über die Passion Christi weinen, im nächsten Augenblick über meine eigene Elendigkeit und dann wieder aus vielen anderen Gründen, so daß es mir außerordentlich heilig zu sein scheint und mir sehr guttut. Aus diesem Grunde scheint mir, daß es in keiner Hinsicht böse sein kann. Und wenn es etwas Gutes ist und mir mit seinen schönen Erzählungen so wohltut, dann verstehe ich nicht, warum Ihr mich anweist, es zu unterdrücken bis tief unter die Wolke-des-Vergessens hinab."

Das scheint mir nun ganz gewiß eine gut begründete Frage zu sein, und ich werde sie dir beantworten, so gut ich kann. Wenn du zunächst fragst, was es sei, das dich in diesem 'Werk' so hart bedrängt mit dem Anerbieten, dir zu helfen, dann sage ich dir darauf, daß dieses Etwas eine scharfe und deutliche Überlegung deines natürlichen Intellekts ist, die sich deiner Vernunft und deiner Seele einprägt. Und wenn du mich fragst, ob es gut oder böse sei, dann antworte ich, daß es seiner Natur nach nur gut sein kann, da es ein Strahl vom Bilde Gottes ist. Wie man es jedoch anwendet, das kann gut oder böse sein.

Es mag gut sein, wenn es durch Gnade aufgetan wird und man mit Hilfe seiner die eigene Elendigkeit und das Mitleid, die Freundlichkeit und die wunderbaren Werke Gottes - leibliche oder geistliche - in Seinen Geschöpfen sieht. In diesem Falle muß es selbstverständlich deine Hingabe aufs höchste steigern, wie du sagst.

Andererseits ist es übel angewandt, wenn es vor Stolz und einem seltenen Vielwissen und Buchstabengelehrtheit aufgeblasen ist wie bei vielen Geistlichen und wenn es sie danach streben läßt, nicht als bescheidene Gelehrte oder Lehrer göttlicher Dinge oder der Hingabe angesehen zu werden, sondern als stolze Gelehrte des Teufels und Lehrer der Eitelkeit und Falschheit.

In anderen wiederum, seien sie religiöse oder weltliche Leute, ist der Gebrauch und die Wirkung dieses natürlichen Intellekts dann böse, wenn er vor kühner und seltener Geschicklichkeit in weltlichen Dingen geschwollen ist oder von sinnlichen Fantasien, die nach weltlichem Ruhm oder Reichtum begehren, nach eitlen Vergnügungen und der Schmeichelei anderer.

Nun zu deiner Frage, weshalb es unter die Wolke-des-Vergessens hinuntergedrückt werden muß, wo es doch seiner Natur nach gut ist, dir so guttut und sogar deine Hingabe steigert, wenn es wohl angewandt wird.

Darauf habe ich zu antworten, daß es zwei Methoden gibt, nach denen man in der heiligen Kirche leben kann. Die eine ist ein aktives, die andere ein kontemplatives Leben. Das aktive ist das geringere, das kontemplative das höhere Leben. Das aktive hat zwei Grade, einen höheren und einen niederen; auch das kontemplative Leben hat einen niederen und einen höheren Grad. Diese beiden Lebensformen sind so untereinander verbunden, daß keine von ihnen voll gelebt werden kann ohne etliche Beimischung der anderen, obgleich sie an sich ganz verschieden voneinander sind. Denn der höchste Grad aktiven Lebens ist zugleich der niedere Grad des kontemplativen Lebens.

Deshalb kann von einem Menschen nicht gesagt werden, er lebe ganz das aktive Leben, wenn er es nicht auch teilweise kontemplativ lebt; und, entsprechend, lebt ein Mensch nicht das volle kontemplative Leben, wenn er nicht wenigstens zum Teil auch ein aktives Leben führt.

Es gehört zu den Bedingungen des aktiven Lebens, daß es in diesem Leben beginnt und endet; das ist beim kontemplativen Leben nicht der Fall. Es beginnt in diesem Leben, setzt sich aber im Jenseits ohne Ende fort. Denn es heißt: 'Marias Teil soll niemals von ihr genommen werden.' Das aktive Leben ist voller Mühen und Sorgen über viele Dinge; der Kontemplative aber sitzt in Frieden mit nur Einem beschäftigt.

Der niedere Grad aktiven Lebens besteht in guten und ehrenhaften Werken der barmherzigen Liebe. Der höhere Grad aktiven Lebens besteht in guten geistlichen Meditationen, der ernsten Betrachtung der eigenen Elendigkeit, die mit Schmerz und Zerknirschung bemerkt wird, im mitleidenden Nachdenken über die Passion Christi und Seiner Diener und in der dankbaren und lobsingenden Betrachtung der wunderbaren Gaben, der Güte und der Werke Gottes in allen Seinen Geschöpfen. Der höhere Grad kontemplativen Lebens aber, soweit er in diesem Leben eingenommen werden kann, hängt ganz und gar in dieser Dunkelheit, in dieser Wolke aus Nichterkennen, in der eine liebende Regung nur das nackte SEIN Gottes blind gewahrt.

Im niederen Grade des aktiven Lebens ist der Mensch ohne sich selbst und unterhalb seiner selbst. Im höheren Grade aktiven, dem niederen Grade kontemplativen Lebens, ist der Mensch in sich selbst und auf gleicher Höhe mit sich selbst. Im höheren Grade kontemplativen Lebens aber ist der Mensch oberhalb seiner selbst und unterhalb seines Gottes. Er ist dann oberhalb seiner selbst, weil er dann dank der Gnade auf der Suche nach etwas ist, das er von Natur nicht erreichen kann, nämlich das, im GEIST an Gott gebunden zu sein, im Einssein der Liebe und in Übereinstimmung des Willens.

Ebenso nun, wie es unmöglich ist - wenigstens für unser Begreifen, daß der Mensch den höheren Grad aktiven Lebens erklimme, ohne zuerst auf eine Weile aufgehört zu haben, im niedern zu leben, ebenso kann der Mensch den höheren Grad kontemplativen Lebens nicht erreichen, ohne auf eine Weile damit aufgehört zu haben, im niederen zu leben.

Wenn nun ein Mensch sich zum Meditieren hingesetzt hat und würde dann seine Aufmerksamkeit auf eine äußere, körperliche Arbeit richten, ob nun auf solche, die er verrichtet hat, oder solche, die er zu tun vorhat, so würde das unrecht sein und ihn ernstlich behindern, wie fromm solche Arbeit an sich auch sein würde. Ebenso hinderlich aber würde es sein, wenn man dieses 'Werk' in der Dunkelheit, in dieser Wolke des Nichterkennens, mit einer Liebesregung zu Gott um Seiner Selbst willen unternähme und dann irgendeinem Gedanken oder einer Meditation über Gottes wundervolle Gaben, Seine Güte und Seine Werke an irgendeinem Seiner Geschöpfe erlauben würde, aufzusteigen und sich zwischen Mensch und Gott zu drängen, wie heilig, wie tief oder wie schön solche Gedanken auch sein mögen.

Dies ist der Grund, weshalb ich dich heiße, auch solchen klaren und feinen Gedanken niederzuzwingen und ihn mit einer dicken Wolke-des-Vergessens zu bedecken, ungeachtet dessen, wie sehr er verspricht, dir in deinem Vorhaben zu helfen. Weil nämlich die Liebe Gott schon in diesem Leben erreichen kann, intellektuelle Erkenntnis aber nicht. Und solange die Seele in diesem sterblichen Leibe weilt, ist unserem Verständnis aller geistlichen Dinge, ganz besonders aber der mystischen Wahrnehmungen Gottes, immer irgendwelche Phantasie beigemischt, die geeignet ist, unser 'Werk' zu trüben. Und es wäre nicht weiter zu verwundern, wenn es uns sehr irreführen würde.

Kommentar:
Erkenntnis ist nur eine von den vielen Funktionen des Seins, weil das Erkannte bereits im Erkennenden ist, und zwar je nach dem Modus des Erkennenden.[5)] Im vorliegenden Abschnitt haben wir uns mit der Einteilung seelischer Konstitutionen im Verhältnis zu den Problemen des geistlichen Lebens zu befassen.

Der Weg Marthas ist 'Karma-Yoga' oder die Heilsordnung der guten Taten, der Weg Marias ('Raja-Yoga') jener der Verinnerlichung. Karma-Yoga ist die Methode zu handeln. Man vollbringt, ohne Anhaften, die auszuführende Tat. Es führt uns durch das Erlangen der Lauterkeit der Seele indirekt zur Erlösung. Raja-Yoga ist der Pfad der Kontemplation.

Aber wer in seinem Körper gefangen ist, kann das 'Nicht-Offenbarte' der Meditation schwer begreifen. Aber für jene, die alle ihre Handlungen dem Göttlichen weihen, die Gott anbeten und über Gott zielbewußt meditieren; für jene, deren Geist in Gott aufgeht, werde Christus der Heiland im Weltozean der Sterblichkeit.

8. BI / Das Zusammenhalten

Das Prinzip des SEINS ruft die Ur-Materie
(als Grundlage der offenbarten Schöpfung)
herbei.
"... Er ordnete sie ..."

Psalm 148, 6

9. Kapitel

TECHNIK DER GEISTIGEN ARBEIT

(Wenn dieses 'Werk' unternommen wird, dann hindert selbst die Erinnerung an das heiligste Geschöpf, das Gott je gemacht hat, mehr, als daß sie hilft.)

Daher muß das deutliche Sichregen deines Intellekts, der sich dir immer aufdrängen will, wenn du dich an dieses 'Werk' begibst, untengehalten werden. Denn wenn du ihn nicht unterdrückst, dann wird er dich unterdrücken. Selbst wenn du in einer Verfassung bist, in der du selbst meinst, in der Dunkelheit zu verharren mit nichts als Gott in deinem Sinn, wenn du dann genau hinsiehst, wirst du entdecken, daß du tatsächlich nicht mit dieser Dunkelheit beschäftigt bist, sondern mit der deutlichen Wahrnehmung von etwas unterhalb Gottes. In dem Falle ist dieses Etwas, das im Augenblick über dir ist, zwischen dir und deinem Gott.

Fasse daher den Entschluß, solch deutliche Wahrnehmungen zu unterdrücken, wie fromm oder richtig sie sonst auch sein mögen.

Eins sage ich dir: Es ist wertvoller für das Wohl deiner Seele, wertvoller auch an sich, und Gott und allen Heiligen und Engeln im Himmel angenehmer, - ja, und eine größere Hilfe für alle deine Freunde, lebende und geistliche, inkarnierte und tote -, wenn du nur die blinde Liebesregung auf Gott Selbst richtest und insgeheim gegen die Wolke-des-Nichterkennens drängst.

Dies zu haben und es in deinem geistlichen Empfinden zu spüren, ist dir besser, als die Augen der Seele in Kontemplation oder in der Wahrnehmung aller Engel oder Heiligen im Himmel offenzuhalten oder all dem Singen und Jubilieren ihrer Seligkeit zu lauschen.

Darüber darfst du dich nicht wundern. Wenn du es nur einmal sehen könntest, so deutlich, wie du es durch Gnade in diesem Leben berühren und fühlen kannst, dann würdest du mir zustimmen. Aber du kannst sicher sein, daß der Mensch hier in diesem Leben die d e u t l i c h e Schau niemals erfahren wird; es durch Gnade zu erfühlen, aber ist möglich, wenn Gott es erlaubt.

Darum erhebe deine Liebe zu jener Wolke; vielmehr - um die Wahrheit zu sagen: Laß Gott deine Liebe zu jener Wolke hinaufziehen und strebe dann, mit Hilfe der Gnade Gottes alles andere zu vergessen.

Wenn du nun überlegst, daß das bloße Erinnern an irgendetwas unterhalb Gottes, das gegen deinen Willen und dein Gewahrsein drängt, dich weiter von Gott entfernt, als du ohnedem wärst, und wenn du überlegst, daß es dich behindert und dich umso viel weniger empfänglich für eine echte Erfahrung Seiner Liebe macht: Was glaubst du wohl, wie sehr wird eine Erinnerung, die du wissentlich und absichtlich in dir aufrufst, dich von deinem Vorhaben abhalten?

Und wenn du außerdem überlegst, daß die Erinnerung an irgendeinen besonderen Heiligen oder irgendeine rein geistliche Angelegenheit dich schon so sehr zurückhält: Was glaubst du wohl, um wieviel mehr dich die Erinnerung an einen Menschen, der in diesem elenden Leben lebt, oder irgendeine andere leibliche oder weltliche Angelegenheit in diesem 'Werk' behindern wird?

Ich will damit nicht sagen, daß ein reiner und spontaner Gedanke, irgendeine lautere und gute geistliche Angelegenheit unterhalb Gottes, die sich deinem Willen oder deinem Gewahrsein aufdrängt oder absichtlich von dir aufgerufen wird, um deine Hingabe zu steigern, daß dies notwendigerweise übel wäre, selbst wenn es in dieser Art 'Werk' ein Hindernis ist. Gott verhüte, daß du es so verstehst!

Was ich aber sage, ist, daß es, obgleich es gut und heilig sein mag, in d i e s e m 'Werk' mehr hindert als hilft. Ich meine, während der Zeit des Übens; denn ganz gewiß wird der, der den ganzen Gott sucht, am Ende nicht mit der Erinnerung an irgendeinen Engel oder Heiligen im Himmel zufrieden sein.

Kommentar:
Da jeder Gedanke im Bewußtsein entspringt, da jede Bewegung des Intellekts ihm einen neuen Gedanken schickt, sollte der Schüler es sofort wieder durch einen Willensantrieb lösen. Man muß sein Bewußtsein zu seinem ursprünglichen Zustand (integral) zurückbringen und dort festhalten. Man sollte (nach Yoga) jeden gesonderten und getrennten Gedanken fortwährend verwer-

fen, sobald er in seinen Wahrnehmungsbereich kommt, und dennoch muß man das Bewußtsein dessen bestätigen, woraus er entsprungen ist.

Das Bewußtsein des Yogis (oder des christlichen Mystikers) muß sich durch die 'Pause' zwischen einem Gedanken und dem nächsten einschieben. Wenn dieser sporadische und fragmentarische Augenblick erfaßt wird, kann er mit jeder Meditation immer länger ausgedehnt werden. Nur eine ungemein scharfe und integrierte Konzentration ist erforderlich, die mit Ausdauer gepflegt werden muß, um ohne Ermüdung fortzufahren.

Aber dann kommt die Zeit, wo der Geist immer tiefer und tiefer in sich selbst (Wolke-des-Vergessens) versinken wird. Wenn er jetzt einen Lichtblick des integralen oder undifferenzierten Denkens ('Wolke-des-Nichterkennens') erhascht, so muß er sich sorgfältig und standhaft anstrengen, ihn nicht entschlüpfen zu lassen. Dies wird aber mit Sicherheit geschehen, wenn man nicht durch Yoga wachsam genug geworden ist.

Wachsein ist neun Zehntel des Yoga.[6)]

9. SIAU TSCHU / Des Kleinen Zähmungskraft

Aus der Ur-Energie entstehen diverse Varianten;
denn Erfahrungsaustausch ist unentbehrlich für
das geistige Leben.
"Was die Gerechten begehren, wird ihnen
gegeben."

Sprüche 10, 24

10. Kapitel

TUGEND UND LASTER

(Wie der Mensch erkennen kann, wann sein Gedanke keine Sünde ist, und falls es eine sein sollte, wann es eine Todsünde und wann es nur eine läßliche Sünde ist.)

Anders steht es jedoch um die Erinnerung an irgendeinen Menschen, Mann oder Frau, der in diesem Leben lebt, oder an leibliche oder weltliche Dinge. Drängt sich solch ein einfacher Gedanke deinem Willen oder Bewußtsein ganz plötzlich auf, dann wird dir damit nicht gleich eine Sünde zur Last gelegt, denn es handelt sich dann um eine Folge der Erbsünde, von der du durch die Taufe befreit bist.

Trotzdem: Wird diese plötzliche Regung, dieser Gedanke nicht sofort niedergeworfen, dann bindet er schnell die Schwachheit deines fleischlichen Herzens. Entweder geschieht das in einer Art des Entzücktseins, wenn es sich um eine dir angenehme, gegenwärtige oder vergangene Angelegenheit handelt, oder es gibt dir Anlaß zu murren, wenn es sich um etwas handelt, das dich bekümmert oder früher bekümmert hat.

Dieses Verhaftetsein kann Todsünde für Männer oder Frauen bedeuten, die nach dem Fleische leben und früher Todsünden begangen haben. Für dich aber und alle anderen, die, wie du, der Welt mit ehrlichem Willen entsagt und insgeheim oder offen ein Gelübde abgelegt haben, daß sie in irgendeinem Grade ein frommes Leben in der Kirche führen wollen, und die dementsprechend nicht mehr von ihrem eigenen Willen noch von eigenen Erkenntnissen regiert werden, sondern von der Einsicht und dem Rat ihrer geistlichen oder weltlichen Vorgesetzten, für alle diese ist es nur eine läßliche Sünde. Und zwar deshalb, weil du zu Beginn deines gegenwärtigen Standes deine Absicht auf Gott gegründet und in Ihm verwurzelt hast.

Wenn du aber dieser Freude oder dieser Klage, die einen Platz in deinem fleischlichen Herzen gefunden haben, zu bleiben erlaubst, und nichts tust, den

Zustand zu ändern, dann heften sie sich schließlich an dein geistliches Herz, d.h. mit deinem Einverständnis an deinen Willen. Damit werden sie zur Todsünde. Das geschieht, wenn du oder jemand der anderen absichtlich in dir die Erinnerung an einen Mann oder eine Frau aufrufst, die noch leben, oder an eine andere leibliche oder weltliche Angelegenheit.

Ist es etwas, das dich bekümmert oder früher bekümmert hat, dann wird es Ärger und den Wunsch nach Rache in dir auslösen, also Zorn. Oder es wird eine grausame Verachtung in dir schaffen und das Gefühl von Widerwillen gegen die Schuldigen und Gedanken, die gehässig sind und sie verurteilen, also Eifersucht. Oder es wird dich lustlos machen und dir jedes Verlangen nach gutem physischen oder geistlichen Tun nehmen, also Faulheit.

Ist es andrerseits etwas, das dir gefällt oder früher gefallen hat, dann wird beim Gedanken daran ein lebhaftes Entzücken in dir aufsteigen. Bleibst du bei dem Gedanken und fesselst schließlich Herz und Willen an ihn und nährst dein fleischliches Herz damit, so daß du in diesem Augenblick nach nichts anderem verlangst, als ruhig mit dem zu leben, an das du gerade denkst, und wenn dieser Gedanke, den du selbst in dir aufriefst oder aufnahmst, wenn er dir nahegelegt wurde, und ihn mit Vergnügen festhältst - wenn dieser Gedanke deinem eigenen großen Wert gilt oder deinen Kenntnissen, deiner Gnade, deinem hohen Rang oder der Schönheit deiner Erscheinung: Dann ist es Stolz. Gilt der Gedanke weltlichem Hab und Gut, also Reichtümern oder was ein Mensch sonst besitzen kann oder mit dem er schalten und walten mag, dann ist es Begehrlichkeit. Gilt der Gedanke gutem Essen und Trinken oder dergleichen, dann ist es Völlerei. Und ist es ein Gedanke an Liebe oder Lustbarkeit, an Begünstigung oder Schmeichelei irgendeines Mannes oder einer Frau in diesem Leben oder gar deiner selbst, dann ist es Wollust.

Kommentar:
Man soll nicht nur eine ablehnende Einstellung zur Sünde einnehmen, sondern bei aller Klarheit über die Sündhaftigkeit einer Tat die Selbst-Kritik nicht fürchten. Der psychische Zwang äußert sich manchmal als Sündenangst. Wenn ein Organ des Körpers in Mitleidenschaft gezogen wird durch Erkrankung eines anderen Teiles, so wird auch das Ego als 'Organ' in einem kranken psychischen Organismus angegriffen und kann nicht mehr wie ein Auge sehen auf die individuell verpflichtenden Forderungen des spirituellen Lebens.

10. LÜ / Das Auftreten

Hinter der Schwelle ist Tod Leben und
Leben Tod!
"Guter Rat wird dich bewahren ..."

Sprüche 2,11

11. Kapitel

BESCHAULICHKEIT FÜHRT ZUM HEIL

(Daß der Mensch jeden Gedanken und jede Regung auf ihren Charakter hin erwägen und in bezug auf die läßliche Sünde nicht unvorsichtig sein sollte.)

Ich erwähne diese Dinge nicht, weil ich glaube, daß du oder irgendjemand, von dem ich rede, solcher Sünden schuldig oder mit ihnen belastet wäre; ich tue es, damit du jeden Gedanken und jede Regung auf ihren Charakter hin erwägst.

Mein Wunsch ist, daß du mit größtem Bemühen danach strebst, schon die leiseste Regung, das erste Auftauchen eines Gedankens an solche Dinge zu zerstören, in denen du vielleicht sündigen könntest.

Denn eins sage ich dir: Wem es nicht gelingt, schon den e r s t e n Gedanken zu kontrollieren, der in ihm aufsteigt - selbst, wenn es sich nicht um eine Sünde handelt -, oder wer ihn für belanglos hält, wird der läßlichen Sünde nicht entgehen. Kein Mensch in diesem sterblichen Leben kann sie ganz vermeiden. Alle aufrichtigen Jünger der Vollkommenheit aber sollten niemals unachtsam im Hinblick auf die läßliche Sünde sein. Andernfalls zweifle ich nicht, daß sie bald auch eine Todsünde begehen werden.

Kommentar:
Ausschweifendes und unüberlegtes Denken ist ethisch schlecht und bildet eine psychische Gefahr. Der Yoga unterscheidet drei Grade des Schweigens (M o u n a): das Schweigen des Mundes, das Schweigen der Willensäußerungen (v a s a n a s) und das Schweigen der Gedanken.

Jene beliebteste und unheilvollste aller modernen Errungenschaften, das Fernsehen, wirkt wie eine Leitung, durch die präfabrizierte Zerstreuungen in unser Bewußtsein gegossen werden können. Diese Zerstreuungen dringen viel tiefer ein, als bloß bis zum Wachbewußtsein. Sie dringen in die Psyche, füllen sie mit verwirrenden Ablenkungen wie z.B. Krimis, Nachrichten, nicht miteinander zusammenhängenden Wissensbruchteilen, Schlagern oder klassischer

Musik, wiederholten Wellen einer Reizüberflutung, die keine Katharsis mit sich bringt, sondern nur ständiges Verlangen nach Sensationen erzeugt. Die Reklame hat die Wirkung, den Geist daran zu hindern, je die Beschaulichkeit zu erzielen.

Die moderne Großstadt-Welt ist das geeigneteste Mittel zur Verbreitung und Intensivierung jener Kraft, welche (wie sämtliche Mystiker aller Religionen gezeigt haben) das größte Hindernis zwischen Psyche (j i v a) und ihrem göttlichen Urgrund (A t m a n) bildet.[7)]

11. TAI / Der Friede

Aus der Polarität entsteht nun Vielfalt.
Dennoch hält der meditierend Anbetende
an der Klarheit fest.
"Wenn dein Auge einfältig ist, wo wird
dein ganzer Leib licht sein."

Matthäus 6, 22

12. Kapitel

RICHTIGE UND UNRICHTIGE ASKESE

(Daß kraft dieses 'Werks' nicht nur die Sünde zerstört wird, sondern Tugenden gezeugt werden.)

Wenn du also stehen willst und nicht fallen, dann laß niemals in deinem Vorhaben nach, sondern schlage beständig mit dem scharfen Speer sehnender Liebe auf diese Wolke-des-Nichterkennens ein, die zwischen dir und deinem Gott ist. Und während du das tust, denke an nichts, was unterhalb Gottes ist, und laß es nicht aufkommen, was auch immer geschieht. Denn eben dies ist das 'Werk', das Grund und Wurzel der Sünde vernichtet.

Wieviel du auch fastest oder wie lange du wachen mögest und wie früh du auch aufstehst, wie hart dein Lager und wie unbehaglich deine Kleider auch sein mögen: Es macht wenig aus. Und wenn erlaubt wäre, was es nicht ist: Es würde auch wenig ausmachen, ob du dir die Augen ausstächst, dir die Zunge aus dem Munde schnittest, Ohren und Nase verstopftest, deine Glieder abschnittest und dir jede körperliche Qual auferlegtest, die du nur ersinnen könntest. All dieses würde dir gar nichts nützen, die Regung der Sünde würde trotzdem in dir bleiben und in dir aufsteigen.

Ja, und weiter: Wieviel du auch weinen mögest über deine Sünden oder um des Leidens Christi willen, wieviel du auch an die Himmelsfreuden denken mögest - was würde es dir einbringen? Sicherlich viel Gutes, viel Hilfe, viel Nutzen und viel Gnade. Aber alles, was es für dich tun kann, ist sehr wenig, verglichen mit dem, was durch die blinde Liebesregung erreicht werden kann.

Dieses 'Werk' ist an sich und ohne irgendetwas anderes "das gute Teil" MARIAS. Diejenigen, die es nicht besitzen, gewinnen wenig oder nichts. Es zerstört nicht nur Grund und Wurzel der Sünde, wie in diesem Falle, sondern es zeugt zusätzlich Tugenden. Denn wenn dieses 'Werk' richtig verstanden wird, dann werden in ihm auch alle Tugenden fein und vollkommen wahrgenommen, gefühlt und verstanden, ohne daß sich eine Absicht hineinmischt. Denn wieviele

Tugenden ein Mensch auch haben möge: Ohne dieses 'gute Teil' MARIAS ist ihnen immer irgendeine unlautere Absicht beigemengt,die auch die Tugend unlauter macht.

Tugend ist ja nichts anderes als eine ordentliche und gemessene Liebe, die einfach und direkt auf Gott um Seiner Selbst willen gerichtet ist, denn Gott ist die reine Ursache aller Tugenden. Regt sich im Menschen ein tugendhaftes Verlangen, in dem 'Gott' noch irgendein anderes Motiv beigemischt ist, dann ist diese Tugend unvollkommen, möge 'Gott' auch das Hauptmotiv sein.

Wir können am Beispiel von einer oder zwei Tugenden ablesen, was in allen anderen enthalten ist. Das trifft ganz besonders auf die beiden Tugenden der Demut und der Nächstenliebe zu. Wer diese beiden deutlich besitzt, braucht keine anderen. Er hat alles.

Kommentar:
Yoga-Übungen sind eine besondere Art geistlicher Exerzitien, deren Zweck es ist, den Verstand und die Empfindungen auf jene höheren Stufen des Gebets vorzubereiten, in denen die Psyche sich dem Atman (göttlichen Urgrund im Menschen) gegenüber ausgesprochen passiv verhält. Schon einige Jahrhunderte vor Christi Geburt waren in Asien Yoga-Übungen systematisiert worden. Aber auch zu allen Zeiten während der Geschichte des Christentums sind geistige Exerzitien benützt worden, um die mündlichen Gebete des ritualen Gottesdienstes und der privaten Andacht zu ergänzen.

12. PI / Die Stockung

Sich hemmend, aber auch sich anregend
befruchten die Gegensätze den Kosmos.
Der Weise zieht sich auf innere Werte
zurück = die innere Emigration!
"Er ist ein Schild allen, die IHM
vertrauen."

II. *Samuel* 22, 31

13. Kapitel

ZUR TIEFENPSYCHOLOGIE DER DEMUT

(Was Demut an sich ist und wann sie vollkommen, wann unvollkommen ist.)

Laß uns zunächst die Demut betrachten, wenn sie unvollkommen ist, weil sie von einer Ursache hervorgerufen wurde, die noch neben Gott mitsprach, obwohl Gott das Hauptmotiv war; danach wollen wir sie untersuchen, wenn sie vollkommen ist, da sie kein anderes Motiv als Gott Selbst hat.

Die erste Frage muß dazu sein, was Demut an sich ist, soweit dies deutlich gesehen und erkannt werden kann. Von da aus können wir dann in der Wahrheit des GEISTES auch die Ursache genauer kennen.

Demut an sich ist nichts anderes als das rechte Erkennen und Empfinden des Menschen selbst, wie er ist. Jeder, der sich selbst wirklich so sieht und empfindet, wie er ist, muß in der Tat demütig sein.

Diese Demut hat z w e i Ursachen. Eine ist der Schmutz, die Elendigkeit und die Gebrechlichkeit, in die der Mensch durch die Sünde gefallen ist und die er immer in irgendeinem Grade empfinden muß, solange er in diesem Leben ist, wie heilig er auch sein mag. Die andere Ursache ist die überreiche Liebe und der Wert Gottes Selbst, denn im Hinblick darauf erbebt die ganze Natur, alle klugen Leute sind Narren und alle Heiligen und Engel blind. Und wenn Gott nicht durch die Weisheit Seiner Gottheit ihr Betrachten Seiner entsprechend ihrer Fähigkeiten nach Natur und Gnade beurteilen würde, dann weiß ich nicht, was ihnen passieren würde.

Diese zweite Ursache ist vollkommen, denn sie wird bestehen bleiben ohne Ende. Die vorher genannte ist jedoch unvollkommen, denn sie versagt nicht nur am Ende dieses Lebens, sondern es geschieht auch sehr oft - so oft und so lange es Gott möglich macht -, daß eine Seele in einem Übermaß an Gnade ihr Verlangen vervielfacht und in diesem ihrem sterblichen Leibe ganz plötzlich und vollkommen alles Gewahrsein und alles Empfinden ihres eigenen Seins verliert und sich nicht mehr darum kümmert, ob sie heilig oder elend ist.

Ob das nun einer Seele, die dazu veranlagt ist, oft oder selten geschieht, so glaube ich, daß es in jedem Falle doch nur ganz kurze Zeit andauert. In dieser Zeit ist die Seele ganz und gar demütig, denn sie erkennt und empfindet keine andere Ursache als nur die eine. Sollte sie aber noch die andere Ursache damit verbinden, dann ist es immer noch unvollkommene Demut, selbst wenn Gott die Hauptursache bleibt. Immerhin, die ist gut und nötig; und Gott verhüte, daß du es anders verstehst, als ich es sage.

Kommentar:

Jede neue Geistesstufe verlangt einen Abschied von der früheren. Das Ego-Reich muß verlassen werden, soll die Seele sich entfalten. Der Vorgang der Evolution zwingt uns weiter, von Stufe zu Stufe. Die Inertia der Psyche jedoch möchte das eine nicht lassen müssen, um das Neue zu erhalten. Demut hilft uns, diese Inertia der Psyche zu überwinden. Die Evolution der Psyche hält nicht immer Schritt mit der biologischen Entwicklung. Der Zwiespalt wiederholt sich zwischen Ego-bleiben-Wollen und Mystiker-werden-Wollen. Die zahlreichen psychischen Störungen, die sich um das Erlöstwerden und Sündigsein gruppieren, haben ihre tiefenpsychologische Wurzel in der mangelnden Demut.[8)]

13. TUNG JEN / Gemeinschaft mit Menschen

Die Pole durchdringen einander und fügen
sich ineinander ein = *Equilibrium*!
"... denn Kronensteine sind sie."

Sacharja 9, 16

14. Kapitel

VOLLKOMMENE UND UNVOLLKOMMENE DEMUT

(Es ist aber unmöglich für einen Sünder, die vollkommene Demut in diesem Leben zu erreichen, ohne daß er zuerst die unvollkommene erfahren hätte.)

Obgleich ich es nun die unvollkommene Demut nenne, so möchte ich doch um alles in der Welt mich recht erkennen, w i e i c h w i r k l i c h b i n. Denn ich glaube, daß diese Erkenntnis allein viel schneller die vollkommene Demut für mich erreichen würde, als wenn alle Heiligen und Engel im Himmel und alle Männer und Frauen, die auf Erden in der heiligen Kirche leben, als wenn Religiöse und Weltleute aller Grade zusammenkämen und nichts anderes tun würden, als zu Gott für mich um die vollkommene Demut zu beten. Ohne die unvollkommene Demut ist es in der Tat unmöglich für einen Sünder, die vollkommene Demut zu erreichen oder sie zu bewahren, wenn er sie einmal erreicht hat.

Ringe daher im Schweiße deines Angesichts auf alle Weise, die dir möglich ist, um zu erreichen, daß du dich selbst - wie du wirklich bist - recht erkennst und empfindest, und ich glaube, daß du danach bald auch Gott - wie Er ist - recht erkennen und empfinden wirst. Nicht zwar, wie Er in Sich Selbst ist, denn diese Erkenntnis kann kein Mensch erreichen, nur Er Selbst. Auch wirst du Ihn nicht mit Leib und Seele erkennen, wie es in der himmlischen Seligkeit sein wird. Du wirst Ihn aber erkennen in dem Ausmaß, in dem es möglich ist, und in der Weise, in der Er Selbst einer liebenden Seele, die noch in diesem sterblichen Leibe lebt, erlaubt, Ihn zu erkennen und zu empfinden.

Ich unterscheide also zwei Typen von Demut, eine vollkommene und eine unvollkommene. Du darfst aber deshalb nun nicht glauben, daß ich von dir wünschte, du solltest aufhören, an der unvollkommenen Demut zu arbeiten und nur noch die vollkommene zu suchen. Ganz gewiß nicht; ich glaube vielmehr, daß du sie dann niemals erreichen könntest. Daher will ich auch tun, was ich jetzt vorhabe.

Ich möchte dir jetzt den hohen Wert dieser geistlichen Übung zeigen, die über alle anderen physischen und geistlichen Übungen hinausgeht, die der Mensch aus Gnaden vollziehen mag; und wie eine geheime Liebe, die in Lauterkeit des GEISTES gegen die Wolke des Nichterkennens zwischen dir und deinem Gott drängt, wirklich und vollkommen auch die vollkommene Demut in sich enthält, ohne irgendetwas unterhalb Gottes besonders oder deutlich zu betrachten. Ich will das tun, weil ich wünsche, daß du erkennst, was vollkommene Demut ist, um sie als Wegweiser vor die Liebe deines Herzens zu setzen und sie um deinet- und um meinetwillen auszuüben, und weil ich dich durch dieses Wissen noch demütiger machen möchte.

Oft ist die Ursache zu einem gut Teil Stolz ein Mangel an Wissen, scheint mir. Es könnte z.B. sein, daß du, wenn du ein wenig Erkennen und Empfinden dessen erlangt hast, was ich die unvollkommene Demut nenne, wähnen würdest, daß du die vollkommene fast erreicht hättest - wenn du nicht wüßtest, was vollkommene Demut ist. Dann würdest du dich selbst betrügen im Glauben, du wärst außerordentlich demütig, während du in Wirklichkeit vor Stolz stinken würdest.

Versuche daher, eifrig um die vollkommene Demut zu ringen, denn sie ist so geartet, daß, wer sie hat, keine Sünde begeht, während er sie hat, und nur sehr geringe hinterher.

Kommentar:
Der echte Yogi beschreibt seine mystischen Erfahrungen so gut wie gar nicht. Er sucht die Mysterien des integralen Bewußtseins unter einem Schleier von Symbolen auszudrücken. (Siehe mein Symbole: magische Geheimsprache der Poesie, Ratingen 1967).

Der Chassidismus (jüdische Mystik) legt Zeugnis ab von einem Zustand des Friedens und der demütigen Freude.

Auch die Gita unterscheidet zwischen zwei Arten (Atmasambhavitah und Dambha) der Demut (XVI, 17).

Für sich selbst die Gottherrlichkeit beanspruchen zu wollen, ist die größte aller Sünden, die Sünde LUZIFERS.

14. DA YU / Der Besitz von Großem

Das Abnehmen und Zunehmen des MONDES ist Symbol für die Notwendigkeit der Polarität bei der Entwicklung des Lebens; alles hat seine Zeit. Alles paßt sich den Zeiten an.
"... beharre in diesen Dingen."

I. *Timotheus* 4, 16

15. Kapitel

DIE DEMUT ALS GNADE UND ALS EIGENNATUR

(Eine kurze Beweisführung gegen den Irrtum, daß der Hauptgrund zur Demut die Erkenntnis von des Menschen eigener Elendigkeit wäre.)

Vertraue fest darauf, daß es solch eine vollkommene Demut gibt und daß sie durch die Gnade in diesem Leben erreichbar ist. Ich sage das gegen den Irrtum derer, die behaupten, daß die vollkommenste Art Demut die ist, die aus dem Bewußtsein unserer Elendigkeit und unserer früheren Sünden stammt.

Ich gebe durchaus zu, daß es für solche Leute, die, wie ich selbst auch, in Alltagssünden dahingelebt haben, höchst nützlich und vorteilhaft ist, durch das Gedenken an unsere Elendigkeit und unsere vergangenen Sünden demütig zu werden, bis zu dem Zeitpunkt, an dem der dicke Sündenrost abgerieben sein wird, wie es von unserem Gewissen und unserem geistlichen Berater bezeugt wird. Ein anderes Mittel aber gibt es für jene anderen, die sozusagen unschuldig lebten, die niemals bewußt und absichtlich eine Todsünde begingen, höchstens aus Schwachheit und Unwissenheit, und die zum kontemplativen Leben kamen; dies andere Mittel aber gilt auch für uns, wenn sowohl unser geistlicher Berater wie unser eigenes Bewußtsein bestätigen, daß wir in Zerknirschtheit recht bekannt und Buße getan haben entsprechend den Anordnungen der heiligen Kirche und wir uns darüber hinaus durch die Gnade zum kontemplativen Leben berufen fühlen.

Dieser Weg, demütig gemacht zu werden, ist dem Gedenken an unsere Elendigkeit und unsere vergangenen Sünden so weit überlegen, wie das Leben der heiligen Jungfrau dem des sündigsten Büßers in der heiligen Kirche ist, so weit, wie das Leben Christi dem irgendeines Menschen überlegen ist, oder wie das eines Engels im Himmel, der niemals menschliche Gebrechlichkeit gefühlt hat, noch fühlen wird, dem Leben des schwächsten Erdenmenschen überlegen ist.

Wenn es wahr wäre, daß es kein vollkommenes Mittel gäbe, das einen demütig machen könnte, ausgenommen der Blick auf die eigene Elendigkeit, dann möchte ich wissen, woher diejenigen ihre Demut haben, die niemals Elendigkeit und Sündenregungen sehen, noch fühlen, noch jemals sehen oder fühlen werden: Wie unser Herr Jesus Christ, die heilige Jungfrau Maria und alle Heiligen und Engel im Himmel.

Unser Herr Jesus Christ Selbst beruft uns zu dieser und jeder anderen Art von Vollkommenheit, wenn Er uns befiehlt, aus Gnaden vollkommen zu sein, wie Er Selbst es von Natur ist.

Kommentar:
Das tiefenpsychologisch angeregte Bemühen um die Demut, die die Psyche bereiten hilft für das Zusammentreffen mit der Gnade des *Atmans*, wie das Pflügen den Acker für den Samen öffnet.

Das ontologische Reich des SEINS in der Innenwelt wird kultiviert, um Gott-Menschliches Bewußtsein aufzunehmen und von diesem (integralen) Bewußtsein sich verändern zu lassen. Die Demut hilft dem Mystiker, seinen Stand in sich zu gewinnen, damit er sich gefaßt und nicht zerstreut der Außenwelt zuwendet. Aus solcher demütigen Koordination erwächst die Fähigkeit des verantwortungsbewußten Hörens auf das Evangelium. Die bejahende Antwort und die Bereitschaft, mit ihm auch das Alltagsleben zu gestalten, das ist Demut. [9)]

15. KIEN / Die Bescheidenheit

Die *Shakti* stellt die Ur-Energie des Universums als *Kundalini* dar, die den Kosmos beseelt; jedoch die Quelle liegt in der DEMUT. Demut ist ein anderes Wort für = 'belehrbar sein'.

"So ziehet nun an ... Demut."

Kolosser 3,12

16. Kapitel

DER FALL VON MARIA MAGDALENA

(Daß der Sünder, der wirklich umkehrte und zur Kontemplation berufen wurde, die Vollkommenheit schneller durch dieses 'Werk' erreicht als durch irgendein anderes und eben dadurch auch Gottes Vergebung für seine Sünden empfängt.)

Wenn ein Mensch die ihm vorgeschriebene Buße geleistet hat und sich selbst zum kontemplativen Leben berufen fühlt und wenn er dazu die Zustimmung seines geistlichen Beraters und seines Gewissens erhalten hat, dann braucht er es nicht als anmaßend zu empfinden, wenn er wagt, seinem Gott in demütiger Liebesregung zu nahen und sie insgeheim auf die Wolke-des-Nichterkennens zu richten, die zwischen ihm und seinem Gott ist.

Denn als unser Herr zu MARIA MAGDALENA, die hier für alle Sünder steht, die zum kontemplativen Leben berufen sind, sprach: "Deine Sünden sind dir vergeben", da tat er es nicht um ihres tiefen Leides willen, noch weil sie ihrer Sünden gedachte, noch selbst wegen der Demut, mit der sie ihre Sündhaftigkeit ansah. Warum dann also? Weil sie so sehr liebte. Man mag daraus ersehen, was ein geheimer Liebesdrang von unserem Herrn erlangen kann, über alle anderen erdenklichen Werke hinaus.

Ich gebe zu, daß MARIA tief litt, daß sie bitterlich über ihre Sünden weinte und daß sie durch das Bewußtsein ihrer Sündhaftigkeit außerordentlich demütig war. Wir sollten es ebenso machen, wir, die wir elende Gewohnheitssünder gewesen sind. Auch wir sollten tiefen Schmerz über unsere Sünden fühlen und überaus demütig im Gedanken unserer Elendigkeit sein. Aber auf welche Weise?

Sicherlich wie diese MARIA. Selbst wenn sie nicht einen so tiefen Kummer über ihre Sünden empfunden hätte - sie trug sie ihr ganzes Leben lang, wohin sie auch ging, als heimliche Last, die sie nicht vergessen konnte, in der Höhle ihres Herzens -, so tief also dieses Leid auch war, so dürfte man trotzdem sagen, und die Heilige Schrift bestätigt es, daß sie einen noch größeren Kummer hatte, ein noch schmerzlicheres Verlangen, eine noch tiefere Traurigkeit: Sie litt mehr am Mangel an Liebe als am Gedenken ihrer Sünden. Ja, sie litt tödlich aus Mangel an Liebe, obgleich sie so viel davon besaß. Das darf dich nicht wundern, denn das ist die Art des wahrhaft Liebenden, daß er, je mehr er liebt, umso mehr sich danach sehnt, zu lieben.

Sie wußte sehr wohl und empfand es lebhaft in einer traurigen Gewißheit, daß sie schlimmer war als irgendjemand sonst und daß ihre Sünden sie von ihrem Gott trennten, den sie doch so sehr liebte. Sie wußte auch, daß eben diese Sünden zum großen Teil die Ursache waren, daß sie aus Mangel an Liebe sehnsuchtskrank war. Was tat sie aber?

Stieg sie deshalb herunter aus der Höhe ihres Verlangens in die Tiefen ihres sündigen Lebens, um in dem Pfuhl ihrer Sünden zu wühlen und sie eine nach der anderen mit allen Einzelheiten hervorzusuchen und über jede einzelne zu klagen und zu weinen? Nein, gewiß nicht. Denn Gott in Seiner Gnade hatte sie in ihrer Seele Tiefen wissen lassen, daß sie auf diesem Wege nichts erreichen würde. Hätte sie es trotzdem versucht, so wäre wahrscheinlich die Neigung zur Sünde in ihr nur größer geworden, statt daß sie dadurch die klare Vergebung ihrer Sünden erreicht hätte.

Statt dessen hängte sie ihre Liebe und ihr sehnendes Verlangen in die Wolke-des-Nichterkennens und lernte, etwas zu lieben, was sie vielleicht niemals in diesem Leben deutlich sehen würde, weder im Licht vernünftigen Verstehens noch im Empfinden ihrer Liebe.

Tatsächlich hatte sie danach sehr oft kaum mehr eine Erinnerung daran, ob sie eine Sünderin gewesen war oder nicht. Ja, und ich hoffe, daß sie sehr oft so tief in der Liebe zu Seiner Gottheit aufgegangen ist, daß sie kaum die Schönheit Seiner kostbaren und gesegneten körperlichen Erscheinung im einzelnen wahrnahm, in der Er sprechend und lehrend mit so großer Liebe vor ihr saß. Aber sie bemerkte auch nichts anderes mehr, weder physisch noch geistlich, wie man aus dem Evangelium schließen darf.

Kommentar:
Die Liebe (B h a k t i) ist eine sehr geeignete numinose Welt, aber man braucht eine Schulung dazu, die Demut.

Der Gottverwirklichung entsprechen (tiefenpsychologisch gesehen) die Organe für die Erfassung des Numinosen als einer Modalität des Seins, welche über sich hinausweist. Man kann das Numinose auch in der Liturgie erfahren oder in der Kunst oder in der Musik. Jedoch ist zum Üben des Yoga und der mystischen Gottfindung unentbehrlich, die Organe für das Numinose (Liebe und Demut) zu pflegen, denn sonst kann auch die Verinnerlichung als Neurose in den Rücken fallen oder in einsamen Stunden als Psychose ängstigen.[10)]

16. YÜ / Die Begeisterung

Seelische Anteilnahme ist Voraussetzung
für den Erfolg - erst recht in dem spirituellen Selbstunterricht.
"Und du wirst Freude und Wonne haben."

Lukas 1, 14

17. Kapitel

DIE GESCHICHTE VON MARTHA UND MARIA

(Ein wahrer Kontemplativer hat kein Verlangen, sich in das aktive Leben einzumischen. Es kümmert ihn auch nicht, was ihm geschieht oder was über ihn gesagt wird, und er verteidigt sich nicht gegen Kritiker.)

Im Evangelium St. Lukas ist die Geschichte erzählt, wie unser Herr im Hause der MARTHA war und MARIA, deren Schwester, die ganze Zeit, die MARTHA mit der Herstellung der Mahlzeit beschäftigt war, nur zu des Herrn Füßen saß, daß sie Seinen Worten lauschte und MARTHAS Tun nicht beachtete, obgleich es sehr gutes und heiliges Werk war, da es denn tatsächlich im aktiven Leben an erster Stelle steht. Sie beachete aber auch weder Seine kostbare und gesegnete Persönlichkeit noch Stimme oder Worte Seines Menschseins, obgleich dies schon besser und heiliger gewesen wäre als zweiter Teil des aktiven und damit erster Teil des kontemplativen Lebens.

Was sie jedoch mit der ganzen Liebe ihres Herzens aufnahm, war die höchste Weisheit Seiner Gottheit, obgleich diese von den dunklen Worten Seiner Menschheit verdeckt war. Daher wollte sie sich um nichts von der Stelle rühren, was sie sah oder hörte, um nichts, was um sie her getan wurde, sondern saß körperlich vollkommen still und drängte mit dem holdesten Liebesdrang insgeheim gegen jene hohe Wolke-des-Nichterkennens zwischen ihr und ihrem Gott.

Dies eine will ich dir sagen: Es hat noch niemals eine reine Seele in diesem Leben gegeben, noch wird es jemals eine geben, die durch die Kontemplation und die Liebe zur Gottheit so vollkommen über sich hinausgetragen würde, daß nicht immer noch eine hohe und seltsame Wolke-des-Nichterkennens zwischen ihr und ihrem Gott bliebe.

In dieser Wolke war MARIA befangen, von geheimer Liebe bedrängt. Warum? Weil dies der beste und heiligste Teil der Kontemplation ist, der in diesem Leben möglich ist, und davon wollte sie um nichts in der Welt abweichen. Und als MARTHA sich bei unserem Herrn über sie beklagte und Ihn bat, er solle sie aufstehen heißen, um zu helfen, damit sie selbst nicht so schwer zu arbeiten brauche, selbst da blieb MARIA still sitzen, antwortete kein einziges Wort und verriet in keiner Geste Unwillen gegen der Schwester Klage. Kein Wunder, denn MARIA hatte anderes zu tun, von dem die Schwester nichts ahnte. Deshalb hatte sie weder Zeit, ihr zu helfen, noch ihrer Klage zu antworten.

Lieber Freund, laß uns alle diese Worte und Gesten, die zwischen unserem Herrn und diesen beiden Schwestern geschahen, nehmen und ein Beispiel für alle aktiven und kontemplativen Leute daraus machen, die es seitdem in der heiligen Kirche gegeben hat oder geben wird bis an den Tag des Jüngsten Gerichts.

MARIA steht für alle Kontemplativen, und sie sollen ihr Leben dem ihren angleichen. Und auf dieselbe Weise und aus demselben Grunde ist MARTHA für den Aktiven kennzeichnend.

Kommentar:
Auch die moderne Tiefenpsychologie unterscheidet zwei Typen des Suchers, den introvertierten und den extrovertierten.

Auch die Gita sagt: "Zwei Standpunkte sind in der Welt; zum Heil führt ein zweifacher Pfad. Der Weg der Kontemplation (Raja-Yoga) für die betrachtenden Menschen (Maria) und der Weg der Werke (Karma-Yoga) für die tätigen Menschen (Martha-Typen)."

Die natürliche Anlage des Mystikers (Maria-Typ) ist es, das innere Leben der Geister zu ergründen; und die natürliche Anlage des Karma-Yogin (Martha- Typ) ist es, in der Außenwelt tätig zu sein.

17. SUI / Die Nachfolge

Die Ur-Energie (= *Shakti*) ist jedoch nichts anderes als die wunderwirkende Zauberkraft Gottes (= *theo* + *magica*), die nun als 'inner light' (der Quaker) erscheint - und dadurch alles sonst erscheinen läßt. Ausdauer siegt. "Wer aber beharret bis an das Ende, der wird selig." (Markus 13,12). "Gott weist dir einen Weg-ohne-Tadel" (= der Einweihungs-Weg der alten lemurianischen Mysterien).

II. *Samuel* 22, 33

18. Kapitel

AKTIVITÄT UND KONTEMPLATION

(Wie alle Aktiven sich über die Kontemplativen beklagen, genau wie Martha über Maria, und daß Unwissenheit die Ursache solcher Klagen ist.)

Genau so, wie MARTHA sich über ihre Schwester MARIA beklagte, so beklagen sich die Aktiven über die Kontemplativen bis auf den heutigen Tag. Denn wo auch immer auf dieser Welt ein Mann oder eine Frau, religiös oder weltlich, ohne Ausnahme, sich durch die Gnade und mit geistlichem Rat bewogen fühlt, alle äußeren Angelegenheiten aufzugeben, um sich mit allen Erkenntnissen und ganzem Gewissen ganz dem kontemplativen Leben zu weihen, da stehen alle, Brüder und Schwestern, nahe Freunde und viele andere noch, die weder diesen Trieb noch die Lebensweise kennen, der er sich widmen will, unmittelbar gegen ihn auf, und zwar im Geist scharfer Anklage. Sie tadeln ihn hart und sagen, daß er einfach faul wäre. Sie erzählen ihm auch viele falsche Geschichten und manche wahre, über den Sturz von Männern und Frauen, die sich in früheren Zeiten diesem Leben hingegeben haben. Die guten Geschichten von denen, die nicht fielen, erzählen sie allerdings nicht.

Ich gebe zu, daß unter denen, die auf solche Weise der Welt entsagen, viele fallen und in früheren Zeiten gefallen sind. Manche, die auszogen, um Gottes Diener und Seine Kontemplativen zu werden, sind zu Dienern des Teufels und zu dessen Kontemplativen geworden, da sie sich denn nicht durch rechten geistlichen Rat führen lassen wollten; sie sind entweder zu Heuchlern oder zu Ketzern geworden und in Wahnsinn oder in manch anderes Unheil verfallen, zur Schande der heiligen Kirche.

Ich möchte darüber jetzt nicht mehr sagen, damit es unser Thema nicht überschatte. Vielleicht können wir uns später mit einigen derartigen Zuständen und der Ursache zu solchen Stürzen beschäftigen, wenn es nötig ist und wenn Gott es zuläßt. Wir wollen daher jetzt nicht mehr von diesen Dingen reden, sondern in unserem Thema fortfahren.

Kommentar:
Auch für die Gita ist als Erlösungsmittel der Weg der Werke genauso wirksam wie der der Kontemplation. Dementsprechend haben wir den Yoga der Meditation, der für jene bestimmt ist, deren Psyche sich auf das Durchschreiten geistiger Versenkungen richtet; und den Yoga des Handelns für die Aktivität liebender Psyche. Jedoch sind wir Menschen, in unterschiedlichem Maße, sowohl Martha-ähnlich wie Maria-ähnlich! (Siehe mein Die verborgene Weisheit, Ratingen 1971).

So schließen sich diese beiden Yogawege einander nicht aus, sondern ergänzen sich. Der eigentliche Weg ist ein einziger, die Psyche aber begreift mehrere Aspekte in sich. [11)]

18. GU / Die Arbeit am Verdorbenen

Stetiger Wandel ist der Atem des Lebens.
Jedoch jeder Wandel ist nur feststellbar
von einem unwandelbaren Fixpunkt aus;
suche nach diesem! ER ist der Anker tief
im Meeresboden der Wandlungen.
"Jetzt ist der Tag des Heils."

II. *Korinther* 6,2

19. Kapitel

BETRACHTUNGEN

(Eine kurze Verteidigung des Autors, die lehrt, daß die Kontemplativen die Aktiven entschuldigen sollten wegen ihrer anklagenden Reden und Taten.)

Mancher mag finden, daß ich MARTHA, dieser besonderen Heiligen, zu wenig Ehre erweise, wenn ich die Worte, in denen sie sich über ihre Schwester beklagt, den Worten weltlicher Leute gleichsetze. Ich will damit aber keine Mißachtung ausdrücken, weder gegen sie noch gegen jene. Gott verhüte, daß ich in diesem Werk irgendetwas sage, aus dem eine Verurteilung irgendeines von Gottes Dienern und besonders Seiner besonderen Heiligen herausgelesen werden könnte. Mir scheint vielmehr, daß MARTHA für ihre Klage vollkommen entschuldigt ist, wenn wir Zeit und Umstände betrachten, unter denen sie sie aussprach.

Die Ursache zu dem, was sie sagte, war ihr Mangel an Erkenntnis. Und das ist kein Wunder, denn zu jener Zeit wußte sie noch nicht, was MARIA tat. Ich glaube, daß sie vor dieser Zeit nur sehr wenig von solcher Vollkommenheit gehört hatte. Außerdem war das, was sie bemerkte, durchaus höflich und in wenigen Worten gesagt; so ist sie auf jeden Fall entschuldigt.

Und mir scheint, daß ebenso die weltlichen Leute vollkommen entschuldigt werden müssen für ihre Vorwürfe, über die wir oben sprachen, selbst wenn sie das, was sie vorzubringen haben, infolge ihrer Unwissenheit grob vorbringen. Denn ebenso wie MARTHA nur sehr wenig über das wußte, was MARIA tat, als sie sich über sie bei unserem Herrn beklagte, so wissen auch die Leute von heute wenig oder nichts über Absicht und Ziel der jungen Menschen, die sich aus den Geschäften dieser Welt absondern, um zu Gottes besonderen Dienern in Heiligkeit und geistlicher Rechtschaffenheit zu werden. Wenn sie es richtig erkennen würden, dann würden sie weder so reden noch so handeln, wie sie es tun.

Mir scheint daher, daß sie immer entschuldigt werden müssen, denn sie kennen keine bessere Lebensweise als die, die sie selbst führen. Und auch, wenn ich die zahllosen Fehler betrachte, die ich selbst früher aus Mangel an Wissen begangen habe, scheint mir, daß ich, will ich von Gott für meine Fehler aus Unkenntnis entschuldigt werden, ebenso barmherzig und mitleidig anderer Leute Worte und Taten entschuldigen muß, die sie aus Unkenntnis reden und begehen. Anderenfalls würde ich andern nicht tun, was ich wünschte, daß sie mir tun.

Kommentar:
Kontemplation bedeutet, daß man sich aus den Umklammerungen durch die weltlichen Interessen lösen muß, mit welchen unser tagtägliches Leben verknüpft ist.

Die sog. Wolke-des-Nichterkennens ist dasselbe, was DIONYSIUS (der Areopagit) als 'allerleuchtendste Finsternis' bezeichnet. (Siehe mein Die verborgene Weisheit, Ratingen 1967).

Innerhalb ihres Textes versucht die Wolke, nicht nur die integrale Entwicklung der auf den AREOPAGIT zurückgehenden Mystik im Extrakt darzustellen, sondern auch die Ideen des hl. JOHANNES vom KREUZE (zweihundert Jahre vorher) vorwegzunehmen!

19. LIN / Die Annäherung

Nun verläßt das Licht den Makrokosmos, um
in dich, den Mikrokosmos, einzudringen.
"... in einem Stand guter Werke gefunden
werden."

Titus 3, 8

20. Kapitel

VERINNERLICHUNG KANN MEHR ERREICHEN

(Wie der Allmächtige Gott denen geistlich antworten wird, die Entschuldigungen dafür finden, daß sie nicht aus Liebe zu Ihm ihr Geschäft verlassen.)

Daher scheint mir, daß diejenigen, die kontemplativ leben wollen, nicht nur den Aktiven ihre Anklagen verzeihen müssen, sondern auch, daß sie so vom GEIST in Anspruch genommen sein sollten, daß sie kaum oder gar nicht auf das achten, was andere über sie und das, was sie tun, zu sagen haben. Das war es, was MARIA tat - die das Beispiel für uns alle ist -, als ihre Schwester MARTHA sich über sie bei unserem Herrn beklagte. Und wenn wir wirklich ebenso handeln, dann wird unser Herr heute dasselbe für uns tun, was er damals für MARIA tat.

Was war das? Unser geliebter Herr Jesus Christus, vor dem nichts verborgen bleibt, wurde von MARTHA als Richter angerufen und gebeten, MARIA aufstehen zu heißen, um ihr in ihrem Dienst an Ihm zu helfen. Er aber bemerkte, daß MARIA im GEISTE glühend von der Liebe seiner Gottheit in Anspruch genommen war, und antwortete daher höflich, was von beider Tun Er für das richtigere hielt. Und er antwortete an MARIAS statt, damit sie nicht aus der Liebe zu Ihm hinausgehen müßte, um sich selbst zu rechtfertigen.

Und wie antwortete Er? Gewiß nicht als Richter, wie MARTHA es von Ihm verlangte, sondern als Anwalt, der die gerecht verteidigte, die Ihn liebte.

"MARTHA, MARTHA!" Er betonte ihren Namen, indem er ihn zweimal aussprach, denn Er wollte, daß sie Seine Worte hören und beachten sollte. "Du hast viel Sorge und Müh", fuhr Er fort.

Aktive Leute sind notwendigerweise beständig tätig und mit verschiedenerlei Dingen beschäftigt, zunächst zu eigenem Nutzen und danach in Liebestätigkeit für ihre Mitchristen,wie es die Nächstenliebe verlangt. Das sagte er zu MAR-

THA, weil Er sie wissen lassen wollte, daß das Werk, das sie tat, ihrer Seele gut und nützlich war. Damit sie aber nicht denken sollte, daß sie im besten aller Werke begriffen war, fuhr er fort: "Eins aber ist not!"

Und was ist dieses Eine? Ganz gewiß, daß Gott um Seiner Selbst willen geliebt und gelobt würde über alle physischen und geistlichen Dinge hinaus, die Menschen tun können. Und damit MARTHA nicht meinen sollte, daß sie beides gleichzeitig tun könne - Gott lieben und loben über alle Dinge und gleichzeitig in den Erfordernissen dieses Lebens geschäftig sein -, und um sie von Zweifeln darüber zu befreien, ob sie Gott denn nicht ebenso vollkommen in physischen und geistlichen Angelegenheiten dienen könne - unvollkommen kann sie es vielleicht, vollkommen aber nicht -, so setzte Er hinzu: "MARIA aber hat das gute Teil erwählt, das soll nicht von ihr genommen werden."

Weil nämlich diese vollkommene Liebe, die hier in diesem Leben beginnt, derjenigen gleich ist, die in der himmlischen Seligkeit ewig währen wird, denn beide sind nur eine.

Kommentar:
Auch der Yoga sagt, daß die letzte Realität nur intuitiv durch einen Akt des vollen Herzens verstanden werden kann. Das Herz kann weiter gehen als der Verstand; das Herz tritt ein, wo der Verstand vor der Tür bleibt. Die Seele liebt Gott in seiner Essenz, aber in seiner Essenz sieht sie Ihn nicht.

Also wir haben hier, als Gegensatz zu der Vedanta Mystik des Monisten SHANKARA: Sakshad atmabhavena vartate = das undurchdringliche Geheimnis des Andersseins Gottes. Das Absolute ist inkommensurabel; infolgedessen kann es nicht durch den Verstand erfaßt werden, denn logische Begriffe sind von der Sprache abhängig, und unser Vokabular und Syntax wurden aufgebaut, um mit der Polarität des Lebens umgehen zu können, mit der das Absolute (per definitionem) inkommensurabel ist. Auch die katholische Scholastik sagt: Plus diligitur quam intelligitur.[12)]

20. GUAN / Die Betrachtung (der Anblick)

Energie (= *Prakriti*) und Transformation
bringen glückliches Gelingen.
"Der Weg des Lebens geht überwärts für
den Klugen ..."

Sprüche 15, 24

21. Kapitel

DER BESTE TEIL MARIAS

(Eine wahre Auslegung des Evangelienwortes 'Maria hat das gute Teil erwählt'.)

Was bedeutet dieses "MARIA hat das gute (beste) Teil erwählt"? Überall, wo ein Bestes genannt wird, müssen zunächst z w e i Dinge vorausgesetzt werden, ein gutes und ein besseres; erst damit wird ein Drittes als 'das beste' möglich. Welches sind also diese drei guten Dinge, von denen MARIA 'das beste' erwählte?

Es gibt nicht drei Lebensweisen, denn die heilige Kirche erkennt nur zwei an, das aktive und das kontemplative Leben, und eben von diesen beiden handelt diese Evangelien-Geschichte von den beiden Schwestern MARIA und MARTHA. MARTHA vertritt darin das aktive, MARIA das kontemplative Leben. Ohne eines dieser beiden zu leben, kann niemand erlöst werden; wenn es aber nicht mehr als diese beiden gäbe, könnte niemand 'das Beste' erwählen.

Obgleich es aber nur zwei Lebensweisen gibt, so stellen sie sich doch zusammen in drei Teilen dar, von denen einer immer besser als der andere ist. Diese drei Teile sind früher im einzelnen beschrieben worden. Wie erwähnt, besteht der erste aus guten und ehrbaren körperlichen Werken der Liebe und Barmherzigkeit und bildet den ersten Grad aktiven Lebens. Der zweite Teil besteht aus guten Meditationen über des Menschen Elendigkeit, das Leiden Christi und die himmlischen Freuden.

Der erste Teil ist gut, der zweite besser, denn dieser zweite Grad aktiven Lebens ist gleichzeitig der erste kontemplativen Lebens. In diesem Teil sind beide in geistlicher Verwandtschaft ein Paar, einander verschwistert wie im Beispiel von MARIA und MARTHA. Ein Mensch aktiven Lebens mag zu dieser Höhe der Kontemplation aufsteigen und nicht höher, es sei denn in seltenen Stunden, und dann nur durch besondere Gnade. Der Kontemplative mag so tief ins aktive Leben hinabsteigen und nicht tiefer, außer sehr selten in großer Notlage.

Der dritte Teil dieser beiden Lebensformen aber hängt in jener Wolke-des-Nichterkennens, in der die heimliche Liebe auf Gott gerichtet ist. Der erste Teil ist gut, der zweite besser, der dritte aber ist von allen der beste.

Dies ist 'das beste Teil' MARIAS. Daraus geht klar hervor, daß unser Herr nicht gesagt hat, MARIA hätte das beste Leben erwählt, denn es gibt nicht mehr als die genannten beiden, und von zweien kann niemand 'das beste' wählen. Er sagte dagegen, daß MARIA aus diesen beiden 'das beste Teil' erwählt habe, und 'das soll nicht von ihr genommen werden'.

Der erste und der zweite Teil, obgleich sie gut und heilig sind, enden notwendigerweise mit diesem Leben, denn in jenem Leben sind weder Werke der Nächstenliebe mehr nötig, noch daß wir über unsere Elendigkeit und das Leiden Christi weinen. Dann wird niemand mehr hungern, noch dürsten wie jetzt, niemand wird mehr vor Kälte sterben oder krank, obdachlos oder gefangen sein; kein Begräbnis wird mehr nötig sein, denn niemand kann mehr sterben.

Das dritte Teil aber, das MARIA erwählte, das möge von jedem erwählt werden, der durch die Gnade dazu berufen ist, besser gesagt, der dazu durch Gott erwählt wurde. Möge er sich ihm mit allen Kräften zuwenden, denn es soll nicht von ihm genommen werden, da es zwar hier beginnt, aber auf ewig dauern wird.

Möge daher die Stimme unseres Herrn unseren Aktiven zurufen, als spräche Er jetzt zu ihnen für uns, wie Er damals für MARIA zu MARTHA sprach: 'Martha, Martha!' - "Ihr Aktiven! Seid so tätig, wie ihr nur immer könnt im ersten und zweiten Teil, heute im einen und morgen im andern, und wenn ihr es wirklich wünscht und euch stark genug dazu fühlt, auch in beiden zugleich. Aber laßt die Kontemplativen in Ruhe. Ihr wißt nicht, was sie bewegt. Laßt sie ungestört in ihrer Ruhe und in ihrem Spiel mit dem dritten Teil, MARIAS 'bestem Teil'."

Kommentar:

Die Kontemplation ist die unmittelbare und intuitive mystische Schau, die Aktivität nur Mittel zum Zweck. Auch eine Religion ist nur insofern gut, als sie ihren Angehörigen die Verinnerlichung ermöglicht. Eine Minderheit von 'hauptamtlich' Beschaulichen ist auch für das Wohl der ganzen Gesellschaft unerläßlich.

Wie der große Vedantin SHANKARA sagte:

Aktivität bezweckt die Läuterung des Herzens, nicht die Wahrnehmung der Realität. Die absolute Wirklichkeit erfaßt man durch integrale Einsicht und gar nicht durch unzählige Taten."

Auch der hl. THOMAS von AQUIN betonte:

"Die ethischen Tugenden (nur) prädisponieren zum b e s c h a u l i c h e n Leben; denn der Akt der Beschaulichkeit ('integrale Einsicht'), aus dem das beschauliche Leben im wesentlichen besteht, wird sowohl durch die Heftigkeit der Affekte als auch durch äußerliche Störungen behindert. Die Tugenden vermögen aber diese Heftigkeit (der Leidenschaften) zu bändigen und die durch äußerliche Beschäftigungen ('Aktivität') verursachten Störungen zu beseitigen. Deswegen prädisponieren die Tugenden (Aktivität als Mittel) zum beschaulichen Leben (als Endziel). Ein Ding kann dem beschaulichen Leben auf zwei Arten angehören, wesentlich oder (nur) als Veranlagung."

Wir sind alle zur Kontemplation berufen.[13)]

21. SCHI HO / Das Durchbeißen

Stabilität ist das äußere Zeichen des inneren
Erfolges oder gar der erfolgreichen Ergänzung
der Polarität. Die innere Ordnung spiegelt sich
in der Ordentlichkeit des Alltagslebens wider.
Der authentische Mystiker erscheint nur in
Ausnahmefällen vergammelt oder liederlich.
"... lasset ab von Frevel ... und tut, was
recht und gut (= ordentlich) ist ..."

Hesekiel 45, 9

"Du bist, o heilige
Mutter, ein mildes
Gnadenlicht für
gläubige Herzen.
Deine ganze Er-
scheinung spricht
uns vom Ewigen.
Dein Bild ist rein
und klar.
Es atmet Reinheit
und Frieden -
es zieht uns
himmelwärts."

- Shri Baba Jee

22. Kapitel

DIE BEFREIENDE LIEBE

(Handelt von der wunderbaren Liebe, die Christus zu Maria als der Gestalt all der Sünder hegte, die wahrhaft verwandelt und zur Gnade der Kontemplation berufen wurden.)

Süß war die Liebe zwischen unserem Herrn und MARIA. Sie liebte Ihn sehr, Er sie noch mehr. Wer alles ganz genau betrachtet, was zwischen Ihm und ihr vorgegangen ist - nicht, wie es der Klatsch darstellen würde, sondern wie es das Evangelium bezeugt, das nicht falsch sein kann -, der würde entdekken, daß sie so ausschließlich nur danach verlangte, Ihn zu lieben, daß nichts Geringeres als Er sie zu trösten vermochte, noch irgendetwas ihr Herz Ihm fernhalten konnte.

Dies ist dieselbe MARIA, die sich weigerte, den Trost der Engel anzunehmen, als sie weinend ihren Herrn am Grabe suchte. Als die Engel sie so liebevoll ansprachen: 'Weine nicht...', da hörte sie trotzdem nicht auf zu weinen. Weil der, der wirklich nur den König der Engel sucht, nicht damit zufrieden ist, Engeln zu begegnen.

Und weiter? Wer aufmerksam die Erzählung des Evangeliums liest, wird viele wunderbare Zeichen vollkommener Liebe finden, die von ihr, die unser Beispiel ist, berichtet werden. Sie stimmen mit dem 'Werk', von dem dieses Buch handelt, so vollkommen überein, als wenn sie einzig zu diesem Zweck geschrieben wären.

Möge jeder, der will, Gebrauch von ihnen machen, als wären sie es. Und wenn jemand im Evangelium nach einer Beschreibung der wunderbaren und besonderen Liebe sucht, die unser Herr zu ihr fühlte als der Gestalt aller Gewohnheitssünder, die tatsächlich verwandelt und zur Gnade der Kontemplation berufen wurde, dann wird er entdecken, daß unser Herr niemandem erlaubte - nicht einmal ihrer eigenen Schwester -, ein Wort gegen sie zu sagen, ohne daß Er Selbst für sie eintrat.

Ja, und weiter? Er tadelte SIMON den Aussätzigen in dessen eigenem Hause für das, was er gegen MARIA dachte (Luk. 7, 36 ff). So groß war seine Liebe, so überwältigend groß.

Kommentar:

Der Verfasser der W o l k e nimmt die damals unter Theologen verbreitete Grundthese über die zwischen Gott und dem Menschen bestehende Beziehung für gegeben. Danach soll es in der 'Seele' (als A t m a n und nicht als Psyche gedacht) ein 'gewisses Etwas' geben, das verschiedentlich der 'Funke', die S y n t e r e s i s , der 'Urgrund des Seins', die 'Spitze des Affektes', der 'Gipfel des Höheren-Willens' usw. usw. genannt wird.

Dieses göttlichen Elements in ihrem Ur-Wesen (A t m a n , T a o) sind sich die Menschen nicht mehr bewußt (a v i d y a) , weil ihre ganze Aufmerksamkeit an den Objekten der Außenwelt (M a y a) haftet. Aber wenn man bereit ist, dem Ego abzusterben, dann kann man sich des göttlichen Elements (integrales Bewußtsein) in sich bewußt werden und darin Gott-Kontakt erleben.

Das ist hier mit der Liebe MARIAS symbolisiert.

22. BI / Die Anmut

Die Ur-Energie zirkuliert durch die Schöpfung, die sie so wahrnehmbar macht; fließt sie jedoch zum Urgrund zurück, so verwandelt sich das Wahrgenommene in Erleuchtung.
"Den Vollkommenen aber gehört starke Speise ..."

Hebräer 5, 14

23. Kapitel

AUSLIEFERUNG bzw.

= DIE KONSTRUKTIVE ERGEBENHEIT

(Wie Gott im GEISTE antworten und Sorge tragen wird für die, die wegen ihres Werks in Seiner Liebe nicht für sich selbst sorgen.)

Wenn wir wahrhaft und entschieden, soweit es uns möglich ist, unsere Liebe und unser Leben mit MARIAS Liebe und Leben übereinbringen, dann wird Er ohne Zweifel jetzt in der gleichen Weise täglich insgeheim in den Herzen aller jener antworten, die gegen uns sind.

Ich will damit nicht sagen, daß nicht irgend jemand da sein wird, der etwas gegen uns denken oder sagen wird, solange wir in den Mühen des Lebens ringen, wie sie es auch gegen MARIA taten. Ich sage aber, wenn wir nicht mehr als sie darauf achten, was jene sagen oder denken, und wenn wir nicht mehr als sie um solcher Worte und Gedanken willen in unserem geheimen geistlichen Werk nachlassen, ich sage, daß dann unser Herr ihnen im GEIST antworten wird; und wenn sie, die so denken und reden, von der rechten Art sind, dann werden sie binnen weniger Tage anfangen, sich über ihre Handlungsweise zu schämen.

Ebenso wie Er so für uns im GEISTE antworten will, so wird Er auch andere im GEISTE anregen, uns mit den Dingen zu versehen, die uns in diesem Leben nun einmal nötig sind, als da sind Nahrung und Kleidung und anderes dergleichen, wenn Er sieht, daß wir um solcher Angelegenheiten willen das Werk Seiner Liebe nicht lassen wollen.

Ich erwähne das, um den Angriff derer zurückzuweisen, die behaupten, daß es unrecht wäre, Gott im kontemplativen Leben dienen zu wollen, bevor man zunächst einmal selbst für seine leiblichen Bedürfnisse gesorgt hätte. Denn, so sagen sie, Gott schickt wohl die Kuh, führt sie aber nicht selbst am Horn herbei. Und damit reden sie falsch über Gott, wie sie wohl wissen.

Vertraue fest darauf, wer du auch seist, der du dich aufrichtig von der Welt fort Gott zuwendest, daß Gott dir eins von diesen beiden senden wird, ohne daß du dich darum bemühst: Entweder reichlich, dessen du bedarfst, oder genügend körperliche Kraft und geistliche Geduld, Mangel zu ertragen.

Kommt es darauf an, welche von beiden Gaben du hast? Das reine Ergebnis ist dasselbe bei allen Kontemplativen. Wer daran zweifelt, hat entweder den Teufel in der Brust, der ihm den Glauben raubt, oder er hat sich Gott nicht so vollständig anheimgegeben, wie er sollte, wie klug er sonst auch sein mag, wieviel fromme Gründe er auch vorbringen mag, um das Gegenteil zu beweisen, und wer er auch sein mag.

Du aber, der sich vorgenommen hat, ein Kontemplativer wie MARIA zu werden, du solltest wählen, lieber von der wunderbaren Größe und Würde des vollkommenen Gottes demütig zu werden als aus der eigenen Elendigkeit. Das heißt, gib acht, daß deine besondere Aufmerksamkeit mehr auf die Würdigkeit Gottes gerichtet ist als auf deine eigene Sündhaftigkeit. Denen, die vollkommen demütig geworden sind, wird nichts mangeln, weder physisch noch geistlich. Denn sie besitzen Gott, in dem Fülle ist; und wer Ihn hat - ja, wie es in diesem Buch steht -, braucht nichts anderes mehr in diesem Leben.

Kommentar:
Ut beatificabilis, est immortalis! = d.h., daß die Seele nur insofern unsterblich ist, als sie der seligen Eigen-Schau fähig ist.

Das wichtige Stadium im meditativen Leben ist der Übergang vom Handeln im Ego zum Handeln in Gott. Eine stufenweise Umwälzung der Einstellung gegen alle lebenden Wesen findet statt. Man ergibt sich selbst der Gegenwart Gottes, die man lebendig als anwesend in seinem Herzen fühlt. Das ichhafte, leibgebundene Wollen muß aufgegeben werden, damit die Idee des Guten annähert.

Auch im Yoga geht der Weg zum ergebenen Leben von der äußeren Gesetzerfüllung (über die eigentliche Moral der guten Sitten) hinauf zu den Imperativen des Seinsollenden im Gewissen. So spricht der Yoga von integraler Gesinnungs-Ethik. [14)]

23. BO / Die Zersplitterung

Das Licht selbst bestimmt die Gußformen der Form durch das Spiel der *Maya* (= Erscheinungen); gerade in einer ernsten Lage soll man ruhig bleiben und sich freuen, Gott vertrauen und sich selbst ergebungsvoll fügen.
"... durch welchen wir auch den Zugang haben ... (eben) zu dieser GNADE."

Römer 5, 2

24. Kapitel

NÄCHSTENLIEBE

(Was Nächstenliebe an sich ist und wie sie wahrhaft und vollkommen in dem 'Werk' enthalten ist, von dem dieses Buch handelt.)

Wie von der Demut gesagt wurde, daß sie in dieser kleinen blinden Liebe zu Gott vollkommen mit einbegriffen ist, wenn sie auf die dunkle Wolke-des-Nichterkennens einschlägt, nachdem alles andere niedergetan und vergessen worden ist, so müssen auch alle anderen Tugenden verstanden werden und besonders die Nächstenliebe.

Nächstenliebe soll deinem Verstehen nach nichts anderes sein als die Liebe zu Gott um Seiner Selbst willen über allen Geschöpfen und um Gottes willen die Liebe zum Nächsten, als wärst du es selbst. Und es ist durchaus richtig, daß in diesem 'Werk' Gott um Seiner Selbst willen über alle anderen Geschöpfe geliebt wird. Denn wie erwähnt, die Substanz dieses 'Werks' ist nichts anderes als eine nackte Absicht, die auf Gott um Seiner Selbst willen gerichtet ist.

Eine nackte Absicht nenne ich es aus folgendem Grunde. Der vollkommene Anwärter auf die Kontemplation sucht nicht, von Schmerz befreit zu werden oder größere Belohnungen zu erlangen; er sucht einfach gar nichts als Gott selbst. Tatsächlich kümmert er sich überhaupt nicht um jene; er nimmt nicht einmal Notiz davon, ob er in Pein oder Seligkeit ist, sondern nur, daß der Wille Dessen geschehe, Den er liebt.

So scheint es, daß in diesem 'Werk' Gott vollkommen über alle anderen Geschöpfe um Seiner Selbst willen geliebt wird. Denn wer in diesem 'Werk' vollkommen wirkt, wird auch der Erinnerung an das heiligste Geschöpf, das Gott geschaffen hat, nicht erlauben, ihm in den Sinn zu kommen.

Damit scheint genügend erwiesen, daß auch der zweite und geringere Teil der Nächstenliebe, der sich auf deine Mitchristen bezieht, in diesem 'Werk' wahrhaft und vollkommen erfüllt ist. Wer dieses 'Werk' vollkommen bewirkt, zeigt keine besondere Vorliebe irgendeinem Menschen gegenüber, sei er ihm verwandt oder fremd, Freund oder Feind, denn er betrachtet alle Menschen als sich gleich nahe und keinen als Fremden. Er sieht alle Menschen als seine Freunde an, keinen als Feind. In der Tat hält er vielmehr diejenigen, die ihm Schmerz und Schaden zufügen, für seine besonderen Freunde und neigt daher dazu, ihnen ebenso wohl zu wollen wie seinem besten Freunde.

Kommentar:

Dieselben Gedanken finden wir, noch prägnanter formuliert, in der B h a g a v a d G i t a :

"Der wahre Fromme ist keinem Wesen gegenüber böse gesinnt" (XII, 13);

"Der Yogi weicht von der Welt nicht zurück, und die Welt weicht von ihm nicht zurück, weil er niemandem Anlaß zu Betrübnis gibt und keiner ihn betrüben kann" (XII, 15);

"Der Yogi gegenüber Feind und Freund sich gleich verhält" (XII, 18).

Der Gleichmut des Yoga ist ein schöpferischer Gleichmut, der letzten Endes mehr erreicht als eine sentimental aufgefaßte Nächstenliebe. Die Nächstenliebe im Yoga ist eine vorher durch intensives Nachdenken bereicherte. So heißt sie auch d e h a s a m u d b h a v a n = erhebt sich die Liebe über die aus dem Körperlichen entspringenden Erscheinungsarten, so wird sie über Tod und Leiden erhaben.

Yoga zeigt, wie die Nächstenliebe psychologisches Organ des Menschen wurde, das in seinem Innern den ganzen Körper vom Scheitel bis zur Sohle erfüllt.

24. FU / Die Wiederkehr (die Wendezeit)

Auch die Seele hat ihre 'dunkle Nacht', in der kein Mond zu scheinen scheint und scheint dennoch unbemerkt. Es genügt nicht, nur gut zu sein - die Seele entbehrt die Weisheit jenseits des Wissens.
"... wird noch eine Ernte vor sich haben ..."

Hosea 6, 11
Bejahe auch die Nacht!

25. Kapitel

PARITÄTISCHE ZUNEIGUNG

(Daß eine vollkommene Seele, während sie mit diesem 'Werk' befaßt ist, auf keinen lebenden Menschen besonders achtgeben darf.)

Der, welcher dieses 'Werk' unternimmt, darf keine besondere Rücksicht auf irgendeinen Menschen in diesem Leben nehmen, sei er Freund oder Feind, ihm verwandt oder fremd. Das darf nicht sein, wenn das 'Werk' so vollkommen ausgeführt werden soll, wie es ist, wenn alles außerhalb Gottes vollkommen vergessen wird - wie es eben das 'Werk' erfordert.

Er wird aber durch die Eigenart dieses 'Werks' so tugendhaft und so mitempfindend werden, daß er später, wenn er für seinen Mitchristen betet oder mit ihm umgeht - nicht zwar von diesem 'Werk' abläßt, denn das würde große Sünde sein, sondern nur von der Höhe des 'Werks' herabsteigt, wie denn manchmal aus Nächstenliebe nötig sein wird - , daß er sich dann ebenso besonders seinem Feinde wie seinem Freunde, ebenso besonders dem Fremden wie dem ihm Nächststehenden zuwenden wird.

Solange er jedoch in diesem 'Werk' begriffen ist, steht es ihm gar nicht frei, zwischen Freund und Feind, zwischen Verwandten und Fremden zu unterscheiden. Ich behaupte nicht, daß er nicht gelegentlich - tatsächlich ziemlich häufig - eine innigere Zuneigung für eine, zwei oder drei Personen empfinden dürfte als für alle anderen, denn das ist rechtmäßig, und in vielen Fällen erfordert es die Nächstenliebe. Auch Christus empfand eine größere Zuneigung zu JOHANNES, MARIA und PETRUS als zu vielen anderen.

Ich sage nur, daß während der Zeit, in der jemand am 'Werk' übt, ihm alle gleich sein müssen, denn in dieser Zeit darf er nichts anderes als Gott empfinden. Er muß alle deutlich und rein nur um Gottes willen lieben, ebenso sehr, wie er sich selbst liebt.

Wie die ganze Menschheit in ADAM verloren war und wie alle, die durch ihr Handeln ihren Wunsch nach Erlösung ausdrücken, kraft des Leidens des einen Christus erlöst sind oder es sein werden, so auch, wenn auch nicht genauso, aber doch sozusagen auf gleiche Weise, tut jede Seele, die sich ganz diesem 'Werk' hingibt und dadurch im GEISTE mit Gott vereint ist, alles, was sie kann, um alle Menschen in diesem 'Werk' ebenso vollkommen zu machen, wie sie es selbst ist.

Wenn ein Glied unseres Leibes wund ist, dann fühlen sich auch alle anderen schmerzgepeinigt und krank, oder wenn ein Glied sich wohlfühlt, fühlen sich auch alle anderen besser. Ebenso geht es geistlich auch allen Gliedern der heiligen Kirche.

Denn Christus ist unser Haupt und wir sind die Glieder, wenn wir in der Barmherzigkeit sind, und wer ein vollkommener Jünger unseres Herrn sein will, wird notwendigerweise seinen GEIST in diesem 'Werk' für die Erlösung all seiner natürlichen Brüder und Schwestern einsetzen wie unser Herr Seinen Leib am Kreuz. Und auf welche Weise? Nicht nur für Seine Freunde und Seine Verwandtschaft und die, die Er liebte, sondern ganz allgemein für die ganze Menschheit, ohne besondere Bevorzugung des einen vor dem andern. Alle, die der Sünde absagen und Gnade suchen, werden kraft Seines Leidens gerettet werden.

Was über die Demut und die Nächstenliebe gesagt wurde, das gilt auch für alle anderen Tugenden. Alle sind wahrhaft mit einbegriffen in dieser kleinen Liebesregung, von der oben die Rede war.

Kommentar:
Der Yoga spricht von einer ähnlichen Eigenschaft, genannt: 'Un-Anhänglichkeit'.

Durch das Anhaften (sei es an Menschen, sei es an Gegenständen) erscheint das uns anhaftende Ding unverhältnismäßig lieb und wertvoller, als es in Wirklichkeit ist. Ist alles Haften aufgegeben, so gibt es kein Leiden mehr. Das ganze 'Beschäftigtsein' im Leben ist i m G r u n d e eigentlich nicht viel mehr als die Aktivität jener Kinder, die am Meeresstrande, während der Ebbe, fleißig Sandburgen errichten, nur daß sie von der jeweils zurückkehrenden Flut immer wieder weggespült werden.

So treibt man Narrenwerk, wenn man sich von Menschen oder Gegenständen so betören läßt, daß man seine und der anderen Zukunft im Verlauf der Evolution (eventl. sogar jenseits des Todes) völlig außer acht läßt.[15)]

25. WU WANG / Die Unschuld (das Unerwartete)

Freuden, die einem völlig ungesucht und unangestrebt quasi in den Schoß fallen, soll man auch dankbaren Herzens genüßlich auskosten; das nicht zu tun, wäre womöglich vergleichbar mit einer Geringschätzung der göttlichen Gewährung.
Was nun Gott zusammengefügt hat, das soll der Mensch nicht scheiden."

Matthäus 19, 6

26. Kapitel

EMPFÄNGLICHWERDEN FÜR DIE GNADE

(Daß ohne eine ganz besondere Gnade oder eine lange Zeit angewandte gewöhnliche Gnade das 'Werk' dieses Buches außerordentlich schwierig ist, denn es ist das 'Werk' der Seele, der die Gnade hilft, und daß dieses 'Werk' nur von Gott bewirkt wird.)

Arbeite also jetzt angestrengt und schlage auf diese hohe Wolke des Nichterkennens ein; danach ruhe aus.

Wer sich diesem 'Werk' hingibt, hat in der Tat eine schwierige Aufgabe übernommen. Sie ist sogar außerordentlich schwierig, wenn ihm nicht entweder eine ganz besondere Gnade hilft oder er sich nicht schon lange Zeit diesem 'Werk' gewidmet hat.

Jetzt frage ich dich: Worin besteht nun die Schwierigkeit dieser Aufgabe?

Gewiß nicht in jeder frommen Liebesregung, die ständig im Willen wirkt, nicht aus eigener Machtvollkommenheit, sondern durch die Hand Gottes, des Allmächtigen, denn Gott ist immer bereit, dieses 'Werk' in jeder Seele in Gang zu setzen, die dazu neigt, es durchzuführen, wenn der Betroffene alles tut, was in seiner Macht steht - und das lange Zeit schon getan hat. Ich frage dich also: Worin besteht denn die Schwierigkeit dieser Aufgabe?

Ganz gewiß darin, die Erinnerung an alle Geschöpfe, die Gott je gemacht hat, niederzutreten und sie unterhalb der Wolke-des-Vergessens zu halten, die oben erwähnt wurde. Darin liegt die ganze Schwierigkeit, denn dies ist der grundlegende Kampf des Menschen mit Hilfe der Gnade. Das andere aber, das oben erwähnt wurde - nämlich die Liebesregung -, ist ausschließlich Gottes Sache.

Setze daher dein Werk fort, und ich verspreche dir, daß Er es nicht an dem Seinen fehlen lassen wird.

Geh also beharrlich voran. Zeige, wie gut du selbst weiterkommst. Siehst du nicht, wie Er dich hält und unterstützt? Schäm dich! Arbeite nur eine Zeitlang hart, und du wirst bald entdecken, daß die Schwierigkeit und die Bedrängnis dieses anstrengenden 'Werkes' nachzulassen beginnt. Wenn es auch im Anfang unvermindert schwer scheint, da du noch nicht die rechte Hingabe besitzt: Hast du die erst erworben, dann wird das, was dir so schwer vorkam, viel leichter sein und dich viel weniger mitnehmen. Du wirst dann nur noch wenig zu tun haben, vielleicht überhaupt nichts, denn dann wird manchmal Gott alles Selbst tun.

Das ist aber nicht immer so, noch wird es jeweils für längere Zeit so sein. Es wird nur geschehen, wann und wie es Ihm gerade so gefällt. Und dann wirst du denken, wie wunderbar es ist, Ihn allein gewähren zu lassen.

Dann wird Er vielleicht manchmal einen Strahl geistlichen Lichts aussenden, der die Wolke-des-Nichterkennens durchdringt, die zwischen Ihm und dir ist, und wird dir etliche Seiner Geheimnisse zeigen, von denen der Mensch weder sprechen kann noch will.

Dann wirst du dein Empfinden vom Feuer Seiner Liebe entflammt fühlen, weit mehr, als ich dir sagen kann - oder jedenfalls jetzt sagen will. Denn über das Werk, das einzig Gott zufällt, wage ich mit meiner stammelnden fleischlichen Zunge nicht zu reden. Und selbst wenn ich es wagen wollte, würde ich es nicht tun.

Von dem 'Werk' aber, das dem Menschen dabei zufällt, wenn er sich durch die Gnade dazu bewogen und darin gefördert fühlt, will ich dir wohl berichten. Denn von den beiden ist dies das weniger gefährliche.

Kommentar:
Wer Erleuchtung sucht, gleichviel, wie weit er es bei sich selbst mit der Entwicklung von geistigen Kräften und Yoga-Übungen gebracht hat, braucht die Gnade; sie ist jedoch ein gewisses Etwas, das so fein und subtil ist, daß es sich nicht beschreiben ließe.

Wenn der Gottsuchende sich inbrünstig Gott hingibt, von keinem anderen Wunsch beseelt, als die göttliche Gnade zu erfahren, so wird das Höchste, das eigentlich Kernstück seines innersten Wesens ist, stets zugegen in ihm als integrales Bewußtsein, zu seiner Erlösung im rechten Augenblick als Ergebnis seiner innigen Hingabe und in Maria-mütterlicher Fürsorge um ihn Gestalt annehmen, in die sich die Dreifalt von Sein ('Vater'), Geist ('Sohn') und Seligkeit ('hl. Geist') gewandet, und ihm als G n a d e nahen. Der Yoga gibt uns praktische Anleitung, um eben das zu verwirklichen.

26. DA TSCHU / Des Großen Zähmungskraft

Die unbegrenzte Dauer und die göttliche
Ewigkeit sind entzwei bzw. 'zweierlei';
die Zeit neigt zu rhythmisieren - so Tag/
Nacht, Ebbe/Flut u.a.m. Der Sinn der
Zeit ist, eben diese Zeit zu überwinden:
'und Zeit wird nicht mehr sein' -
" ... nach der Vorstellung Gottes ... "

I. *Petrus* 1, 2

27. Kapitel

GNADENWERK

(Wer in dem Gnadenwerk dieses Buches wirken sollte.)

Zunächst und vor allem will ich dir sagen, w e r an diesem 'Werk' teilnehmen sollte und wann und auf welche Weise und welche Art Urteilskraft du dabei betätigen sollst.

Fragst du mich, wer das 'Werk' unternehmen soll, dann antworte ich: Alle, die der Welt aufrichtig entsagt haben und sich nicht mehr dem aktiven Leben widmen, sondern dem, was das kontemplative Leben genannt wird. Alle diese sollten in dieser Gnade und an diesem 'Werk' arbeiten, was sie auch sein mögen und ob sie nun Gewohnheitssünder gewesen sind oder nicht.

Kommentar:
So radikal haben die Menschen jegliche religiöse Intuition verloren, daß sie gar nicht mehr wissen, daß ihnen eine göttliche Zukunft in der Evolution bevorsteht.

Sie gehen, wie das Vieh, restlos in der Aktivität und in der Sorge um das Diesseits auf. Die Folge ist, daß die Unsitte der Tierheit (d.h. = Evolutionsstufe der Tierheit), der Kampf der Arten gegeneinander, auch in der Menschheit in Form des sog. ' K l a s s e n k a m p f e s ' seine atavistische Fortsetzung feiert. Die Menschen sind bereits so sehr in diesen Dschungel-Zustand zurückgefallen, daß sie gar nichts mehr von der Kontemplation (die die Überwindung dieses Zustandes zum Gegenstand hat) wissen wollen. Der Yoga deckt den Inhalt des religiösen Bewußtseins in greifbarer Anschaulichkeit auf.

Wir sind nicht die vergänglichen Wesen, die jeden Genuß möglichst auskosten sollen, wie uns eine seichte Ideologie wähnen läßt, sondern wir sind in unserem tiefsten Grunde (nach Yoga-Auffassung) außerzeitlich, überirdisch und in uns selbst potentiell selig.

Wir sind kosmische Strahlen in einer göttlichen Gegenwart.

27. I / Die Mundwinkel (die Ernährung)

Das Kennzeichen einer 'neu eingebrochenen' Zeit (= Zeitalter) ist das Auftauchen neuer Archetypen. Auch wenn z.B. Engel unwahrnehmbar für eine sündige Epoche werden, so bleiben sie als Archetypen stets erhalten und nehmen für die neue Zeit neue Manifestationen an.
"... und vor IHM her hüpft die Angst."

Hiob 41, 14

28. Kapitel

LÄUTERUNG DES GEWISSENS

(Daß ein Mensch sich dieses 'Werk' nicht anmaßen soll, bevor er nicht in seinem Gewissen rechtmäßig von all seinen besonderen sündigen Taten geläutert worden ist.)

Wenn du mich fragst, w a n n man mit diesem 'Werk' beginnen soll, dann antworte ich: Nicht, bevor man nicht sein Gewissen von allen begangenen Sünden geläutert hat gemäß der allgemeinen Verordnung der heiligen Kirche.

In diesem 'Werk' verdorrt in der Seele selbst aller Sünden Grund und Wurzel, die sonst auch nach der Beichte immer darin verbleiben. Daher muß jeder, der sich dieses 'Werk' vornehmen will, zunächst sein Gewissen läutern. Wenn er vollzogen hat, was rechtmäßig an Buße von ihm verlangt wurde, dann mag er sich kühn, doch demütig ans 'Werk' begeben. Er möge dann aber bedenken, daß er schon sehr viel Zeit versäumt hat, denn dies ist das 'Werk', um das der Mensch sein ganzes Leben ringen müßte, selbst, wenn er niemals eine Todsünde begangen haben sollte.

Solange eine Seele in diesem sterblichen Leibe weilt, wird sie diese hinderliche Wolke-des-Nichterkennens zwischen sich und Gott sehen und fühlen. Nicht nur das, sondern infolge der Erbsünde wird sie auch immer sehen und spüren, daß etliche der Geschöpfe, die Gott gemacht hat, oder etliche ihrer Werke sich beständig in ihre Erinnerung und damit zwischen sie und Gott drängen. Dies ist ein gerechtes Gottesurteil.

Als der Mensch die Macht erhielt, über alle andere Kreatur zu herrschen, da unterwarf er sich freiwillig deren Verlangen und kümmerte sich nicht um Gottes, seines Schöpfers, Gebote. Weil der Mensch das tat, muß er jetzt entdecken, daß, wenn er jetzt versucht, dem Geheiß Gottes nachzukommen, alle Kreatur, die unter ihm sein sollte, sich kühn über ihn und zwischen ihn und seinen Gott drängt.

Kommentar:
Die Übung der Kontemplation spricht uns nicht frei von der Notwendigkeit, das Gewissen zu läutern. Wenn man jemandem Unrecht getan hat, so bestehen (nach Yoga-Auffassung) die folgenden Schritte zur Läuterung:

(i) Die Beichte ist das beste; jedoch zusätzlich soll man auch die Motive anerkennen, die einen dazu führten, die Sünde zu begehen.

(ii) Der reumütige Wunsch muß entstehen, derartige Motive zu überwinden.

(iii) Der Entschluß, nie wieder die gleiche Sünde zu wiederholen.

(iv) Alles soll getan werden, um den Schaden zu ersetzen.

(v) Fortan die Sünde und ihre Konsequenzen dem Göttlichen übergeben.

28. DA GO / Des Großen Übergewicht

Der Lebenssamen inkarniert sich im Medium
der jungfräulichen Materie. Er gibt der Erde
den MONDREGEN und somit die eigentliche
Energie, die alles regeneriert.
"Der Herr wird ihn erquicken ..."

Psalm 41, 4

29. Kapitel

WER URTEILT ÜBER WEN ?

(Daß der Mensch geduldig in diesem 'Werk' fortfahren, dessen Mühe getrost tragen und über keinen Menschen richten soll.)

Wen es daher danach verlangt, die Reinheit wiederzuerlangen, die durch die Sünde verlorenging, und jenen Zustand des Wohlseins zu erreichen, in dem es keine Qual gibt, der muß notwendigerweise mit großer Geduld an diesem 'Werk' arbeiten und dessen Mühen standhalten, wie groß sie auch sein mögen, ob er nun ein Gewohnheitssünder gewesen sein mag oder nicht.

Jeder hat seine Schwierigkeiten mit diesem 'Werk', sowohl der Sünder wie der Unschuldige, der kaum jemals gesündigt hat. Der Sünder hat allerdings viel größere Schwierigkeiten, und das aus gutem Grund.

Es geschieht jedoch andrerseits oft, daß Leute, die schwer und gewohnheitsmäßig gesündigt haben, schneller in diesem 'Werk' zu Vollkommenheit gelangen als solche, die keine Sünder gewesen sind. Das ist das barmherzige Wunder unseres Herrn, der Seine Gnade auf eine Weise gewährt, die die Verwunderung der ganzen Welt hervorruft. Nun bin ich überzeugt, daß es am Tage des Jüngsten Gerichts, wenn Gott mit allen seinen Eigenschaften deutlich zu erkennen sein wird, schön und klar zugehen wird.

An jenem Tage werden vor Seinem Angesicht, Seite an Seite mit den Heiligen, Leute sitzen, die jetzt verachtet werden oder als Gewohnheitssünder wenig oder nichts gelten, und vielleicht sogar welche, die jetzt arge Sünder sind. Und ebenso werden andere, die jetzt zu den Frommen gezählt und von Menschen verehrt werden, als wären sie Engel, und sogar solche, die vielleicht niemals eine Todsünde begangen haben, trauernd unter den Höllengeistern sitzen.

Ersieh daraus, daß niemand über einen anderen in diesem Leben urteilen soll, weder im Hinblick auf seine guten noch auf seine üblen Taten. Man mag allenfalls über Taten das Urteil 'gut oder böse' fällen, niemals aber über einen Menschen.

Kommentar:

Es wird erzählt, man habe den großen Propheten Mohammed wie folgt beten hören: "O Gott, ich bitte um Verzeihung für die Sünde, die ich kenne, und für die, welche ich nicht kenne." Da fragten seine Anhänger: "Du bist doch der Abgesandte Gottes! Fürchtest du denn auch das Gericht?" Mohammed antwortete: "Wieso sollte ich es nicht fürchten!"

Die Sünder, die Buße tun, sind zwar selten, jedoch der Heilige muß sich immer in acht nehmen. Es ist Gottes Wille, daß der Sünder an Seine Gnade glauben soll. Es ist eine Geringschätzung Gottes, wenn man glaubt, irgendeine Sünde, die der Mensch begeht, könne so schwer sein, daß ER sie nicht vergeben kann. [16)]

Der Yogi steht vor seiner Sünde und vor der Gnade Gottes und überlegt, ob er zuerst um Richtigstellung für die Sünden bitten oder für die helfende Gnade danken soll.

Die Polarität zwischen den beiden Grundfaktoren: (a) der Furcht vor Gott und (b) der Hoffnung auf Gnade - das ist der lebendige Impuls des Glaubens.

29. KAN / Das Abgründige, das Wasser

Jede Übertreibung wirkt letztendlich genauso vernichtend wie eine plumpe Verneinung. Man soll zwischen dem Extrem '*Ahriman*' und dem Extrem '*Lucifer*' die goldene Mitte, die Christi ist, wählen.
"Gott ... errettete ihn aus aller seiner Trübsal ..."

Apostelgeschichte 7, 10

30. Kapitel

WER ANDERER LEUTE FEHLER KRITISIEREN DARF

Ich frage dich: Wer hat denn dann ein Recht, die Taten der Menschen zu beurteilen?

Sicherlich diejenigen, die dazu fähig sind, d.h., die das Heil der eigenen Seele erlangt haben, sei es öffentlich den Statuten und Ordnungen der heiligen Kirche gemäß, sei es insgeheim in ihrem GEISTE, der durch den Heiligen Geist in vollkommener Barmherzigkeit bewegt wurde.

Möge sich jeder vor der Anmaßung hüten, die Fehler anderer zu kritisieren und zu richten, ohne innerlich wirklich vom Heiligen Geist berührt zu sein! Sonst dürfte er in seinem Urteil sehr leicht fehlgehen.

Hüte dich daher. Richte, wie es dich recht dünkt, zwischen dir selbst und deinem Gott oder deinem Beichtiger und laß andere Leute in Ruhe.

Kommentar:
Wer zu Kritik geneigt ist, der sollte sein Gewissen erforschen, ob es selbst nun wirklich so fehlerlos sei. Dann muß er bei einiger Ehrlichkeit feststellen, daß noch vieles von ihm ersehnt wird, was menschlich, allzu menschlich ist.

Nicht mal der große BUDDHA übte Kritik an seinen Mitmenschen. Wenn z.B. der Mönch NANDO seine Meditation aufgeben wollte, weil er sich nach einer Frau sehnte, zeigte ihm BUDDHA die noch schöneren 'Göttermädchen' ; NANDO sollte so begreifen, wo sein Fehler lag. Jedoch hat der BUDDHA sich ferngehalten von Kritik, Verurteilung und Anmaßung. Die Menschen verurteilen, der Yogi versteht.

30. LI / Das Haftende, das Feuer

Ein Lichtsturm füllt den Raum zwischen
Mond (= Himmel) und Erde vollkommen aus;
der Gnadenregen erneuert alle Lebens-
kräfte.
"Gedenke an deinen Schöpfer ..."

Prediger 12, 1

31. Kapitel

DER ANFANG ALS ANFANG

(Wie der Mensch sich gegen alle Gedanken und sündigen Regungen verhalten soll, wenn er dieses 'Werk' beginnt.)

Wenn du nun den Punkt erreicht hast, an dem du fühlst, daß du getan hast, was gemäß dem Urteil der heiligen Kirche von dir gefordert wurde, sollst du zielbewußt mit diesem 'Werk' beginnen.

Wenn sich dann herausstellt, daß bestimmte Dinge, die du früher getan hast, in deiner Erinnerung aufsteigen und sich zwischen dich und deinen Gott stellen oder daß irgend ein anderer Gedanke oder eine neue Sündenregung das tun, dann mußt du dich mit einer glühenden Liebesregung über sie hinausheben und sie unter die Füße treten.

Versuche, diese Gedanken mit einer dicken Wolke-des-Vergessens zu bedecken, als ob es sie niemals gegeben hätte, weder für dich noch für irgendeinen anderen. Und wenn sie dabei beharren aufzusteigen, dann mußt du dabei beharren, sie niederzuhalten. Sooft sie aufkommen, sooft mußt du sie niederzwingen. Und wenn du meinst, es ist dir zu schwer, dann mußt du versuchen, besondere Methoden, Tricks, private Techniken und geistliche Mittel zu entwickeln, durch die du sie aus dem Wege räumen kannst.

Am besten, du lernst diese Methoden von Gott durch deine eigene Erfahrung anstatt von irgendeinem Menschen.

Kommentar:
Das Gericht wird nicht 'eines Tages' kommen; wir leben schon jetzt i m G e r i c h t . Nur im Gehorsam kann der Mensch dem Ruf, den er in sich verspürt, folgen und sich so als ein Auserwählter erweisen. [17)]

31. HIEN / Die Einwirkung (die Werbung)

Die erneuerte Lebenskraft reaktiviert (= beseelt) die Grundlage, wie z.B. Luft, Nahrung etc. Eine göttliche Ökologie zwecks Aufrechterhaltung der grünen Natur. Das Netz der Materie webt sich so fort.
"Bewahret euch in der Liebe Gottes ..."

Judasbrief 21

32. Kapitel

DIE ÜBERWINDUNG VON ABSCHWEIFUNGEN

(Betrifft zwei geistliche Mittel, die dem Anfänger in diesem 'Werk' nützlich sein können.)

Aber obgleich dem so ist, so will ich dir doch sagen, welche von diesen besonderen Methoden mir die besten zu sein scheinen. Probier sie aus und verbessere sie, wenn du kannst.

Versuche, so gut du kannst, dich so zu verhalten, als ob du gar nicht bemerktest, daß diese Gedanken dich so hart bedrängen. Versuche, ihnen sozusagen über die Schulter zu blicken, als ob du nach etwas anderem Ausschau hieltest, und dies andere Ding ist eben Gott, eingeschlossen in der Wolke-des-Nichterkennens.

Wenn du das tust, wird, wie ich glaube, dein Bemühen in kurzer Zeit sehr viel leichter werden. Ich glaube, wenn diese Methode richtig verstanden und angewandt wird, dann bedeutet sie nichts anderes als ein sehnendes Verlangen nach Gott, danach, Ihn zu fühlen und zu sehen, so sehr das in diesem Leben überhaupt möglich ist. Solch ein Verlangen ist 'Liebe' und verdient immer Erfüllung.

Es gibt ein anderes Mittel; wenn du willst, kannst du es probieren. Wenn du das Gefühl hast, daß du ganz und gar unfähig bist, deine Gedanken zu unterdrücken, dann kauer dich unter ihnen zusammen und winde dich, wie ein Feigling, der in der Schlacht besiegt wurde. Denke dann, daß es töricht wäre, länger mit ihnen zu kämpfen, und überantworte dich Gott in die Hände deiner Feinde. Betrachte dich dann als einen, der für immer verloren ist.

Merke wohl auf dieses Mittel, denn ich glaube, daß es geeignet ist, dich ganz zerschmelzen zu lassen. Denn wenn es richtig begriffen wird, dann wird es zu nichts Geringerem als zum wahren Erkennen und Empfinden deiner selbst, wie du wirklich bist, nämlich ein elendiges und schmutziges Etwas, weit schlimmer als nichts.

Diese Erkenntnis, dieses Empfinden ist Demut. Und das Ergebnis dieser Demut ist, daß Gott selbst mit großer Kraft herabkommt, dich an deinen Feinden zu rächen, dich aufzuheben und mit liebender Sorge deine geistlichen Augen zu trocknen, wie der Vater seinem Kinde tun würde, das im Begriff war, im Rachen des Wildschweins oder eines wilden Bären zu sterben.

Kommentar:

Aldous HUXLEY nannte dieses Kapitel das beste in dem ganzen Buche, wegen der hier eindeutigen Parallelen mit Yoga.

Die Anerkennung der Niederlage (des Egos) bringt Sieg. Auch jede Anstrengung, das Heil zu erzwingen, ist ein leises Zeichen des noch vorhandenen Ego-ismus; denn ja, ein Ego muß vorhanden sein, das sich anstrengt. Das Ego verkleidet seine Opposition in der Form von abschweifenden Gedanken. Aber für solche Ablenkungsmanöver braucht das Ego 'Rohstoff'. Der 'Rohstoff' besteht vorwiegend aus solchen Gedanken, die von außen her projiziert und vom Betreffenden so gut wie mechanisch aufgenommen worden sind, und zwar in einer von ihm als 'heimisch' betrachteten Umgebung.

Hätte der Teufel selbst einen Verbündeten für das dem Heil opponierende Ego gesucht, hätte er keinen gefunden, der für seine Zwecke günstiger wäre als das Fernsehen. Wo sonst könnte das Ego besseren Rohstoff für Ablenkungen finden? Meditation und Fernsehen sind völlig unvereinbar. Dann lieber nur Fernsehen und nicht Meditieren.

Die Meditation dient dazu, das Unterbewußtsein noch empfindsamer und empfänglicher zu machen. Durch das parallellaufende Fernsehen werden nur die Ablenkungen verstärkt und nicht (wie beabsichtigt) die Verinnerlichung. Was von der Fernsehröhre kommt (und sei das Programm noch so gut), ist psychischer Unrat. Es ist ungefähr so, als wenn ein Mensch das Abflußrohr der Toilette abmontieren würde, um freiwillig den Unrat ins Wohnzimmer zu leiten. Der ganze Sinn von Meditation und Beschaulichkeit ist der, den ohnehin angesammelten Haufen von psychischem Schutt abzuladen - nicht darin zu wühlen!

32. HONG / Die Dauer

Im Gewebe der Materie schreibt sich die Zeit in den Raum ein und wird so zu Seinsvernunft; im Lärm der Welt (= Raum) und im Wandel (der Zeit) bleibe man ruhig und vor allem beständig.
"Ein Zweifler ist unbeständig ..."

Jakobus 1, 8

33. Kapitel

PRAKTISCHE FORDERUNGEN

(Daß der Mensch in diesem 'Werk' zwar sowohl von seinen besonderen Sünden wie von deren Folgen geläutert wird, daß es aber trotzdem in diesem Leben keinen vollkommenen Frieden gibt.)

Ich will dir jetzt nicht noch von anderen Methoden berichten. Hast du die Gnade, um mit ihr diese zu üben, dann wirst du sicherlich mich besser belehren können als ich dich. Aber selbst wenn es dazu nicht kommen sollte, so scheint es mir doch wirklich, daß ich noch sehr weit vom Ziel bin. Ich bitte dich daher, mir zu helfen und ebenso wie für dich selbst, dich für mich anzustrengen.

Vorwärts denn und mühe dich eine Weile hart und leide demütig die Pein, wenn du mit diesen Methoden nicht so bald Erfolg haben wirst. Dies ist wirklich dein Fegefeuer.

Ist die peinvolle Zeit erst vorbei, und sind die Methoden, die dir von Gott geschenkt wurden, dir gnädiglich zur Gewohnheit geworden, dann zweifle ich nicht, daß du nicht nur von der Sünde geläutert sein wirst, sondern auch von deren Folgen. Ich meine damit die Pein deiner besonderen, früher begangenen Sünden, nicht die Folge der Erbsünde.

Diese letzte wird dich bis zum Tage deines Todes begleiten, was du auch tun magst. Sie wird dich aber nur wenig belästigen im Vergleich zu den Folgen deiner besonderen Sünden; sie wird dir aber dennoch großes und schwieriges Ringen nicht ersparen. Denn aus der Erbsünde werden täglich neue und frische Sündenregungen entspringen, die du beständig wirst niederschlagen müssen, niedermähen mit dem scharfen, zweischneidigen schrecklichen Schwert der Unterscheidung und Wahl. Daraus magst du ersehen und lernen, daß es in diesem Leben keine beständige Sicherheit und keinen wahren Frieden gibt.

Aber deswegen sollst du nicht zurückfallen, noch dich vor Fehlschlägen groß fürchten. Denn wenn du die Gnade hast, um auf die oben beschriebene

Weise die Folgen deiner früheren besonderen Sünden zu besiegen - besser noch, wenn du diese Methoden verbessern kannst -, dann darfst du sicher sein, daß die Folge der Erbsünde oder der aus ihr stammenden neuen Sündenregungen dich nur sehr wenig mehr bedrängen wird.

Kommentar:
Die Doktrin der Erbsünde ist nur eine Bestätigung der buddhistischen Doktrin, daß alles Leben Leiden ist. Die eine Religion sagt, der Mensch sei in Sünde geboren, die andere, er sei mit einem Schleier von Unwissenheit geboren.

Wie FEUERBACH mit Recht sagt:

"So stell dich doch dem Schicksal
Und laß dich tief erschüttern;
Die Geistgeburt vollzieht
Sich nur in Ungewittern!"

Man sagt, der Buddhismus sei pessimistisch. Wer ihn so ansieht, verkennt sein Wesen und wird dadurch nie in das richtige Verhältnis zu ihm kommen. Der Buddhismus (ähnlich wie der Yoga) will, daß wir zur Erkenntnis der Wahrheit kommen, jener göttlichen Wahrheit, die uns freimacht aus allem Elend und Leid dieser Welt.

Die gefürchtete 'erste' Wahrheit vom Leiden spricht nicht nur von der Zuchtrute des Schicksals, sondern auch von dem gütigen Weisheitslehrer, der uns in der Schule des Lebens aufwecken, auf den rechten Weg führen und unserer höheren Bestimmung zuführen will.

Gewiß, das Leiden legt uns harte Prüfungen auf und läßt nur diejenigen in die nächst höhere Stufe aufrücken, die ihr Pensum begriffen haben. Die übrigen Schüler müssen die 'Klasse' (= diese Erde) so oft absitzen (= wiedergeboren werden), bis auch sie diese Lebensschule mit Erfolg durchlaufen haben. [18)]

33. DUN / Der Rückzug

Ein Rückzug im geistigen Leben muß erst recht strategisch sein. Manchmal durch zu emsigen Eifer entsteht eher eine Stärkung des Ego und des damit verbundenen Eigendünkels als die erforderte, demütig sich unterwerfende hingebungsvolle Ergebenheit. Nach einer Pause geht die spiralartige Entwicklung um so besser voran.
"Und Gott wird abwischen alle Tränen."

Offenbarung 21, 4

34. Kapitel

GOTT ALS VOLLSTRECKER DES SCHICKSALS

(Daß Gott diese Gnade frei gewährt, ohne besondere Methoden, und daß Methoden auch versagen können.)

Wenn du mich nun fragst, durch welches Mittel du überhaupt erst einmal zu diesem 'Werk' kommst, dann bete ich darum, daß Gott der Allmächtige in Seiner großen Gnade und Güte dich Selbst lehren möge.

Es ist tatsächlich am besten für dich zu wissen, daß ich es dir nicht sagen kann. Und das ist nicht weiter verwunderlich, weil es allein Gottes 'Werk' ist, daß Er ganz besonders in den Seelen wirkt, nach denen Er besonders verlangt, und das ohne Rücksicht auf das Verdienst der Seele. Ohne diese Gnade kann kein Heiliger und kein Engel daran denken, es anzustreben. Und ich glaube, daß unser Herr im Besonderen und oft - ja, ganz besonders und häufiger noch - dieses 'Werk' in denen zuläßt, die Gewohnheitssünder gewesen sind, als in denen, die Ihm vergleichsweise geringen Kummer bereitet haben. Das tut Er, weil Er allerbarmend und allmächtig ist und weil Er wirkt, wie, wo und wann Er will.

Allerdings verleiht Er weder diese Gnade, noch beteiligt Er Sich an dem 'Werk' bei jemandem, der dazu unfähig ist. Es bleibt aber auch keine Seele ohne diese Gnade, die zu dem 'Werk' fähig ist, ob sie nun die Seele eines Sünders oder eines Unschuldigen wäre. Die Gnade wird weder als Belohnung für Unschuld geschenkt noch wegen der Sünde zurückgehalten.

Merke wohl, daß ich sage, 'zurückgehalten' und nicht 'zurückgezogen'. Hüte dich hier vor Irrtum. Es ist immer so, daß der Mensch sich umso sorgfältiger vor Irrtum hüten muß, je näher er der Wahrheit kommt.

Ich meine es gut mit dir. Was du nicht begreifen kannst, das lege beiseite, bis Gott kommt und es dich lehrt. Tu das, auf daß du dir nicht selbst schadest.

Hüte dich vor Stolz, denn er lästert Gott in Seinen Gaben und macht durch Verblendung die Sünder kühn.

Wenn du wirklich demütig bist, dann wird dein Gefühl meiner Behauptung beistimmen, daß Gott dieses 'Werk' frei schenkt, ohne daß es verdient wäre. Es ist das Wesen dieses 'Werks', daß seine Gegenwart die Seele befähigt, sowohl es zu haben wie es zu empfinden. Und keine Seele kann das ohne diese Befähigung. Die Befähigung zu diesem Werk ist untrennbar eins mit dem 'Werk' selbst, so daß jeder, der dieses 'Werk' erfühlt, eben dadurch fähig wird, es durchzuführen, und niemand sonst.

In der Tat: Ohne dieses 'Werk' ist eine Seele sozusagen tot; sie kann nicht einmal nach ihm verlangen.

Du wirst genau in dem Maße von dem 'Werk' besitzen, in dem du willst und nach ihm verlangst, nicht mehr und nicht weniger. Und doch ist es keine Angelegenheit des Wollens, noch eine des Verlangens, sondern etwas, von dem du niemals wissen wirst, was es ist; etwas, was dich zu wollen und zu wünschen veranlaßt; etwas, was du niemals erkennen kannst. Bitte beunruhige dich darum nicht, wenn du nicht mehr weißt, sondern geh vorwärts, wirke weiter und immer weiter - und laß nicht nach.

Um es auf die kürzeste Weise auszudrücken: Laß dieses Etwas mit dir machen, was Es will; laß Es dich führen, wohin Es will. Laß dieses Etwas das Aktive sein, sei du der Passive. Tu nicht mehr, als Es zu beobachten, und laß Es sonst in Ruhe. Misch dich nicht ein, indem du glaubst, Ihm helfen zu sollen. Hüte dich davor, wenn du nicht alles verderben willst. Sei du nur der Baum, und laß Es der Gärtner sein. Sei du nur das Haus, und laß Es der Herr sein, der darin wohnt. Sei zu dieser Zeit blind und schneide alles Verlangen nach Erkenntnis ab, denn es würde dich sehr viel mehr behindern, als es dir helfen würde.

Es genügt vollkommen, daß du dich so wunderbar bewegt fühlst durch ein Etwas, von dessen Wesen du überhaupt nicht weißt, was Es ist, außer, daß in Ihm kein Gedanke von etwas ist, das unterhalb Gottes wäre, und daß diese deine Absicht ganz nur auf Gott gerichtet ist.

Wenn das erste der Fall ist, dann vertraue fest darauf, daß es nur Gott ist, der Selbst deinen Willen und dein Verlangen bewegt, ohne daß besondere Mittel dazu benutzt würden, weder von Ihm noch von dir.

Und fürchte dich nicht vor dem Teufel, denn so nah kann er nicht kommen. Er kommt nur sehr selten dazu, eines Menschen Willen zu bewegen, und dann nur mittelbar und von weitem, so klug er auch sein mag.

Aber selbst ein guter Engel kann ohne besondere Mittel deinen Willen nicht stark genug bewegen; das kann tatsächlich niemand als nur Gott.

Aus diesem kannst du nun ganz allgemein ersehen - und durch dein Üben wird es dir noch weit deutlicher werden -, daß der Mensch in diesem 'Werk' besser auf Mittel verzichtet, denn sie bringen ihn nicht ans Ziel. Man kann aus ihm alle guten Verfahren ableiten, das 'Werk' selbst aber hängt von keinem ab, und es gibt keine besondere Methode, um zu ihm zu gelangen.

Kommentar:
Welches ist nun das Pensum des 'Werkes', das uns aufgegeben ist?

Der dem Ego-Wahn verhaftete Mensch sieht den Sinn des Lebens in der Erfüllung weltlicher Wünsche und vergänglicher Ziele, im Auskosten des begrenzten Daseins. Jeder möchte 'etwas vom Leben haben'. [19)] So hält er die Sinnenwelt, wie das Kaleidoskop der Sinne sie uns vorspiegelt, für die Realität.

So, um wieder FEUERBACH zu zitieren:

> "Die Bilder deines Herzens,
> Du wirfst sie selbst nach außen;
> Die Welt ist nur die Leinwand,
> Drum flimmerts so da draußen!"

So kommt es, daß auf diesem Pfade die Methode-losigkeit nochmal die beste Methode ist.

34. DA DSCHUANG / Des Großen Macht

Die Anfangslosigkeit ist in der Philosophie (Kant) als auch in der Theologie (Albertus Magnus) kein unbekannter Begriff. In der Anfangslosigkeit werden die Kernideen (Archetypen) der darauf folgenden Schöpfung in bildhaften Formen geboren - sie stellen die Gußformen der Formen dar, die nun in dem Zeitfluß erscheinen werden.
"... alle Dinge zum Besten dienen ..."

Römer 8, 28

35. Kapitel

DIE DREI METHODEN DER MEDITATIONSTECHNIK

(Über drei Methoden, mit denen der Kontemplative sich beschäftigen soll: Lesen, Nachdenken und Beten.)

Es gibt schon Methoden, die der Kontemplative üben kann; es sind die d r e i : Studium, Meditation und Herzensgebet; du kannst sie auch Lesen, Denken und Beten nennen. Du wirst diese drei in einem anderen Buch viel besser beschrieben finden, als ich es kann; hier brauche ich daher auf Einzelheiten nicht einzugehen.

Immerhin möchte ich dazu bemerken, daß diese Drei in solcher Weise zusammenhängen, daß für Anfänger und Fortgeschrittene die Stufe des Denkens erst nach dem Lesen und Hören erreicht werden kann; anders ist es bei denen, die schon vollkommen im hier beschriebenen Sinne sind.

Lesen und Hören ist im wesentlichen dasselbe: Der Geistliche liest in Büchern, der Analphabet liest durch die Predigt des Geistlichen. Aber die Fähigkeit zu rechtem Beten entwickelt sich in Anfängern wie Fortgeschrittenen erst nach der Fähigkeit zu m e d i t a t i v e m D e n k e n . Laß dir das von d e i n e r e i g e n e n E r f a h r u n g bestätigen.

In diesem Zusammenhang mag Gottes Wort, geschrieben oder gesprochen, mit einem Spiegel verglichen werden. Geistlich gesehen, sind die Augen deiner Seele deine Vernunft, dein Gewissen ist dein geistliches Gesicht. Wenn du nun einen Schmutzfleck auf deinem physischen Gesicht hast, dann kannst du ihn nur sehen und erkennen, wo er ist, wenn ein Spiegel oder jemand anderes es dir sagt. In gleicher Weise kann eine Seele, die durch Gewohnheitssünde geblendet ist, den dunklen Flecken auf ihrem Gewissen nur sehen, wenn sie Gottes Wort liest oder hört.

Wenn der Mensch nun in einen materiellen oder einen geistlichen Spiegel blickt oder von einem anderen erfährt, wo der schmutzige Fleck auf seinem Gesicht ist - physisch oder geistlich verstanden -, dann erst läuft er zum Brunnen, um sich zu waschen. Besteht der Fleck aus einer besonderen Sünde, dann ist der Brunnen die heilige Kirche und das Wasser die Beichte mit allen Begleitumständen. Ist der Fleck aber nur die blinde Wurzel einer Sündenregung, dann ist der Brunnen der barmherzige Gott, und das Wasser ist das Gebet mit allen Begleitumständen.

Du kannst dem wohl entnehmen, daß das rechte Denken weder vom Anfänger noch vom Fortgeschrittenen erreicht werden kann, ohne vorangegangenes Lesen und Hören. Auf dieselbe Weise kann das Gebet nicht vor dem Denken rangieren.

Kommentar:
Eine höhere Welt verbirgt sich hinter der Sinneswelt. Ist das einem aufgegangen, fühlt man sich verpflichtet, für die höhere Aufgabe dieses 'Werkes' sich ein für alle Mal zu entscheiden.

Oft mahnt die innere Stimme vergeblich, jedoch vernehmlich und unüberhörbar, an die höhere Abkunft des Menschen und das Fern- und Hochziel der geistigen Evolution; - Stimme der ewigen Heimat im göttlichen Selbst.

35. DSIN / Der Fortschritt

Aus der zweifachen goldenen Polarität von *Yin* (= Energie = Tätigkeitsdrang) und *Yang* (= Schöpferprinzip, Sein) entsteht nun durch Rhythmen ein Drittes: die VIBRATION. Wo zwei sind, sind auch drei oder gar mehr: (a + b; = a, b, ab, ba). Das Mantra bringt die Vibration zur Vollendung. Deswegen sind Stoßgebete sehr wirksam (Herzensgebet). "... und zwei goldene Ringe..."

II. *Mose* 30, 4

36. Kapitel

SPONTANE MEDITATIONEN

(Betrifft die Meditationen derer, die dauernd mit dem 'Werk' beschäftigt sind.)

Das trifft jedoch nicht auf diejenigen zu, die ständig mit dem 'Werk' beschäftigt sind, von dem dieses Buch handelt; deren Meditationen treten spontan auf, wie gewöhnliche Gedanken und Empfindungen über die eigene Elendigkeit oder die Güte Gottes. Sie entstammen weder dem Lesen noch dem Hören, noch betrachten sie irgendeinen besonderen Gegenstand unterhalb Gottes. Solche spontanen Gedanken und blinden Empfindungen kommen zum Menschen viel eher von Gott als von Menschen.

Angenommen, du bist jemand, der durch die Gnade bewegt wird und unter der Führung des GEISTES wirkt, dann brauchst du niemals über deine Elendigkeit, noch über Gottes Güte zu meditieren. Es genügt dann, daß du über das Wort 'Sünde' oder 'Gott' meditierst oder ein entsprechendes anderes Wort, das du vorziehst, aber nicht, indem du es mit raffinierter Gelehrsamkeit analysierst oder ausdeutest, als wolltest du damit deine Hingabe steigern. Ich meine, man sollte in diesem 'Werk' überhaupt nicht analysieren, sondern lieber dieses Wort als Ganzes betrachten.

Denke z.B. an die Sünde als an ein Ganzes, ein Du-weißt-nicht-was, das jedoch nichtsdestoweniger nichts anderes als du selbst bist. Während du mit dem Betrachten der als ein Ganzes aufgefaßten 'Sünde' beschäftigt bist, mit diesem 'Klumpen', der nichts anderes ist als du selbst, wirst du zweifellos ebenso abwesend sein wie irgendein Geistesgestörter. Und doch würde man dich mit deinem unveränderten Gesichtsausdruck für vollkommen entspannt halten und in vollkommen nüchternem Gleichmut, ob du nun sitzt oder gehst, liegst oder lehnst, stehst oder kniest.

Kommentar:
Das Kosmische-Bewußtsein hat nichts mit parapsychischen Gegebenheiten zu tun, wie z.B. Visionen, Hellsehen oder dergleichen. Selten erleben es Medien oder visionär veranlagte Menschen. Die Erleuchtung des Kosmischen-Bewußtseins (Yoga-Samadhi) kommt unerwartet zu denen, die am wenigsten damit rechnen.

Gibt es einen Weg, wie wir uns dorthin begeben können, wo Gott eingreifen muß? Es kann nicht Gott und etwas geben, was ihm entgegengesetzt wäre.

Man sollte seinem Leben jeden Tag eine Zeit der Meditation widmen, so als ob dieses Leben unser Patient wäre, der an einer Neurose litte, und wir selbst die Therapie für die Heilung.

Falls Gott Geist ist, so muß die einzige wirksame Kraft geistiger Art sein wie die spontane Meditation. Mit dem Bewußtwerden des kernzentrierten Menschen von seiner eigenen totalen Freiheit tritt das Selbst aus dem Kreislauf des Werdens und Vergehens. [20)]

36. MING I / Die Verfinsterung des Lichts

Eben das Licht-in-Dir kann die Finsternis vertreiben. Das, was aus dem Lichte der Wahrheit gesagt wird, ist edel. In dir ist das Licht - gerade deshalb ist die Suche nach Finsternis vergebens. Und viele Weltkinder suchen eben die Finsternis auch dann, wenn sie diese 'Suche' als Gottessuche tarnen. "Wenn nun das Licht, das in dir ist, Finsternis ist, wie groß wird dann die Finsternis sein!"

Matthäus 6, 23

37. Kapitel

MANTRAS ALS HILFE BEI DER MEDITATION

(Betrifft die besonderen Gebete derer, die dauernd mit dem 'Werk' beschäftigt sind.)

Genau wie die Meditationen derer, die dauernd in dieser Gnade und im 'Werk' beschäftigt sind, plötzlich und unvorbereitet auftreten, so kommen auch ihre Gebete in derselben Form. Ich meine ihre eigenen, persönlichen Gebete, nicht die von der heiligen Kirche angeordneten.

Diejenigen, die dieses 'Werk' wirklich üben, beten nicht besonders viel. Sie beten nach Form und Vorschrift, wie sie von den heiligen Vätern aufgerichtet wurden; ihre besonderen Gebete aber erheben sich immer spontan zu Gott, ohne vorherige Absicht und ohne jede besondere Technik, vorher oder während sie beten.

Wenn diese Gebete in Worte gekleidet werden, was nur sehr selten geschieht, dann sind es stets nur sehr wenige Worte, je weniger, umso besser. In der Tat scheint mir ein einziges einsilbiges kleines Wort besser zu sein als eins aus zwei oder mehr Silben. So paßt es zum Wirken des GEISTES, und ein geistlich Wirkender sollte sich immer auf der höchsten und äußersten Höhe des GEISTES halten.

Ein Beispiel aus dem natürlichen Lauf der Dinge zeigt dir, daß es einfach so sein muß.

Wenn ein Mensch, Mann oder Frau, beim plötzlichen Ausbruch einer Gefahr wie einer Feuersbrunst, einer Todesgefahr oder dergleichen von Furcht überwältigt wird und aus der Intensität seines Empfindens unmittelbar um Hilfe schreit - wie macht er das? Ganz gewiß nicht in vielen Worten, nicht einmal in einem zweisilbigen Wort. Es würde ihm viel zu lange dauern, die Art Hilfe zu erklären, die er braucht. Seine große Erregung bricht einfach in ein kleines, fast einsilbiges Wort aus: Er ruft 'Feuer'! oder 'Hilfe'!

Und wie dieses kleine Wort 'Feuer'! die Ohren derer, die es hören, viel schneller durchdringt, so tut es ein kleines einsilbiges Wort ebenso, wenn es nicht einmal gesprochen oder gedacht, sondern in der Tiefe des GEISTES insgeheim empfunden wird. Diese Tiefe ist Höhe, denn geistlich ist alles eins, Höhe und Tiefe, Länge und Breite. Es dringt eher zu des Allmächtigen Gottes Ohr als ein langer Psalm, den jemand gedankenlos in seinen Bart murmelt.

Das ist der Grund, aus dem geschrieben steht: 'Das kurze Gebet dringt zum Himmel.'

Kommentar:
Was ist ein M a n t r a m (Ton, Wort, Laut) und wie kommt es zustande?

Wo Vibration ist, muß auch ein Ton sein. Jedoch der 'Ton' des M a n t r a m s ist etwas sehr Subtiles und wird durch Bewußtsein gekennzeichnet. In dem Sinne ist er ein aktiver und belebender Vermittler der Gottheit. Dieses Tonprinzip kann als der 'waltende Gott' beschrieben werden; ZARATHUSTRA spricht von 'Ton-Essenz des ewigen Lebens'. Diese Ton-Essenz ist in allem in seiner Potenz, obgleich das Ausmaß seiner Entfaltung von einem zum anderen Mal variiert.

Der berühmte persische Dichter HAFIZ sagte:

"Alle sieben Himmel hallen von diesem Ton wieder;
Doch der Unwissende hört ihn nicht
Und erfaßt nicht seine Weisen."

Und das Matthäus Evangelium:

"Mit den Ohren werdet ihr hören
Und werdet es nicht verstehen;
Und mit sehenden Augen werdet ihr sehen
Und werdet es nicht wahrnehmen.

Der Ton eines authentischen M a n t r a m s birgt die göttliche Melodie in sich und durchdringt so alles. In den unermeßlichen Tiefen der Meditation kann aber das Ton-Prinzip deutlich wahrgenommen werden.

37. GIA JEN / Die Sippe

Die Prinzipien werden allmählich zu Begriffen, für die die Bilder Quellen der Transformation sind. Alles gesellt sich zueinander. "Durch weise Weiber wird das Haus (= Geist) erbaut ..."

Sprüche 14, 1

38. Kapitel

DAS KURZE GEBET ALS MANTRA

(Wie und warum das kurze Gebet bis zum Himmel dringt
- Stoßgebet.)

Und warum dringt dieses kleine, einsilbige Kurzgebet bis in den Himmel?

Sicherlich, weil es aus voller Seele gebetet wird, in der Höhe und Tiefe, in der Länge und Breite des GEISTES dessen, der es betet. In der Höhe, denn es führt die ganze Kraft des GEISTES mit sich; in der Tiefe, denn in dieser kleinen Silbe ist die ganze Erkenntnis des GEISTES enthalten; in der Länge, weil es, wenn es so empfindet, wie es jetzt empfindet, es eben genau so schreien muß, wie es das tut. Und in der Breite, denn es will für jeden dasselbe, was es für sich selbst will.

Gerade bei einer solchen Gelegenheit begreift die Seele des Apostels PAULUS und aller Heiligen - wenn auch nicht ganz, so doch in gewissem Ausmaße, entsprechend dem Grade, bis zu dem sie schon im 'Werk' vorgedrungen ist -, die Lehre von der Länge und Breite, der Höhe und Tiefe des ewigen, alliebenden, allmächtigen und allwissenden Gottes.

Die Ewigkeit Gottes ist seine Länge, Seine Liebe ist Seine Breite; Seine Macht ist Seine Höhe und Seine Weisheit ist Seine Tiefe.

Da ist es denn kein Wunder, daß eine Seele, die durch Gnade dem Bilde und Gleichnis Gottes so nahekommt, bald von Gott gehört wird! Und wäre es selbst eine sündige Seele, die gewissermaßen Gottes Feind wäre: Ist sie durch Gnade fähig, solch kleine Silbe in der Höhe und Tiefe, der Länge und Breite ihres GEISTES hinauszuschreien; sie würde trotzdem gehört, ihr würde trotzdem von Gott geholfen werden wegen des schrecklichen Lärms ihres Rufes.

Greifen wir zum Beispiel. Wenn du hörst, daß ein Mann, der dein Todfeind ist, in der höchsten Erregung der Angst das kleine Wort 'Feuer'! schrie oder

'Hilfe'! - du würdest ihm zuhilfe kommen. Nicht, weil du dich um ihn sorgtest, denn er ist dein Feind, sondern du würdest aus purem Mitleid, das unter der Dringlichkeit seines Rufes in deinem Herzen rege wird, aufstehen - ja, und sei es mitten in einer Winternacht! - und ihm helfen, sein Feuer zu löschen, oder ihn in seiner Verzweiflung trösten und beruhigen.

O Herr! Wenn ein Mensch in der Gnade so barmherzig werden kann, daß er ein solches Mitleid mit seinem Feinde fühlt trotz dessen Feindschaft, welches Mitleid und Erbarmen muß Gott auf den geistlichen Aufschrei der Seele hin empfinden, der durch die Höhe und Tiefe, über die Länge und Breite des GEISTES tönt, wenn man bedenkt, daß Gott Seinem Wesen nach all das besitzt - und viel mehr -, was dem Menschen nur durch Gnade zu eigen wird?!

Sicherlich über allen Vergleich hinaus viel, viel größeres Erbarmen wird Er haben, denn ein Etwas, das dem Wesen eignet, ist dem ewigen Etwas viel näher als etwas, das erst durch Gnade verliehen wird.

Kommentar:
Wie eine Kompaßnadel beständig nach Norden weist und sich durch nichts abbringen läßt, so weist auch das Tonprinzip eines sehr kurzen Gebetes unaufhörlich in die gleiche Richtung, in die der göttlichen Heimat der Seele. Die göttliche Natur eines solchen Gebetes kommt einem M a n t r a m gleich und läßt nicht nach, uns zu unserer ewigen Bestimmung aufzurufen, sooft wir sie auch überhören oder betäuben mögen.[21)]

38. KUI / Der Gegensatz

Die Antipoden erscheinen im Gebet als geistige Kräfte, die alles veredeln; das himmlische Einwirken erzeugt das mystische Licht, das für die Begnadeten bzw. 'Bevorzugten' glänzt und strahlt wie im Prisma.
"Du sagst es, ICH bin ein König ..."

Johannes 18, 37

39. Kapitel

AUSHARREN MIT DEN ÜBUNGEN

(Wie der vollkommen Wirkende beten soll und was Gebet an sich ist; und welche Worte sich am besten zum Gebet eignen, wenn der Mensch in Worten betet.)

Deshalb sollen wir in der Höhe und Tiefe, über die Länge und Breite unseres GEISTES beten, nicht in vielen Worten, sondern in einem kurzen, nur einsilbigen Wort. Und welches Wort soll dies sein? Ganz gewiß eines, das am besten zum Wesen des Betenden paßt. Welches Wort ist das also?

Wir wollen erst einmal sehen, was Gebet an sich ist, dann werden wir deutlicher erkennen können, welches Wort am besten mit dem Wesen des Betenden übereinstimmt.

Richtig gesehen, ist Gebet an sich nichts anderes als ein frommes Verlangen, das auf Gott gerichtet wird, um Gutes zu empfangen und Übel zu beseitigen. Da nun alles Übel in der Sünde zusammengefaßt ist, entweder durch sie verursacht oder dem Wesen nach, so laß uns darum nur dieses eine kleine Wort 'Sünde' sagen oder denken oder meinen, wenn wir ausdrücklich um Beseitigung eines Übels beten wollen. Und wenn wir ausdrücklich darum beten wollen, Gutes zu empfangen, dann laß uns nichts anderes als dies eine Wort 'Gott' ausrufen, sei es als Wort oder nur in Gedanken oder Verlangen. Denn alles Gute ist in Gott, entweder seiner Ursache oder seinem Wesen nach.

Wundere dich also nicht über meine Begründung, mit der ich diese Wörter über alle anderen setze. Könnte ich irgendwelche noch kürzeren Wörter finden, die in eben der Fülle wie diese alles Gute und alles Übel in sich umfaßten, oder hätte Gott mich angewiesen, ein anderes Wort zu nehmen, ich würde es angenommen und diese verworfen haben.

Studiere nicht bloße Wörter, denn auf solche Weise wirst du deinen Zweck in diesem 'Werk' nicht erreichen. Es wird niemals durch Studium erreicht, nur durch Gnade. Und eben darum darfst du mit keinen anderen Wörtern beten als nur mit denen, die zu wählen Gott dich bewegt, obgleich ich bestimmte Wörter hierhergesetzt habe. Bewegt dich Gott, sie zu verwenden, dann sage ich nicht, daß du sie lassen sollst. Ich rate aber nur dazu, wenn du schon in Worten beten willst, weil diese so kurz sind.

Aber wenn an dieser Stelle auch die Kürze des Gebets besonders empfohlen wird, so setzen wir der Häufigkeit des Gebets doch keine Grenze.

Wie vorher schon betont: Das Gebet muß über die ganze Länge des GEISTES hin gebetet werden; das bedeutet aber, daß es nicht aufhören sollte, bis es empfangen hat, was es sucht. Das Beispiel dafür ist der Mann oder die Frau, von deren Entsetzen oben die Rede war. Sie hören nicht eher auf, das Wörtchen 'Hilfe'! oder 'Feuer'! zu schreien, als bis sie Hilfe in ihrer Not finden.

Kommentar:
Das Ton-Prinzip, wenn es zum Wort des Meisters wird, zeigt den Weg zur Gottverwirklichung.

Die Seele, die von Verstand und Materie belastet und von allen Seiten gehemmt war, findet den Engel in sich und kann auf den erhabenen Ton des M a n t r a m s hören. Dieser erhabene Ton kann selbstverständlich nicht durch das leibliche Ohr gehört werden. Dennoch gibt es einen Weg, um der göttlichen Musik lauschen zu können, und zwar durch die innere Fähigkeit des transzendenten Gehörs. Die ständige Wiederholung eines äußerst kurzen Gebetes erweckt solche Fähigkeit.

39. GIEN / Das Hemmnis

Die Formen (= Bilder) haben ohne das göttliche Einwirken, das denen Leben verleiht und sie so zeitweilig beseelt, kein eigentliches Bestehen.
"Also blieb die Lade Gottes ..."

I. *Chronik* 13, 14

40. Kapitel

WIE BESIEGE ICH DIE SÜNDEN

(Wenn jemand sich mit diesem 'Werk' befaßt, dann darf er keine besondere Aufmerksamkeit weder auf ein eigenes Laster noch auf eine eigene Tugend richten.)

Auf eben die gleiche Weise mußt du deinen GEIST mit dem Wort 'Sünde' füllen, und ohne eine besondere Art Sünde im Sinn zu haben, sei sie läßlich oder eine Todsünde: Stolz, Zorn oder Neid, Begehrlichkeit, Faulheit, Völlerei oder Wollust.

Was kümmert es einen Kontemplativen, welche oder wie große Sünden er hat? Er sieht alle Sünden als gleich groß an - ich meine, während er mit dem 'Werk' befaßt ist -, da denn auch die geringste Sünde ihn von Gott trennt und seines geistlichen Friedens beraubt.

E m p f i n d e S ü n d e a l s e i n G a n z e s , als ein Du-weißt-nicht-was, das nichts ist als du selbst. Dann stoße beständig geistlich diesen einen Schrei aus: 'Sünde, Sünde, Sünde'! 'Hilfe, Hilfe, Hilfe'!

Dieser geistliche Schrei wird besser durch Erfahrung von Gott als von irgendeinem Menschen gelernt. Am besten ist es, wenn er im reinen GEIST aufspringt, ohne besonderen Gedanken, und selbst ohne im Wort wirklich ausgesprochen zu werden, mit Ausnahme der seltenen Gelegenheiten, an denen Leib und Seele vom Leid und der Schwere der Sünde ganz erfüllt sind und jener Schrei dann aus übervollem GEIST im gesprochenen Wort ausbricht.

Geh in derselben Weise mit dem Wörtchen 'Gott' vor. Erfülle deinen GEIST ganz mit dessen geistlicher Bedeutung, ohne einem Seiner Werke besondere Aufmerksamkeit zu schenken, ob sie nun gut, besser oder am besten von allen wären, ob physisch oder geistlich oder ob sie durch Gnade in des Menschen Seele erlangt würden. Denk nicht darüber nach, ob es sich um Demut oder Nächstenliebe handelt, um Geduld oder Enthaltsamkeit, Hoffnung, Glaube oder Nüchternheit, Keuschheit oder freiwillige Armut.

Was kümmert das den Kontemplativen? Er findet und empfindet alle Tugenden in Gott, denn alles ist in Ihm, sowohl der Ursache wie dem Wesen nach. Der Kontemplative denkt, daß er alles Gute hat, wenn er nur Gott hat, und hegt daher keine besonderen Wünsche nach irgendwelchen Dingen als nur nach Gott.

Mach es ebenso, soweit du dazu aus Gnaden fähig bist. Verlange ganz und gar nur Gott und den ganzen Gott, so daß nichts in deinem GEIST wirkt als nur Gott.

Es wird sich für dich nicht umgehen lassen, dieses faule, übelriechende Ganze, die Sünde, in gewissem Grade immer zu empfinden, solange du in diesem elenden Leben weilst, denn die Sünde ist mit der Substanz unseres Daseins für dauernd eins. Wechsel daher in deinem GEIST mit den beiden Wörtern 'Sünde' und 'Gott' ab. Und tue es in dem Bewußtsein, daß du, wenn du Gott hast, keine Sünde haben wirst, und daß du, wenn du keine Sünde hast, Gott besitzt.

Kommentar:
Der Anfänger betrachtet häufig das Sündenbewußtsein als den Inbegriff der Religion. Das führt zum Gottesdienst aus Furcht.

Der Yoga hat ein noch höheres Ideal, nämlich Gott als seinen eigenen Vater und als seine eigene Mutter zu lieben. Sri RAMAKRISHNA (der große Yogi) sagte: "Ich habe jetzt einen Stand der Innewerdung erreicht, in dem ich erkenne, daß Gott in jeder Menschengestalt einhergeht und sich auch im Sünder offenbart."

Wenn man in Liebe den heiligen Gottesnamen ruft, dann verschwindet der ganze Sündenhaufen, so wie ein Berg Baumwolle aufbrennt und schwindet, wenn nur ein einziger Feuerfunke hineinfällt.[22)]

40. HIE / Die Befreiung

Man kann nicht träumen, ohne zu schlafen; also Traum setzt Schlaf voraus. Man kann zwar einschlafen, jedoch nicht im Tiefschlaf einen Beschluß über Wachwerden fassen.
So ist auch eine Befreiung im Schlaf nicht möglich, obschon Schlaf recht 'befreiend' wirkt. Inspirierte Texte haben ihre eigene Folgerichtigkeit.
"In des Gerechten Haus ist Guts genug ..."

Sprüche 15, 6

41. Kapitel

WIE ENTSCHEIDUNGEN ZU TREFFEN SIND

(In allen anderen Werken unterhalb dieses 'Werks' hat der Mensch etlichen Spielraum für eigene Entscheidungen, in diesem jedoch keinen.)

Wenn du mich weiterhin fragst, welchen Spielraum zu eigenem Urteil dir in diesem 'Werk' bleibt, dann heißt meine Antwort: Keinerlei.

Dir ist in den anderen Dingen, die du tust, eine gewisse Entscheidung überlassen, wie über Essen und Trinken, über Schlafen und die Weise, in der du dich vor starker Kälte oder Hitze schützt, über die Zeit, die du dem Gebet, dem Studium und dem Gespräch mit deinen Mitchristen widmen willst. In all diesen Dingen magst du selbst darauf achten und bestimmen, daß es nicht zu viel und nicht zu wenig wird.

An dieses 'Werk' jedoch hast du keinen Maßstab anzulegen, denn du darfst nicht damit aufhören, solange du lebst.

Ich will damit nicht sagen, daß du es immer in der gleichen Intensität fortsetzen sollst, denn das ist nicht möglich. Es wird oft vorkommen, daß Krankheit und andere unvermeidliche Zustände des Leibes und der Seele und manch andere natürliche Notwendigkeiten dich stark behindern werden, und sie werden dich oft genug von der Höhe dieses 'Werks' herunterholen.

Was ich jedoch sagen will, ist, daß du auf die eine oder andere Weise beständig damit beschäftigt sein solltest, im Ernst oder im Spiel, d.h. in der praktischen Übung oder in deinem Willen.

Sei daher um Gottes willen so vorsichtig, wie du irgend kannst, was das Krankwerden angeht, daß du nicht selbst an deiner Schwäche schuld bist. Ich sage dir offen, daß dieses 'Werk' eine große Ausgeglichenheit erfordert, eine wesentliche und reine körperliche wie seelische Verfassung.

Ordne also um Gottes willen körperlich wie seelisch alles klug und sichere deine Gesundheit ab, so gut du kannst. Wirst du aber trotzdem krank, dann sei geduldig und erwarte demütig Gottes Erbarmen, dann ist alles gut.

Es stimmt tatsächlich, daß Geduld in Krankheit und anderem Ungemach Gott viel mehr gefällt als jede andere Übung der Frömmigkeit, die du Ihm in gesunden Tagen darbringen magst.

Kommentar:
Was Wunder, wenn der Mensch, der die Erfüllung aller seiner Wünsche im Vergänglichen sucht, aus einer Enttäuschung in die andere fällt. Die Welt wird ihm zum Tal der Tränen und des Jammers, weil er das rechte Ziel verfehlt und seinen Durst an trüben Quellen speist, die ihn nur für kurze Augenblicke stillen können.

Die göttliche Seele (Atman) schaut aber nach anderen Quellen aus, die die Wasser des Lebens spenden und den peinigenden Durst auf immer stillen. Jede Entscheidung, die wir treffen, ist eine Stimmabgabe für Heil oder Unheil. Im Leben gibt es auch keine Neutralität der Entscheidungen; auch nicht zu entscheiden, ist eine Entscheidung. Der Mensch kann Entscheidungen nicht entfliehen.

41. SUN / Die Minderung

Jedoch ein schlafartiger Zustand läßt sich auch im Wachsein herbeiführen. Der echt Fromme läßt alle Gedanken im Gottesgrund versinken; eine Minderung der mentalen Unruhe (= Relaxation) führt dann zu der Stille, die so oft in der Bibel erwähnt wird. Die Minderung ist Wegbereiter der Stille.
"So bekehret euch nun zu mir, so will ich Mich zu euch auch kehren, spricht der Herr ..."

Maleachi 3, 7

42. Kapitel

WIE MAN SEIN BESTES TUT

(Daß der Mensch, der sich diesem 'Werk' unbedingt unterwirft, in allen anderen Dingen sein eigener Herr sein wird, anderenfalls aber überhaupt nicht.)

Vielleicht wirst du mich jetzt fragen, w i e du alles ordnen sollst, Nahrung und Schlaf und alle anderen derartigen Dinge. Die Antwort ist kurz: Tu darin dein Bestes.

Übe an diesem 'Werk' ohne Aufhören und ohne nachzumessen, dann wirst du auch wissen, wie du am gescheitesten alle deine anderen Werke einteilst. Ich glaube nicht, daß jemand, der in diesem 'Werk' Tag und Nacht ohne Einschränkung beharrt, in diesen äußerlichen Dingen fehlgehen kann. Anderenfalls allerdings, scheint mir, dürfte er ständig fehlgehen.

Wenn ich jemals eine wache und aktive Konzentration auf dieses intuitive 'Werk' in meiner Seele erreichen würde, dann würde es mir vollkommen gleich sein, was ich in bezug auf Essen oder Trinken, Schlafen oder Sprechen oder in irgendeiner anderen äußerlichen Angelegenheit täte. Und ich kann dir sagen, daß ich ganz sicher eher auf solche Weise mir die Freiheit in diesen Dingen erwerben würde - indem ich mich um sie überhaupt nicht kümmere -, als wenn ich einen großen Teil meiner Aufmerksamkeit auf sie konzentrieren wollte. Wenn ich nämlich mit so viel Überlegung daranginge, mein Handeln in diesen Dingen genau abzumessen und festzulegen, dann würde ich tatsächlich im 'Werk' nicht vorankommen, was ich auch tun oder sagen würde.

Laß die Leute reden, was sie wollen, du nimm die Übung als Beweis.

Erhebe dein Herz in einer blinden Liebesregung und denke an 'Sünde' und 'Gott'. Du suchst Gott und hoffst, die Sünde loszuwerden. Aber es ist leider die Sünde, die du hast, und es ist Gott, der dir fehlt.

Möge Gott dir jetzt helfen, denn jetzt brauchst du Ihn.

Kommentar:
Wäre der Mensch nur Naturgeschöpf ohne Evolutionsdrang, auf der Erde beheimatet, würde er hienieden auch völliges Genügen finden. Pflanzen und Tiere kennen die Qual einer spirituellen Evolution nicht. Wir aber sind durch die geistige (p u r n a s t i s c h e) Evolution aus diesem Paradies der naiven Unschuld ausgestoßen.

Vor uns liegt ein höheres evolvierendes Paradies der Verheißung. Dorthin weist der Yoga. Nicht zurück geht der Weg zur Naturhaftigkeit ohne alle Probleme und Zwiespältigkeit, sondern zum jenseitigen Ufer: aufwärts hin zum Geiste.[23)]

42. I / Die Mehrung

Das Ewige-Leben ist vom Alltags-Leben grundverschieden und gehört zu einem ganz anderen SEYN. Die Weltkinder schließen Verträge ab, heiraten oder werden geschieden, ohne voll wach oder ganz im Schlaf zu sein. Das 'Alltagsleben' ist eine Karikatur von dem, was Jesus als Leben bezeichnet in seinem:
Via, Veritas, VITA.
"... denn ER hat Gefallen an Güte."

Micha 7, 18

43. Kapitel

DAS VOLLKOMMENE GEWAHRSEIN

(Daß alles Wissen und Fühlen der eigenen Persönlichkeit verlorengehen muß, wenn dieses 'Werk' in seiner Vollkommenheit in diesem Leben noch wirklich empfunden werden soll.)

Gib sehr acht, daß nichts in deinem Denken oder Willen als allein Gott tätig ist. Versuche, alles Erkennen und Empfinden von allem, was unterhalb Gottes ist, niederzuschlagen, und tritt alles tief unter die Wolke-des-Vergessens hinunter! Dann wirst du verstehen, daß du in diesem 'Werk' nicht nur alle anderen Geschöpfe und deren wie deine eigenen Taten vergessen mußt, sondern ebenso dich selbst und deine Taten für Gott. Denn einen vollkommen Liebenden erkennt man nicht nur daran, daß er das, was er liebt, mehr als sich selbst liebt, sondern auch daran, daß er in gewissem Sinne sich selbst haßt um dessentwillen, was er liebt.

Das ist es, was du mit dir zu tun hast. Du mußt Widerwillen und Ungeduld gegen alles empfinden, das in deinem Denken und Willen tätig ist, ausgenommen Gott. Alles andere, was es auch sein mag, wird zwischen dich und Gott treten.

Kein Wunder also, daß du widerstrebst und haßt, an dich selbst zu denken, wenn du dabei stets nur 'Sünde' als das faule, übelriechende 'Du-weißt-nicht-was' empfindest, das sich zwischen dich und deinen Gott drängt. Und dieses Etwas ist nichts anderes als du selbst. Denn du mußt ja einsehen, daß 'Sünde' untrennbar in Dauerverbindung mit der Substanz deines Daseins ist.

Zerstöre daher all dein Wissen und Fühlen von jeglicher Kreatur und ganz besonders von dir selbst. Dein Wissen und Fühlen aller anderen Kreatur hängt von deinem Gewahrsein deiner selbst ab, denn wenn du dieses überwunden hast, wird es leicht, alle andere Kreatur zu vergessen.

Die Probe darauf aber wird dir zeigen: Wenn du selbst alle anderen Geschöpfe und deren Werke und damit natürlich auch ebenso alle deine Werke vergessen haben wirst, dann wirst du erkennen, daß zwischen dir und deinem Gott immer noch ein reines Gewahrsein und Empfinden deiner selbst zurückbleibt. Und auch dieses Gewahrsein und Empfinden muß unbedingt überwunden werden, bevor du das 'Werk' in seiner Vollkommenheit erfahren kannst.

Kommentar:
Das vollkommene Gewahrsein ist das Sein des Menschen, sofern es ihm um den Sinn des Daseins geht.

Wir sind hier ergriffen von Etwas, das uns unmittelbar angeht. Der Yoga ist das Religiöse in der Dimension der Tiefe; die spezifischen Religionen sind Einrichtungen, in denen der Sinn des Lebens Gestalt gewonnen hat. Meditation im Sinne des Yoga bedeutet das Ergriffensein von einem letzten, unbedingten Anliegen.

43. GUAI / Der Durchbruch (die Entschlossenheit)

Der Durchbruch ist die herrliche Kraft Gottes, die uns (über kurz oder lang) Erfolg auf dem spirituellen Weg garantiert. In weltlichen Dingen ist der Erfolg nie ganz sicher trotz noch so viel Bemühungen. Aber auf der Gralssuche ist keine Bemühung umsonst. Denn: "Siehe, ich komme bald. Ja, ich komme bald."

Offenbarung 22, 7 / 12, 20

44. Kapitel

DAS GEWAHRSEIN

(Wie die Seele sich verhalten muß, um alles Wissen und Fühlen ihrer selbst zu vernichten.)

Nun fragst du mich, wie du dieses reine Gewahrsein und Empfinden deines eigenen Seins zerstören kannst. Vielleicht meinst du, wenn dieses zerstört wäre, so wären damit auch alle anderen Hindernisse vernichtet, und das glaubst du mit Recht.

Dazu muß ich dir aber sagen, daß es nicht möglich ist, das reine Gewahrsein und Empfinden deines eigenen Seins zu zerstören ohne eine ganz besondere Gnade Gottes, die dir uneingeschränkt gewährt wird - und die entsprechende Befähigung deinerseits, diese Gnade aufzunehmen. Diese Befähigung ist nichts anderes als ein großes und tiefes geistliches Leid, auf das du jedoch deine Urteilskraft anwenden mußt: Wenn dieses Leid dich überkommt, dann mußt du achtgeben, daß du Leib und Seele davon nicht allzu heftig angreifen läßt.

Statt dessen solltest du vollkommen stillsitzen, als wärst du eingeschlafen, erschöpft vom Weinen und in deinem Leid untergegangen. Das erste ist wahres, ist vollkommenes Leid. Solches Leid zu erringen ,ist eine große Sache.

Alle Menschen haben Grund zu leiden, ganz besonders Ursache zum Leiden aber hat der, der weiß und fühlt, daß er *ist*. Damit verglichen sind alle anderen Schmerzen Kinderspiel. Erst der Mensch, der weiß und fühlt, *daß er ist*, erfährt das wahre Leid. Wer diesen Schmerz nicht kennt, hat wirklich Grund, traurig zu sein, denn er hat das tiefste Leid noch nicht empfunden. Erst dieses läutert die Seele nicht nur von der Sünde, sondern auch von der Folge, die aus der Sünde wächst, und befähigt dadurch erst die Seele, jene Freude zu empfangen, die den Menschen von dem Gewahrsein und Fühlen seines eigenen Seins trennt.

Wird dieses Leid wirklich begriffen, dann ist es voll heiligen Verlangens, sonst könnte der Mensch es einfach nicht aushalten. Erführe die Seele nicht einen gewissen Trost aus der Tatsache, daß sie das 'Werk' richtig ausführt, dann würde sie die Qual des Gewahrseins und Fühlens des eigenen Seins nicht ertragen können.

Denn immer, wenn sie im reinen GEIST ein echtes Erkennen und Empfinden ihres Gottes zu erreichen versucht - soweit es eben in diesem Leben möglich -, dann muß sie erfahren, daß es nicht möglich ist. Sie entdeckt wieder und wieder, daß ihr Gewahrsein und ihr Empfinden ausgefüllt von dem faulen, übelriechenden Ganzen ihrer selbst ist, das gehaßt und verachtet und verlassen werden muß, wenn sie Gottes vollkommener Jünger sein will, der von Ihm Selbst auf dem Berge der Vollkommenheit gelehrt werden soll.

Und jedesmal, wenn der Mensch dies einsieht, wird er nahezu wahnsinnig vor Schmerz. Er weint und jammert, er kämpft und flucht. Ihm scheint wirklich, als hätte er an sich selbst eine so schwere Bürde zu tragen, daß ihm vollkommen gleich ist, was ihm geschieht; und das gefällt Gott. Und doch wünscht er in all seinem Kummer nicht, daß er aufhören möge, da zu sein; denn das wäre der Wahnsinn des Teufels und Widersetzlichkeit gegen Gott. Er wünscht sogar sehr, da zu sein, und dankt Gott aus ganzem Herzen für das kostbare und große Geschenk seines Seins. Was er dabei aber unaufhörlich ersehnt, ist, das Gewahrsein und das Fühlen des eigenen Seins loszuwerden.

Jede Seele muß dieses Leid und dieses Verlangen in sich fühlen, entweder in der oben beschriebenen oder einer anderen Weise. Gott lehrt Selbst Seine geistlichen Jünger entsprechend Seinem Willen und entsprechend dem Entwicklungsgrad und der Art ihrer Fähigkeiten des Leibes und der Seele. Es geschieht zu dem Zweck, daß sie schließlich mit Ihm in vollkommener Liebe vereinigt würden, soweit es in diesem Leben sein kann, wenn Gott es möglich macht.

Kommentar:
Der unerleuchtete wie auch der uneingeweihte Mensch ist wie das kranke Tier; es ist das leidvolle Lebewesen. Es gehört zum Wesen des Menschenlebens, in seinem Inhalt leidvoll zu sein. Das hat schon BUDDHA genauestens gezeigt.

Der Meditierende entdeckt, daß der Mensch in seinem Ego einen Abgrund des Nichts, des Zweifelns, Suchens, Irrens und Sündigens trägt, der ihn immer wieder leidend werden läßt. Aus diesem Leid, das unserem ganzen Leben zu Grunde liegt, stammt alle Sünde wie auch der Tod.

"Ich u n g l ü c k l i c h e r Mensch, der wird mich erlösen aus dem Leibe, der solchen Tod in sich birgt." (Römer, 7, 22-24). [24)]

44. GOU / Das Entgegenkommen

Die *conditio siul qua non* auf dem spirituellen Pfad ist das SCWEIGEN. Es gibt eine noch höhere Dimension des Schweigens, genannt: m o u n a . Mouna bedeutet, daß man schweigt gerade dann, wenn die Versuchung, etwas zu sagen, besonders verlokkend ist. Wie kann man Gottes Wort hören, solange man nicht selber schweigt? Rede nicht! "... denn wenn du dieses tust, so wirst du dich erretten ..."

I. *Timotheus* 4, 16

45. Kapitel

SCHLINGENSTELLER AUF DEM WEG NACH INNEN

(Eine wichtige Feststellung über Selbsttäuschungen, die in diesem 'Werk' vorkommen.)

Eins will ich dir sagen: Der Schüler, der dieses 'Werk' noch nicht lange genug geübt hat, um Erfahrung darin zu haben, mag sich sehr leicht täuschen. Wenn er nicht mit größter Vorsicht vorgeht, wenn er nicht die Gnade hat, die ihn das 'Werk' unterbrechen und bescheiden sich Rat holen läßt, dann kann er körperlich zugrundegehen, während seine geistlichen Fähigkeiten in Wahnvorstellungen ausarten. All dieses geschieht im Zusammenhang mit Stolz, Sinnlichkeit und Wißbegier.

Die Täuschungen entstehen etwa auf folgende Weise: Der junge Mann oder die Frau, die eben erst angefangen haben, sich mit der Hingabe zu beschäftigen, hören oder lesen von diesem Leid und Verlangen und davon, wie der Mensch sein Herz zu Gott erheben und unaufhörlich danach verlangen soll, die Liebe Gottes zu fühlen. Von Wißbegierde erfaßt, verstehen sie diese Worte nicht geistlich, wie sie gemeint sind, sondern leiblich und sinnlich. Ihre physischen Herzen schlagen wild in ihrer Brust, und da es ihnen an Gnade mangelt, strengen sie in Stolz und Wißbegier ihre Körperkräfte auf zu grobe und animalische Weise an, so daß sie binnen kurzem in Stumpfsinn verfallen und eine Art lustloser Schwäche, in denen sie alles Verlangen des Leibes oder der Seele verlieren. Das bringt sie außer sich und veranlaßt sie, irgendwelche falschen oder eitlen physischen Tröstungen außen zu suchen, um gewissermaßen Körper und Geist zu erholen.

Wenn das nicht geschieht, dann ist das Ergebnis ihrer geistlichen Blindheit und des sinnlichen Austobens ihrer Körperkräfte in diesem falschen und gewöhnlichen, ungeistlichen Werk, so daß in ihrer Brust eine unnatürliche Hitze entsteht, sei es aus Mißbrauch ihres Körpers in dem vergeblichen vermeintlichen Werk, sei es verursacht von ihrem geistlichen Feinde, dem Teufel, oder einfach eben durch ihren Stolz, ihre Sinnlichkeit und ihre Wißbegierde.

Manchmal meinen sie, dies wäre das F e u e r der Liebe, empfangen und entfacht durch die Gnade und Güte des Heiligen Geistes. Aus dieser Selbsttäuschung und ihren Abzweigungen entsteht wirklich viel U n h e i l , viel Heuchelei, viel Ketzerei, viel Irrtum. Denn ebenso, wie dem wahren Empfinden in der Schule Gottes wahre Erkenntnis folgt, so folgt falsche Erkenntnis unmittelbar dem falschen Empfinden in der Schule des Teufels.

E s i s t w i r k l i c h w a h r , d a ß d e r T e u f e l s e i n e K o n t e m p l a t i v e n h a t , s o g u t w i e G o t t d i e S e i n e n .

Diese Täuschung infolge falschen Empfindens und falscher Erkenntnis kann e r s t a u n l i c h v i e l f ä l t i g sein, da sie von den verschiedenen Anlagen derer abhängt, die sich täuschen, wie dann auch in den echten Empfindungen und Erkenntnissen derer, die die Erlösung erreichen, eine große Vielfalt herrscht.

Ich will sie hier nicht im einzelnen anführen, außer denen, von denen ich glaube, daß sie dich anfallen könnten, wenn du das 'Werk' jeweils unternimmst. W a s w ü r d e e s d i r a u c h n ü t z e n zu wissen, wie große Gelehrte und Männer und Frauen a n d e r e r E n t w i c k l u n g s - s t u f e n als der deinen sich täuschen? Bestimmt gar nichts.

Darum will ich nur diejenigen erwähnen, die dir selbst begegnen könnten, wenn du dich ans 'Werk' begibst. Und ich erwähne sie jetzt, damit du gewarnt bist und dich davor schützen kannst, daß sie dich überfallen.

Kommentar:
Vielleicht ist dies das wichtigste Kapitel im ganzen Buch.

Es gibt Gefahren auf dem Weg des geistigen Suchens. Der Islam nennt Gott (eben wegen dieser Gefahren auf dem Weg zu Ihm) " t h e b e s t o f t h e c r a f t y o n e s " (= der vorzügliche Schlingensteller).

Der o.a. christliche Text entdeckt auch Gefahren, macht jedoch den Teufel für die Schlingen verantwortlich; etwas, was der mechanischen Frömmigkeit des Westens eher entspricht. Aber weder Gott noch Teufel, sondern, wie unser

Text mit Recht erwähnt, mangelnde Eigenschaften des geistigen Schülers sind es, die ihn zu Fall bringen.

Diese sind auch oben namentlich erwähnt: (i) Stolz (= Übermut, das Gefühl, als ob man ein Anrecht auf Erlösung hat), (i i) Sinnlichkeit (gesteigerte Neigung zu Erlebnissen aller Art, mitunter auch zu Erlebnissen oder Visionen fortgeschrittener Meditationen), (i i i) Wißbegierde (= Liebestollheit des Intellekts, alles begründen zu können oder wollen; die Sucht, mehr zu erfahren, als die Gnade einem gestattet).

Man übernimmt sich aus falsch verstandenem Eifer; als Rückschlag kommt es zur Verausgabe der physischen und psychischen Kräfte. Das physische Herz wird strapaziert durch den anders lautenden Atemrhythmus. Die Enttäuschung, nicht Eigentliches in der Verinnerlichung gefunden zu haben, führt zu dem Drang nach Kompensation.[25)] Man sucht im äußeren Leben nach vermeintlichen Hilfsmitteln für die 'noch zu intensivierende Verinnerlichung' (wie z.B. Wein, Rauschmittel, LSD) und glaubt so, sich nachholen zu können. Die Leidenschaften der Persona machen sich bereit zur Gegenoffensive, die man als 'unnatürliche Hitze' empfindet.

Das Schlingenstellen hat andere Gestalt und Art auf den verschiedenen Stufen des Weges. Zunächst beschränkt sich unser Text auf Gefahren für die Anfänger. Auskunft über die Gefahren auch im fortgeschrittenen Stadium und die Mittel, sie zu bekämpfen, gibt uns der Raja-Yoga.[26)]

45. TSUI / Die Sammlung

Schmiede rechtzeitig, wenn nicht gar vorzeitig, deine Pläne; komme nicht zu spät zu einem vergeistigten Leben. Nur so schützt man sich vor unerwarteten Ereignissen auf dem Weg zum Ziel.
"Es sind die Gütigkeiten des HERRN, daß wir nicht aufgerieben sind ..."

Klagelieder 3, 22 + 23

46. Kapitel

IRRTÜMER DES GEISTIGEN SUCHERS

(Eine wichtige Lehre darüber, wie der Mensch solche Selbsttäuschungen vermeiden kann, indem er eher mit dem geistlichen Verlangen als mit dem Ungestüm des Körpers arbeitet.)

Um der Liebe Gottes willen sei daher vorsichtig in diesem 'Werk' und strenge dein leibliches Herz nicht unmäßig und allzu stürmisch an. Arbeite mehr mit dem Verlangen als mit vergeblicher Kraftanstrengung. Je größer dein Verlangen, umso demütiger und geistlicher wirst du arbeiten, und je roher du vorgehst, umso physischer und gewöhnlicher wird dein Wirken werden. Sei daher vorsichtig.

Jedes physische Herz, das sich anmaßt, den hohen Gipfel dieses 'Werks' anzurühren, wird ganz sicher mit Steinen davongetrieben werden. Steine sind von Natur hart und trocken, und sie verletzen arg, wo sie treffen.

Ganz gewiß sind solche rohen Anläufe den Gefühlen des Fleisches eng verbunden; ihnen fehlt jedes Wissen um die Gnade. Sie schaden der törichten Seele schwer und lassen sie in Fantasien verfaulen, die der Teufel erfand. Hüte dich daher vor dieser animalischen Roheit und lerne, mit mildem und sanftem Verhalten zu lieben, das sich in deiner Seele wie in deinem Leibe ausdrückt.

Warte demütig und aufmerksam auf den Willen unseres Herrn und schnappe nicht übereilig zu, als wärst du ein gieriger Windhund, wie hungrig du auch sein magst.

Spielerisch ausgedrückt: Ich rate dir, so gut du kannst, jede gewöhnliche oder heftige Regung deines GEISTES zurückzuhalten, als ob du Gott jetzt auf keinen Fall wissen lassen wolltest, wie sehr du dich danach sehnst, Ihn zu sehen, zu haben und zu fühlen.

Du meinst vielleicht, dies wäre kindisch und spielerisch ausgedrückt. Ich glaube aber, daß jeder, dem die Gnade wurde, daß er so handelt und empfindet, auf das Schönste unter Küssen und Umarmungen mit Ihm spielen wird, wie Vater und Kind miteinander spielen.

Kommentar:
Voraussetzung für die Gnade ist, daß man empfänglich und passiv wird. So gibt es einen Punkt, den man bei seinen Bemühungen auf dem Weg nicht überschreiten darf. Unsere Anstrengungen bringen uns bis zu diesem Punkt; danach muß es aber keine Anstrengung mehr geben, sondern ein stilles Verlassen auf die Gnade.

46. SCHONG / Das Empordringen

Durch eine versteckte Magie nehmen die
Formen greifbare Gestalt an. Gewissen-
hafte, dienende Hingabe zum Heiland
bringt Aufstieg = wir dringen empor!
"... erhaltet euch selbst in der Liebe
Gottes."

Judas 20, 21

47. Kapitel

DIE VERGEISTIGTE HERZENSSEHNSUCHT

(Ein weiterer Hinweis auf dieses 'Werk des reinen GEISTES', der erklärt, wie man sein Verlangen Gott auf die eine Weise, den Menschen auf die entgegengesetzte Weise zeigen soll.)

Denke einmal darüber nach, warum ich wohl so kindisch rede, sozusagen närrisch und ohne gesunden Menschenverstand. Ich tue es schon aus bestimmten Gründen. Schon seit vielen Tagen bewegt mich nicht nur diese Art zu fühlen und zu denken, sondern, wie mir scheint, auch der Wunsch, sie einigen meiner besonderen Freunde in Gott, wie dir, mitzuteilen.

Einer der Gründe, weswegen ich dir anrate, Gott das Verlangen deines Herzens zu verbergen, ist der folgende. Ich hoffe nämlich, daß es durch diese Heimlichkeit Ihn deutlicher erreichen und dir die Erfüllung deines Verlangens eintragen wird, als wenn du es zeigen würdest, jedenfalls in der Form zeigen, zu der du zur Zeit allein fähig bist.

Ein anderer Grund: Wenn ich dich veranlasse, dein Verlangen nur ganz heimlich zu zeigen, dann hoffe ich, dich damit von dem stürmischen, physischen Fühlen fort und zur Lauterkeit und Tiefe geistlichen Empfindens zu lenken. Auf diese Weise dürfte ich hoffen, dir letztlich zu helfen, den geistlichen Knoten brennender Liebe zwischen dir und deinem Gott in geistlichem Einssein und der Harmonie des Willens zu knüpfen.

Du weißt gut, daß Gott GEIST ist, und daß jeder, der sich Ihm zu einen verlangt, sich dementsprechend unbedingt in der Wahrheit und der Tiefe des GEISTES halten muß, weit von aller Nachahmung leiblicher Dinge.

Ganz gewiß weiß Gott alles, und nichts, weder Physisches noch Geistliches, kann vor Ihm verheimlicht werden. Aber da Gott GEIST ist, liegt das, was in der Tiefe des GEISTES verborgen ist, noch offener vor Ihm als Dinge, die in irgendeinem Grade mit dem Leiblichen Berührung haben. Physische Dinge sind daher schon ihrer Natur nach Gott ferner als geistliche.

Infolgedessen scheinen wir Gott ferner zu sein, wenn unsere Wünsche mit irgendeiner Art Körperlichkeit vermischt sind - wie es der Fall ist, wenn wir uns in Geist und Leib anstrengen -, ferner, als wir es wären, wenn wir demütiger und nüchterner in der Lauterkeit und Tiefe des GEISTES vorgingen.

Du wirst nun wenigstens teilweise begreifen, warum ich dich anwies, auf anscheinend so kindische Weise Gott die Regung deines Verlangens zu verbergen. Aber ich habe dir damit nicht gesagt, daß du es vollkommen verstecken sollst, denn das würde die Anweisung eines Toren sein, wenn jemand dir raten würde, etwas zu tun, was zu tun unmöglich ist.

Vielmehr habe ich dir gesagt, daß du tun sollst, was du kannst, um es zu verbergen. Und warum habe ich das getan? Ganz bestimmt, weil ich möchte, daß du es tief in deinen GEIST hinabdrückst, wo es weit genug entfernt ist, um nicht mehr mit grober Körperlichkeit vermengt zu werden, die es weniger geistlich machen und es um ebensoviel weiter von Gott entfernen würde.

Und auch, weil ich wohl weiß, daß, je größer das geistliche Wesen deiner Seele ist, umso weniger Körperlichkeit besitzt sie, umso näher ist sie Gott, umso mehr gefällt sie Ihm und umso deutlicher kann Er sie sehen. Nicht, als ob Seine Schau einmal klarer wäre als ein andermal oder klarer in einer Angelegenheit als in einer anderen, denn sie wandelt sich nie.

Aber deine Seele stimmt mit Ihm besser überein, wenn sie sich in der Lauterkeit des GEISTES hält, denn Er i s t GEIST.

Aber es gibt noch einen Grund, weshalb ich dir gesagt habe, daß du tun sollst, was du kannst, Ihm dein Verlangen zu verbergen.

Du und ich und eine Menge anderer unter uns neigen allzu sehr dazu, eine Angelegenheit auf physische Weise zu verstehen, die geistlich verstanden sein will.

Wenn ich dir nun gesagt hätte, du solltest Gott ruhig deine Herzensregung zeigen, dann würdest du sie Ihm vielleicht physisch zeigen wollen, durch eine Geste, durch deine Stimme, oder sie in Worten oder auf sonst eine grobkörperliche Weise ausdrücken, wie du es machen würdest, wenn du einem Freunde gegenüber etwas eröffnen willst, das in deinem Herzen verborgen ist. Und wenn du das getan hättest, wäre Unlauterkeit in dein 'Werk' gekommen.

Man zeigt die Dinge nicht auf gleiche Weise gegenüber Mensch und Gott.

Kommentar:
Der Geist des Suchers schließt sich manchmal willentlich ab gegen die Gnade, und so unterliegt er mit Körper, Psyche und Geist dem Falle. Deshalb bleibt der Mensch ohnmächtig nicht nur als Ego und Psyche, sondern evtl. auch als Geisteswesen, ehe nicht sein A t m a n (= das reine Urbild Gottes im Menschen) ihn durch die Gnade neu belebt und erweckt.[27)]

47. KUN / Die Bedrängnis (die Erschöpfung)

Man soll ruhig auf sein gutes Schicksal
vertrauen und nicht alles selber machen
wollen. Wenn man schweigt, bewahrt man
die Kraft. Wir müssen der Gottesgegenwart
im Gebet voll vertrauen.
"ER erquicket meine Seele ..."

Psalm 23, 3

48. Kapitel

DIE WONNE DER INNEREN MUSIK

(Wie Gott will, daß Körper und Seele Ihm dienen, und Er den Menschen in beiden lohnen will; und wie der Mensch erkennen soll, ob die Klänge der Süße, die im Laufe des Gebets körperlich erlebt werden, gut oder übel sind.)

Ich sage das nicht, weil ich möchte, daß du dich dagegen wehrst, wenn du dich bewegt fühlst, in Worten zu beten oder gar in der vollen Hingabe deines GEISTES auszubrechen und zu Gott wie zu einem Menschen zu sprechen und etliche gute Worte auszurufen, wie sie dir eben kommen, etwa 'Guter Jesus!', 'Schöner Jesus!', 'Süßer Jesus!' oder dergleichen.

Nein, das verhüte Gott, und ebenso,daß ich Körper und GEIST voneinander trennen wollte, die Gott vereint hat! Gott wünscht vielmehr, daß Leib und Seele Ihm dienen, wie es sich gehört; und Er belohnt dafür mit Seligkeit in beiden, Leib und Seele. Und in der Tat besteht diese Belohnung darin, daß Er im Leibe Seiner frommen Diener wunderbare Wonnen schon in diesem Leben entflammt, und nicht nur ein- oder zweimal, sondern in manchen Fällen sehr oft, so wie Er es gerade will.

Diese Freuden kommen nicht alle von außen durch die Fenster der Sinne, sondern von innen; sie entspringen und steigen aus einem Übermaß an geistlicher Freude auf und aus der echten Hingabe des GEISTES. Diese holden Freuden sind nicht als verdächtig anzusehen. Aber ich bin sicher, daß niemand, der solche Wonnen erlebt, sie für verdächtig halten wird.

Alle anderen Tröstungen aber, alle Klänge, alle Fröhlichkeit und Süße, die plötzlich von außen her kommen, ohne daß du weißt, woher sie sind, all diesen mußt du mißtrauen. Sie können gut oder übel sein. Sind sie von einem guten Engel hervorgebracht, dann sind sie gut; stammen sie von einem bösen Engel, dann sind sie übel.

Sie werden auf keinen Fall übel sein, wenn du die Selbsttäuschungen ausgeschaltet hast, die der intellektuellen Wißbegier oder einer regelwidrigen Anstrengung des leiblichen Herzens entstammen, entweder auf die Weise, die ich dir genannt habe, oder auf eine andere, bessere, wenn du eine solche finden konntest.

Warum das so ist? Der Grund dafür liegt in der Ursache dieser Wonne, nämlich in der Regung liebender Hingabe, im reinen GEIST. Sie wurde von der Hand des allmächtigen Gottes, ohne besondere Methoden, geschaffen; darum muß sie aller Fantasie und allen falschen Meinungen ferngehalten werden, die in diesem Leben dem Menschen begegnen können.

Was nun andere Freuden verschiedener Art anbetrifft und wie du sie als gut oder übel unterscheiden mußt, davon will ich jetzt nicht reden. Es scheint mir nicht nötig, denn du kannst sie in einem andern Buch, von einem andern Mann tausendmal besser beschrieben finden, als ich es kann, wie du ja auch vielleicht viel besser als ich wirst schreiben können, was ich hier vorgebracht habe.

Aber was tut das? Ich werde deshalb nicht aufhören zu schreiben, noch soll es mich stören, deinen Wunsch und die Regung deines Herzens zu erfüllen, die du mir schon gezeigt hast, zuerst nur in Worten und jetzt mit deinem Tun.

Dies möchte ich dir jedoch noch sagen mit Bezug auf jene Klänge und Süße, die durch die Fenster deiner Sinne in dein Inneres kommen und gut oder übel sein können.

Sei nur ständig mit dieser blinden, frommen und verlangenden Liebesregung beschäftigt, von der ich dir rede; dann wird sie dich zweiffellos darüber aufklären. Wenn du nichtsdestoweniger in den frühen Stadien über sie erstaunt sein wirst - weil es ungewöhnliche Erscheinungen sind -, dann wird es immerhin etwas für dich tun: Es wird dazu dienen, dein Herz fest am Zügel zu halten, so daß du dann kein Interesse an solchen Dingen hast, bevor du sie nachgeprüft, sei es in dir selbst auf wunderbare Weise durch Gottes GEIST oder sonst mit Hilfe eines einsichtigen geistlichen Vaters.

Kommentar:
Der Mensch letztlich krankt an sich selber, an seinem Ego, das notfalls umso gespaltener sich zeigen kann, je mehr man das Göttliche sucht.[28)]

PAULUS drückt das meisterhaft aus in seinem Römerbrief:
"Ich habe Lust am Gesetze Gottes nach meinem inwendigen Menschen, aber ich sehe ein fremdes Gesetz in meinen Gliedern, das dem Gesetz meines geistigen Ich widerstreitet und mich gefangen hält im Gesetz der Sünde, das in meinen Gliedern ist." (Röm. 7-22-24)

48. DSING / Der Brunnen

Inneres Wachstum wird hier angesagt; gehe den Dingen auf den Grund. Die eigene Religion nicht in Äußerlichkeiten entarten lassen. Mitten in der Sahara gibt es Brunnen, die mehr Süßwasser enthalten als die Adria; du mußt nur tief genug in dir selber 'bohren' - und dann wird in dir "ein Brunnen des Wassers (= Glückseligkeit) werden, das in das ewige Leben quillt."

Johannes 4, 13 - 14

49. Kapitel

DER GUTE WILLE

(Daß die Substanz aller Vollkommenheit nichts anderes ist als der gute Wille und daß alle Tröstungen, die im Laufe des Lebens auftreten, an ihm gemessen, nicht mehr als Zufälligkeiten sind.)

Ich beschwöre dich daher, daß du dich mit vollem Verlangen dieser demütigen Liebesregung in deinem Herzen hingibst und ihr folgst. Sie wird dein Führer in diesem Leben sein und dir die Seligkeit im nächsten bringen. Sie ist die Substanz allen guten Lebens, und ohne sie kann kein gutes Werk begonnen, noch beendet werden. Sie ist nichts anderes als der gute Wille, der mit Gott übereinstimmt und das Gefühl des Wohlzufriedenseins mit allem, was Er tut, enthält.

Solch guter Wille ist die Substanz aller Vollkommenheit. Damit verglichen sind alle physischen und geistigen Süße und Wonnen nur sozusagen zufällig, wie heilig sie auch sein mögen. Sie hängen alle von diesem guten Willen ab.

Ich sage, sie sind nur zufällig, weil die Vollkommenheit nicht darunter leidet, ob man jene zufälligen Tröstungen hat oder nicht hat. Ich meine, in diesem Leben; denn für die himmlische Seligkeit trifft das nicht zu; dort gehören sie zur Substanz und trennen sich niemals von ihr, wie der Körper, in dem sie jetzt wirken, sich schließlich von der Seele trennt. Daher ist ihre Substanz in diesem Leben nur der gute geistliche Wille.

Ich bin überzeugt, daß der, welcher diesen Willen so vollkommen erfährt, wie es in diesem Leben möglich ist, sich gleich glücklich fühlen wird, ob er jene Tröstungen und Freuden nun Gottes Willen gemäß hat oder nicht hat.

Kommentar:
Schon ZARATHUSTRA hat gezeigt und KANT hat es bewiesen, daß das vorbehaltlos 'Gute' im Menschen eigentlich in erster Linie der gute Wille sei.

Wir gründen unser Dasein nicht auf das Fleisch, sondern auf den guten Willen, sobald sich der höhere Geist in uns entfaltet.

49. GO / Die Umwälzung (die Mauserung)

Eine durch Dogma zu starr gewordene Religion wird durch Mystik 'verflüssigt'. Hat man die richtige Einsicht gewonnen, so soll man nicht unbedingt sogleich danach handeln; viel wichtiger ist es, die neue (noch 'zarte') Einsicht zu pflegen! Hier ist wenig zum 'Konsum' gedacht.
"Und stellet euch nicht dieser Welt gleich, sondern verändert euch durch Erneuerung eures Sinnes ..."

Römer 12, 2

50. Kapitel

DIE HALTUNG DES UNBEKÜMMERTSEINS

(Was keusche Liebe ist und wie sinnliche Tröstungen in manchen nur selten auftreten, während sie zu anderen oft kommen.)

Du siehst daraus, daß wir alle Aufmerksamkeit auf diese sanfte Liebesregung in unserem Willen richten müssen. Allen anderen Freuden gegenüber, seien sie physisch oder geistlich, wie angenehm *oder wie heilig sie auch sein mögen*, sollten wir die Haltung des Unbekümmertseins einnehmen. Heiße sie willkommen, wenn sie eintreten; aber mache dich *nicht von ihnen abhängig*, damit sie dich nicht schwächen; denn wenn du dich lange mit diesen süßen Freuden aufhältst, wird es dich einen großen Teil deiner Kraft kosten.

Es kann auch vorkommen, daß du dich bewogen fühlst, *um ihretwillen Gott zu lieben*. Wenn das der Fall ist, kannst du es daran erkennen, daß du dich allzu sehr beklagst, wenn sie vorbei sind.

Das würde zeigen, daß deine Liebe einstweilen weder rein noch vollkommen wäre. Denn eine reine und vollkommene Liebe mag ihrem Leibe gestatten, von süßen Gefühlen und Freuden genährt und getröstet zu werden, sie wird aber nicht murren, denn es ist ihr ebenso angenehm, Gottes Willen gemäß *ohne* diese Freuden zu sein. Wie dem auch sei, diese Liebe ist in manchen oft von solchen Freuden begleitet, in anderen nur sehr selten.

All dieses geschieht *der persönlichen Anlage* und dem Willen Gottes gemäß, um den Bedürfnissen *verschiedengearteter* Menschen entgegenzukommen.

Manche Menschen sind geistlich so schwach und zart, daß sie die Versuchungen und Schwierigkeiten, denen sie in den Händen ihrer physischen oder geistlichen Feinde in diesem Leben ausgesetzt sind, nicht ertragen könnten, wenn sie nicht durch etliche Freudengefühle getröstet würden. Andere sind körperlich so schwach, daß sie keine große Buße auf sich nehmen können, um sich zu läutern; diese Menschen läutert unser Herr gnädig im GEIST durch süße Gefühle und Tränen.

Andrerseits gibt es Leute, die geistlich so stark sind, daß ihnen die Freude in ihrer Seele genügt, mit der sie diese verehrende und demütige Liebesregung Gott darbringen und ihren Willen mit dem Seinen eins wissen. Sie brauchen nicht von besonderen körperlichen Freuden unterstützt zu werden.

Welche dieser verschiedenen Menschen heiliger und Gott wertvoller sind, weiß Gott, ich nicht.

Kommentar:
Auch ein sehr wichtiges Kapitel.

Auf dem Weg zu Gott gibt es auch mondlose Nächte und trockene Perioden, wenn trotz aller Bemühungen alles trostlos und unbewegt bleibt; dann denkt der Sucher an Stillstand oder sogar Rückfall. Es gibt aber auch auf dem Wege okkulte Begleiterscheinungen, spirituelle Nebenwirkungen, die einem hin und wieder Freude bereiten oder gänzlich wegbleiben. Der echt Suchende läßt sich hier nicht beirren.

In einer der schönsten Darstellungen der islamischen Mystik erfahren wir, wie Mohammed auf seiner Himmelfahrt die verschiedenen Regionen samt ihrer psychischen Begleiterscheinungen durchquert und wie ihn der Engel GABRIEL warnt vor den Gefahren dieser Nebenwirkungen.

Das Nebensächliche macht sich allzu leicht zum Hauptsächlichen, wenn man nicht auf der Hut ist.

"Das Sichtbare währt nur für Augenblicke, das Unsichtbare aber ist ewig." (2. Kor. 4, 3-18).

Auf dem Weg zu Gott wird der Psyche etliches sichtbar, was früher unsichtbar zu sein schien; aber dennoch ist und bleibt als letztes Ziel: das Unsichtbare.[29)]

50. DING / Der Tiegel

Das ist das günstigste Zeichen. Der Tiegel ist das Gralsgefäß, worin der Gottessohn (= Jesus) als auch Menschensohn präsent sind. Erhabenes Gelingen überall. Denn der Tiegel ist auch vergleichbar mit Jungs 'kollektivem Unterbewußtsein'. Hierin liegt auch die Vorlage der späteren *Huna* Lehre. Sie werden vom Himmel inspiriert, und deswegen gelingt alles, was man tut.
"Siehe, ich will euch Brot vom Himmel regnen lassen."

II. *Mose* 16, 4

51. Kapitel

DIE VERBORGENE BEDEUTUNG DER WÖRTER

(Daß der Mensch große Sorge tragen sollte, etwas, das geistlich gemeint ist, nicht auf leibliche Weise zu verstehen, und das besonders sorgfältig bei den Wörtern 'in' und 'auf'.)

Stütze dich daher demütig auf diese blinde Liebesregung in deinem Herzen. Ich meine damit nicht dein leibliches, sondern dein g e i s t l i c h e s H e r z , das dein Wille ist. Und gib ganz besonders acht, daß du nicht Dinge in körperlichem Sinne verstehst, die geistlich gemeint sind. Ich kann dir nur sagen, daß die körperlichen und sinnenhaften Auffassungen derer, deren Denken neugierig und fantasievoll ist, die Ursache zu beträchtlichem Irrtum werden kann.

Nimm als Beispiel meine Anweisung an dich, dein Verlangen vor Gott so weit wie möglich in dir verborgen zu halten. Hätte ich dich unterwiesen, Gott dein Verlangen zu zeigen, dann würdest du das vielleicht eher in einem physischen Sinne verstanden haben als jetzt, da ich dir riet, es zu verheimlichen.

Du weißt sehr wohl, daß eine Angelegenheit, die absichtlich verheimlicht wird, in die Tiefen des GEISTES versetzt wird. Eben deshalb scheint es mir so besonders nötig zu sein, daß wir vorsichtig in unserem Verstehen von Wörtern von geistlicher Bedeutung sind, damit wir sie nicht körperlich nehmen, sondern eben geistlich, wie sie gemeint sind.

Ganz besonders wichtig ist die größte Vorsicht bei den Wörtern 'in' und 'auf', denn das Mißverstehen dieser beiden ist die Quelle von beträchtlichem Irrtum und Heuchelei auf Seiten derer, die geistlich wirken möchten. Ich weiß das zum Teil aus meiner eigenen Erfahrung, zum Teil durch das, was ich von anderen gehört habe, und ich möchte dir etwas darüber erzählen.

Es geschieht ganz allgemein, daß ein junger Schüler, der die Welt verläßt, um in Gottes Schule zu gehen, und sich eine Weile der Buße und dem Gebet gewidmet hat, wie ihm in der Beichte geraten wurde, glaubt, nun wäre er fähig, das geistliche Werk zu unternehmen, von dem er die Leute um sich herum sprechen und lesen hört und über das er vielleicht selbst liest.

Wenn solch junger Schüler dann liest oder die Leute reden hört, ganz besonders, wenn er Sätze hört der Art: 'Wie der Mensch alle Sinne in sich zurückziehen soll', oder 'wie er über sich selbst hinauskommen kann', dann mißversteht er so etwas ganz und gar aus der Blindheit seiner Seele oder der Wißbegier seines Intellekts heraus; und da er das natürliche Verlangen hat, um verborgene Dinge zu wissen, so glaubt er zu dem begehrten 'Werk' nunmehr durch Gnade berufen zu sein. Und wenn sein geistlicher Berater dann nicht will, wie er will, dann beginnt er, sich über ihn zu beklagen und meint - und äußert sich vielleicht sogar zu anderen seinesgleichen -, daß er niemanden finden kann, der ihn wirklich versteht.

Als Ergebnis dieser kühnen und anmaßenden intellektuellen Wißbegier hören sie viel zu früh mit ihren demütigen Gebeten und ihren Bußübungen auf und machen sich an das geistliche 'Werk' in ihrer Seele - wie sie meinen.

Dieses 'Werk' ist jedoch, richtig verstanden, weder ein physisches noch ein geistliches Werk; es ist eher, um es kurz zu fassen, ein Arbeiten gegen die Natur, und die führende Partei darin ist der Teufel. Es ist der allerdirekteste Weg zum Tode des Leibes und der Seele, denn es ist Torheit und nicht Weisheit und kann sogar zu Wahnsinn führen. Sie glauben das natürlich nicht, denn sie nehmen sich ja vor, in diesem 'Werk' an nichts als an Gott zu denken.

Kommentar:
So meint es auch PAULUS, wenn er den heiligen Geist (= den Atman) als 'Christus-in-uns' charakterisiert. Auf jene Menschwerdung des Logos im Geiste weist unser Text hin. Die Verbindung des Menschen mit dem Atman-Logos kann durch das Christus-Mysterium auch irdisch realisiert werden.

51. DSCHEN / Das Erregende (das Erschüttern, der Donner)

Es gibt nicht nur "Höllenhunde", sondern ebenso "Himmelshunde". Eine Reihe erschrekkender Vorgänge tritt ein, damit du auf dem geistigen Weg dich fortbewegst. Der 'Himmelshund' will dich zum Licht lenken, nicht dich verängstigen - auch wenn es so scheint. Der Himmelshund will dich nur wecken, damit du eine gute Gelegenheit nicht verschläfst. Denke an die gütige Schärfe eines Chirurgenmessers!
"Du tust mir kund den Weg zum Leben..."

Psalm 16, 11

52. Kapitel

VERSUCHUNGEN IN DER WÜSTE

(Wie diese jungen anmaßenden Schüler das Wort 'in' mißverstehen und welche Irrtümer daraus folgen.)

Der Wahnsinn aber, von dem ich spreche, wird folgendermaßen ausgelöst. Sie lesen und hören, daß sie aufhören sollen, ihre Sinne nach außen wirken zu lassen und statt dessen innerlich mit ihnen zu arbeiten, und da sie nicht wissen, was echtes inneres Wirken ist, so wirken sie falsch.

Sie wenden ihren Sinn entgegen dem Lauf der Natur körperlich nach innen, sie bemühen sich, mit den leiblichen Ohren nach innen zu lauschen und ebenso mit all ihren anderen Sinnen innerlich zu riechen, zu schmecken und zu fühlen. Damit aber arbeiten sie dem Lauf der Natur entgegen; ihre Wißbegier veranlaßt sie, ihre Einbildungskraft arbeiten zu lassen, d a ß s i c h s c h l i e ß l i c h i h r H i r n i m S c h ä d e l u m d r e h t . Und sobald dies passiert, kann der Teufel sie mit falschen Lichterscheinungen und Klängen, mit süßen Düften der Nase, wunderbarem Geschmack im Munde und mit manch seltsamen Empfindungen in Brust und Bauch, im Rücken, in den Nieren oder den Gliedern anführen.

Inmitten dieser Fantasien jedoch glauben sie, in der Kontemplation ihres Gottes zu ruhen, ohne von irgendwelchen eitlen Gedanken behindert zu werden. Und das mag gut so sein, denn sie sind so angefüllt mit Irrtum, daß die Eitelkeit gar keinen Platz findet, um sie zu stören.

Wieso? Weil der gleiche Teufel, der ihnen die eitlen Gedanken eingeben würde, wenn sie auf richtige Weise vorgingen, in diesem ihrem 'Werk' der Hauptmacher ist. Und du kannst ganz sicher sein, daß er gar nicht daran denkt, sich selbst zu stören. Darum nimmt er ihnen auch nicht ihr Gedenken Gottes fort, denn sonst müßte er fürchten, Verdacht zu wecken.

Kommentar:
Auch ein wichtiges Kapitel. Wenn man nicht wirklich berufen ist zu der Suche nach Gotteswahrheit, dann verleitet einen der Intellekt zu verschiedenen Ersatz-Befriedigungen, eine nur mentale meditatio sine Deus; eine mechanische Geistes-Stille durch eine mechanische Erwürgung der Sinneseindrücke.

Der im Text erwähnte Teufel ist nur das Ego, das allenthalben zu jeglicher Schauspielrolle bereit ist, um dem einfältigen Schüler eine 'Erlösung' vorzutäuschen. [30)]

52. GEN / Das Stillehalten, der Berg

Durch allmähliches Anhalten des Denkens gelangst du zu innerer Ruhe - bis zur Abtötung des '*asmimano*' (= Ego-Dünkel). Danach trennt dich nichts mehr von Gottes Licht. Der Berufene beharrt in reinem Stillehalten, indem er nicht mit den Gedanken hinausgreift.
"Meine Speise ist die, daß ich tue den Willen des, der mich gesandt hat ..."

Johannes 4, 34

53. Kapitel

BESONDERE MERKMALE

(Betrifft die verschiedenen falschen Praktiken derer, die nicht dem 'Werk' dieses Buches folgen.)

Unter denen, die sich mit diesem falschen Werk in irgendeiner seiner Abarten betrügen, findet man viele erstaunliche Praktiken, viel mehr, als unter Gottes wahren Schülern, die immer richtigen Praktiken folgen, sei es körperlich oder geistlich.

Mit den anderen aber steht es ganz anders. Wer sie bei ihrem Werk beobachtet, wie sie vor sich hinstarren, als wären sie irre, und daß sie aussehen, als erblickten sie gerade den Teufel. Bestimmt müssen sie weit vorsichtiger sein, denn der Feind ist wirklich nicht fern. Manche drehen die Augen aufwärts in den Kopf, als wären sie betäubte Schafe, die auf den Kopf geschlagen wurden und dabeisind, jeden Augenblick zu sterben. Manche lassen den Kopf seitwärts hängen, als hätten sie einen Wurm in den Ohren. Manche quieken, wenn sie sprechen sollen, als hätten sie keinen Verstand mehr in ihrem Leibe, und das ist auch der richtige Zustand eines Heuchlers. Manche weinen und schluchzen in ihren Kehlen, in der Gier und der Eile zu sagen, was sie denken; das ist der Zustand von Ketzern, die mit intellektueller Anmaßung und Wißbegierde immer beim Irrtum beharren.

Viele ungeregelte und unrechte Praktiken sind das Ergebnis solchen Irrtums, wie jeder beobachten kann. Manche Leute sind allerdings so vorsichtig, ihre Praktiken vor anderen nicht sehen zu lassen. Könnte man diese aber an einem Ort treffen, an dem sie sich zuhause fühlen, dann glaube ich, daß sie ihr Verhalten nicht verheimlichen würden. Ich glaube auch, daß sie sofort einen Streit vom Zaune brechen würden, wollte jemand ihren Auffassungen direkt widersprechen, und doch meinen sie, daß sie alles nur aus Liebe zu Gott und um der Wahrheit willen täten.

Wenn Gott kein gnädiges Wunder geschehen läßt, das sie sehr bald aufhält, dann, fürchte ich, werden sie Gott so lange auf solche Weise lieben, bis sie, verrückt geworden, zum Teufel gehen.

Ich will gar nicht behaupten, daß der Teufel einen Diener besitzt, der so vollkommen ist, daß er von all den Fantasien, die ich hier beschrieben habe, infiziert und getäuscht würde. Mag sein, daß es einen gibt und vielleicht sogar viele, die von ihnen allen angesteckt sind. Aber ich behaupte, daß er keinen echten Heuchler oder Ketzer auf Erden hat, der nicht in irgendeinem Grade dessen schuldig ist, was ich beschrieben habe oder vielleicht noch beschreiben werde, so Gott will.

Es gibt etliche Leute, die mit sehr merkwürdigen Gewohnheiten in ihrem körperlichen Verhalten belastet sind. Wenn sie etwas hören, dann verdrehen sie den Kopf auf überspannte Weise nach einer Seite, kippen das Kinn aufwärts und sperren den Mund auf, als wollten sie mit dem Munde statt mit den Ohren hören. Andere gibt es, die beim Sprechen mit den Fingern entweder auf die eigenen Finger oder sich selbst auf die Brust tippen oder auf die Brust desjenigen, mit dem sie reden. Noch andere können weder still sitzen noch still stehen oder liegen, ohne mit den Füßen zu zappeln oder etwas mit den Händen vorzunehmen. Einige rudern mit den Armen im Takt zu ihrem Sprechen, als ob sie über ein großes Wasser schwämmen. Und es gibt welche, die dauernd oder zu jedem zweiten Wort lachen oder lächeln, als wären sie kichernde Mädchen oder dumme Clowns und wüßten nicht, wie man sich benimmt.

Weit besser wäre ein maßvolles Verhalten, wenn es von einem nüchternen und bescheidenen Betragen und einem glücklichen Ausdruck begleitet wäre.

Ich sage gar nicht, daß all diese unrechten Praktiken an sich große Sünde, noch daß alle, die sie ausüben, große Sünder wären. Ich sage nur, daß sie Zeichen des Stolzes, der Wißbegier und ein unangebrachtes Zur-Schau-tragen ihres Verlangens nach Wissen sind, wenn diese Praktiken im Charakter eines Menschen vorherrschen in einem Ausmaße, daß er ihnen nicht widerstehen kann, selbst, wenn er es möchte.

Besonders aber sind sie Zeichen von Unbeständigkeit des Herzens und intellektueller Rastlosigkeit und vor allen Dingen von der Abwesenheit des 'Werks', von dem dieses Buch handelt. Und ich habe nur deshalb viele dieser Täuschungen besprochen, damit diejenigen, die um das geistige 'Werk' bemüht sind, ihre Arbeit an Hand des Erwähnten nachprüfen können.

Kommentar:
Das gottgewollte Leben ist keine Auflösung in das 'undefinierbare' Metaphysische, sondern Erlangung eines über die empirische Bewegung hinausgehobenen Geistes.

So auch PLATO:
"Wie und welcher Art nach seiner Seele einer zu werden begehrt, gerade so wird dann auch in der Regel jeglicher von uns" - G e - s e t z e 904, C.

Ferner GOETHE:
"Der Ernst, der heilige, macht allein das Leben zur Ewigkeit." - W i l h e l m M e i s t e r s L e h r j a h r e VIII, 8.

53. DSIEN / Die Entwicklung (allmählicher Fortschritt)

Die Entwicklung auf dem geistigen Weg ist
selten wie eine gerade ansteigende Linie.
Es gibt Fortschritte, Rückschritte, Stag-
nation und vieles mehr, so daß ein 'Fort-
schritt' nie meßbar erscheint. Schon die
Erwartungshaltung nach sog. 'Fortschrit-
ten' wäre strenggenommen eine Anmaßung.
Der Weg zum Licht ist etwa spiralförmig -
sachte, sachte und dann auf einmal da.
"... wer sich selbst erniedrigt, der soll er-
höhet werden."

Lukas 14, 11

54. Kapitel

DIE ZEICHEN DER HEUCHELEI

(Wie kraft dieses Buches ein Mensch durch Weisheit gelenkt wird, so daß er sich körperlich und geistlich auszeichnet.)

Jeder, der dieses 'Werk' pflegt, wird davon in seinem Verhalten sowohl körperlich wie seelisch so angenehm geregelt, daß es ihn jedem, dem er begegnet, höchst anziehend erscheinen läßt. Wirklich, würde jemand, der ganz besonders gering geachtet war, durch die Gnade veranlaßt, sich diesem 'Werk' zu widmen, dann würde sich seine Erscheinung plötzlich und wunderbar so wandeln, daß alle guten Menschen, die ihn sähen, glücklich sein würden, ihn zum Gefährten zu haben, und sie würden empfinden, daß seine Anwesenheit dem Empfinden angenehm wäre und sie in Gottes Gnade zunehmen ließe.

Daher sollte jeder, dem es möglich ist, sich diese Gabe durch die Gnade sichern; denn jeder, der sie wirklich besitzt, kann sich und alles, was zu ihm gehört, mit ihrer Hilfe regeln. Er würde, wo es nötig werden sollte, Leute aller Arten und Neigungen richtig beurteilen.

Er würde sich harmonisch zu allen verhalten können, die mit ihm in Berührung kommen, seien sie Gewohnheitssünder oder nicht, und würde nicht selbst sündigen, zur Verwunderung aller, die ihn sehen; und er würde andere dazu bringen können, mit Hilfe der Gnade im gleichen GEIST zu wirken, in dem er selbst wirkt.

Sein Benehmen und seine Worte würden voll von geistlicher Weisheit sein, voller Feuer und fruchtbar; Worte, die in nüchterner Festigkeit und Sicherheit und ohne Falschheit gesprochen würden, fern von Dünkel und Verstellung der Heuchler.

Denn es gibt schon Leute, die all ihre inneren und äußeren Fähigkeiten verwenden, darüber nachzudenken, wie sie sich mit vielen demütigen Worten auf allen Seiten stützen und mit frommen Gesten gegen das Umfallen polstern können; denen liegt aber mehr daran, in den Augen der Menschen als in denen Gottes und Seiner Engel heilig zu erscheinen. Das geschieht aber, weil diese Leute eine unrichtige Geste oder ein unrichtiges Wort, das fehl am Platze wäre, vor Menschen wichtiger nehmen und sich mehr darüber bekümmern als über tausend eitle Gedanken und stinkende Sündenregungen, die sie freiwillig auf sich nehmen oder sorglos ausführen vor Gott, den Heiligen und Engeln im Himmel.

O Herr Gott, welch ein Stolz muß da innerlich sein, wo demütige Worte in solcher Fülle äußerlich auftreten!

Ich stimme dem zu, daß es für diejenigen, die innerlich demütig sind, passend und richtig ist, wenn sie auch äußerlich die passenden demütigen Worte und Gesten zeigen, die mit der Demut in ihren Herzen übereinstimmen. Aber diese Worte sollen nicht mit gebrochener oder quäkender Stimme geäußert werden, in deutlichem Gegensatz zur natürlichen Veranlagung des Sprechenden.

Wenn das, was sie sagen, wahr ist, dann sollten sie es auch aufrichtig, mit fester Stimme und aus vollem Herzen ausdrücken. Spricht ein Mensch, der von Natur eine deutliche und offene, laute Stimme hat, solche Worte in jämmerlichem, dünnem Ton, dann ist das ein deutliches Zeichen der Heuchelei, und ich zähle unter diese Heuchler alt und jung - es sei denn, der Betreffende spricht so, weil er physisch krank ist oder es sich um ein Geheimnis zwischen ihm und seinem Gott oder seinem Beichtiger handelt.

Was soll ich noch mehr über diese giftigen Täuschungen sagen? Ich glaube wirklich, daß jene unglücklichen Seelen, die zwischen dem innen in ihrem Herzen verborgenen Stolz und den demütigen Worten außen gefangen sind, sehr bald in Kummer geraten werden, wenn ihnen nicht die Gnade wird, mit solch quäkender Heuchelei aufzuhören.

Kommentar:
Wenn der Suchende aufrichtig in seiner Suche ist, gewinnt er eine anziehende Ausstrahlung. Die Unaufrichtigen versuchen durch Mimik die Persönlichkeit der echten Gottessucher nachzuahmen. [31)]

54. GUI ME / Das heiratende Mädchen

Wenn der Bräutigam kommt, sind die Brautjungfern (für das 'heiratende Mädchen') überflüssig. Solange die Bosheit (bzw. Erbsünde) dieser Welt dich kalt läßt, woher soll dann der Wunsch entstehen, diese klägliche Welt zu überwinden?
"... ein Schläfer muß zerrissene Kleider tragen."

Sprüche 23, 21

55. Kapitel

DER TEUFEL UND SEINE TRICKS

(Wie jene betrogen werden, die im Eifer unterschiedslos andere verurteilen.)

Manche Menschen betrügt der Teufel auf folgende Weise. Er befeuert ihr Denken höchst wunderbarlich mit dem Verlangen, Gottes Gebote zu halten und die Sünde in allen anderen Menschen auszurotten. Er versucht sie nie mit etwas, das offensichtlich böse ist, sondern er macht sie geschäftigen Prälaten gleich, die über dem Leben aller Art von Christenmenschen wachen, wie ein Abt über seine Mönche wacht. Sie tadeln alle Menschen für ihre Fehler, gerade als hätten sie den Auftrag bekommen, für das Heil ihrer Seelen Rechenschaft abzulegen. Sie meinen, sie täten nichts für Gott, wenn sie Ihm nicht von allen Fehlern erzählen, die sie sehen, und sie behaupten, es wäre das Feuer der Barmherzigkeit und die Liebe zu Gott in ihrem Herzen, die sie dazu bewegt.

In Wahrheit jedoch lügen sie, denn es ist das Höllenfeuer in ihrem Hirn und ihrer Einbildung, das sie dazu antreibt.

Das zeigt sich in folgendem. Der Teufel ist unsichtbar, und von Natur hat er genauso wenig einen Körper wie ein Engel. Trotzdem, wenn er oder ein Engel mit Gottes Erlaubnis Gestalt annehmen würde, etwa um als Bote zu irgendeinem lebenden Menschen geschickt zu werden, dann würde die Eigenart dieses Körpers mindestens zum Teil der Art des Werkes entsprechen, das er tut. Die heilige Schrift gibt uns ein Beispiel dafür.

Wenn im Alten wie im Neuen Testament ein Engel in körperlicher Gestalt gesandt wird, dann tut er immer entweder durch seinen Namen oder ein Instrument oder die Eigenart seiner körperlichen Erscheinung kund, welcher Art seine Absicht oder seine Botschaft im Geiste ist.

Das gleiche gilt vom Teufel. Erscheint er verkörpert, dann repräsentiert er in irgendeiner Eigenart seiner Erscheinung, was seine Diener dem Geiste nach sind. Ein einziges Beispiel mag hier für viele stehen.

Unter den Leuten, welche die Geister der Verstorbenen zu beschwören gelernt haben, gibt es solche, die böse Geister herbeirufen können und denen auch schon der Teufel verkörpert erschienen ist.

Von ihnen habe ich nun gehört, daß die Körperform, in welcher der Teufel auftritt, immer nur ein Nasenloch hat, das besonders groß ist, und er öffnet es gern noch weiter, so daß man hinein und geradewegs hindurch bis zum Hirn in seinem Schädel sehen kann. Dieses Hirn nun ist nichts anderes als das Höllenfeuer, denn der Teufel kann gar keine andere Art von Hirn haben als diese. Und wenn er einen Menschen dazu bringen kann, in das Höllenfeuer zu blicken, dann ist dies das Beste, was er sich wünscht, denn mit diesem einen Blick verliert der Mensch für immer den Verstand. Ein erfahrener Geisterbeschwörer weiß das sehr wohl, er kann das Geschehen unter Kontrolle halten, so daß der Teufel ihm nicht weiter schaden kann.

Daher habe ich gesagt, daß der Teufel, wann immer er Gestalt annimmt, in irgendeiner Eigenart dieser Gestalt darstellt, was seine Diener dem Geist nach sind. Er entflammt mit dem Höllenfeuer die Einbildung seiner Kontemplativen derart, daß sie ganz plötzlich und ohne jede Rücksicht mit ihren merkwürdigen Ideen herausplatzen und ohne jeden Grund es übernehmen, anderer Leute Fehler übereilig zu verurteilen. Und sie tun das, weil sie geistlich nur ein Nasenloch haben.

Die Zwischenwand, die in des Menschen Nase physisch das eine Nasenloch vom andern trennt, ist Zeichen der Tatsache, daß der Mensch geistliches Urteilsvermögen haben soll, um das Gute vom Übel und dieses vom noch Schlimmeren zu unterscheiden, wie auch das Gute vom Besseren, bevor er über etwas endgültig urteilt, das er gehört oder gesehen hat oder worüber zu ihm gesprochen wurde. Wird aber vom Hirn des Menschen gesprochen, so ist darunter geistlich seine Einbildungskraft zu verstehen, denn sie wohnt und wirkt von Natur im Kopf.

Kommentar:
Man darf nicht denken, daß die sog. 'geistige Welt' nur auf die Regionen des Erhabenen und Guten sich beschränkt.

Vom Raja-Yoga wissen wir, daß die großen Mystiker nur selten im landläufigen bzw. 'sozialen' Sinne des Wortes eine 'gute' Tat (bzw. eine Tat überhaupt) vollbracht haben.[32)] Andererseits wissen wir vom Karma-Yoga, daß es Menschen gibt, die im Bösen hinabgetaucht sind, ohne in ihrem Leben etwas getan zu haben, das man als üble Tat bezeichnen könnte. Die Gefahr liegt darin, daß wir die eigentliche Natur des Bösen nicht begreifen.

Für den 'Teufel' - hier gemeint als Personifizierung des Positiven im schlechten Sinne - besteht die Sünde darin, auf unerlaubte Weise in höhere Sphären der Evolution vorzustoßen. Die Sünde des Menschen dagegen ist der Versuch, sich in eine mediumistische Ekstase hineinzusteigern und dadurch ein Wissen anzueignen, das dem Menschen nicht gegeben ist; wer diesen Versuch unternimmt, wird zum Dämon bzw. Handlanger der Dämonen.

Gustav MEYRINK zeigt uns das in seinen Romanen wie "Das Grüne Gesicht", "Der Engel vom westlichen Fenster" usw.

Einzelheiten hierüber findet der Leser auch in meinem anderen Buch: Die verborgene Weisheit.

55. FONG / Die Fülle

So wie dein 'ich' ist auch deine 'Welt'.
Man kann eine reale Person in einer als
real empfundenen Welt sein oder ein
Schattenwesen in einer Schattenwelt. Je-
doch nicht als Schatten in einer als real
empfundenen Welt oder eine reale Person
in einer Schattenwelt. Somit haben die
Weltkinder 3 Götzen, die von ihnen Opfer
abverlangen: das ich, die Welt und das sog.
'Soziale'.
"Wenn ihr umkehret und stille bliebet,
so würde euch geholfen."

Jesaja 30, 15

56. Kapitel

IN ALLEN RELIGIONEN LEBT DIE HL. KIRCHE

(Wie sich die Menschen betrügen, wenn sie sich mehr an ihre natürlichen Kenntnisse und ihr Schulwissen als an die Lehre und den Rat der heiligen Kirche halten.)

Andere, die nicht den oben beschriebenen Täuschungen unterliegen, machen den Fehler, sich von der Lehre der hl. Kirche und aus ihrer Führung zu entfernen, auch sie aus Stolz und intellektueller Wißbegierde, vor allem aber veranlaßt durch Künste der Gelehrsamkeit.

Diese Leute und alle, die sie begünstigen, verlassen sich viel zu sehr auf ihr eigenes Wissen. Sie waren niemals in demütigem, blindem Empfinden und einem tugendhaften Leben gegründet; so fielen sie einem falschen Empfinden und der Illusion anheim, die ihr geistlicher Feind schuf. Infolgedessen brechen sie schließlich in Lästerungen gegen alle Heiligen, die Sakramente, die Bildnisse und Verordnungen der hl. Kirche aus.

Und andere Weltkinder, die es zu schwer finden, den Satzungen der hl. Kirche gemäß zu leben, wenden sich schnell und leicht solchen Ketzern zu, unterstützen sie unentwegt, weil sie meinen, daß man sie auf einem leichteren Pfade führen wird, als der ist, den die hl. Kirche vorschreibt.

Nun bleibe ich aber fest dabei, daß der, welcher nicht den schweren Weg zum Himmel gehen will, den leichten zur Hölle geht. Und dies möge jeder selbst ausprobieren: Ich glaube, wenn man alle solche Ketzer samt denen, die ihnen folgen, so deutlich sehen könnte, wie es am Jüngsten Tage geschehen wird, daß man sie dann mit den großen und schrecklichen Sünden ihres faulen Fleisches bedeckt sehen könnte, den heimlichen, zusätzlich zu der offenen Anmaßung, mit der sie den Irrtum aufrechterhalten. Man könnte sie sehr richtig die Jünger des Antichrist nennen, denn es heißt von ihnen, daß sie trotz ihrer vorgegebenen Anständigkeit in der Öffentlichkeit in ihrem Privatleben schlimme Wüstlinge sind.

Kommentar:
Die hl. Kirche besteht aus nichts anderem als der Wahrheit.

Deswegen, wenn gesagt wird, daß es keine Erlösung außerhalb der hl. Kirche gebe, so ist stets gemeint, daß es keine Erlösung außerhalb der Wahrheit gebe. Diese Auslegung hat die hl. Kirche selbst zur Grundlage gemacht.

Daran sehen wir, daß die hl. Kirche in allen Religionen stillschweigend da ist, weil alle Religionen Teile einer großen Wahrheit sind.

56. LÜ / Der Wanderer

Das 'ich' und das 'Soziale' sind die zwei
Pole der Götzendiener; daraus entsteht
deren 'Welt'. Das ich, die Welt und das
Soziale ist die un-heilige Dreieinheit
der nicht Gottsuchenden.
"Darum an ihren Früchten sollt ihr sie
erkennen."

Matthäus 7, 20

57. Kapitel

DIE GEFAHREN VON ENTHUSIASMUS

(Wie junge anmaßende Schüler das Wort 'auf' mißverstehen und welche Irrtümer daraus entstehen.)

Laß uns nun nicht mehr von diesen Dingen reden, sondern in unserem Thema fortfahren, wie junge und anmaßende geistliche Schüler das Wort 'auf' mißverstehen.

Wenn sie lesen oder andere sagen hören, daß die Menschen 'ihr Herz zu Gott erheben' sollen, dann stieren sie sofort zu den Sternen empor, als ob diese noch oberhalb des MONDES wären, und lauschen, als hörten sie die Engel im Himmel singen. Manchmal durchbohren solche Leute mit ihrer Einbildung die Planeten, um durch das Loch im Firmament hindurchzugucken. Dann erschaffen sie einen Gott, der ihren Wünschen entspricht, und kleiden Ihn in reiche Gewänder, setzen Ihn auf einen Thron, und das alles im einzelnen viel genauer, als Er jemals auf Erden beschrieben wurde.

Diese Leute fabrizieren auch Engelsgestalten und geben jeder einzelnen eine andere Art Musikkapelle bei mit viel mehr Einzelheiten, als jemals in diesem Leben gehört oder gesehen wurden, denn der Teufel betrügt etliche von solchen Leuten auf die erstaunlichste Weise. Er sendet eine Art Tau - sie halten ihn für Engelsnahrung -, der wie aus der Luft sanft und süß ihnen in den Mund fällt. Daher sitzen sie auch gewöhnlich mit aufgesperrtem Munde, als wollten sie Fliegen fangen.

Natürlich sind das alles nichts als Täuschungen, wie heilig sie auch zu sein scheinen, denn gleichzeitig sind diese Seelen ohne alle echte Frömmigkeit. Infolge dieses merkwürdigen Tuns sind viel Eitelkeit und Falschheit in ihren Herzen. Wohl fabriziert der Teufel oft seltsame Klänge in ihre Ohren, seltsame Lichter vor ihre Augen und ungewöhnliche Düfte in ihre Nasen. Aber all dies ist nichts als Falschheit.

Das glauben sie jedoch nicht. Sie meinen, daß sie mit diesem Aufwärts-blicken und -wirken dem Beispiel des hl. MARTIN folgen, der Gott in seinen Mantel gekleidet unter Seinen Engeln stehen sah, und dem Beispiel des hl. STEPHAN, der unseren Herrn im Himmel stehen sah, wie viele andere auch. Und sie ziehen das Beispiel Christi heran, der leiblich gen Himmel fuhr, vor Seinen Jüngern als Zeugen. Deshalb, sagen sie, müßten wir unsere Augen nach oben richten.

Ich stimme durchaus damit überein, daß wir, wenn der GEIST uns dazu bewegt, auch physisch unsere Augen und Hände aufwärts heben sollen. Das Wirken unseres GEISTES aber soll weder aufwärts noch abwärts, weder nach der einen noch nach der anderen Seite, weder vorwärts noch rückwärts gerichtet werden, wie es mit einem Gegenstande geschehen könnte. Und zwar, weil unser 'Werk' geistlich, nicht physisch ist und daher auch nicht auf physische Weise ausgeführt werden darf.

Kommentar:
Die anmaßenden Schüler sind die, die mehr Wert auf Dogma legen als auf Erlösung.

Der MOND ist hier wieder Symbol für Gott. Nach 'oberhalb des Mondes' streben, heißt hier das Ziel verfehlen.[33)]

57. SUN / Das Sanfte (das Eindringlichste, der Wind)

J. = Jesus, CH = Christus.
JCH bildet so das Substratum des ichs.
Christus ist das Juwel in dem Lotos
(= Sumpfpflanze, 'ich'). Das ist das
Eigentliche *Om mani padme hum*!
"... kauft ohne Geld und umsonst beides, Wein und Milch!"

Jesaja 55, 1

58. Kapitel

WARNUNG GEGEN OKKULTE KRÄFTE

(Daß der Mensch nicht den hl. Martin und den hl. Stephan zum Beispiel nehmen und seine Einbildungskraft nicht anstrengen soll, um sie im Gebet physisch aufwärts zu richten.)

Laß uns überlegen, was über die Heiligen MARTIN und STEPHAN gesagt wird. Zwar sahen sie diese Dinge mit ihren leiblichen Augen, aber sie wurden ihnen nur durch ein Wunder enthüllt und um ein geistliches Geschehen zu bestätigen.

Der hl. MARTIN wußte sehr wohl, daß sein Mantel nicht wirklich auf Christi eigenen Leib kam, denn Er brauchte ihn nicht, um vor Kälte geschützt zu sein. Es geschah vielmehr als ein Wunder, das ein Symbol für uns alle sein sollte, die fähig sind, erlöst und geistlich mit dem Leibe Christi vereint zu werden.

Wer einen armen Menschen kleidet oder irgend ein anderes gutes Werk tut um der Liebe Gottes willen, sei es physisch oder geistlich, an irgendeinem, der dessen bedarf, der darf sicher sein, daß er dieses Werk geistlich an Christus tut, und er wird dafür so handgreiflich belohnt werden, als hätte er es Christus am eigenen Leibe getan. Das sagt er selbst im Evangelium. Er betrachtete das jedoch noch nicht als genug und bestätigte es nachträglich durch ein Wunder. Deshalb zeigte er sich dem hl. MARTIN in einer Offenbarung.

Alle Offenbarungen, die irgend jemand in physischer Form jemals in diesem Leben gesehen hat, haben eine geistliche Bedeutung gehabt. Und ich glaube, wenn diejenigen, an denen eine solche Offenbarung geschah, geistlich genug gewesen wären oder wenn sie fähig gewesen wären, deren Bedeutung geistlich zu erfassen, daß dann diese Offenbarungen niemals physische Gestalt angenommen haben würden. Laß uns daher die rauhe Rinde entfernen und den süßen inneren Kern essen.

Wie das zu machen ist? Nicht wie es die Ketzer machen, denn man kann sie mit Verrückten vergleichen, die ihre Becher an die Wand werfen und zerbrechen, wenn sie ausgetrunken haben. Das dürfen wir nicht tun. Wir sollten die Frucht nicht auf eine Weise essen, die uns dazu bringt, den Baum zu verachten, und wir sollten nicht auf solche Weise trinken, daß wir den Becher zerbrechen, nachdem wir getrunken haben.

Mit dem Baum und dem Becher meine ich das sichtbare Wunder, und ebenso betrachte ich alle richtigen physischen Verhaltensformen, die mit dem Wirken des GEISTES in Einklang stehen und es nicht hindern. Mit Frucht und Trank meine ich die geistliche Bedeutung dieses sichtbaren Wunders und solche richtigen Verhaltensformen, wie Augen und Hände zum Himmel zu erheben.

Geschehen sie infolge einer spontanen Regung des GEISTES, dann sind sie gut; andernfalls sind sie Heuchelei und falsch. Sind sie echt und enthalten geistliche Frucht, warum sollten sie dann mißachtet werden? Der Mensch wird den Becher küssen, der Wein enthält.

Und was sollen wir darüber sagen, daß unser Herr physisch gen Himmel fuhr, als Er seinen Weg aufwärts in die Wolken nahm und dabei von den physischen Augen Seiner Mutter und Seiner Jünger gesehen wurde? Sollen wir deshalb mit unseren leiblichen Augen aufwärts starren, wenn wir unser geistliches 'Werk' tun, um Ihn körperlich im Himmel sitzen zu sehen oder stehen, wie der hl. STEPHAN Ihn sah?

Keineswegs. Er zeigte sich dem hl. STEPHAN ganz gewiß nicht deshalb physisch im Himmel, um uns damit zu lehren, daß wir leiblich zum Himmel aufwärts blicken sollen, wenn wir bei unserem geistlichen 'Werk' sind, um Ihn gleich dem hl. STEPHAN dort zu sehen, sei es stehend oder sitzend oder liegend.

Kein Mensch weiß, welche Haltung Sein Leib im Himmel einnimmt, ob er steht oder sitzt oder liegt. Und es ist absolut nicht nötig, mehr zu wissen, als daß Sein Leib mit Seiner Seele untrennbar eins ist. Unser Körper und unsere Seele, das Wesen des Menschseins, ist ebenfalls eins mit der Gottheit. Wir brauchen nicht zu wissen, ob Er sitzt, steht oder liegt, nur, daß Er dort ist, wie Er wollte, und daß Er dort im Leibe ist, wie es sich geziemt. Und zeigt Er Sich irgendeinem Lebenden in einer Offenbarung liegend, stehend oder sitzend, dann hat das geistliche Bedeutung und geschieht nicht, um die Art Seiner leiblichen Haltung im Himmel bekanntzumachen.

Das ergibt sich aus einem Beispiel. Der Ausdruck 'stehen' muß als 'Hilfsbereitschaft' verstanden werden. So wird oft genug von zwei Freunden, die physisch in einer Schlacht begriffen sind, der eine zum andern sagen: 'Halte dich brav, Kamerad, kämpfe hart und gib nicht so leicht auf. Ich stehe dir bei.' Dabei meint er nicht nur ein physisches 'Stehen', denn es kann ja sein, daß die Schlacht zu Pferde stattfindet, und es kann sein, daß sie in Bewegung ist und nicht stillsteht. Wenn er sagt, daß er ihm bei-'stehen' will, dann meint er damit, daß er bereit ist, ihm zu helfen.

Aus diesem Grunde zeigte sich unser Herr im Himmel dem hl. STEPHAN, als dieser sein Martyrium litt, und nicht, um uns zu lehren, zum Himmel hinaufzusehen. Als spräche er zum hl. STEPHAN stellvertretend für alle die, die um Seinetwillen verfolgt werden: 'Sieh STEPHAN, so wahr, wie Ich dieses physikalische Firmament öffne, das Himmel genannt wird, und du Mich leiblich stehen siehst, so wahr stehe Ich geistlich neben dir mit der Macht Meiner Gottheit, zu deiner Hilfe bereit. Darum bleibe fest in deinem Glauben und ertrage mit Kraft die grausamen Aufpralle jener harten Steine. Dein Lohn wird sein, daß Ich dich mit Seligkeit kröne, und nicht nur dich, sondern alle, die in irgendeiner Form für Mich leiden.'

Aus diesem kannst du sehen, daß solche physischen Offenbarungen um ihrer geistlichen Bedeutung willen geschahen.

Kommentar:
Die Geschichte mit dem hl. MARTIN ist einer Märchensammlung auf der Insel Ceylon entnommen; die Geschichte von dem hl. STEPHAN stammt (in ähnlichem Sinne) aus Äthiopien.

Auch die l e i b l i c h e Himmelfahrt von JESUS wie auch MARIA ist nur durch Yoga erklärbar. Je geheiligter ein Körper wird, desto reicher wird er an P r a n a = feinstoffliche Lebensenergie. Ein an P r a n a übermäßig reicher Körper wird auch grobstofflich nach oben getragen, wie die erwiesenen Levitationen der indischen Yogis zeigen; es ist doch genauso, als wenn ein Stahlrohr mit Wasserstoff gefüllt ist und deswegen hoch über der Erde schweben kann.

Das 'Übernatürliche' ist nur das mißverstandene Natürliche.[34)]

58. DUI / Das Heitere, der See

In der Morgenstunde, wenn wir aufwachen, liegt wieder eine neue goldene Gelegenheit, zumindest diesen Tag gut zu beginnen. Irgendein Traum der Nacht mag jetzt verschwunden sein, um Platz zu machen für spätere oder lebhaftere Träume. Fange gut an! Im Ur-Grund (= Gott) sollst du die Heiterkeit suchen.
"Siehe, jetzt ist die angenehme Zeit, jetzt (heute!) ist der Tag des Heils!"

II. *Korinther* 6, 2

59. Kapitel

DIE HIMMELFAHRT ALS SYMBOL

(Daß der Mensch nicht die l e i b l i c h e Himmelfahrt Christi zum Beispiel nehmen soll, um im Gebet seine Einbildungskraft physisch aufwärts zu zwingen, und daß Ort, Zeit und Körper in diesem geistlichen 'Werk' ganz vergessen werden müssen.)

Wenn du aber von der Himmelfahrt unseres Herrn sprichst und sagst, daß sie zwar physisch vor sich ging, aber mit einer physischen und einer geistlichen Bedeutung, da Er ja als Gott und als Mensch gen Himmel fuhr, dann antworte ich dir darauf: Er war gestorben und wurde mit Unsterblichkeit bekleidet, ebenso, wie es uns am Jüngsten Tage ergehen wird.

Zu jener Zeit werden wir so fein in Körper und Seele gemacht werden, daß wir physisch überall hingehen können, wohin wir wollen, und so schnell, wie wir jetzt geistlich in unseren Gedanken gehen können, sei es hinauf oder hinunter, zur einen Seite oder zur andern, rückwärts oder vorwärts. Jetzt jedoch kannst du leiblich nicht in den Himmel kommen, nur geistlich. Und das muß so geistlich sein, daß es keinerlei leibliche Weise annehmen kann; weder kann es dabei ein Aufwärts noch Abwärts, weder eine Seite noch die andere, weder ein Vorwärts noch ein Rückwärts geben.

Alle, die sich vornehmen, geistlich zu arbeiten, und besonders diejenigen, die dem 'Werk' dieses Buches folgen, müssen genau verstehen:

Obgleich sie lesen 'erheben' oder 'nach innen gehen' und obgleich das 'Werk' dieses Buches eine 'Regung' genannt wird, müssen sie stets dessen bewußt sein, daß diese 'Regung' nicht auf physische Weise 'hinauf' oder 'hinein' geht, daß es überhaupt keine Art 'Regung' ist, die sich von einem Ort zum anderen bewegt. Und obgleich sie manchmal als 'Ruhe' bezeichnet wird, darfst du nicht denken, daß es sich um die Art Ruhe handelt, in der du, ohne dich zu rühren, an einem Platz bleibst. Denn in seiner Vollkommenheit ist dieses 'Werk' so rein und so 'geistlich an sich', daß es, richtig begriffen, als weit entfernt von jedweder 'Regung' und jedwedem 'Ort' erlebt wird.

Es würde weit besser eine plötzliche 'Wandlung' genannt werden als eine 'Regung' mit örtlicher Bedeutung. Denn Zeit, Ort und Körper, diese drei, müssen in allem geistlichen Werk vergessen werden.

Sei daher in diesem 'Werk' ganz besonders vorsichtig damit und vergewissere dich, daß du die leibliche Himmelfahrt Christi nicht zum Beispiel nimmst und im Gebet deine Einbildungskraft mühst in dem Versuch, physisch 'hinauf' zu gelangen, als versuchtest du, über den MOND hinaus zu klettern. Denn so darf es geistlich auf keinen Fall geschehen.

Es würde nur richtig sein, jenem Beispiel zu folgen, wenn du, wie JESUS, tatsächlich leiblich gen Himmel fahren könntest. Das kann aber niemand als allein Gott, wie Er Selbst bestätigt in dem Wort: 'Und niemand fährt gen Himmel, denn der vom Himmel herniedergekommen ist, nämlich des Menschen Sohn.' (Joh. 3, 13.)

Wäre es überhaupt für einen Menschen möglich - was es auf keinen Fall ist -, dann wäre es das nur infolge sehr großen Wirkens in der Kraft des GEISTES, und es würde tatsächlich weit entfernt sein von jedweder Anspannung oder Bemühung der Einbildungskraft, sei es hinauf, hinein oder zur einen oder anderen Seite. Daher laß solch falsches Zeug beiseite. So soll es nicht sein.

Kommentar:
In unserem Weltraumzeitalter, wenn der Himmelfahrtstag von der Bevölkerung doch überwiegend als 'Vatertag' bezeichnet und gefeiert wird, müssen wir uns bemühen, zu dem tieferen Sinn dieses Geschehens durchzudringen, sonst besteht die Gefahr, daß wir uns im dogmatischen Kleinkram verlieren. Die Bedeutung dieses Kapitels für den Heilsweg ist diese: der in Meditation nicht geübte Mensch nimmt die Gegenwart als eine Realität an und trennt sie von Vergangenheit und Zukunft.[35)]

Jedoch wird der Mensch unter der strengen Zucht der Meditation gezwungen, das, was ihm jeden Augenblick begegnet, genauer in eine Gesamtwirklichkeit einzufügen, die eigentlich so gebaut ist, daß nur der sie meistert, der sie integral durchschaut.
Das Gegenwärtige zu isolieren statt integrieren, bedeutet Unheil, weil es dem inneren Wesen der Wirklichkeit (hier symbolisiert durch Christi Himmelfahrt) widerspricht.[36)]

59. HUAN / Die Auflösung

Die Aufrichtigkeit ist die erste Voraussetzung des geistigen Suchens. Denn in der totalen Aufrichtigkeit ist der Vorgang des (geistigen) Suchens etwas qualitativ anderes; es löst sich auf in den Vorgang des Findens. Das ist die Auflösung des Lotos in den Juwel.
"Ziehe mich; wir werden DIR nachlaufen!"

Hohelied 1, 4

60. Kapitel

KYBERNETISCHE FERNSTEUERUNG DER SEELE

(Daß der höchste und nächste Weg gen Himmel vom Verlangen beschritten wird, nicht von den Füßen.)

Nun fragst du vielleicht: Wie soll es denn sein? Es kommt dir vor, als hättest du reichlich Beweis, daß der Himmel 'oben' ist.

Ganz gewiß erhob sich Christus leiblich 'aufwärts' in die Luft, und Er sandte den Heiligen Geist physisch 'von oben' herab, wie Er versprochen hatte, und alle Seine Jünger sahen es. Das ist unser Glaube. Und du meinst daher, weshalb du nicht im Gebet deinen GEIST physisch 'aufwärts' richten sollst, da du doch diesen Beweis hast.

Darauf will ich dir nun in aller Demut folgendes antworten. Da Christus leiblich gen Himmel fuhr und danach auch den Heiligen Geist physisch sandte, so war es nur in Ordnung, daß Er 'auf'-stieg gen Himmel und den Heiligen Geist von dort 'herab'-sandte, anstatt etwa 'hinunter' zu steigen und den Heiligen Geist 'von unten' herauf zu senden - oder von hinten oder vorn oder von einer Seite oder der anderen. Davon abgesehen jedoch hatte Er weder nötig 'hinauf' noch 'hinab' zu gehen, ich meine in Anbetracht des 'nächsten' Weges.

Vom geistlichen Standpunkt aus ist der Himmel ebenso gut 'unten' wie 'oben', ebenso gut hinten wie vorn, ebenso gut auf der einen Seite wie auf der anderen. Tatsächlich ist der, welcher den echten Wunsch hat, im Himmel zu sein, im gleichen Augenblick dort - geistlich, denn der höchste und nächste Weg dorthin wird vom Verlangen beschritten, nicht von den Füßen.

Und darum hat auch der Apostel PAULUS von sich und vielen anderen gesagt: 'Unsere Heimat aber ist im Himmel' (Philo. 3, 20).

Das bezog sich auf ihre Liebe und ihr Verlangen, d.h. ihr geistliches Leben. Denn ganz gewiß ist eine Seele ebenso wahrhaft dort, wo ihre Liebe ist, wie sie im Leibe ist, der durch sie lebt und dem erst sie Leben verleiht. Wenn wir daher geistlich zum Himmel streben, dann ist es nicht nötig, unseren GEIST 'hinauf' oder 'hinab', noch auf die eine oder die andere Seite zu zwingen.

Kommentar:
Der Philosoph SPINOZA sagte, daß der Mensch nach nichts strebt, nichts will, verlangt oder begehrt, weil er es für gut hält, sondern umgekehrt hält er es deshalb für gut, weil er es erstrebt, will, verlangt oder begehrt. (E t h i k , III; Lehrsatz 9).

Nun das gilt umsomehr vom Objekt der Liebe.[37)] Das aktive Bewußtsein des Egos verwechselt Ursache und Wirkung; das Mysterium der Liebe dagegen liegt im Unterbewußtsein. Die mystische Liebe beruht, wie die monistische Lehre des Yoga zeigt, auf der Z w e i e i n i g k e i t des Menschen.

In HARTMANNS P h i l o s o p h i e d e s U n t e r b e w u ß t e n löst sich das transzendentale Subjekt auf in die sog. 'Weltsubstanz'; bei KANT dagegen finden wir eben dieses Subjekt stark betont. Leider hat die Nachwelt aber KANTS Streitschrift T r ä u m e e i n e s G e i s t e r s e h e r s vorsätzlich nur nach ihrer negativen Seite beurteilt und den folgenden sehr positiven Satz (der die Yoga-ähnliche Seelenlehre des Monismus bestätigt) gänzlich übersehen: "Ich gestehe, daß ich sehr geneigt bin, das Dasein immaterieller Naturen in der Welt zu behaupten und meine Seele selbst in die Klasse dieser Wesen zu versetzen."

FICHTE, SCHELLING, HEGEL, SCHLEIERMACHER, HERBART, SCHOPENHAUER, HELLENBACH, HARTMANN - sind auch in diese vedanta-monistischen Garben geschossene Entwicklungskeime, wie der große Marburger Theologe Rudolph OTTO eindeutig nachgewiesen hat. Aber auch in der von Luther aufgefundenen (und von ihm hochgeschätzten T h e o l o g i a D e u t s c h , deren Verfasser zweifelsohne ein Schüler SHANKARAS war, lesen wir:

"Die geschaffene Seele des Menschen hat zwei Augen. Das eine ist die Möglichkeit, in die Ewigkeit zu sehen; das andere in die Zeit zu sehen. Wer eines haben will, muß das andere fahren lassen."
-T h e o l o g i a D e u t s c h , Hrsg. F. Pfeiffer, Stuttgart, 1845, Kap. VII.[38)]

60. DSIE / Die Beschränkung

Für einen Christen ziemt es nicht, allzu glücklich zu werden, denn er ist geboren, um zu leiden um Jesu Christi willen und wegen der Erbsünde - das ist die Beschränkung. Auch diese Beschränkung ist überwindbar für die, die reines Herzens an das Wort des Heilands glauben.
"... meine Worte wohnen in euch ..."
Der Menschensohn kann einen unendlich glücklich machen. "Glückselig die Trauernden, denn sie werden getröstet werden."

Matthäus 5, 4

61. Kapitel

WESENTLICHE WERTE

(Es ist der Lauf der Natur, daß alle körperlichen Dinge den geistlichen untergeordnet sind, nicht umgekehrt.)

Trotzdem ist es jedoch angebracht, daß wir Augen und Hände auch leiblich aufwärts richten, als meinten wir jenen physikalischen Himmel, an dem die Sterne stehen. Wir dürfen es aber nur, wenn uns das Wirken in unserem GEIST dazu treibt, sonst nicht. Die körperlichen Dinge hängen von den geistlichen ab und müssen sich nach diesem Grundsatz richten, nicht umgekehrt.

Ein Beispiel hierzu liefert die Himmelfahrt unseres Herrn.

Als Seine Zeit gekommen war, auch physisch, d.h. mit Seinem Menschsein zum Vater zurückzukehren - es war nie von Seinem Gottsein getrennt und kann es niemals werden -, da ging sein Menschsein körperlich mit Ihm in der Einheit der Person dank der großen Kraft des göttlichen GEISTES, und zwar, was die sichtbare Erscheinung betrifft, durchaus sinngemäß aufwärts.

Die gleiche Tatsache - daß der Körper dem GEIST untertan ist - kann als echte Erfahrung auch von denen bemerkt werden, die das 'Werk' dieses Buches üben. Gibt eine Seele sich mit Erfolg an dieses 'Werk' hin, dann entdeckt sie auf einmal, daß plötzlich und ohne daß sie weiß, wie es kam, ihr Körper, der zu Beginn der Übung irgendwo geneigt war, jetzt aufrecht sitzt kraft des GEISTES; er folgt leiblich der Weise und dem Wirken des GEISTES. Und das ist so durchaus schön.

Um dieser Schönheit willen ist der Mensch nicht zur Erde abwärts geneigt geschaffen worden wie alle anderen Tiere, sondern himmelwärts aufgerichtet als die körperlich schönste Kreatur Gottes: Um auch in seiner leiblichen Gestalt das geistliche Wirken der Seele darzustellen, ein Wirken, das nur möglich ist denen, die geistlich aufrecht und nicht zu Boden gebeugt sind.

Gib acht:
Ich sage g e i s t l i c h aufrecht, nicht körperlich; denn wie könnte eine Seele, deren Wesen nichts Körperliches besitzt, leiblich aufrecht gezwungen werden?

Hüte dich davor, auf physische Weise zu verstehen, was geistlich gemeint ist, selbst wenn es in Worten physischer Bedeutung ausgedrückt wird, wie oben oder unten, innen oder außen, hinten oder vorn, auf einer Seite oder der anderen.

Wie geistlich auch eine Angelegenheit sein mag: Wenn von ihr überhaupt gesprochen werden soll, dann läßt sich eine physische Ausdrucksweise nicht vermeiden, da die Sprache eine körperliche Tätigkeit darstellt, die mittels der Zunge bewerkstelligt wird, die ja auch ein Instrument des Körpers ist.

Aber was tut das? Bedeutet das etwa, daß das Gesprochene daher auch körperlich verstanden werden muß? Durchaus nicht, sondern geistlich, wie es gemeint ist.

Kommentar:
Weil der Mensch ein Wesen ist, das unendlich weit über den Menschen hinausreicht, ist er als Mikro-Christus nicht nur geschaffene Kreatur, sondern auch schaffende Entelechie in Gott.

Nach der Yoga-Philosophie trägt jedes Individuum die Quintessenz des gesamten Menschheitsschicksals in mikrokarmischer Form in sich. Die Erkenntnis Gottes erfolgt dadurch, daß wir in uns selbst einkehren und das SELBST erkennen lernen. Eben dies war das Ziel der Einweihung bei den altägyptischen Mysterien. Dem antiken Eingeweihten wurde zugerufen: "Vom Menschen bist du zum 'Gott' geworden."

Unsere heutigen 'Intellektuellen' können es nicht fassen, daß ein Mensch in dieser Weise von der Vergottung des Menschen sprechen kann. So ruft JESUS solchen 'Gelehrten' zu: "Steht nicht in eurem Gesetz geschrieben: 'Ich sage: Götter seid ihr'?"

Der Avatara ist Gottes Antwort auf die Sehnsucht jedes Wesens, Gott gleich zu werden.

61. DSCHUNG FU / Innere Wahrheit

Wahrheit hier ist nicht Wahrheit im Sinne von Wahrheit oder Lüge, sondern im Sinne von Sein oder Nicht-Sein. Sein ist Realität. Folge dem Wege, den der Heiland gelehrt hat; d. h.: folge diesem Pfade ohne Zögern, denn du hast nichts zu fürchten. Also Festigkeit wird hier angesagt.
"Dein Glaube hat dir geholfen; ..."

Lukas 7, 50

62. Kapitel

AUFERWECKUNG: OBEN UND UNTEN

(Wie der Mensch erkennen kann, wann sein geistliches Wirken unter ihm oder außerhalb seiner ist, wann es mit ihm auf gleicher Höhe oder in ihm und wann es über ihm und unterhalb seines Gottes ist.)

Die obigen Worte sind körperlich gesprochen. Damit du nun besser erkennen kannst, wie sie geistlich zu verstehen sind, erkläre ich dir am besten die geistliche Bedeutung einiger Wörter, die zum geistlichen Wirken gehören. Dann kannst du deutlich und ohne dich zu irren erkennen, wann dein geistliches Wirken unter dir und außerhalb deiner ist, wann es in dir und mit dir auf gleicher Höhe und wann es über dir und unterhalb deines Gottes ist.

Alles, was körperlicher Art ist, ist ohne deine Seele und dem Wesen nach unterhalb dir. Ja! Sonne und Sterne sind zwar oberhalb deines Leibes, nichtsdestoweniger aber unterhalb deiner Seele.

Alle Engel und alle Seelen sind zwar bestätigt und geschmückt mit Gnade und Tugenden, um derentwillen sie der Lauterkeit nach über dir sind, nichtsdestoweniger sind sie ihrem Wesen nach mit dir auf gleicher Höhe.

Ihrem Wesen nach in dir sind die Fähigkeiten deiner Seele. Es sind das drei Hauptkräfte: Intelligenz, Verstand und Wille, und zwei Nebenkräfte: Einbildungskraft und Sinnenkraft.

Seinem Wesen nach über dir ist kein Ding, nur der MOND (= d.h. Gott) allein. Überall, wo du in geistlichen Schriften den Ausdruck 'du selbst' findest, ist deine Seele gemeint und nicht dein Körper.

Wert und Wesen deines Wirkens müssen also beurteilt werden je nach dem Gegenstand, mit dem sich deine Seelenkräfte beschäftigen. Dieser entscheidet, ob dein Werk unter dir, in dir oder über dir tätig ist.

Kommentar:
Man fragte einst die islamische Mystikerin

RABIHA:

"Liebst du Gott?"

"Ja."

"Hassest du den Teufel?"

"Meine Gottesliebe läßt mir keine Zeit, den Teufel zu hassen."

"Liebst du den Propheten?"

"Die Liebe Gottes erfüllt mich derart", antwortete sie, "daß weder Haß noch Liebe irgendeines anderen Dinges in meinem Herzen verweilen können."

- NICHOLSON, Literaturgeschichte der Araber, 1930, S. 234

62. SIAU GO / Des Kleinen Übergewicht

Gemeint ist hier die Perfektion, die aus etlichen sog. Kleinigkeiten zusammengebaut ist, ohne selbst eine Kleinigkeit zu sein. Gerade aus Mißachtung von Kleinigkeiten geht manch eine Religion zugrunde. Hätte Jesus erahnt, was das Abendland aus der Christilehre machte, hätte er wie Hiob gesagt: "Warum bin ich nicht gestorben bei meiner Geburt? Warum bin ich nicht umgekommen, als ich aus dem Mutterleib kam? ... Dann läge ich da und wäre still, dann schliefe ich und hätte Ruhe."

Hiob 3, 11 - 13

63. Kapitel

DIE INTELLIGENZ

(Von den Seelenkräften im allgemeinen und wie die Intelligenz insbesondere eine Hauptkraft ist, die in sich alle anderen Kräfte und alle Dinge umgreift, in denen diese wirken.)

Die Intelligenz ist an sich eine Kraft, die genau genommen in gewissem Sinne selbst nicht wirkt. Vernunft und Wille dagegen sind zwei wirkende Kräfte und ebenso die Einbildungskraft und die Sinnenkraft. Die Intelligenz aber enthält und umgreift in sich alle diese vier Kräfte und ihre Wirkungsweisen. Wenn man will, kann man dieses Umfassen aller *ein* Wirken nennen; eine andere Art 'Werk' ist der Intelligenz nicht nachzuweisen.

Daher nenne ich einige dieser Fähigkeiten Haupt-, andere Nebenkräfte. Nicht, weil die Seele teilbar wäre, denn das kann nicht sein, sondern weil jene Dinge teilbar sind, in denen sie wirken, und es dabei Hauptsachen gibt, nämlich alle geistlichen Angelegenheiten, und Nebensachen, nämlich alle körperbedingten.

Die beiden Hauptfähigkeiten, Verstand und Wille, wirken ganz nur durch sich selbst in allen geistlichen Angelegenheiten, ohne die beiden Nebenkräfte zu Hilfe zu nehmen.

Einbildungs- und Sinnenkraft wirken animalisch in allen körperlichen Angelegenheiten, anwesenden oder abwesenden, und sie wirken im Körper und durch die Sinne. Durch sie allein, ohne die Hilfe von Vernunft und Wille, würde jedoch die Seele niemals fähig sein, Wesen und Eigenarten körperlicher Geschöpfe, noch gar die Ursache ihres Seins und Werdens zu erkennen.

Vernunft und Wille werden also Hauptkräfte genannt, weil sie in reinem Geist ohne jegliche Körperweise wirken, und Einbildungs- und Sinnenkraft werden Nebenkräfte genannt, weil sie im Körper mit körperlichen Instrumenten wirken, nämlich unseren fünf Sinnen. Die Intelligenz wird die Hauptkraft genannt, weil sie geistlich nicht nur alle die anderen Kräfte enthält, sondern auch alle Dinge, in denen jene wirken. Du kannst das selbst nachprüfen.

Kommentar:

Die Intelligenz ist kein Ding, welches als fertiges Gebilde gefunden werden könnte, sondern sie ist ein Werdendes, ein langsam reifendes Erzeugnis, und die Evolution der Intelligenz ist die Evolution der Weisheit selbst, die erst am Schluß der Entwicklung als Vollendung sich einstellen kann.

In MOZARTS Zauberflöte treten zwei Männer auf, die den Einzuweihenden den Weg der Prüfung öffnen, auf dem sie in den Sonnenstaat gelangen sollen, der die Macht der Nacht bekämpft; sie singen:

"Der, welcher wandert diese Straßen voll Beschwerden,
wird rein durch Feuer, Wasser, Luft und Erden;
Wenn er des Todes Schrecken überwinden kann,
schwingt er sich aus der Erde himmelan.
Erleuchtet wird er dann imstande sein,
sich den Mysterien der Isis ganz zu weihn."

Das Wissen der Freimaurer-Logen, das den 'geheimnisvollen' Hintergrund in dieser Oper bildet, geht literaturgeschichtlich auf den Schluß des Romans Der goldene Esel von APULEJUS zurück.

Der Weg, den der Eingeweihte zu gehen hat, ist nichts anderes als der Aufstiegsweg des Kundalini-Yoga. Die Erkenntnis, die die Psyche und Geist-Seele (Atman) voneinander scheidet, ermöglicht die Bewerkstelligung eines rückläufigen Yoga-Vorganges in uns (eben diesen Vorgang meint unser Text mit 'Nichtwissen' = mittelenglischer Originalausdruck 'Unknowing'): das fortlaufende Aufschießen von Ego und Außenwelt aus den tieferen Schichten unserer Psyche in einem Zen-artigen Sich-gehen-lassen.

Somit wird das Geistige Gemüt (= mind) mittels Sammlung und Vereinfaltung aus dem nimmerendenden Strudelflusse äußerer Impressionen und innerer Reaktionen in einem reflektierenden Kristall gestaut.

So hebt sich die hier erwähnte sog. 'Intelligenz' ab und erkennt sich wieder als ein unverwoben Transzendentes, das lediglich gespielt wird von dem völlig geläuterten Yogi oder den ebenso völlig geläuterten christlichen Mystikern.[39)]

63. GI DSI / Nach der Vollendung

Jetzt nichts mehr tun, sondern geschehen lassen. Auch warten können gehört zum Genius. Langmut wird hier angesagt. Zwischen zwei Gebete soll man eine ehrfürchtige Pause (= Interval) einlegen. Beten und spirituelle Betätigung dürfen nicht zu sehr in 'nur Routine' oder gar 'nur Ritual' ausarten. Sei auf schöpferische Weise passiv.
"... und was ER macht, das gerät wohl."

Psalm 1, 3

64. Kapitel

DIE VERNUNFT

(Von den beiden Hauptfähigkeiten Vernunft und Wille und von ihren Werken vor und nach dem Sündenfall.)

Die Vernunft ist die Kraft, durch die wir das Böse vom Guten trennen, das Böse vom noch Böseren, das Gute vom Besseren, das Schlimmere vom Schlimmsten, das Bessere vom Besten.

Bevor der Mensch sündigt, mag die Vernunft dies alles ihrem Wesen nach getan haben. Jetzt aber ist sie durch die Erbsünde so verblendet, daß sie dieses ihr Werk nicht tun kann, ohne durch Gnade erleuchtet zu werden. Die Vernunft selbst und das, worin sie wirkt, sind in der Intelligenz enthalten und von ihr einbegriffen.

Der Wille ist die Kraft, durch die wir das Gute wählen, nachdem es durch die Vernunft als solches bestimmt wurde, und durch die wir das Gute lieben, es wünschen und in ihm voller Freude ruhen und endgültig dem Guten zustimmen.

Bevor der Mensch sündigt, mag der Wille sich nicht getäuscht haben in seiner Wahl, seiner Liebe, noch in seinen Werken, weil er seinem Wesen nach jedes Ding als das empfand, was es war.

Jetzt ist das anders, es sei denn, er wäre mit der Gnade gesalbt. Denn da er von der Erbsünde angesteckt wurde, empfindet er oft etwas als gut, das tatsächlich böse ist und nur gut zu sein scheint. Beide aber, der Wille und das, worin er wirkt, sind in der Intelligenz enthalten und in ihr einbegriffen.

Kommentar:
Religiöse Existenz ist möglich auch im Klima des Absurden. Die religiöse Urbegabung ist jedem Menschen angeboren, sie kann auch in unserer Zeit von niemandem psychisch verdrängt werden aus 'Gründen der Vernunft'.

Das zeigt auch der Yoga, ausgehend von Beispielen aus der alltäglichen Praxis, eben dieser 'Vernunft'.[40)]

64. WE DSI / Vor der Vollendung

Sinne nach, um klare Entscheidungen zu
treffen. In harmonischer Umgebung entsteht
auch Harmonie in Dir, und du kommst voran.
"Wenn zwei unter euch eins werden, worum
es ist, daß sie bitten wollen, das soll ihnen
widerfahren von meinem Vater im Himmel."

Matthäus 18, 19

65. Kapitel

DIE IMAGINATION

(Von der ersten Nebenfähigkeit, der Einbildungskraft, von ihrem Wirken und wie sie der Vernunft gehorcht, vor und nach dem Sündenfall.)

Die Einbildungskraft ist die Fähigkeit, durch die wir die Bilder aller abwesenden und anwesenden Dinge in uns verzeichnen; und beide, diese Fähigkeit und die Angelegenheit, in der sie gerade wirkt, sind in der Intelligenz enthalten.

Bevor der Mensch sündigte, gehorchte die Einbildungskraft der Vernunft so uneingeschränkt - sie ist sozusagen deren Dienerin -, daß sie ihr das Bild irgendeines Geschöpfes niemals entstellt übermittelte, noch jemals ihr ein geistliches Wesen vorfantasiert hätte; jetzt ist das nicht mehr so.

Denn wenn sie nicht vom Licht der Gnade in der Vernunft zurückgehalten wird, dann hört sie niemals auf, sei es im Wachen oder Schlaf, alle möglichen körperlichen Geschöpfe entstellt vorzuführen, oder irgendwelche Fantasien, die nichts anderes sind als körperliche Vortäuschungen geistlicher Dinge oder auch geistliche Vorstellungen körperlicher Angelegenheiten. Und all dies ist stets erdichtet und falsch und dem Irrtum am nächsten.

Dieser Ungehorsam der Einbildungskraft kann deutlich an denen bemerkt werden, die sich erst jüngst von der Welt fort der Frömmigkeit zugewandt haben, und zwar zur Zeit ihres Gebets.

Durch beständige Meditation über geistliche Dinge, wie der eigenen Elendigkeit, der Passion und der Güte unseres Herrgotts und vieler anderer ähnlicher Themen, wird die Einbildungskraft zu einem großen Teil vom Licht der Gnade in der Vernunft gebändigt; bevor das aber geschehen ist, kann man auf keine Weise die merkwürdigen verschiedenen Gedanken, Fantasien und Bilder beherrschen, die von der Einbildung der Intelligenz laufend vorgestellt und eingeprägt werden. Und all dieser Ungehorsam ist eine Folge der Erbsünde.

Kommentar:

Für den Einlaß der Transzendenz öffnet sich der Eingang zur Immanenz in einem noch tieferen Innesein - wie ich es bereits in meinem Buch D i e v e r b o r g e n e W e i s h e i t gezeigt habe.

Was wir als 'Gott' oder 'Göttliches' im Menschen bezeichnen, wohnt in einer noch tieferen Schicht der Psyche als die Imagination. Deswegen kann auch die scheinbare Leugnung Gottes lediglich das Eingeständnis der Gottesbedürftigkeit sein. Die Transzendenz Gottes offenbart sich in der Immanenz des 'göttlichen' oder 'höheren' Selbstes.

In diesem Sinne sagen auch die Upanishaden das: Atman = Brahman.

Die Einbildungskraft könnte hier, unter gewissen Einschränkungen, als eine Art Logik-des-Herzens bezeichnet werden.[41)]

66. Kapitel

DIE SINNENKRAFT

(Von der anderen Nebenfähigkeit, der Sinnenkraft, von ihrem Wirken und wie sie dem Willen gehorcht, vor und nach dem Sündenfall.)

Die Sinnenkraft ist die Seelenfähigkeit, welche die Sinne erreicht und regiert, die uns ein körperliches Erkennen und Empfinden aller körperlichen Geschöpfe vermitteln, seien sie uns nun angenehm oder unerfreulich.

Sie besteht aus zwei Teilen. Der eine beobachtet die Notwendigkeit unseres Leibes, der andere dient der Sinnenlust.

Sie ist die Kraft, die murrt, wenn dem Körper etwas fehlt, was er nötig hat; sie ist aber auch das, was uns veranlaßt, mehr an Nahrung zu uns zu nehmen, als wir brauchen, weil es unsere Lust fördert. Sie murrt auch beim Fehlen von Geschöpfen, die uns angenehm sind, und ist begeistert von deren Anwesenheit; sie murrt über die Gegenwart unliebsamer Geschöpfe und freut sich ihrer Abwesenheit.

Beide, diese Fähigkeiten und die Dinge, in denen sie wirkt, sind in der Intelligenz enthalten.

Bevor der Mensch sündigte, gehorchte die Sinnenkraft dem Willen so uneingeschränkt - sie war sozusagen seine Dienerin -, daß sie niemals eine unangebrachte Neigung oder Abneigung gegen irgendein Geschöpf vor ihn brachte, noch die geistig erfundene Neigung oder Abneigung irgendeines geistlichen Feindes der Sinne. Jetzt ist es nicht mehr so.

Was die Sinnenkraft in der Abwesenheit von Annehmlichkeiten und der Gegenwart von unerwünschten Unannehmlichkeiten empfindet, ist nichts anderes als die Folge der Erbsünde.

Wird sie nun nicht von der Gnade im Willen regiert, so daß sie diese Folgen der Erbsünde demütig und in dem ihr zugewiesenen Maß duldet und sich in der Lust an nützlichen Annehmlichkeiten und dem Vergnügen über die Abwesenheit von unerwünschten Unannehmlichkeiten zurückhält, dann wird sie sich, wie ein Schwein im Kot, elend und ausschweifend so sehr in den sogenannten Gütern dieser Welt und im faulen Fleische wälzen, daß unser ganzes Leben tierisch und fleischlich wäre, statt menschlich oder gar geistlich.

Kommentar:
Die Annahme einer transzendentalen Seele ist gleichbedeutend mit der, daß so eine Seele in anderen als den sinnlichen Relationen zur Natur steht, weil sonst die Sinnenkraft die ganze Psyche erschöpfen müßte - also kein transzendentes SELBST außerdem noch vorhanden sein könnte.

Es liegt aber im Menschen ein innerer Wesenskern, der zur Entfaltung gebracht werden kann. Die Mittel jedoch, diesen eigentlichen Geistkeim zu offenbaren, sind solche, wodurch das sinnliche Leben unterdrückt werden muß.

In der Unterjochung (= Yoga) des letzteren liegt nicht nur die Bedingung, sondern auch Ursache zum Auftauchen des ersteren.[42)]

67. Kapitel

FÄHIGKEITEN UND SCHEINFÄHIGKEITEN DER PSYCHE

(Daß der, welcher die Fähigkeiten der Seele und die Weise ihres Wirkens nicht kennt, sich leicht über geistliches Wirken täuscht; und wie die Seele in der Gnade zu Gott wird.)

Sieh, geistlicher Freund! In solche Elendigkeit, wie du hier siehst, sind wir durch die Sünde gefallen. Ist es da ein Wunder, daß wir in unserem Verständnis für geistliche Worte und Werke blind und allzu leicht zu täuschen sind, besonders diejenigen, welche weder die Fähigkeiten ihrer Seele noch deren Wirkungsweise kennen?

Denn immer, wenn deine Intelligenz mit irgendeiner körperlichen Angelegenheit beschäftigt ist, und sei es zu noch so gutem Zweck: Du bist in diesem Wirken unter dir selbst und ohne deine Seele.

Und immer, wenn du deine Intelligenz mit den subtilen Eigenarten deiner Seelenfähigkeiten und deren Wirken in geistlichen Angelegenheiten beschäftigt empfindest, seien es Laster oder Tugenden deiner selbst oder irgendeines Geschöpfes, das geistlich und seinem Wesen nach mit dir auf gleicher Höhe steht, beschäftigt in der Absicht, daß du dabei dich selbst erkennen lernen und deine Vollkommenheit fördern möchtest: Dann bist du in dir selbst und auf gleicher Höhe mit dir selbst.

Immer aber, wenn du deine Intelligenz mit keinerlei körperlichen oder geistlichen Angelegenheiten beschäftigt empfindest, sondern nur mit der reinen Substanz Gottes, wie sie eben ist und am 'Werk' dieses Buches nachgeprüft werden mag: Dann bist du über dir und unterhalb deines Gottes.

Du bist über dir selbst: Weil du durch Gnade dorthin gekommen bist, wohin du von Natur nicht kommen kannst, d.h. mit Gott eins zu sein, im GEIST und in der Liebe und in der Übereinstimmung des Willens.

Du bist unterhalb Gottes: Zwar kann in gewisser Weise gesagt werden, daß während dieser Zeit Gott und du nicht mehr Zwei, sondern Eins im GEISTE sind - soweit, daß du oder ein anderer, der die Vollkommenheit dieses 'Werks' erfährt, wirklich 'ein Gott' genannt werden darf, wie die hl. Schrift bestätigt (Ps. 82, 6: 'Ich habe gesagt: Ihr seid Götter!').

Trotzdem aber bist du unterhalb Seiner. Denn Er ist Gott von Natur ohne Anfang, und du warst einmal nichts deiner Substanz nach.

Und später, als du durch Seine Macht und Liebe zu Etwas gemacht wurdest, da machtest du dich selbst freiwillig mit der Sünde zu etwas Schlimmerem als nichts.

Jetzt wirst du durch Sein Erbarmen, ohne dein Verdienst, aus Gnaden zu einem Gott gemacht, untrennbar vereint mit Ihm im GEIST, hier und in der himmlischen Seligkeit ohne Ende. Obgleich du also ganz eins mit Ihm in der Gnade bist, bist du doch deiner Natur nach weit unter Ihm.

Sieh, mein geistlicher Freund! Aus all dem magst du wenigstens teilweise erkennen, daß derjenige, der die eigenen Seelenkräfte und die Weise ihres Wirkens nicht kennt, sehr leicht Worte mißversteht, die in geistlichem Sinne gemeint sind.

Und damit magst du auch bis zu einem gewissem Grade erkennen, weshalb ich dich nicht einfach heiße, dein Verlangen ruhig Gott zu zeigen, sondern dir anrate, auf so kindliche Weise zu tun, was du kannst, um es zu verbergen und zu verdecken. Ich tue es aus Sorge, du könntest etwas körperlich verstehen, was geistlich gemeint ist.

Kommentar:
Aus der Simultanität unserer transzendenten Seele mit ihrer biologischen Erscheinungsform als Körper ergibt sich eine gewisse Unklarheit über unsere Stellung im Weltall - zumal, wenn wir der Erde ihren nur-astronomischen und dem Menschen seinen nur-biologischen Rang anweisen.

Unser anti-metaphysisches Zeitalter betrachtet die Ethik lediglich als eine 'soziale Sache', weil man den Menschen als nur-irdisches Wesen betrachtet; die Ethik verlangt die eigentliche metaphysische Dimension erst dann, wenn wir zugestehen, daß unsere Stellung im Kosmos über die irdische Sphäre hinausragt.

68. Kapitel

DER INNERE MENSCH

(Daß körperlich 'nirgends', geistlich 'überall' ist und wie unser äußerer Mensch das 'Werk' dieses Buches 'Nichts' nennt.)

Ebenso: Ein anderer würde dich heißen, deine Kräfte und Sinne ganz in dir selbst zu sammeln und dort Gott anzubeten, und er würde damit ganz und gar recht haben, und niemand könnte es richtiger ausdrücken: Wenn er nur richtig verstanden würde!

Und eben aus Sorge, du könntest dich täuschen und diese Worte körperlich verstehen, sage ich es dir nicht ebenso, sondern folgendermaßen: Trachte auf keine Weise danach, in dir selbst zu sein!

Und, um es kurz zu fassen: Ich will nicht, daß du ohne dich selbst bist, noch auch über oder hinter dir, noch auf der einen oder der anderen Seite.

'Wo soll ich denn sein?' fragst du, 'diesen Worten nach also nirgends!' Und das ist wohl gesprochen; eben da will ich dich haben. Denn körperlich 'nirgends' ist geistlich 'überall'.

Achte also eifrig darauf, daß dein geistliches 'Werk' körperlich 'nirgends' ist. Und wo immer auch das sein wird, an dem du willentlich in der Substanz deiner Intelligenz arbeitest, dort bist du so sicher im GEIST, wie du im Körper dort bist, wo er sich befindet.

Deine Sinne meinen zwar, daß es 'nichts' ist, was du tust, weil sie dort nichts finden, um sich davon zu nähren.

Nun wohl, tu weiter dieses 'Nichts' - und tu es um der Liebe Gottes willen! Höre ja nicht auf, sondern mühe dich eifrig in jenem Nichts mit dem wachen Verlangen, Gott haben zu wollen, den niemand erkennen kann.

Ich sage dir aufrichtig, daß ich auf solche Weise körperlich lieber nirgends sein möchte und mit jenem linden Nichts ringen, als ein so großer Herr zu sein, daß ich, wenn ich wollte, körperlich überall sein könnte und mit all diesem 'Etwas' vergnügt spielen dürfte wie ein Herr mit seinem Eigentum.

Laß dieses 'Überall' und dieses 'Etwas' los und halte dich an das 'Nirgends' und das 'Nichts'.

Laß es dich niemals kümmern, daß deine Sinne dieses 'Nichts' nicht begreifen können; glaube mir: Ich liebe es umso mehr! Es ist etwas an sich so Kostbares, daß sie es nicht verstehen können.

Dieses 'Nichts' mag eher empfunden als gesehen werden, denn für die, welche nur eine kleine Weile darauf hingeblickt haben, ist es ganz blind und ganz dunkel.

Und doch - um es richtiger auszudrücken -, ist die Seele im Empfinden seiner eher geblendet aus einem Übermaß an Licht als aus Dunkelheit oder dem Mangel an physischem Licht.

Wer ist es denn, der es 'Nichts' nennt? Doch nur unser äußerer Mensch, nicht der innere.

Kommentar:
In der Katha Upanishad belehrt YAMA, der Todesgott, als Initiator den Schüler über jene hohe 'Goldene-Einweihung', die zur Vereinigung mit dem göttlichen Selbst, dem Atman, führt, und betont dabei:

"Nur wen Er wählt, von dem wird das SELBST begriffen; ihm macht der Atman sein Wesen offenbar."

Auch in der Grals-Saga sucht Parzival den Gral und strebt fast ein Leben lang danach. Trotzdem muß er von Trevrizent zu hören bekommen:

"Euer Herz sehnt nach dem Grale sich?
Ihr Tor, da muß ich Euch beklagen!
Denn niemand kann den Gral erjagen,
Den man nicht schon im Himmel kennt
Und zu dem Gral b e r u f e n nennt."

Die Kernfrage deswegen ist nicht, wo der Schüler sich physikalisch befindet, sondern ob er geistig eine B e r u f u n g hat. Wer keine Berufung für das eigentlich Religiöse hat, verliert sich in endlosen theologischen Diskussionen.

Eine Stunde Meditation ist besser, so sagte auch Mohammed, ist besser als zehn Jahre Argumentation. [43)]

69. Kapitel

GEWINNUNG GEISTLICHER RUHE

(Wie die Kraft dieses Nichts, das im Nirgends bewirkt wird, das geistliche Empfinden des Menschen wunderbar verwandelt.)

Es ist wunderbar, wie die Kraft dieses Nichts, das im Nirgends bewirkt wird, den Menschen wunderbar verwandelt. Erblickt die Seele es zum ersten Male, dann findet sie alle die besonderen Sünden, die sie jemals tat, seit sie geboren wurde, körperlich oder geistlich, geheim und dunkel darauf abgemalt. Und wie sie es drehen und wenden mag, sie wird sie immer vor Augen haben, bis sie mit hartem Mühen, mit vielen wehen Seufzern und viel bitteren Tränen sie zum großen Teil hinweggewaschen hat.

Manchmal denkt der Mensch in solchem Mühen, daß der Blick darauf wie ein Blick in die Hölle ist, denn er meint, daran verzweifeln zu müssen, jemals die vollkommene geistliche Ruhe aus jener Pein gewinnen zu können.

Bis zu diesem inneren Punkt kommen viele; vor der Qual aber, die sie empfinden, und aus Mangel an Trost flüchten sie zurück in die Körperwelt; sie suchen außen den Trost im Fleisch, den sie im GEIST vermissen, da sie ihn noch nicht verdient hatten, und den sie gefunden haben würden, hätten sie standgehalten.

Denn der, welcher beharrt, empfindet manchmal einigen Trost und auch die Hoffnung auf die Vollkommenheit, denn er fühlt und sieht, daß viele seiner besonderen Sünden zum großen Teil mit Hilfe der Gnade ausradiert werden. Den Schmerz fühlt er trotzdem immer, aber er hofft, daß er doch einmal ein Ende haben wird, da er immer mehr nachläßt. Darum nennt er diese Erfahrung auch nicht anders als Fegefeuer.

Manchmal sieht er auch keine besondere Sünde darauf geschrieben, sondern empfindet die Sünde nur als Ganzes, als ein Er-weiß-nicht-was, das nichts als er selbst ist; dies kann dann als Wurzel und Folge der Erbsünde gelten.

Manchmal aber meint er, das, was er erlebt, wäre das Paradies oder der Himmel, wegen verschiedener wunderbarer süßer Tröstungen, Freuden und gesegneten Tugenden, die er darin entdeckt. Und manchmal hält er es für Gott, um der Ruhe und des Friedens willen, die es schenkt.

Nun, mag er darüber denken, was er will, denn immer mehr wird er es als eine Wolke des Nichterkennens erleben, die zwischen ihm und seinem Gott ist.

Kommentar:

Der Yoga lehrt, daß Liebe selbst die höchste Belohnung der Liebe ist, weil Gott selbst Liebe ist. Yoga ermöglicht die Gewinnung geistiger Ruhe auf vielfältige Weise. Es ist bewiesen, daß jeder einzelne zu seiner eigenen Glaubensform findet, zu seiner wesensgemäßen Art religiösen Denkens und Lebens. Erfolgreiche Meditation zwingt uns zu aktiver Bejahung und Förderung der Einheit in der Mannigfaltigkeit.

Der große heilige Papst Pius IX sagt in seinem SYLLABUS (XV, 16): "Jedem Menschen steht es frei, sich an die Religion zu halten, die er, durch das Licht der Vernunft geleitet, als die wahre erkannt hat. In jeder Religion können die Menschen den Weg zu ewigem Heil finden."

70. Kapitel

DAS VERSAGEN INTELLEKTUELLER FÄHIGKEITEN

(Daß, ebenso wie wir durch das Versagen unserer körperlichen Sinne fähig zum Erkennen geistlicher Dinge werden, wir durch das Versagen unserer intellektuellen Wahrnehmungen fähig zur Erkenntnis Gottes werden, soweit das hier durch Gnade möglich ist.)

Darum arbeite treu in diesem 'Nichts' und diesem 'Nirgends' und laß deine äußeren körperlichen Sinne und alles, in dem sie wirken, beiseite. Denn ich sage dir ehrlich, daß dieses 'Werk' von ihnen nicht begriffen werden kann.

Denn mit den Augen kannst du nichts erfassen, es sei denn lang oder breit, klein oder groß, rund oder viereckig, weit oder nah und entsprechend farbig. Und mit deinen Ohren nichts als Lärm oder irgendeine Art Ton. Durch deine Nase nichts als entweder Gestank oder Wohlgeruch. Durch deinen Geschmack nichts als sauer oder süß, salzig oder frisch, bitter oder angenehm. Und durch dein Tastgefühl nichts als heiß oder kalt, hart oder zart, weich oder scharf. Und ganz gewiß besitzen weder Gott noch geistliche Dinge keine dieser Eigenschaften und Besonderheiten.

Daher laß deine äußeren Sinne beiseite und wirke mit ihnen weder innen noch außen. Denn alle, die sich vornehmen, innerlich geistlich wirken zu wollen, täuschen sich gewaltig und arbeiten dem Laufe der Natur entgegen, wenn sie wähnen, man müsse geistliche Dinge hören, riechen, sehen, schmecken oder fühlen.

Denn von Natur sind diese Sinnenkräfte dazu bestimmt, daß der Mensch mit ihrer Hilfe alle äußeren körperlichen Dinge, keineswegs aber die geistlichen Dinge erkennen soll. Ich meine, durch das, was sie bewirken. Eher geschieht das durch ihr Versagen, etwa wenn wir von gewissen Dingen lesen oder reden hören und dabei bemerken, daß keiner unserer äußeren Sinne uns sagen kann, was es mit jenen Dingen auf sich hat. Dann dürfen wir sicher sein, daß es sich dabei um geistliche, nicht körperliche Angelegenheiten handelt.

Auf die gleiche Weise geht es mit den intellektuellen Fähigkeiten in uns, wenn wir uns um die Erkenntnis Gottes Selbst bemühen.

Denn möge ein Mensch ein noch so hohes intellektuelles Wissen von allen geistlichen Angelegenheiten haben, so kann er doch niemals durch dieses Verstehen zur Erkenntnis eines ungeschaffenen geistlichen Etwas gelangen, nämlich Gottes. Aber durch das Versagen dieser geistigen Fähigkeiten könnte er es vielleicht. Denn das Etwas, in dem er auf solche Weise versagt, ist nichts anderes als Gott.

Daher sagt auch der hl. DIONYSIUS: "Die dem Göttlichen am nächsten kommende Erkenntnis ist die, welche durch Nichterkennen erkennt." (Et est rursus divinissima dei cognitio quae est per ignorantiam cognita.) Und wirklich, wer in den Büchern des DIONYSIUS nachschlägt, wird finden, daß seine Worte deutlich all das bestätigen, was ich gesagt habe oder noch sagen werde, von Anfang dieser Abhandlung an bis ans Ende.

Abgesehen von dieser Stelle aber mache ich mir hier nicht die Mühe, ihn oder irgendeinen anderen Gelehrten zu zitieren. Früher hielt man es für Bescheidenheit, nichts aus dem eigenen Kopf heraus zu sagen, wenn es sich nicht aus der Hl. Schrift oder den Worten der Kirchenväter bekräftigen ließ; heute gilt dieses Anführen von Autoritäten für Pedanterie und Zur-Schau-stellen von Wissen.

Du brauchst es ohnehin nicht, und darum tue ich es nicht. Denn wer Ohren hat zu hören, der höre, und wer zu glauben bewegt wird, der glaube; andere mögen es bleiben lassen.

Kommentar:
In der echten christlichen Mystik (wie hier in diesem Text) reichen sich Glaube und Wissen, geistige Erkenntnis und Wissenschaft die Hände. Und Christus-Atman, der Geist des Ganzen, wird dann für jeden lebendige Wahrheit sein.

Ihrer Anlage bzw. ihrem Wesen nach ist jede Seele potentiell göttlich. Dieses Göttliche in uns und in allem, was lebt, zu bejahen und sichtbar entfalten zu lassen - das ist Yoga.

So schreibt auch NIETZSCHE in seiner

F r ö h l i c h e n   W i s s e n s c h a f t :

"Der du mit Flammenspeere
Meiner Seele Eis zerteilt,
Daß sie brausend nun zum Meere
Ihrer höchsten Hoffnung eilt."

71. Kapitel

ANALOGIE DER BUNDESLADE

(Daß etliche die Vollkommenheit dieses 'Werks' nicht eher empfinden werden, als bis sie verzückt werden, während andere es haben, wenn sie nur immer wollen, im ganz alltäglichen Zustande der Seele.)

Etliche halten dieses Thema für so schwer und so gefährlich, daß man ihm ohne vorheriges hartes Bemühen nicht nahen könne und daß es nur selten verstanden würde und dann auch nur in der Verzückung.

Diesen antworte ich so bescheiden, wie ich kann: Daß alles bei Gott steht, wem diese Gnade der Kontemplation und des geistlichen Wirkens der Seele entsprechend ihrer Fähigkeit gegeben wird.

Und so mag es etliche geben, die nicht ohne vieles und langes geistliches Üben dazu kommen, und daß sie trotzdem nur selten und auf besonderen Ruf unseres Herrn die Vollendung dieses 'Werks' erfahren sollen: Es ist dieser Ruf, der 'Verzückung' genannt wird.

Und es mag andere geben, die so sensibel in der Gnade und im GEIST sind und in dieser Kontemplation so vertraut mit Gott, daß sie es haben können, wann immer sie wollen, in ganz alltäglicher Verfassung der Seele, wie sitzend, gehend, stehend oder knieend. Und sie verfügen gleichzeitig voll über alle ihre körperlichen Sinne und intellektuellen Fähigkeiten und benutzen sie nach Wunsch, wenn auch nicht ganz ohne, so doch ohne besondere Schwierigkeiten.

Ein Beispiel für die ersten haben wir in MOSES, für die anderen in AARON, dem Priester des Tempels. Denn diese Gnade der Kontemplation wird von der Bundeslade des Alten Testaments dargestellt, und die in dieser Gnade wirken, werden dargestellt durch die, welche am meisten mit dieser Bundeslade zu tun hatten, wie die Geschichte zeigt.

Diese Gnade aber und dieses 'Werk' sind jener Bundeslade sehr wohl zu vergleichen. Denn ebenso, wie in jener Lade alle Juwelen und Heiligtümer des

Tempels enthalten waren, so enthält diese kleine Liebe, die auf die Wolke-des-Nichterkennens gerichtet wird, alle Tugenden der menschlichen Seele, die der geistliche Tempel Gottes ist.

Bevor MOSES die Bundeslade zu sehen bekam und ihm erklärt wurde, wie sie zu bauen wäre, mußte er mit schwerer und langer Mühe den Berg ersteigen; dort blieb er dann und rang sechs Tage lang in einer Wolke, und erst am siebenten Tage gewährte unser Herr ihm die Unterweisung über den Bau der Lade.

MOSES' langes Ringen und späte Schau ist ein gutes Gleichnis derer, die zur Vollkommenheit dieses geistlichen 'Werks' nicht ohne vorheriges langes Mühen kommen, und auch dann nur sehr selten und wann Gott es ihnen gewähren will.

Jenes aber, das MOSES nur selten zu sehen bekam und auch dann nicht ohne großes Mühen, das konnte AARON dank seines Amtes im Tempel im Tal so oft sehen, wie es ihm beliebte; er brauchte nur einzutreten. Und unter diesem AARON sind alle jene zu verstehen, von denen ich oben sprach, die durch ihre geistlichen Gaben mit Hilfe der Gnade die Vollkommenheit dieses 'Werks' erlangen können nach Belieben.

Kommentar:
Der marxistische Philosoph Ernst BLOCH bezeichnete die H o f f n u n g als den "eigentlichsten Sehnsuchtseffekt, ...die menschlichste aller Gemütsbewegungen und nur dem Menschen (?) zugänglich; ... zugleich auf den weitesten und hellsten Horizont bezogen."

So schön das klingen mag, dürfen wir nicht übersehen, daß es eigentlich darauf ankommt, w o r a u f wir hoffen. Keine Hoffnung steht höher als jene, die uns dem eigentlichen Ziel des Lebens näherbringt: das Erleben des göttlichen Lichts als Christus-Atman im Grunde der Seele.

72. Kapitel

MOSES UND DIE LADE

(Daß jemand, der an diesem 'Werk' wirkt, keinen anderen, der ebenfalls darin begriffen ist, nach sich selbst beurteilen, noch überhaupt an ihn denken soll.)

Schau! Aus diesem Gleichnis magst du ersehen, daß der, welcher die Vollkommenheit dieses 'Werks' erst durch langes Ringen und auch dann nur selten sehen darf, sich täuscht, wenn er entsprechend seiner eigenen Erfahrung über andere urteilt, spricht oder denkt: Nämlich, daß auch sie nur selten Erfolg haben werden und das nicht ohne schweres Ringen.

Ebenso aber täuscht sich der, der es mühelos erreichte, wenn er alle anderen entsprechend nach sich beurteilt.

Laß du das bleiben; nein, man darf ganz gewiß nicht so denken. Denn wenn es Gott gefällt, dann können später auch die, welche es zuerst nur selten und nicht ohne schwere Mühe errangen, es haben, wann und so oft sie es wünschen.

Das Beispiel dafür ist MOSES, der zuerst die Lade nur selten sehen durfte, und das nicht ohne schweres Mühen auf dem Berge, sie später aber, im Tal, sah, so oft es ihm beliebte.

Kommentar:
Das höhere Bewußtsein, das im Menschen aufgeht, wenn er die kosmische Krönung des Yoga erlangt, ist nicht nur eine Weitung des menschlichen Bewußtseins, sondern noch mehr: das Aktivwerden einer völlig neuen Dimension.

Den Durchbruch zum Christus-Atman beschreibt der Mediziner Dr. BUKKE wie folgt: "Plötzlich und ohne irgendein vorangegangenes Vorzeichen fand ich mich von einer feurigen Wolke eingehüllt."

Das Wort 'Wolke' scheint hier bezeichnend zu sein. Könnte der Verfasser des Buches K o s m i s c h e s B e w u ß t s e i n (wovon das o.a. Zitat stammt) die 'Wolke-des-Nichterkennens' gemeint haben?

73. Kapitel

DIE DREIERLEI WEISEN DER KONTEMPLATION

(Wie wir aus dem Gleichnis von Moses, Beseleel und Aaron und ihrem Verhältnis zur Bundeslade auf dreierlei Weisen in dieser Gnade der Kontemplation lernen können, denn eben diese Gnade ist in jener Lade dargestellt.)

Es waren diese Drei, die am meisten mit der Bundeslade des Alten Testaments zu tun hatten: MOSES, BESELEEL und AARON.

MOSES erfuhr auf dem Berge von unserem Herrn, wie sie gebaut werden sollte. BESELEEL arbeitete sie im Tal nach dem Vorbilde, das MOSES auf dem Berge gezeigt worden war; und AARON hatte sie in seiner Hut im Tempel und konnte sie fühlen und sehen, so oft er wünschte.

Aus dem Gleichnis dieser Drei ziehen wir auf dreierlei Weise Gewinn in dieser Gnade der Kontemplation. Manchmal wachsen wir in ihr nur durch Gnade; dann gleichen wir MOSES, der für das Ersteigen des Berges und alle Mühe, die er oben hatte, sie nur selten zu sehen bekam und dem auch diese Schau nur durch unseren Herrn nach Dessen Belieben gewährt wurde, nicht als Lohn für seine Mühe.

Manchmal wachsen wir in ihr durch unsere geistliche Begabung mit Hilfe der Gnade; dann gleichen wir BESELEEL, der die Lade nicht eher sehen konnte, als bis er sie durch eigene Arbeit erstellt hatte, mit Hilfe des Vorbildes, das MOSES auf dem Berge gezeigt worden war.

Und manchmal wachsen wir in dieser Gnade, belehrt durch andere; dann gleichen wir AARON, der sie bewahrte und sie gewohnheitsmäßig sah und fühlte, sooft er wollte, die Lade, die BESELEEL vorher gearbeitet und ihm zur Verfügung gestellt hatte.

Schau, geistlicher Freund, wenn es auch kindisch und ein wenig närrisch klingen mag: In diesem 'Werk' versehe ich das Amt des BESELEELS, wenn ich auch nur ein elender Mensch bin, nicht würdig, irgendein Geschöpf zu lehren: Ich baue gewissermaßen diese geistliche Bundeslade für dich und erkläre dir, wie sie zu verstehen ist.

Doch weit besser und würdiger wirken als ich magst du selbst, wenn du AARON sein willst: D.h. darin beständig zu wirken, für dich und für mich. So tue es denn, bitte ich dich, um der Liebe des Allmächtigen willen.

Und da wir beide zu diesem 'Werk' von Gott berufen wurden, so beschwöre ich dich um der Liebe Gottes willen, zu deinem Teil zu erfüllen, was an meinem fehlt.

Kommentar:
Es muß inzwischen jedem klar geworden sein, daß die Seele nicht in ihrer Totalität in den Körper versinkt.

Deswegen sagt PLOTIN:
"Die Seelen werden so gewissermaßen Amphibien; indem sie mit Notwendigkeit abwechselnd das Leben im Jenseits und das im Diesseits geteilt führen."

Durch die ganze Mystik (sei es im Orient, sei es im Abendland) zieht sich eine Hochschätzung der transzendentalen Erkenntnisweise.

Näheres darüber erfährt der Leser in meinem Buch DIE VERBORGENE WEISHEIT - Wege zum transzendentalen Bewußtsein (A. Henn Verlag, 1971).

Auch das XVII. Kapitel der Bhagavad Gita erwähnt die drei Erscheinungsweisen, auf religiöse Phänomene angewendet.

74. Kapitel

GEEIGNETE UND UNGEEIGNETE LESER ESOTERISCHER SCHRIFTEN

(Daß das Thema dieses Buches von niemandem gelesen oder besprochen oder angehört werden darf, der nicht eine tiefe Zustimmung zu dem 'Werk' empfindet. Außerdem eine Wiederholung des Auftrags, der im Prolog erteilt wurde.)

Wenn du aber meinst, daß diese Art Wirkens deinen Anlagen in Körper und Seele nicht entspricht, dann magst du es lassen und unter guter geistlicher Führung ruhig und ungescholten eine andere Art wählen.

In dem Falle bitte ich dich sehr, mich zu entschuldigen, denn ich hatte nur die aufrichtige Absicht, dir mit meinem geringen Wissen in diesem Schreiben zu nützen. Lies es daher zwei- oder dreimal, je öfter, umso besser, denn umso mehr wirst du davon verstehen insofern, als manches, was dir beim ersten oder zweiten Lesen noch zu schwierig war, dir bald danach leicht vorkommen wird.

Ja! Und meinem Verstehen scheint es unmöglich zu sein, daß irgendeine Seele, die zu diesem 'Werk' veranlagt ist, es lesen und davon hören könnte, ohne gleichzeitig eine tiefe Zustimmung zu dem Zweck dieses 'Werks' zu fühlen. Und dann, wenn du glaubst, es tue dir gut, dann danke Gott von Herzen und bete für mich um der Liebe Gottes willen.

So handele nun entsprechend. Und ich bitte dich um der Liebe Gottes willen:

L a ß n i e m a n d e n d i e s e s B u c h s e h e n , e s s e i d e n n j e m a n d , d e n d u d a f ü r g e e i g n e t h ä l t s t entsprechend dem, was in dem Buch darüber geschrieben steht, welche Menschen und wann sie an diesem 'Werk' wirken sollen.

Wenn du aber Leuten solcher Art das Buch zeigst, dann weise sie bitte an, daß sie sich Zeit lassen mit dem Lesen.

Denn vielleicht ist etwas darin - sei es am Anfang oder in der Mitte -, das irgendwie noch in der Luft hängt und da, wo es steht, nicht ganz erklärt wird. Dann wird es das aber später oder am Ende.

Wenn jemand also nur einen Teil sieht, ohne das andere, kann er leicht irregeführt werden; darum bitte ich dich dringend zu tun, was ich dir sage.

Und wenn du findest, daß etwas darin ist, das du näher erklärt haben möchtest, als es ist, dann laß es mich wissen und auch deine Meinung darüber; ich werde es dann meinem bescheidenen Wissen entsprechend verbessern.

Was aber die weltlichen Schwätzer, Schmeichler und Kritiker, Besserwisser und Klatschmäuler angeht und alle Sorten von Nörglern, so wünsche ich nicht, daß sie dieses Buch sehen, denn ich habe niemals die Absicht gehabt, so etwas für sie zu schreiben. Daher will ich nicht, daß sie es hören, weder sie noch irgendeiner jener gelehrten oder ungelehrten Neugierigen - und wenn sie die besten Menschen im aktiven Leben wären! ES IST NICHTS FÜR SIE.

Kommentar:
Nur diejenigen, die eine gewisse Veranlagung und das Verlangen nach Weisheit besitzen, sind imstande, diese hohe Botschaft zu begreifen.

Die anderen würden über sie nur murren, auch wenn sie sie zu hören bekämen.

75. Kapitel

ZEICHEN EINER GNADENBERUFUNG

(Über gewisse Zeichen, an denen man nachprüfen kann, ob man von Gott zum Wirken in diesem 'Werk' berufen ist.)

Nicht alle, die dieses Buch lesen oder es vorgelesen bekommen und beim Lesen oder Hören finden, daß es sich dabei um eine gute und angenehme Angelegenheit handelt, sind deshalb schon von Gott berufen, in diesem 'Werk' zu wirken, nur wegen dieser Regung des Wohlgefallens, das sie beim Lesen empfinden. Denn vielleicht stammt diese Regung eher aus einer natürlichen Wißbegier der Sinne als aus einer Gnadenberufung.

Welche aber nachprüfen möchten, woher diese Regung stammt, die können es folgendermaßen tun.

Sie mögen zunächst zusehen, ob sie vorher alles getan haben, was sie dazu befähigt, indem sie ihr Gewissen gemäß der Ordnung der hl. Kirche und dem Rat ihres Beichtigers gereinigt haben. Ist das geschehen, dann ist es soweit in Ordnung.

Wenn sie es aber genauer wissen möchten, dann mögen sie zusehen, ob diese Regung sie öfter in Gedanken bedrängt als irgendeine andere geistliche Übung.

Und wenn sie glauben, daß nichts, was sie körperlich oder geistig unternehmen, dem Zeugnis ihres Gewissens gemäß befriedigend getan wird, wenn nicht diese geheime kleine Liebe, die auf die Wolke-des-Nichterkennens gerichtet ist, geistlich das Wichtigste all ihres Wirkens wäre: Wenn sie das empfinden, dann ist das ein Zeichen, daß sie von Gott zu diesem 'Werk' berufen sind, sonst nicht.[44)]

Ich will damit nicht sagen, daß diese Regung fortgesetzt andauernd und beständig im Denken derer weilen muß, die zu diesem 'Werk' berufen sind.

Nein, es ist das nicht. Denn von einem jungen geistlichen Anwärter in diesem 'Werk' wird das tatsächliche Empfinden von dessen Gegenwart aus verschiedenen Gründen oftmals zurückgezogen.

Manchmal, damit er sich nicht darauf verläßt und wähnt, daß es zum Teil in seiner eigenen Macht steht, es zu haben, wann und wie es ihm beliebt. Denn solch ein Wähnen wäre Stolz. *Und immer, wenn das Empfinden der Gnade zurückgezogen wird, ist Stolz die Ursache dazu*, wenn auch vielleicht nicht unmittelbar vorhandener Stolz, so doch solcher, der auftreten würde, wenn dieses Empfinden der Gnade nicht zurückgezogen würde. Und so wähnen oftmals junge Toren, daß Gott ihnen feind wäre, wenn Er gerade ihr bester Freund ist.

Manchmal wird sie zurückgezogen um der Sorglosigkeit des Strebens willen. Wenn das der Fall ist, dann fühlen sie sehr bald einen bitteren Schmerz, der sie ganz wundbeißt.

Manchmal zögert unser HERR zielbewußt, sie zu gewähren, damit sie wachse und höher geschätzt würde, wenn sie, die so lange verloren war, von neuem gefunden und gefühlt wird.

Und dies ist eins der sichersten und vornehmsten Zeichen, das einer Seele werden kann, die erfahren möchte, ob sie zur Arbeit an diesem 'Werk' berufen ist oder nicht: Wenn die Glut ihres Verlangens und ihrer Liebessehnsucht, in diesem 'Werk' zu wirken, größer als jemals vorher sind, wenn es nach solcher Verzögerung und langem Fernsein ganz plötzlich wieder da ist, wie es zu kommen pflegt, ohne durch irgendwelche Mittel erkauft worden zu sein. Insofern erlebt sie oft, wie ich glaube, mehr Freude im Wiederfinden, als sie jemals Schmerz über den Verlust empfand.

Und wenn es so ist, dann ist das ganz gewiß ein untrügliches Zeichen, daß jemand von Gott berufen ist, in diesem 'Werk' zu wirken, was er auch immer sei oder gewesen sei.

Denn nicht, was du bist, noch das, was du gewesen bist, sieht Gott mit Seinen erbarmenden Augen an, sondern das, was du sein möchtest.

Und der hl. GREGOR bezeugt, daß alle heiligen Wünsche durch die Verzögerung ihrer Erfüllung wachsen; schwinden sie aber dadurch, dann waren es niemals heilige Wünsche. Denn wenn der Mensch immer weniger Freude empfindet im Neuentdecken und in plötzlichen Erfüllungen seiner Absichten und Wünsche, dann mögen sie zwar durchaus natürliche Wünsche nach dem Guten sein, aber sie waren trotzdem niemals heilige Wünsche.

Von diesem heiligen Verlangen spricht auch der hl. AUGUSTINUS und sagt, daß das ganze Leben eines guten Christenmenschen nichts anderes ist als heiliges Verlangen.

Kommentar:
Hier am Schluß eines so heiligen, erhabenen mystischen Textes würde jedes Wort mehr wie eine Entweihung wirken.

"Ich sehe das Leben als einen
Prozeß der Umformung in Gott hinein!"
- Juan de la Cruz

(Zit. nach Reinhard Körner) loc. cit:
Die Dunkle Nacht, Leipzig 1986

TEIL II

HEILWERDEN DURCH INNENSCHAU

(Epistle of Privy Counseling)

- Wege zum seelischen Gleichgewicht als Voraussetzung für die selbstheilende Innenschau -

(Epistola de secretis instrumentis mirabilibus)

"Möge denn das Werk, das in England
fast Jahr für Jahr neue Auflagen erlebt hat,
in dieser Gestalt auch in Deutschland freund-
liche Aufnahme finden und Interesse und Ver-
ständnis für die Mystik weiter ausbreiten."

- H. Meyer-Benfey, *Mystik*, Wandsbek 1987.

"Erzbischof Dyba ist ganz bestimmt ein
erstklassiger Mensch, der auch sagt, was er
denkt. Die Bischöfe müssen wieder offener
sagen, was sie denken und sich mehr trauen.
Unsere Kirchenleute sind manchmal ein biß-
chen zu diskret."

- Otto von Habsburg
Fatima ruft, Kisslegg 1994 (Nr. 131/132) S. 5

Kapitel 1

CHRISTOZENTRISCHE ONTOLOGIE

-Ruf und Antwort im Öffnen für eine innere Realität-

(Daß dieses 'Werk' ein Streben zu Gott ist, in dem der Mensch sich Gott als Wesen zu Wesen darbringt, ohne nach Besonderheiten seiner selbst oder Gott zu fragen.)

"So sagt man in Indien: *Jaya jayatu*!"
= das (spirituelle) Leben ist sieg-
reich

- R. Otto, *West-östliche Mystik*,
Neuausgabe 1994, S. 312

Wenn du also selbst zu Gott kommst, dann überlege nicht lange vorher, was du nachher tun sollst, sondern vergiß ebenso alle guten wie alle üblen Gedanken und bete nicht mit den Lippen, es sei denn aus echtem Antrieb.

Wenn du aber meinst, es doch tun zu müssen, dann überlege nicht erst, wie viel oder wie wenig es sei, und wäge nicht ab, was es ist, noch was es bedeutet, sei es Herzensgebet oder Psalm, Hymne oder Lobgesang, noch irgendein anderes allgemeines oder besonderes Gebet, geistig in Gedanken oder in Worten ausgesprochen.

Und achte darauf, daß nichts in deinem Geist zurückbleibt als das nackte Verlangen, das Gott entgegenstrebt, nicht eingekleidet in irgendeinen besonderen Gedanken über das, was oder wie Gott Selbst an Sich oder in Seinen Werken sein möge, sondern, daß Er ist, wie Er ist. Laß Ihn nur so sein, ich bitte dich, und wolle nichts dazutun. Erlaube deiner Gescheitheit nicht, weiteres an Ihm zu suchen; stehe nur auf dem Grunde deines Glaubens.

Dieses nackte Verlangen, frei gebunden und gegründet allein auf dem Glauben, darf deinem Denken und Empfinden nichts anderes sein als ein nacktes Denken und blindes Empfinden deines eigenen Seins, so als ob du im Innern zu Gott sagtest:

"Das, was ich bin, o Gott, das bringe ich Dir dar, ohne auf irgendeine Besonderheit Deines Seins zu blicken, sondern nur danach, daß Du bist, wie Du bist, ohne irgend etwas Weiteres."

Laß diese demütige Dunkelheit dein Spiegel sein und deine Intelligenz ganz ausfüllen. Füge auch nicht mehr zu dir selbst hinzu als zu Gott, wie ich dich heiße, so daß du mit Ihm eins im Geist als solchem bist, ohne jedes Getrenntsein oder Zerstreutsein der Intelligenz.

Denn eben Er ist dein Wesen, und nicht nur bist du in Ihm nach Ursache und Sein, was du wirklich bist, sondern auch Er ist in dir deine Ursache und dein Wesen.

Daher denke in deinem 'Werk' an Gott, als dächtest du an dich selbst, und an dich selbst, als dächtest du an Gott: Daß Er ist, wie Er ist, und du bist, wie du bist, so daß dein Denken weder zerstreut noch getrennt, sondern in Ihm eins ist, der alles ist - abgesehen natürlich von diesem Unterschied zwischen dir und Ihm, daß Er dein Wesen ist, du aber nicht Seines bist.

Denn wenn es auch so ist, daß alle Dinge nach Ursache und Wesen in Ihm sind und Er aller Dinge Ursache und Wesen ist, so ist Er doch an Sich Selbst nur Seine eigene Ursache und Sein eigenes Wesen.

Denn da nichts ohne Ihn sein kann, so kann Er nicht ohne Sich Selbst sein. Er ist (reines) Sein, Sich Selbst und allem. Und nur darin ist er von allen gesondert, daß Er das Wesen Seiner Selbst und alles anderen ist.

Und darin, daß alle Dinge ihr Wesen in Ihm haben und Er das Wesen aller ist, ist Er der Eine in allem und alles in Ihm.

Auf solche Weise soll dein Denken und Empfinden ungesondert eins mit Ihm werden in der Gnade, und alles wißbegierige Forschen nach der seltsamen Eigenart deines blinden Seins oder des Seinen muß weit fortgewiesen werden.

So nackt muß dein Denken werden und so unbefleckt dein Empfinden, daß du, nackt, wie du bist, durch die Berührung der Gnade in deinem Empfinden nur mit Ihm, wie Er ist, heimlich genährt wirst, aber blindlings und teilweise, wie es in diesem Leben nur sein kann, so daß dein sehnendes Verlangen immer größer wird.

Blicke denn frei auf und sage zu deinem Herrn, mit den Lippen oder nur im Herzen:

"Das, was ich bin, das bringe ich Dir dar, o Herr, denn Du bist es."

Und denke dabei nackt, schlicht und kühn, daß du bist, wie du eben bist, ohne jede Art von Wißbegierde.

Mir scheint, das zu denken oder zu tun ist nicht schwer, nicht einmal, wenn es von einem ungebildeten Menschen, Mann oder Frau, verlangt würde, die im allergewöhnlichsten Menschenwitz lebten.

Und daher muß ich mich manchmal leicht wundern, traurig oder lächelnd, wenn ich manche sagen höre - nicht etwa einfache, ungebildete Leute, sondern Geistliche und Leute von großem Wissen -, daß das, was ich dir oder anderen schreibe, so hoch, so sonderbar und anspruchsvoll wäre, daß es kaum von dem klügsten Geistlichen oder gescheitesten Mann oder Frau verstanden werden könne. So sagen die.

Denen muß ich aber antworten, daß es sehr zu beklagen ist und von Gott und denen, die Ihn lieben, voll Erbarmen bedauert und bitter verurteilt wird, daß heutzutage nicht nur einige wenige, sondern ganz allgemein fast alle - ausgenommen die ein oder zwei Erwählten Gottes im Lande -, so blind sind in ihrem neugierigen Wissen über natürliche und gelehrte Dinge, daß dieses leichte Werk, durch welches des allereinfachsten Menschen Seele wirklich und wahrhaftig in liebender Demut Gott in vollkommenem Erbarmen geeint wird, daß dieses leichte 'Werk' also nicht besser oder auch nur ebenso von ihnen verstanden wird wie das Wissen des größten Geistlichen von den ABC-Schützen in der Schule.

Und aus dieser Blindheit heraus nennen sie irrtümlich solch einfache Lehre anspruchsvoll und seltsam, obgleich sie, richtig verstanden, sich nur als ganz einfache und leichte Lektion für einen einfachen Menschen erweist.

Denn man muß ja wohl den für zu dumm und zu einfach halten, der nicht einmal denken und fühlen kann, daß er selbst ist - nicht, was er ist, sondern d a ß er ist. Das dürfte sogar der dümmsten Kuh oder der unvernünftigsten Bestie zugemutet werden - wenn man das eine für noch dummer oder unvernünftiger erklären könnte als das andere -, daß sie ihr eigenes Vorhandensein fühlen.

Um wieviel mehr ist es dem Menschen, der einzig über allen anderen Tieren mit Vernunft begabt ist, zuzumuten, daß er sein eigenes Dasein denkt und empfindet.

Komm also herunter bis zum niedrigsten Punkt deines Verstandes - den manche Leute für den höchsten halten - und denke auf die einfachste Weise - die für manche schon die klügste ist -, nicht, was du selbst bist, sondern d a ß d u b i s t . Denn um zu denken, was du in allen Einzelheiten bist, dazu bedarf es für dich viel Geschicks zum Lernen und Wissen und viel eingehenden Forschens in deinem natürlichen Verstande.

Das hast du nun mit Hilfe der Gnade lange getan, so daß du teilweise weißt, was du bist, und ich vermute, daß es im Augenblick ganz natürlich für dich ist, das zu wissen: Nämlich, daß du von Natur ein Mensch bist und durch die Sünde ein übelriechender Elender, und wie sehr, daß weißt du wohl auch. Und vielleicht denkst du gelegentlich zu gründlich über all den Schmutz nach, der dem folgt und dem Elenden zufällt. Ich bitte dich, laß es sein! Rühre nicht mehr darin herum, damit es nicht unangenehm riecht.

Um zu denken jedoch, daß du bist, dazu brauchst du nur deine natürliche Unwissenheit und deine Schlichtheit, ohne großes Wissen über natürliche und gelehrte Dinge.

Kommentar:
Wer in der Meditation etwas erreichen will, muß vorerst die Grundlage seines Wesens erforschen. Wenn wir keine Veranlagung, Begabung oder Neigung zur Meditation haben, dann ist ein Abstieg in unsere ontologischen Seelentiefen vorher notwendig. Der ontologische Einstieg in die Quelle-des-Seins ist der Menschheit seit Urzeiten bekannt.

Auch heute sehen wir in den Exerzitien des Hl. von LOYOLA Übungen, die dem Jesuitenorden seine geistige Überlegenheit verleihen.

Nun haben auch Ärzte und Psychologen die heilende Wirkung der Meditation entdeckt. Eine ontologisch fundierte Meditations-Technik ermöglicht einen methodischen Zugang zu den schöpferischen Gaben der Seele.[1)]

Meister ECKHART sagt:

"Alle Dinge und Kreaturen sind an und für sich nichts als ein wesenloser Schein; dasjenige, was in ihnen wirklich und wesentlich ist, ist das Wesen, das Wort" (325, 4 - 321, 11).

Und die Gita sagt in Kap. X:
"Die Gottheit hat alle Dinge in sich; aber in einem Wesen, ungeteilt. Insofern Gott in allen Dingen ist, ist er aller Seelen Seele. Er ist aller Naturen Natur, weil er aller Naturen Natur an sich hat, und zwar ungeteilt; er ist das Sein der Seienden. Er hat alle Dinge verborgen in sich; jedoch nicht dieses oder jenes bestimmte Ding, sondern als Einheit in Einheit."

Kapitel 2

SCHÖPFERISCHE PASSIVITÄT

-Empfänglich werden für die Gnade Gottes-

(Auf welche Weise der Mensch Gott sein Sein darbieten soll und, im besonderen, daß er mit dem 'eifrigen' Meditieren aufhören muß.)

> "Liebe kann weiter gehen als Verstehen;
> denn die LIEBE tritt mit DEMUT ein, wo das
> nur-Wissen vor der Tür bleibt. Wir lieben GOTT
> in seinem Heiland, weil wir Gott-als-Wesen
> nicht sehen."
>
> Eriugena, Zit. nach Pater Benet v. Canfield in
>
> "Erigena und der Neuplatonismus" in Herm. Dorries
> *Zur Geschichte der Mystik*, Tübingen 1925
>
> Neuauflage 1994

Deshalb bitte ich dich, es nicht jetzt, in diesem Fall, zu tun; denke nur einfach, daß du bist, wie du bist, zumal du ja vorher, wie ich annehme, rechtmäßig von all deinen Sünden im allgemeinen und besonderen nach dem wahren Rat der heiligen Kirche absolviert worden bist, denn andernfalls dürftest weder du noch sonst jemand auf meinen Rat hin so verwegen sein, dieses 'Werk' zu übernehmen.

Wenn du jedoch das Gefühl hast, getan zu haben, was du konntest, dann kannst du dich ihm widmen. Und wenn du dich trotzdem immer noch so lasterhaft und so elend fühlst, daß du aus Überdruß über dich nicht weißt, was du mit dir anfangen sollst, dann heiße ich dich, folgendes zu tun:

Nimm den guten gnädigen Gott, wie Er ist, frank und frei als Pflaster und lege es auf dein krankes Ich. Oder, um es anders auszudrücken: Hebe dein

krankes Ich auf, wie es ist, und versuche, durch sein Verlangen den guten, gnädigen Gott, wie Er ist, zu berühren, denn solche Berührung ist endlose Gesundheit, wie die Frau im Evangelium bezeugt, die sagte:
"Möchte ich nur sein Kleid anrühren, so würde ich gesund." (Matth. 9, 21.)

Um wieviel mehr wirst du dann geheilt werden von deiner Krankheit durch diese hohe himmlische Berührung Seines eigenen Seins.

So stehe denn auf und koste von dieser Arznei. Hebe dein krankes Ich, wie du bist, auf zu dem gnädigen Gott, wie Er ist, ohne jede wißbegierige oder besondere Betrachtung all dessen, was zu deinem oder Gottes Wesen gehört, ob es rein oder elend, gnädig oder natürlich, göttlich oder menschlich sei.

Im Augenblick geht dich nur das Eine an: Daß das blinde Bewußtsein deines nackten Seins freudig emporgehoben wird in den Liebeswillen, in der Gnade und im Geist, daß es an das kostbare Sein Gottes, wie Er an Sich ist, geknotet und mit Ihm eins würde, nichts sonst.

Und wenn auch dein eigenwillig forschender Verstand an dieser Handlungsweise keine Nahrung findet und daher dauernd unwillig von dir fordert, dieses 'Werk' zu lassen und lieber etwas Gutes nach seinem Ermessen zu tun - ihm scheint ja, daß es nichts wert ist, was du tust, weil er darin nicht Bescheid weiß -, so würde ich es darum umso mehr lieben, denn eben dadurch scheint es mehr wert zu sein, als er es ist.

Und warum sollte ich es nicht umso mehr lieben? Gibt es doch kein anderes 'Werk', das ich tun könnte oder das in der Wißbegierde meiner körperlichen und intellektuellen Sinne gewirkt werden könnte, das mich Gott so nahe brächte und der Welt so entfernte, als es eben dieses nackte, kleine Empfinden und Darbringen meines blinden Seins tut!

Mag darum gleich dein Verstand in diesem 'Werk' keine Nahrung finden und dich deshalb von ihm fort haben wollen: Sieh zu, daß du ihm nicht nachgibst, sondern sei sein Herr. Fall nicht dahin zurück, ihn wieder zu füttern, und wenn er sich noch so verrückt gebärdet. Du fällst aber in dieses Füttern deines Verstandes zurück, wenn du es duldest, daß er in den verschiedenen wißbegierigen Meditationen nach den Eigenheiten deines Seins forscht.

Wenn solche Meditationen auch gelegentlich sehr gut und sehr nützlich sind, so sind sie doch im Vergleich zu diesem blinden Empfinden und Darbringen deines Seins voller Vielfalt und lenken von der Vollkommenheit des Einsseins ab, das zwischen Gott und deiner Seele sein sollte.

Daher halte dich vor allem in der obersten Spitze deines GEISTES, die dein Wesen ist, und fall um nichts davon zurück, auf daß dein Verstand dich lenken möchte, und scheine es noch so heilig und gut zu sein.

Kommentar:
In jeder Seele wohnt die Sehnsucht nach einer Erfahrung-mit-Mysterien. Die katholische Kirche schenkt uns diese wertvolle Erfahrung in der Feier der Liturgie. Jede Mysterienfeier besitzt eine geheimnisvolle Wirklichkeit. Wo keine Mysterien gefeiert werden, wird die Psyche unentlastet und krank.

Der moderne Mensch, allem Rationalismus zum Trotz, leidet an einer Isolierung im psychischen Binnenraum. Der Durchbruch durch diesen Binnenraum fordert eine Selbst-Integration. In Indien hat sich der methodische Zugang zur Selbst-Integration zu jener inneren Disziplin verdichtet, die unter dem Namen Yoga überall bekannt geworden ist.

Was also geschieht im Yoga? Was sollen wir tun? "Sich-öffnen!" antwortet der Yogi Sri AUROBINDO. Das ist der erste Grundakt im integralen Yoga.

Der zweite Grundakt lautet: Beiseite treten! "Du hast selbst nicht zu kämpfen, als wenn die Verantwortung deine wäre oder das Ergebnis von deiner Anstrengung abhinge. Ein Mächtigerer als du ist am Werke."

Durch diese Einstellung erfährt man eine grundlegende Wandlung. Die gewandelte Psyche erfährt sich selbst wie einen Zeugen. Man steht jetzt über dem Vorgang von Konflikten, Schicksalsschlägen, Enttäuschungen, erlittenem Getroffensein. Erst jetzt kann die Suche nach dem Göttlichen beginnen; vorher ist die Psyche nicht mal Herr im eigenen Hause.

Kapitel 3

SELBST-ENTSAGUNG ALS THERAPIE

- Die Heilkräfte des seelischen Gleichgewichts -

(Daß dieses 'Werk' von der Heiligen Schrift angeordnet ist und daß in ihm alle Pflichten, besonders die der Nächstenliebe, vollauf befolgt werden.)

"So muß das Eine allein in der Seele sein."

- der Frankfurter (= *Theologia Deutsch*; erstmals von Luther herausgegeben); Belegstellen bei Herm. Mandel: *Quellenschriften zur Geschichte des Protestantismus*, Bd. VII, Leipzig1908.

Folge dem Rat und der Lehre SALOMOS, der zu seinem Sohn sagte:

"Ehre den HERRN von deinem Gut und von den Erstlingen all deines Einkommens, so werden deine Scheuern voll werden und deine Kelter mit Most übergehen." (Spr. 9, 10.)

Dies sagte SALOMO leiblich zu seinem Sohne, als spräche er es zu deinem Verständnis, wie ich in seiner Person geistlich zu dir sage:

"Du (geistlicher) Freund in Gott, sieh zu, daß du alles wißbegierige Forschen deines natürlichen Verstandes läßt; verehre Gott, deinen Herrn, mit deiner Substanz, indem du Ihm einfach und ganz allein dein Ich darbringst, alles, was du bist und wie du es bist, aber allgemein und nicht im besonderen - d.h. ohne besonders Bezug zu nehmen auf das, was du bist -, so daß deine Schau nicht ablenkt, noch dein Empfinden befleckt werde, was dich weniger Eins werden ließe mit Gott in der Lauterkeit des GEISTES.

Und mit den ersten deiner Früchte speise die Armen: D.h. mit den ersten deiner geistlichen und körperlichen Eigenschaften, die mit dir aufgewachsen sind vom ersten Anfang deines Werdens bis auf diesen Tag, alle die natürlichen und die Gnadengaben, die Gott dir jemals gab."

Ich nenne das deine Früchte, womit du körperlich und geistig alle, die deine Brüder und Schwestern entweder natürlich oder nach der Gnade sind, ebenso pflegen und nähren mußt, als wärst du es selbst. Die erste dieser Gaben nenne ich die erste deiner Früchte.

Die erste Gabe jedes Geschöpfes ist sein bloßes Sein. Denn wenn es auch so ist, daß deine Eigenschaften so fest an dein Sein gebunden sind, wie sie untereinander untrennbar sind, so hängen sie doch alle an ihm, und es kann daher wirklich die erste deiner Gaben genannt werden.

Somit ist also dein Sein die erste deiner Früchte. Denn wenn du einmal die wißbegierige Betrachtung deines Herzens sich auf etliche oder alle die feinen Eigenschaften oder würdigen Zustände ausbreiten läßt, die zum Sein des Menschen gehören - der das edelste Wesen unter allem Geschaffenen ist -, dann wirst du stets finden, daß der Punkt und das Ziel deiner Betrachtung dein nacktes Sein ist. Als ob du so in dir selbst in jeder einzelnen deiner Beobachtungen sagtest, durch eben diese Betrachtung zur Liebe und zum Preise Gottes bewegt, der dir nicht nur gab zu sein, sondern so edel zu sein, wie die Eigenschaften deines Seins bezeugen:

"Ich bin; ich sehe und fühle, daß ich bin. Und nicht nur bin ich, sondern ich bin so und so und so"; und dann zählst du in deiner Betrachtung alle Eigenschaften deines Seins im besonderen auf. Und dann - was mehr ist als all dieses -, wickele all dieses zusammen und sage:

"Daß ich bin und wie ich durch Natur und durch die Gnade bin, alles, was ich habe, ist von dir, HERR, und ist Du. Und alles bringe ich Dir dar, in erster Linie zu Deinem Preise, zum Nutzen all meiner Mitchristen und meiner selbst."

Und daraus magst du ersehen, daß das erste und der Zentralpunkt dessen, was du erkennst, höchst substantiell in der nackten Schau und dem blinden Empfinden deines eigenen Seins beschlossen ist. Daher ist lediglich dein Sein deine Erstlingsfrucht.

Aber wenn auch dies die erste aller deiner Früchte ist und alle anderen Früchte daran aufgehängt sind, dann bringt es jetzt in diesem Fall doch keinen Vorteil, deine Betrachtung in eine oder alle diese besonderen Eigenschaften dessen einzuwickeln oder zu kleiden, das ich deine Früchte nenne und an dem du die ganze Zeit vorher gearbeitet hast.

Jetzt mußt du dir daran genügen lassen, Gott ganz mit deiner Substanz anzubeten und damit dein nacktes Sein, deine Erstlingsfrucht, darzubringen als ständiges Opfer zu Seinem Preise für dich und alle anderen, wie es die Nächstenliebe erfordert, und nicht mit irgendeiner Eigenschaft oder Besonderheit bekleidet, die irgendwie zu deinem Sein oder dem der anderen gehören mag, als ob du damit der Not abhelfen, das Tempo der Vollkommenheit beschleunigen oder ihre Fülle steigern wolltest, sei es für dich oder einen anderen. Laß das sein!

In diesem Falle geht das wirklich nicht. Denn solch ein blindes, ganz allgemein gehaltenes Betrachten nützt der Vervollkommnung deiner selbst und aller anderen in der Lauterkeit des GEISTES mehr als jede Sonderbetrachtung, die irgend jemand anstellen kann, scheine sie noch so heilig zu sein.

Dies ist die Wahrheit, bezeugt in der Heiligen Schrift durch das Beispiel CHRISTI und durch die lebendige Vernunft. Alle Menschen gingen in ADAM verloren, weil er von der Liebe abfiel, die ihn Gott einte; und alle, die mit ihrem Werk, je nachdem sie berufen wurden, ihren Wunsch nach Erlösung bezeugen, werden kraft des Leidens des einen CHRISTUS erlöst, der Sich Selbst im wahrsten Sinne zum Opfer brachte, und zwar ganz allgemein und nicht im besonderen, d.h. ohne besonderen Blick auf irgendeinen Menschen, sondern ganz allgemein für alle.

Und einer, der sich wahrhaft und vollkommen allen aufopfert in ganz allgemeiner Absicht, tut genauso alles, was er kann, um alle Menschen ebenso wirksam an Gott zu knüpfen, wie er selbst es ist. Und größere Nächstenliebe kann niemand üben, als sich selbst für alle seine Brüder und Schwestern zu opfern.

Denn da die Seele mehr wert ist als der Leib, so ist es besser, durch die himmlische Nahrung der Nächstenliebe die Seele an Gott - ihr Leben - zu knüpfen als durch irdische Nahrung den Körper an die Seele - sein Leben - zu heften.

Dieses ist an sich wohl gut, aber ohne das andere ist es niemals wohlgetan. Geschieht dies eine und das andere auch: Umso besser; das andere aber ist an sich das Beste. Und dieses eine verdient an sich nicht die Erlösung; aber auch, wo der Nahrung Fülle mangelt, verdient das andere an sich schon nicht nur die Erlösung, sondern führt zur höchsten Vollkommenheit.

Kommentar:

Die wahre Erkenntnis der Seele besteht darin, daß man die Täuschung des 'falschen' Ego überwindet. Das Wesen erkennt sich deshalb nicht als das, was es *per se* ist, weil es sich wirklich für etwas hält, was es nicht ist.

Die altindischen Veda-Schriften sagen:

"Es ist notwendig, daß du die Beziehungen zu dieser als Wahrheit erscheinenden Täuschung der Eigenheit, die du dir eingebildet und an dein Herz gebunden hast, aufgibst und ohne Beziehung und, ohne dein Herz an diese gebunden zu haben, dich lossagst von allen Handlungen, Freuden und Genüssen, die du begehrst.

Die Welt und die Schätze, aus was und von wem werden sie? Man sieht, daß sie von einem zum anderen kommen. Und wenn du nicht Herr über diese Auffassung und diesen Zustand sein solltest, so wisse, daß Name und Gehalt in Atman (= Seele) sind und daß außer Atman nichts besteht."[2)]

Kapitel 4

GOTTESVEREHRUNG IST SELBSTERFORSCHUNG

- Von Randzentriertheit zu Kernzentriertheit -

(Daß einer, der in diesem 'Werk' steht, keine besondere Überlegung über die Eigenschaften Gottes oder seiner selbst anzustellen braucht.)

> "So sah auch die hl. Gertrud in einer ihrer symbolischen Visionen eine dichte Hecke zwischen sich und dem Heiland .... (errichtet)."
>
> *Zur Psychologie der mystischen Persönlichkeit*, u. b. B. Gertruds der Großen (Nonne in Helfta, 1256 - 1311) Berlin 1921.

Jetzt trägt es nicht mehr zur Steigerung deiner Vollkommenheit bei, wenn du zurückkehrst, um deinen Verstand zu füttern, wie du es mit der Betrachtung der Eigenschaften deines Seins tun würdest, etwa um dadurch dein Streben mit liebendem Empfinden zu Gott und geistlichen Dingen zu füttern und anzufüllen und dein Denken mit geistlicher Weisheit und heiligen Meditationen auf der Suche nach der Erkenntnis Gottes.

Denn wenn du dich nur immer in jenem ersten Punkt deines GEISTES hältst, jenes nackte, blinde Empfinden deines eigenen Seins Gott aufzuopfern, diese Erstlingsfrucht: Dann darfst du sicher sein, daß auch der zweite Teil der Lektion SALOMONIS wirklich erfüllt werden wird, wie er verspricht, ohne daß du dich darum bemühst in wißbegierigem Forschen und Wühlen mit deinem geistlichen Verstehenwollen unter all den Eigenschaften, die nicht nur zu deinem eigenen, sondern auch zu Gottes Sein gehören.

Denn begreife wohl: In diesem 'Werk' wirst du nicht mehr von den Eigenschaften von Gottes Sein zu sehen bekommen als von deinem eigenen.

Denn was das Ewigwährende - Gott - anbelangt, so gibt es keinen Namen, kein Empfinden, kein Betrachten, das Ihm näher käme - oder auch nur ebenso nah -, wie das, was man haben, sehen und empfinden kann in der blinden und liebenden Betrachtung des einen Wörtchens 'ist'.

Denn wenn du sagst 'gut' oder 'wunderbarer Herr' oder 'süß', 'gnädig', 'gerecht', 'weise' oder 'allwissend', 'allmächtig' oder 'Weisheit', 'Macht' oder 'Kraft', 'Liebe' oder 'Erbarmen' oder was du sonst derartiges über Gott sagst: All das ist enthalten und verborgen in diesem kleinen Wörtchen 'ist'. Denn für ihn bedeutet es nur 'zu sein', während all das andere sich auf eben dieses 'Sein' bezieht.

Und wenn du hunderttausend solcher schönen Worte anwendest, wie 'gut', 'schön' und all die andern, dann kommst du doch damit nicht von dem kleinen 'ist' weg. Und mit allem, was du sagst, fügst du ihm nichts hinzu, und wenn du nichts von all diesem sagst, dann nimmst du ihm damit nichts.

Darum sei so blind in deinem liebenden Betrachten von deines Gottes Sein wie in dem nackten Betrachten deines eigenen Seins, ohne jedes wißbegierige Forschen deines Verstandes nach irgendwelcher Eigenschaft, die zu Seinem oder deinem Sein gehören könnte.

Sondern laß alle Wißbegierde sein und weit hinter dir und bete mit deiner Substanz an, mit allem, was du bist, wie du bist, ganz Ihn, wie Er ist, der allein, an Sich, das selige Sein Seiner Selbst ist, aber auch das deine.

Und so sollst du, auf eine wunderbare Weise verknüpft, Gott mit Sich Selbst anbeten. Denn das, was du bist, das hast du von Ihm, und es ist eben Er. Zwar hast du deiner substantiellen Schöpfung nach einen Anfang, und doch ist dein Sein immer ohne Anfang in Ihm gewesen und wird es immer sein, ohne Ende, wie Er Selbst es ist.

Und darum rufe ich dir immer wieder zu:
"Bete Gott mit deiner Substanz an und zum Segen aller, die Menschen sind. Speise die Armen mit deinen Erstlingsfrüchten, dann werden deine Scheuern gefüllt sein."

Das heißt, dann wird dein geistliches Streben angefüllt sein mit der Fülle der Liebe und des Entzückens in Gott, der Grund und Lauterkeit deines GEISTES ist.

"Und deine Kelter wird vom Most übergehen." Das heißt, dein geistliches Verstehen, das du anzustrengen und zusammenzupressen pflegst durch allerlei wißbegierige Meditationen und vernünftige Untersuchungen darüber, wie Gott und du selbst durch die Betrachtung Seiner und deiner Eigenschaften zu erkennen seien, es "wird mit Most übergehen".

Unter diesem Most aber versteht die Heilige Schrift wirklich und symbolisch die geistliche Weisheit in der Komtemplation und dem hohen Hauch der Gottheit. Und all dieses wird plötzlich, freudig und gnädig geschehen, ohne deine eigene Arbeit oder Geschäftigkeit, nur durch das Mitwirken von Engeln, kraft dieses blind liebenden 'Werks'. Denn aller Engel Erkenntnis steht in seinem besonderen Dienst, wie Mädchen in dem ihrer Herrin.

Kommentar:
Die Anbetung Gottes soll dazu helfen, daß man nie vergißt: 'Das höchste Wesen ist auch mein Kern'. Diese Anbetung schließt Opfer, Gaben, Askese, Ritual, Gebet, Meditation u.a. in sich.

Die Methode, alle Hindernisse zu überwinden, die uns bei der Versenkung begegnen, ist, dem Geist-Gemüt zu verbieten, bei ihnen zu verharren. Sammle das Gemüt auf das Es in dem Ich, das du im Herzen findest.

Die randzentrierten Philosophen behaupten manchmal, daß Gott existiert; diese Art von 'Gotteserkenntnis' ist aber mittelbar.

Die kernzentrierten Mystiker verkünden, daß sie die Wirklichkeit Gottes in den Tiefen ihrer Seele erlebt haben; ihr Erkennen ist unmittelbar, also p u r n a s t i s c h. (Siehe mein I n d i s c h e W e i s h e i t u n d d a s A b e n d l a n d, Verlag Anton Hain, 1965).

Der Yoga kennt eine Übung, genannt D h y a n e n a V i s h n u - b h u t a m. Diese Übung hat eine sehr tiefe psychologische Bedeutung. Mit Hilfe des unentwegten Darandenkens (Dhyanena) wird der Anbetende das, was er anbetet. Durch intensives Beten ('Darandenken') schafft man eine Realität s u i g e n e r i s. Im Darandenken entfaltet sich die Substanz des Denkgegenstandes, und diese wächst, je länger und intensiver das denkende Brüten über sie dauert, bis zur vollen Realität.

Kapitel 5

DIE VERBORGENE WEISHEIT SALOMOS

- Vom Intellekt zur Intuition -

(Daß in diesem 'Werk' die ewige Weisheit, das Wort Gottes, in des Menschen Seele hinabsteigt und diese sich Selbst eint und von den guten Wirkungen, die dem folgen.)

"Das innere Antlitz empfängt sein
Licht von der höchsten Leuchte."

- SEFER ha SOHAR;
Die Elemente der Kabbalah,
Schikowski, Berlin; o.J.
zit. v. Fr. WEINREB in einem Brief aus
Zürich a. d. Autor

In der dringenden Empfehlung dieses holden, subtilen Wirkens, das selbst die hohe Weisheit der Gottheit ist, die gnädig in des Menschen Seele hinabsteigt, um sie geistlich an sich zu knüpfen und mit sich eins zu machen im GEIST, bricht der weise SALOMO in die Worte aus:

"Wohl dem Menschen, der Weisheit findet, und dem Menschen, der Verstand bekommt! Denn es ist besser, sie zu erwerben als Silber; und ihr Ertrag ist besser als Gold."

Und:
"Mein Kind, laß sie nicht von deinen Augen weichen, so wirst du glückselig und klug werden. Das wird deiner Seele Leben sein und ein Schmuck deinem Halse. Dann wirst du sicher wandeln auf deinem Wege, daß dein Fuß sich nicht stoßen wird. Legst du dich, so wirst du dich nicht fürchten, sondern süß schlafen, daß du dich nicht fürchten darfst vor plötzlichem Schrecken, noch vor dem

Sturm der Gottlosen, wenn er kommt. Denn der Herr ist dein Trotz; der behütet deinen Fuß, daß er nicht gefangen werde." (Spr. 3, 13-14, 21-26)

Für dich übersetzt: Der ist ein seliger Mann, der diese einigende Weisheit findet und sie in seinem geistlichen Wirken mit dieser liebenden Feinheit und Klugheit des GEISTES anwendet, indem er das blinde Empfinden seines eigenen Seins zum Opfer bringt und alles natürliche und gelehrte Wissen weit hinter sich läßt. Diese geistliche Weisheit und dieses subtile Wirken zu erwerben, ist besser, als Gold und Silber zu gewinnen.

Unter Gold und Silber ist hier alles andere physische und geistliche Wissen zu verstehen, das durch das wißbegierige Forschen und Arbeiten unseres natürlichen Verstandes unter uns, in uns oder selbst mit uns erworben wird im Betrachten irgendeiner der Eigenschaften, die zum Wesen Gottes oder irgendeines erschaffenen Etwas gehören. Er gibt auch die Ursache an, weshalb es besser ist, indem er sagt: "... denn seine Früchte sind die ersten und reinsten."

Kein Wunder, denn die Frucht dieses Wirkens ist ja eben die hohe geistliche Weisheit, die der GEIST plötzlich und frei in sich selbst aufsteigen läßt, ungestaltet und weit entfernt davon, Phantasie zu sein und durch das Wirken des natürlichen Verstandes unmöglich zu erringen, noch daß es überhaupt in dessen Bereich fällt.

Dieser natürliche Verstand, mag er auch noch so fein oder so heilig sein, kann im Vergleich dazu nur erdichtete Torheit, gestaltet von der Phantasie, genannt werden; von der Gewißheit, die die geistliche Sonne vermittelt, ist er so weit entfernt wie die Dunkelheit des Sternlichts in einer nebligen Mittwinternacht von der Helle des Sonnenlichts zur hellsten Stunde eines Mittsommertages.

Er sagt weiter: "Mein Sohn, halte dieses Gesetz und diesen Rat", in der alle Gesetze und Ratschläge sowohl des Alten wie des Neuen Testaments wahrhaft und vollkommen erfüllt sind, ohne jede besondere Beachtung eines einzelnen. Und nicht anders ist diese Art des Wirkens ein Gesetz genannt, weil es in sich alle Zweige und Früchte des Gesetzes enthält. Denn wenn man es weise betrachtet, dann erkennt man, daß sein Grund und seine Kraft nichts anderes ist als das herrliche Geschenk der Liebe, in der nach der Lehre des Apostels das ganze Gesetz sich erfüllt: 'So ist nun die Liebe des Gesetzes Erfüllung' (Röm. 13, 10).

Und wenn du dieses liebende Gesetz und diesen lebendigen Rat einhältst, dann werden sie, wie SALOMO sagt, "deiner Seele zum Leben gereichen": Innerlich in der Sanftmut deiner Liebe zu Gott, '... und zur Anmut deiner Wangen': Äußerlich, indem sie dich dein Verhalten zu deinen Mitchristen lehren und es auf das Schönste regieren. Nach Christi Lehre aber hängen in diesen beiden, dem einen innen und dem andern äußerlich, 'das ganze Gesetz und die Propheten' (Matth. 22, 14).

Wenn du daher auf solche Art in deinem Wirken vollkommen geworden bist, innerlich und äußerlich, dann wirst du zuverlässig in der Gnade gegründet sein, diesem Führer auf deinem geistlichen Pfade, und liebend dein nacktes, blindes Sein zum seligen Sein deines Gottes aufheben, die beide nur eines sind in der Gnade, wenn auch von Natur verschieden.

"Und der Fuß deiner Liebe wird nicht straucheln." D.h., von der Zeit an, in der du den Beweis deines geistlichen 'Werks' in der Beständigkeit des GEISTES erhalten hast, wirst du nicht mehr so leicht wie zu Anfang verlassen und von den wißbegierigen Fragen deines klugen Verstandes zurückgezogen werden.

Oder auch: Dann wird der Fuß deiner Liebe weder straucheln noch fehltreten in irgendeiner Art Phantasie, die das wißbegierige Forschen deines Verstandes hervorbringt.

Denn in diesem 'Werk' ist ja, wie erwähnt, alles wißbegierige Forschen irgendwelcher natürlicher Sinne weit hinter dir geblieben und völlig vergessen aus Sorge, Phantasie oder Erfindung könnten mitsprechen und das nackte Empfinden deines blinden Seins in diesem Werk beflecken und dich aus der Würde des 'Werks' fortziehen.

Denn sollte irgendein besonderer Gedanke an irgendetwas anderes als nur dein nacktes Sein - das Gott ist und dein Ziel - dir in den Sinn kommen, dann bist du bereits fort und zum Wirken in der Raffiniertheit und Wißbegierde deines Verstandes zurückgezogen, und du und deine Intelligenz sind bereits von dir und deinem Gott abgelenkt und getrennt.

Daher bewege dich ganz und unabgelenkt so weit vorwärts, als dir durch die Gnade und die Freiheit deiner geistlichen Beständigkeit möglich ist.

In dieser blinden Betrachtung deines nackten, somit Gott geeinten Seins, wie ich dir sagte, solltest du alles tun, was du auch unternimmst: Essen und trinken, schlafen und wachen, gehen und sitzen, sprechen und schweigen, liegen und aufstehen, stehen und knien, laufen und reiten, arbeiten und ruhen.

Dies alles sollst du jeden Tag Gott darbringen als das Kostbarste, was du opfern kannst, und es soll die Hauptsache all dessen sein, was du tust, und in allem, was du tust, sei es aktiv oder kontemplativ.

SALOMO sagt: "In diesem Ur-Schlaf" - nämlich in diesem Betrachten, fern von all dem Lärm und dem Aufruhr des bösen Feindes, der falschen Welt und dem gebrechlichen Fleisch - "sollst du keine Gefahr fürchten", noch einen Trug des Feindes. Denn in diesem 'Werk' ist er verwirrt und geblendet von einer quälenden Unkenntnis und einem irren Verlangen zu wissen, was du tust. Das macht aber nichts, denn "du sollst gnädiglich ruhen" in diesem liebenden Einssein Gottes und deiner Seele, "und dein Schlaf soll sehr sanft sein", denn er wird geistliche Nahrung und innere Kraft für Leib und Seele sein.

Bald darauf sagt SALOMO: "Denn sie sind das Leben denen, die sie finden, und gesund ihrem ganzen Leibe."

Denn da alle Krankheit und Verderbnis das Fleisch befiel, als die Seele von diesem 'Werk' abließ, so wird dem Fleisch auch alle Gesundheit wiederkehren, wenn die Seele durch die Gnade JESU - denn Er ist dabei der Hauptwirkende - sich zu demselben 'Werk' wieder erhebt. Das kannst du aber nur durch die Gnade JESU und deine liebende Zustimmung erhoffen.

Daher bitte ich dich mit SALOMO in diesem Vers, daß du fest in diesem 'Werk' stehen mögest und Ihm immerzu deine Zustimmung in freudiger Liebe hinaufreichst.

Und laß dich keine unruhige Angst anfallen, auch nicht, wenn der Feind mit einem plötzlichen Schrecknis kommen sollte, wie er es tun wird, und an die Mauern des Hauses, in dem du sitzst, stößt und schlägt oder wenn er irgendeinen seiner bösen Geister bewegt, sich zu erheben und dir plötzlich und ohne Warnung zu erscheinen.

Du mußt wissen, daß, wer du auch seist, der du dir vorgenommen hast, ernstlich in diesem 'Werk' zu arbeiten, du etliche erstaunliche Dinge wirklich sehen und empfinden oder auch riechen, fühlen oder hören wirst, die der Feind in etwelchen deiner fünf äußeren Sinne fabrizieren wird. Das alles geschieht, um dich von der Höhe dieses kostbaren Wirkens herabzuziehen.

Faß dir also ein Herz in der Zeit solcher Folter und stütze dich in vertrauender Fröhlichkeit auf die Liebe unseres Herrn. "Denn unser Herr wird dir zur Seite sein, nah und bereit, dir zu helfen, und Er wird deinen Fuß bewahren (d.h. den Aufstieg deiner Liebe, durch die du zu Gott strebst), so daß du von keiner Klugheit, noch Arg deiner Feinde überkommen wirst", des Feindes und derer, die ihm folgen, die Welt und dein Fleisch.

Schau, mein Freund, so wird unser HERR, unsere Liebe, machtvoll, weise und gütig all denen zu Hilfe eilen, sie bewahren und verteidigen, die aus dem liebenden Vertrauen, das sie zu Ihm haben, vollkommen darauf verzichten, sich selbst zu schützen.

Kommentar:
Das Ziel des Erkennens ist das ewige Wort; Erleuchtung und Logos sind ein und dasselbe.

Meister ECKHART sagt: "Dadurch, daß die Selbsterkenntnis ins Dasein tritt, wird die Gottheit als Vater und Sohn zugleich offenbar, und deshalb kann der Vater auch als ein Geschöpf bezeichnet werden, das sich selber geschaffen hat. Im Akte des Sicherkennens setzt sich das Selbst als sein eigenes Objekt, und indem es sich selbst als ein anderes sich selber vorstellt, unterscheidet es sich von diesem anderen als von einem anderen Selbst." (580, 13; 534, 18).

Dadurch aber wird im 'Sohne' (= Psyche) die Vorstellung der Eigenheit und Gesondertheit (= j i v a, Ego) geschaffen, die immer mehr zunimmt, je mehr der Mensch randzentriert wird, bis er endlich, auf der niedersten Stufe angekommen, ganz seine göttliche Wesenheit und deren Einheit mit Gott vergißt.

Nun muß er erst über den Weg der Evolution aufwärtsklimmen; wenn er alle Vorstellung von 'als-Ego-für-sich-sein' (= a h a m k a r a) überwunden hat, wird er wieder zum Allbewußtsein, zum alles erkennenden Wesen (= in Christo).

Und die Gita (fast die 'Bibel' der heutigen Hindus) sagt: "Wer Mich (= Gott), den Ungeborenen, Anfanglosen, den mächtigen Herrn der Welten, kennt, der ist unverblendet unter den Sterblichen und von allen Sünden befreit. Wer diese meine Selbstentfaltung und Energie wahrheitsgemäß erkennt, der hat die Einheit-des-Seins durch seine Ergebung in (Gott) erlangt."[3)]

Das Wort 'Schlaf' ist in der universalen Seelenheilkunde von großer Bedeutung - je nach dem Kontext. Jeder kennt den Schlaf, ob mit oder ohne Träume, den wir Nacht für Nacht mit dem Wort 'schlafen' bezeichnen - allerdings erst nachdem wir wieder aus dem Schlaf aufgewacht sind.

Aber Träumen im eigentlichen Sinne setzt Schlaf oder schlafen voraus. Deswegen ist es denkbar, daß der Mensch auch im Wachzustand träumt, wenn dieser von uns allen subjektiv empfundene Wachzustand lediglich eine Art von Träumen im Wachzustand sein sollte. In dem Falle muß es eine Art von Ur-Schlaf geben, der unserem Wachzustand eigentlich zugrunde liegt.

So räsonierte der Buddha, daß viele Menschen Verträge abschließen, heiraten oder sich heiraten lassen, ohne sich dabei gewahr zu sein, ob das alles nicht in einem Zustand von Pseudo-Schlaf stattfindet. Denn alle Ereignisse, wobei das Subjekt dieser Ereignisse nicht 100 %ig sichergestellt werden kann, sind zwar - obschon kein Traum - einem Traume ähnlich.

Diese Traumähnlichkeit des Wachzustandes setzt unabdingbar einen noch tiefer liegenden Schlafzustand als den alltäglichen Schlaf voraus. Diesen Zustand nennen Mystiker aller Richtungen den Ur-Schlaf, womöglich die Schwelle zu der "Nacht Shivas", die "heller als 1000 Sonnen ist"; eine Vorstufe zu dem, wodurch der Buddha sich berechtigt fühlte, sich selbst als der Erwachte zu bezeichnen:

> "O Welt erwache!
> Als vollkommen Erwachter spreche ich zu dir."

(Siehe auch *Leopold Ziegler* und seine Schule der Weisheit,
damals in Wiesbaden.)

Kapitel 6

RELIGIONSPSYCHOLOGISCHE AUSGLEICHSMECHANISMEN

- Entartung des Selbstbewußtseins im Spiegel der Seele -

(Daß die Seele sich Gott ganz geben muß, der für sie sorgen wird; mit einer Warnung an die, welche dieses 'Werk' kritisieren möchten.)

> "Unser Glück liegt in der Hingabe
> an die göttliche Umarmung."
>
> - Jan van RUYSBROECK, 1294 - 1381.
> *Die Zierde der geistlichen Hochzeit*,
> Aus d. Flämischen von W. Verkade, Mainz 1922;
> Werke IV, 56, 8 f; 'von 7 Stufen der Minne'
> Kap. XIV. Neuausgabe 1993.

Aber wo wird solch eine Seele zu finden sein, die so freiwillig im Glauben gegründet und gebunden ist, so vollkommen demütig geworden in der Vernichtung ihrer selbst und liebend geführt und genährt in der Liebe unseres Herrn, in voller Erkenntnis und Empfindung Seiner Allmacht, Seiner unerkannten Weisheit und Seiner herrlichen Güte, da denn eine liebende Seele niemals echter demütig wurde als in der ganzen Vernichtung ihrer selbst?!

Für diese edle Selbstvernichtung in wahrer Demut und diese hohe Bindung an Gott in vollkommener Nächstenliebe verdient sie, daß Gott - in dessen Liebe sie so tief hinabgetaucht ist in vollkommenem und endgültigem Verzicht auf sich selbst als nichts und weniger als nichts, wenn es das gäbe -, daß Gott ihr machtvoll, weise und gütig zu Hilfe eilt, sie bewahrt und gegen alle körperlichen und geistlichen Widrigkeiten verteidigt, ohne eigene Arbeit oder Geschäftigkeit, Obacht oder Sorge.

Laßt eure menschlichen Einwände dagegen, ihr nur halbdemütigen Seelen, und sagt nicht aus eurer rationalen Überlegung heraus, daß solch ein demütiger äußerster Verzicht eines Menschen darauf, sich selbst zu schützen - wenn er sich so von der Gnade berührt fühlt -, ein Versuchen Gottes sei, weil euer Verstand euch sagt, daß ihr selbst das nicht wagen würdet.

Nein, seid zufrieden mit eurem Teil, denn er reicht aus, um eure Seelen auf ihrer aktiven Stufe zu retten, aber laßt die kontemplativen Seelen in Ruhe, die es wagen. Denkt nicht lange über deren Worte und Werke nach und wundert euch nicht darüber, wenn ihr meint, sie überschritten den normalen Gang und das normale Urteil eurer Vernunft.

Schämt euch lieber! Wie oft werdet ihr noch lesen und hören und doch nicht glauben?! Ich meine die Dinge, die alle die Kirchenväter längst geschrieben und uns gelehrt haben, die Dinge, die Blüte und Frucht aller heiligen Schriften sind. Entweder müßt ihr blind sein und könnt nicht glauben, was ihr lest und hört, oder eine private Eifersucht hindert euch anzunehmen, daß ein so großes Gut euren Brüdern zufallen könne, da ihr es nicht habt.

Es wäre besser, daß ihr auf eurer Hut seid. Denn euer Feind ist raffiniert und hat Sinn, euch eher an euren eigenen Verstand glauben zu lassen als an die alten Lehren wahrer Kirchenväter oder gar an das Wirken der Gnade und des Willens unseres Herrn.

Wie oft habt ihr gelesen oder gehört und von wievielen frommen und wahren Weisen, daß, sobald BENJAMIN geboren war, seine Mutter RAHEL starb?!

BENJAMIN steht hier für den Kontemplativen, RAHEL für die Vernunft. Und sobald eine Seele von der Kontemplation selbst berührt wird - wie es in dieser edlen Vernichtung ihrer selbst und ihrer hohen Bindung an Gott der Fall ist -, genau dann stirbt die ganze menschliche Vernunft.

Da ihr das so oft lest, nicht nur von einem oder zweien, sondern von sehr Vielen, sehr Frommen und sehr Würdigen, warum glaubt ihr es nicht? Und wenn ihr es glaubt, warum wagt ihr dann, in eurem Verstand in Benjamins Worten und Taten zu wühlen und zu forschen?

Unter 'Benjamin' sind alle die zu verstehen, die im Übermaß der Liebe im GEIST verrückt sind, wie der Prophet sagt:

"Da ist Benjamin, ein junges Kind, in der Entrücktheit des GEISTES."

Seht denn zu, daß ihr nicht den elenden Weibern gleicht, die ihre eigenen Neugeborenen töten. Gebt besser acht! Und richtet nicht die Lanzenspitze eurer Anmaßung auf die Macht, die Vernunft und den Willen unseres Herrn, stolz auf das, was in euch ist, und aus Blindheit und Mangel an Erfahrung, da ihr Ihn herabsetzt, wenn ihr am meisten wähnt, Ihn hochzuhalten.

Damals, im ersten Anfang der Heiligen Kirche, zur Zeit der Verfolgungen, damals wurden viele und ganz veschiedene Seelen so wunderbarlich und unmittelbar von der Gnade angerührt, daß ohne alle vorangegangenen inneren Vorbereitungen ganz plötzlich Handwerker ihr Werkzeug, Schulkinder ihre Schreibtafeln hinwarfen und, ohne ihre Vernunft zu bemühen, eilten, um das Martyrium der Heiligen zu teilen.

Warum sollen dann nicht auch jetzt, in Zeiten des Friedens, Menschen darauf bauen, daß Gott kann und will - ja, daß Er tatsächlich allerlei Seelen ebenso plötzlich mit der Gnade der Kontemplation anrührt? Ich bin davon überzeugt, daß es höchst gnädiglich in erwählten Seelen geschieht. Denn Er will am Ende zur Verwunderung der ganzen Welt würdig erkannt werden.

Denn eine solche Seele, die sich selbst in Liebe vernichtet und in Erhabenheit Gott verbunden hat, wird gnädig davor bewahrt werden, von ihren physischen oder geistlichen Feinden niedergeworfen zu werden, ohne daß sie selbst sich darum bemüht, allein durch die Güte Gottes, ganz, wie es die Vernunft verlangt, daß Er wirklich für alle die sorgt, die um der Liebe zu Ihm willen darauf verzichten, für sich selbst zu sorgen.

Kein Wunder, daß sie so wunderbarlich bewahrt werden, sind sie doch in der Kühnheit und der Kraft ihrer Liebe ganz und gar demütig geworden. Wer das aber nicht wagt und dagegen redet, in dessen Brust ist entweder der Teufel und raubt ihm das liebende Vertrauen, das er zu seinem Gott haben sollte, und den guten Willen gegenüber seinen Mitchristen oder er ist noch nicht so vollkommen demütig geworden, wie er es sein sollte, ich meine, wenn er sich ein wirklich kontemplatives Leben vorgenommen hat.

Darum schäme du dich nicht vor all dem Lärm dieser bösen Welt, dem falschen Feind und vor deinem gebrechlichen Fleisch, deinem Herrn gegenüber so demütig zu sein und so in dieser blinden Liebe zu Gott, wie Er ist, zu schlafen. Denn unser Herr wird bereit sein, dir zu helfen und deinen Fuß zu bewahren, daß er nicht strauchelt.

Man kann dieses 'Werk' sehr wohl dem Schlaf vergleichen. Denn ebenso, wie im Schlaf der Verstand außer Gebrauch gesetzt ist, damit der Körper seine volle Ruhe habe, um sich zu erholen und zu kräftigen, genauso werden in diesem geistlichen Schlaf die ausschweifenden Fragen des wilden Intellekts und alle Vorstellungskraft fest gebunden auf das Äußerste entleert, so daß die arme Seele sanft schlafen und im liebenden Betrachten Gottes, wie Er ist, ruhen kann, um sich zu erholen und zu kräftigen.

Binde daher deinen Verstand in das Opfer dieses nackten, blinden Empfindens deines eigenen Seins und achte immer darauf, wie ich so oft sage, daß es nackt und nicht mit irgendeiner Eigenschaft deines Wesens bekleidet sei.

Denn wenn du es mit irgendeiner Eigenschaft bekleidest, wie etwa mit dem Wert deines Seins oder mit irgendeinem besonderen Zustand, der zum Wesen des Menschen gehört, geschweige zum Wesen irgendeines anderen Geschöpfes, dann gibst du damit deinen Sinnen Nahrung, durch die sie Gelegenheit und Kraft finden, um dich zu vielen Dingen zu ziehen und dich abzulenken, daß du gar nicht weißt, wie. Bitte hüte dich vor diesem Betrug!

Kommentar:
Die Ausgleichsmechanismen wie Repression, Aggression, Rationalisation, Kompensation und Projektion verhindern, daß aus dem Voll-Seelischen gelebt wird. Damit ist eine Tür wie zugemauert und wirkt wie eine Scheidewand, welche Seele (Logos) und Psyche (Ego) trennt.

Hier muß durchgebrochen werden, und zwar von innen nach außen. Nur eine von Ehrfurcht ergriffene und in Ehrfurcht verweilende Person verfällt nicht in ein Beherrschenwollen dessen, was sich ihr offenbart, sondern bleibt empfänglich für den Zuspruch der ehrfurchtgebietenden Hierophanien. Alles, was außergewöhnlich, großartig und heilig ist, kann eine Hierophanie werden und in der geistigen Sicht des Meditierenden als Offenbarung des Sakralen erscheinen.

Die Vaishnavas (indische Mystiker) nennen jeden sakralen Gegenstand 'a r c a' (= Ehrfurcht) und fassen ihn als Epiphanien Gottes auf. Diese Einkörperung des Göttlichen in ein Bild oder ein Altar-Idol u.ä. hat einen tiefen soteriologischen (= erlösungbringenden) Sinn.

In seiner großen Liebe zu den Menschen offenbart sich das Göttliche, indem sie die Modalität dessen niederer Seinsweise vorübergehend annimmt. Das Göttliche hat die Allmacht, jede Form annehmen zu können. In Fällen von tiefgreifender Unsicherheit und Angst kann die Sprache kein verläßliches Kommunikationsmittel zwischen Mensch und Gott sein; die Bilderverehrung (*attitude idolâtre*) bringt uns dann die heilende Kommunikation.

Gott sagt in der Gita:
"Wer mich verehrt und meinen Geist (C h r i s t o s) erkennt, der kann eins mit mir werden." (XIII, 18).

Wenn der Anbetende das innewohnende Göttliche schaut, legt er die göttliche Natur und deren Merkmale (wie Freiheit, Liebe und Gleichmut) an. [4)]

Kapitel 7

DER KOSMISCHE RHYTHMUS UND DAS RÄTSEL DER GNADE

- Persönliches Engagement in der religiösen Selbsterziehung -

(Daß dieses 'Werk' Vollkommenheit ist, wie sich aus den Tugenden, die es begleiten, erweist; und daß wir es fortsetzen sollen auf den Ruf Gottes hin und mit seiner Gnade.)

> "In literarischer Form tritt die mystische Tradition zum erstenmal in den Upanischaden in Erscheinung ..."
>
> - Aldous Huxley, *Die Graue Eminenz*, London 1941
> (Dt. Übersetz. bei Piper München, S. 66)

Vielleicht aber geschieht es jetzt, da du deine wißbegierigen Sinne prüfst und feststellst, daß sie in deinem 'Werk' nicht Bescheid wissen, daß du dich doch irgendwie über das 'Werk' verwunderst und es verdächtig findest. Das ist nicht weiter erstaunlich. Denn bis jetzt bist du ja zu klug in deinem Verstande gewesen, um in derartigem Bescheid zu wissen. Und vielleicht fragst du dich innerlich, woher du denn wissen kannst, ob dies 'Werk' Gott gefällt oder nicht; oder, wenn es Ihm gefällt, wie das kommt.

Darauf kann ich dir nur antworten, daß diese Frage eben von deinem wißbegierigen Verstande aufgeworfen wird, der dich auf keinen Fall an dieses 'Werk' heranlassen will, bevor seine Wißbegierde nicht mit einem zureichenden Grunde zufriedengestellt ist.

Daher will ich mich nicht weigern, sondern werde mich dir teilweise angleichen und deinem stolzen Verstande den Gefallen tun, damit du nachher mir gleichst, indem du meinem Rat folgst, ohne deiner Demut Grenzen zu setzen.

Wie der heilige BERNHARD sagt: "Die vollkommene Demut setzt keine Grenzen." Denn du setzt ihr Grenzen, wenn du dem Rat deines geistlichen Beraters nicht folgen willst, es sei denn, dein Verstand stimme dem zu.

Sieh, hier magst du sehen, daß mir daran liegt, dich zu regieren. Das tut es wirklich, und ich will es. Ich vertraue darauf, daß es eher Liebe ist, die mich dazu bewegt, als daß ich irgendeine Befähigung in mir spüre, sei es zu hohem Wissen oder aber zum Wirken gemäß meiner Lebensstellung. Möge Gott ergänzen, was daran fehlt, denn Er weiß es ganz, ich dagegen nur zum Teil.

Um aber jetzt deinen stolzen Verstand mit einer Erklärung zu diesem 'Werk' zufriedenzustellen, sage ich dir: Wenn eine Seele, die darin begriffen ist, Worte und Zunge hätte, um auszudrücken, was sie empfindet, dann würden alle Geistlichen der Christenheit über solche Weisheit staunen. Ja, und im Vergleich zu ihr würde deren ganzes gelehrtes Wissen offensichtlich Torheit scheinen.

Daher ist es auch kein Wunder, daß ich dir den Wert dieses 'Werkes' mit meiner groben, animalischen Zunge nicht erklären kann. Und Gott verhüte, daß es jemals an sich so erniedrigt würde, unter die Möglichkeiten einer fleischlichen Zunge gezwungen zu werden. Nein, das darf nicht sein! Und es wird auch nicht sein, und Gott verhüte, daß ich es versuchen wollte.

Denn alles, was von diesem 'Werk' gesagt wurde, ist es nicht selbst, sondern eben nur etwas von ihm. Aber da wir es selbst nun einmal nicht ausdrücken können, laß uns von ihm reden in der Verworrenheit des stolzen Verstandes und besonders des deinen, der letzten Endes die einzige Gelegenheit und Veranlassung ist, daß dies jetzt geschrieben wird.

Zunächst frage ich dich: Was ist Vollkommenheit der menschlichen Seele und welches sind die Eigenschaften, die zu dieser Vollkommenheit gehören?

Ich antworte statt deiner und sage, daß Vollkommenheit der menschlichen Seele nichts anderes ist als die Einheit, die in vollkommenem Erbarmen zwischen Gott und ihr hergestellt wird. Diese Vollkommenheit ist an sich so rein und so hoch oberhalb des menschlichen Begreifens, daß sie an sich weder erkannt noch wahrgenommen werden kann. Wo aber die Eigenschaften, die zu dieser Vollkommenheit gehören, gesehen und wahrgenommen werden, dort ist wahrscheinlich die Substanz überwältigend.

Daher müssen wir hier wissen, welches die Eigenschaften sind, die zur Vollkommenheit gehören, wenn wir behaupten, daß diese geistliche Übung an Vornehmheit alle anderen übertrifft. [5)]

Die Eigenschaften, die zur Vollkommenheit gehören und die jede vollkommene Seele haben sollte, sind die Tugenden. Wenn du nun wirklich dieses 'Werk' in deiner Seele betrachtest und dann die Eigenschaften und die Besonderheit jeder einzelnen Tugend, dann wirst du feststellen, daß in ihm alle Tugenden deutlich und vollkommen enthalten sind, ohne der Angelegenheit Zwang anzutun. Ich behandle hier keine Tugend besonders, denn es bedarf dessen nicht; du kannst sie an verschiedenen anderen Stellen meiner Schriften behandelt finden.

Denn eben dieses 'Werk' ist, richtig verstanden, die Wolke-des-Nichterkennens, es ist jene geheime Liebe in der Reinheit des GEISTES; es ist 'die Bundeslade der Heiligen Schrift'. Es ist des DIONYSOS 'Göttlichkeit', seine 'Weisheit' und sein 'Schatz', seine 'lichte Dunkelheit' und sein 'Erkennen im Nichterkennen'. Es ist das, was dich in das Schweigen versetzt, nicht nur der Worte, sondern auch der Gedanken, und was dein Gebet ganz kurz macht. Es ist Das, in dem du gelehrt wirst, die Welt zu verlassen und zu verachten und - was mehr ist - dich selbst zu verlassen und zu verachten gemäß Christi Wort: "Wer mir nachfolgen will, der verleugne sich selbst, nehme sein Kreuz auf sich und folge Mir." (Matth. 16, 24).

Als ob Er dein Verstehen unserem Thema gemäß anspräche: "Wer demütig nicht m i t Mir, sondern Mir folgend zur himmlischen Seligkeit oder zum Berge der Vollkommenheit kommen will..."

Denn JESUS ging Seinem Wesen gemäß voran, wir folgen durch Gnade. Sein Wesen ist mehr als Gnade und Gnade mehr als unser Wesen. Hier läßt Er uns voll wissen, daß wir Ihm auf keine Weise zum Berge der Vollkommenheit folgen können - wie es diesem 'Werk' gemäß geschehen soll, es sei denn, wir würden bewegt und gelenkt durch Gnade; und das ist die volle Wahrheit.

Dann merke sehr wohl und alle mit dir, die diese Schrift entweder lesen oder hören, daß ich dich zwar heiße, dich schlicht und kühn an das 'Werk' zu machen, daß ich aber trotzdem ganz ohne Irrtum oder Zweifel empfinde, daß der Allmächtige Gott mit Seiner Gnade dabei immer der Anregende und der Bewirkende sein muß, sei es mit oder ohne Methoden, und du oder jeder andere deinesgleichen nur der passive Teil ist, der zustimmt. Vorausgesetzt, daß diese Passivität und diese Zustimmung während des Übens in Reinheit des GEISTES wirklich dem 'Werk' gewidmet und dementsprechend zu deinem Herrn emporgehoben werden, wie es dich die Praxis in der Schau des GEISTES lehren wird.

Und da es einmal so ist, daß Gott in Seiner Güte verschiedene Seelen auf verschiedene Weise anrührt und bewegt - manche durch ein Mittel, andere ohne solche -, wer wagt dann zu sagen, daß Gott dich oder deinesgleichen n i c h t in dieser Schrift bewegt, lediglich durch mich als Mittel, so unwürdig ich bin, Seinen anbetungswürdigen Willen vorausgesetzt, der tut, was Er tun will? Ich persönlich glaube, daß es so ist; das 'Werk' wird es erweisen, wenn der Versuch zu wirken beginnt.

Daher bitte ich dich, halte dich bereit, diese Gnade deines Herrn zu empfangen, und höre darauf, wenn Er sagt: "Wer Mir nachfolgen will, der verleugne sich selbst."

Und bitte: Wie kann der Mensch sich und die Welt noch stärker verleugnen und verachten, als indem er verschmäht, an irgendeine ihrer Eigenschaften auch nur zu denken?

Kommentar:
Gott ist die Gnade selbst. Infolgedessen gibt es keinen spezifischen Prozeß wie das 'Ausgießen der Gnade'. Da Gott allgegenwärtig ist, so ist die Verteilung der Gnade eigentlich nicht auf eine bestimmte Zeit oder Gelegenheit beschränkt.

Der Yoga-Großmeister Sri RAMAKRISHNA sagte:
"Wird sie, die einen König zum Geliebten hat, sich von einem Bettler auf der Straße ansprechen lassen? So trägt die Seele, die vor Gottes Augen Gnade fand, kein Verlangen mehr nach den armseligen Dingen dieser Welt."

Ferner:
"Fächer sind überflüssig, wenn der Wind weht. Mit Gebeten und Kasteiungen kann man aufhören, wenn Gottes Gnade sich herabsenkt."

Und Yoga-Großmeister RAMANA MAHARSHI sagte:

"Wenn der Mensch, der das Höchste Wesen als Wirklichkeit erfahren, sich Gott inbrünstig hergibt, von keinem anderen Verlangen beseelt, als seine Gnade zu erfahren, so wird das Göttliche, das in Wahrheit Kern seines innersten Wesens ist, ewig zugegen in ihm als reines geistliches Licht, als Seher des Sehens, zu seinem Heile im richtigen Augenblick als Ergebnis seiner äußersten Hingabe und in fürsorgender Anteilnahme an ihm menschliche Gestalt annehmen, in die sich die Dreifalt (Vater = SEIN; Sohn = GEIST; Hl. Geist = SELIGKEIT) gewandet, und ihm als Meister nahen."

MATTHÄUS-Evangelium XXIII, 10 sagt mit Recht:

"Es soll sich keiner Meister nennen; denn nur E i n e r ist euer Meister, nämlich CHRISTUS."

Hier spricht JESUS von einem ' C h r i s t u s ', als ob er von einem Dritten spricht. Nach der aramäischen Grammatik ist das einwandfrei. Was bedeutet dieser Satz? Wer ist der 'Christus', von dem hier JESUS spricht? Gerade die Yoga-Philosophie gibt uns hier eine Erklärung.

Die Yoga-Schriften bemerken ausdrücklich, daß der 'Meister' kraft seiner Gnade dem Schüler hilft, sich selber völlig im Meister ('Christus') zu verlieren, ihm gleich und eins mit ihm zu werden; durch selbstlose Dienstwilligkeit, die der Allgegenwart des 'Meisters' innebleibt, und durch ständige innere Schau seiner Erscheinung.

Daher soll der Meister als nichts anderes angesehen werden, denn als das Höchste Wesen (= C h r i s t o s). [6)]

Kapitel 8

DIE PSYCHISCH-RELIGIÖSE VEREDELUNG DES PERSONENKERNS

- Das gottzugehörige Leben als Synthese zwischen Logos und Bios -

(Daß der Mensch sein eigenes Sein vergessen muß, wenn er nur Gottes Sein empfinden will; und von der Mühe, die diese Anstrengung bedeutet.)

"Über allen geistlichen Substanzen
erhaben ist: das EINE!"

- Prokulus (410 - 485), *Initia Theologiae*.

Sei aber dessen versichert: Wenn ich dich auch heiße, alles außer dem blinden Empfinden deines nackten Seins zu vergessen, daß ich trotzdem will - und das war meine Absicht von Anbeginn -, daß du auch das Empfinden deiner selbst vergessen sollst um des Empfindens von Gottes Sein willen.

Aus diesem Grunde bewies ich dir am Anfang, daß Gott dein Sein ist. Da mir aber schien, daß du noch nicht fähig warst, sofort bis zum geistlichen Empfinden von Gottes Sein emporgehoben zu werden, da dein geistliches Empfinden dazu noch nicht genügend entwickelt war, so ließ ich dich allmählich hinaufklimmen. Ich hieß dich zunächst, an dem dir näheren Empfinden deines eigenen Seins herumzunagen, bis du durch geistliche Beständigkeit in diesem geheimen 'Werk' zu dem hohen Empfinden Gottes fähig geworden sein möchtest.

Denn deine eigene Absicht und dein Verlangen soll stets nur sein, Gott in diesem 'Werk' zu empfinden. Denn wenn ich dich auch im Anfang hieß, wegen deines Ungeschicks und deines geistlichen Ungehobeltseins ein Empfinden Gottes in das Empfinden deiner selbst einzuwickeln und zu kleiden, so sollst du doch nachher, wenn du durch Beständigkeit an Reinheit des GEISTES gewonnen hast, dich aller Art Empfinden deiner selbst äußerst entkleiden, es abstreifen und verhindern, um dich imstande zu sehen, in das gnädige Empfinden Gottes Selbst gekleidet zu werden.

Das erst ist der Zustand eines vollkommen Liebenden, daß er sich seiner selbst ganz aufs Äußerste entledigt um dessentwillen, was er liebt, und nicht duldet oder zuläßt, in irgendetwas anderes als allein in das gekleidet zu sein, was er liebt. Und das nicht nur eine Zeitlang, sondern ohne Ende darin eingehüllt zu sein, im vollen und endgültigen Vergessen seiner selbst.

Dies ist das Werk der Liebe, das niemand kennt als der, der es selbst empfindet. Dies ist die Lektion unseres Herrn, wo er sagt: "Wer Mich lieben will, der verleugne sich selbst." Als wollte Er sagen: Wer wirklich in Mich gekleidet sein will (der Ich das ganze Gewand der Liebe und des Lebens bin, das niemals ein Ende haben soll), der muß sich seiner selbst entledigen.

Wann immer du daher dein 'Werk' betrachtest und siehst und fühlst, daß du dich selbst empfindest und nicht Gott, dann sollst du dich ernstlich bekümmern und von Herzen nach dem Empfinden Gottes sehnen und immer und ohne Aufhören danach verlangen, auf das schmerzende Wissen und trübe Empfinden deines blinden Seins zu verzichten und zu versuchen, vor dir selbst wie vor Gift zu fliehen. Dann erst verleugnest und verachtest du dich so ernstlich, wie dein Herr es dich heißt.

Nun ist es aber so: Wenn du noch so ernstlich begehrst, nicht etwa nicht mehr zu sein - denn das wäre Irrsinn und Widersetzlichkeit gegen Gott -, aber auf Erkennen und Empfinden deines eigenen Seins zu verzichten - das trotzdem dasein muß, wenn die Liebe Gottes vollkommen empfunden werden soll, wie es hier sein mag -, wenn du also noch so sehr wünschst, dich hinter dir zu lassen, dann wirst du sehen und empfinden, daß du deine Absicht auf keinerlei Weise erreichst.

Denn ein nacktes Empfinden deines blinden Seins wird dir immer folgen und bei deinem Tun dabei sein, seist du noch so bemüht, ausgenommen vielleicht seltene Augenblicke, in denen Gott im Übermaß der Liebe zuläßt, daß du Ihn empfindest. Und wenn dieses nackte Empfinden deines blinden Seins sich immerzu zwischen dich und deinen Gott drängt, dann wirst du das Ganze allzu schwer und als qualvolle Bürde erfahren. Ja! Dann helfe dir JESUS, denn dann hast du es nötig.

Denn alles Weh, das du vielleicht außerdem haben könntest, ist nichts gegen dieses. Dann wirst du dir selbst zum Kreuz. Und dies ist wahres Wirken und der Weg zu unserem Herrn, als Er selbst sagte: "Er nehme sein Kreuz auf sich", zunächst in dieser Qual seines Selbst-Seins; danach aber "und folge Mir nach in die Seligkeit oder auf den Berg der Vollkommenheit und koste die Süße Meiner Liebe im göttlichen Empfinden Meines Selbstes."

Sieh, hieraus magst du ersehen, daß du kummervoll danach verlangen mußt, über das Empfinden deiner selbst hinauszukommen, und daß du die Bürde deiner selbst als Kreuz schmerzvoll tragen mußt, ehe du Gott geeint werden kannst im geistlichen Empfinden Seiner, der vollkommenes Erbarmen ist.

Und ebenso magst du hier irgendwie, und wenigstens zum Teil, entsprechend dem Grade, in dem du von dieser Gnade berührt und gezeichnet bist, erahnen, daß der Wert dieses 'Werks' den aller anderen überragt.

Kommentar:
Die alten Yogis lehren, daß da eine sehr feine, aber unverkennbare Verbindung ist, ein 'Knoten' (G r a n t h i) zwischen dem Standort der Seele ('Personenkern') und dem Zentrum des Nervensystems. Dieser 'Knoten' ist (lt. RAMANA MAHARSHI) der sog. 'Herz-Knoten' (H r i d a y a - G r a n - t h i), und solange diese Verbindung nicht durch eine Art von Gotteserlebnis (O r i s o n) aufgehoben ist, entfaltet sich die Seele nur indirekt, und zwar mittels des Nervensystems, indem sie dem Gedanken-Gemüt und den Sinnesorganen Lebenskraft und Tätigkeitsbewußtsein verleiht, so wie der subtile und unsichtbare Strom durch Drähte und Fäden Licht und elektrische Energie verleiht. Wird dieser 'Knoten' zwischen dem Standort der Seele und dem Nervensystem zerschnitten, so verbleibt die Seele in sich selber als reines eigenschaftsloses Innesein; so wie sie allzeit ist.

Kapitel 9

MEDITATION FÜR CHRISTEN

- Katharsis durch heilende Bewußtmachung -

(Daß dieses 'Werk' nicht in eifrigen Meditationen besteht, daß aber trotzdem die Meditation über unseren Herrn Christus das wahre und einzige Tor dazu ist.)

"Die Seele als auch der Seele Göttlichstes
muß ins Auge fassen, wer erkennen will,
was er ist."

- PLOTIN, 205 - 270.
Enneaden = in *Rationalität und Mystik*,
ed. v. Zimmermann, Insel 1991, S. 235

Nun bitte ich dich: Wie solltest du zu all diesem durch die Anwendung deines Verstandes gelangen? Sicherlich niemals. Noch auch durch deine schönen, klugen, subtilen und genialen Vorstellungen und Meditationen - selbst nicht, wenn sie sich mit deinem elenden und nichtswürdigen Leben beschäftigen, noch mit der Passion Christi, den Freuden Unserer Lieben Frau oder all der Heiligen und Engel des Himmels, noch auch mit irgendeiner Eigenschaft oder Feinheit oder einem Zustand, die zu deinem oder Gottes Wesen gehören mögen.

Ganz gewiß würde ich solch ein nacktes, blindes Empfinden meiner selbst vorziehen. (Nicht etwa meines Handelns, sondern meiner selbst. Viele Menschen meinen mit sich selbst ihr Handeln; dem ist aber nicht so; denn eins bin ich, der handelt, und ein anderes sind meine Handlungen, die getan werden. Ebenso ist es mit Gott; eins ist Er Selbst, ein anderes sind Seine Werke.)

Und lieber wollte ich, daß mein Herz in Tränen bricht, weil es mir am Empfinden Gottes mangelt, und über die schmerzvolle Bürde meiner selbst, und daß mein liebendes Verlangen und Sehnen nach dem Empfinden Gottes entzündet würde, als alle die Spitzfindigkeiten und superklugen Vorstellungen und Meditationen, von denen man reden hört oder die man in Büchern beschrieben finden kann, mögen sie noch so heilig sein oder dem Auge des wißbegierigen Verstandes noch so schön vorkommen.

Und trotzdem sind diese schönen Meditationen der richtigste Weg, den der Sünder anfangs zum geistlichen Empfinden seiner selbst und Gottes gehen kann. Und ich möchte meinen, daß es für einen Menschen unbegreiflich wäre - obgleich Gott tun kann, was Er will -, daß ein Sünder dazu kommen könnte, im geistlichen Empfinden seiner selbst und Gottes zu ruhen, o h n e daß er zunächst in Vorstellungen und Meditationen das Tun Gottes und seiner selbst gesehen und empfunden hätte und gelitten hätte über das, was schmerzvoll war, und sich gefreut hätte über das, was des Freuens wert war.

Wer aber nicht auf diesem Wege hineinkommt, der kommt nicht wirklich hinein; er muß draußen bleiben und tut es auch dann, wenn er am meisten wähnt, er wäre schon drin. Denn viele wähnen, daß sie innerhalb der geistlichen Tür wären, und stehen doch draußen und werden es bleiben, bis sie in Demut die Tür suchen.

Und es gibt manche, die finden die Tür bald und kommen schneller hinein als andere, und zwar über den Pförtner, ganz ohne Eintrittsgeld oder eigenes Verdienst.

Das geistliche Leben ist wahrhaftig ein wunderlicher Haushalt! Denn unser Herr ist nicht nur Selbst der Pförtner, sondern auch die Tür: Pförtner durch sein Gott-sein, die Tür durch sein Mensch-sein.

So sagt Er es selbst im Evangelium: "Ich bin die Tür; so jemand durch Mich eingehe, der wird selig werden, und wird ein- und ausgehen und Weide finden." (Joh. 10, 9).

Das ist, als sagte Er unserem Thema entsprechend: "Ich, Ich bin durch meine Gottheit allmächtig und könnte als Pförtner von Rechts wegen einlassen, wen Ich will. Weil Ich aber will, daß da ein allgemeiner, glatter Weg und offener Eingang sei für alle, die kommen wollen - und damit niemand sich damit entschuldigen kann, er hätte den Weg nicht gewußt -, darum habe Ich Mich in die gewöhnliche Natur des Menschen gekleidet und Mich so aufgetan, daß Ich durch Mein Mensch-Sein zur Tür wurde; und wer da durch Mich eintreten will, der soll sicher sein."

Durch die Tür treten die ein, die in der Betrachtung der Passion Christi die eigene Elendigkeit beklagen, die Ursache zu jenem Leiden wurde, und sich bitter anklagen, daß sie es verdient und nicht erlitten haben, und voller Mitleiden und Erbarmen sind mit dem HERRN, der so grausam litt und es nicht verdient hatte, und die dann ihre Herzen aufheben zur Liebe und Güte Seiner Gott-heit, in der Er gewährte, Sich so tief in unser sterbliches Mensch-sein hinab zu demütigen.

Alle diese treten durch die Tür ein und werden sicher sein. Und ob sie nun hineingehen in der Betrachtung der Liebe und Güte Seiner Gottheit oder hinausgehen in der Betrachtung der Qualen Seines Mensch-seins: Immer werden sie die geistliche Nahrung der Hingabe finden und deren genug, ausreichend und im Überfluß zum Heil und der Erlösung ihrer Seelen, wenn sie auch niemals in diesem Leben tiefer nach innen kommen sollten.

Wer aber nicht zu dieser Tür eingeht, sondern versucht, auf andere Weise zur Vollkommenheit hinaufzuklimmen - durch das spitzfindige Forschen und das wißbegierige fantastische Wirken seines wild ausschweifenden Verstandes -, wer den vorher erwähnten allgemeinen einfachen Eingang umgeht und nicht auf den wahren Rat der geistlich lebenden Kirchenväter hört, er ist nicht nur ein Dieb in der Nacht, sondern auch ein Mörder, was immer er sonst sein mag.

Ein Dieb in der Nacht ist er, weil er in der Dunkelheit der Sünde geht, der sich mehr auf seine Anmaßung und die Einzigkeit seines eigenen Witzes und Willens verläßt als auf echten geistlichen Beistand und den vorher genannten schlichten, allgemeinen Weg.

Ein Mörder ist er, weil er unter dem Deckmantel echten geistlichen Lebens die äußeren Zeichen und Worte der Kontemplation stiehlt und nicht deren Frucht besitzt. Und da er gelegentlich ein angenehmes Verlangen, Gott näherzukommen, verspürt, wähnt er, hierdurch verblendet, daß alles gut und richtig sei, was er tut, während es doch das gefährlichste Unternehmen für einen jungen Menschen ist, seinem stolzen Verlangen ohne geistliche Führung zu folgen, ganz besonders aber, wenn es ausschließlich darauf gerichtet ist, hohe Dinge zu erreichen, die nicht nur oberhalb seiner selbst liegen, sondern auch noch oberhalb des erwähnten schlichten Christusweges, den ich nach der Lehre Christi die Tür zur Hingabe nenne und den wahrsten Eingang zur Kontemplation, der in diesem Leben zu finden ist.

Kommentar:

Was in der christlichen Mystik 'Meditation' genannt wird, ist ihrem Wesen nach eine persönliche Liebesmitteilung Gottes an den Menschen, der sich auf sie vorbereiten und ihr antworten muß. Diese Liebesmitteilung ist eine Art verkosteter und verborgener Ein-wohn-ung Gottes im Herzen des Menschen. Auch das Sanskrit-Wort für Gott ist: Vasu-Deva (vasati = wohnen und deva = Gott; also ist es Gott, der in der Seele wohnt und liebt).

Weil es kein gemeinsames Maß gibt zwischen Gott und den Menschen, kann die menschliche Psyche (=jiva) Gott (= Atman) nur begegnen, wenn sie sich völlig von sich selbst loslöst.

Es ist das Kreuz Christi, das im Mittelpunkt einer christlichen Meditation stehen muß. Das 'Kreuz Christi' bedeutet, daß Gott es ist, der die Psyche 'bereinigt' und loslöst zum Preise eines Leidens, das bis ins Innerste durchdringt; eine Art von Yoga, die schon Einigung bewirkt.

Wie der große christliche Yogi JOHANNES vom KREUZ mit Recht sagt:

"Gott teilt Sich mehr der Seele mit, die in der Liebe weiter fortgeschritten ist, das heißt der Seele, die ihren Willen dem Willen Gottes gleichförmiger gemacht hat. Und jene Seele, die ihren Willen dem Seinen völlig gleichförmig und ähnlich gemacht hat, ist auch vollkommen mit ihm vereint und übernatürlich umgestaltet in Gott." (Aufstieg zum Berge Karmel, Buch II, Kapitel 5). [7)]

Das eigentliche Problem, das nicht nur in diesem Kapitel, sondern im ganzen Buch erörtert werden soll, ist das des historisch-chronologischen Verhältnisses von mystisch-philosophischen Theorien (bzw. Theologie) und spiritueller Praxis.

Die Gretchenfrage ist:

Sind metaphysische Lehren in der Mystik aus rein theologischen Spekulationen hervorgegangen, und ist die damit verbundene spirituelle Praxis lediglich ein Ausfluß religiöser Doktrinen? Oder sind umgekehrt die religiösen und sonstige Innerlichkeits-Übungen der einzelnen Mystiker als Primäre und religionsphilosophische Erwägungen (die man erst später im Werden seiner spirituellen Entwicklung notierte) eigentlich das Erzeugnis der (ex post facto) Nachbesinnung über den Inhalt der gewesenen mystischen Erfahrungen (= Impressionen)?

Somit bleibt auch nicht aus, daß eben darin (d.h. in der nachträglichen Besinnung) die mystische Übung theoretisch verfestigt, fundiert und, so gut es geht, auch "erklärt" wird. Wobei ich persönlich meine, daß in der Mystik wir gar nichts erklären können - da wir stets *klären*.

In dieser Hinsicht fehlt es in der heutigen Theologie an beweiskräftigen Untersuchungen nach streng historisch-philologischer Methode. Man starrt immer noch mit steifem Blick auf Karl Barth wie ein Kaninchen auf die Kobra.

Erst die ontologische Entsprechung zu der epistemologischen Formulierung drückt eine Universale Seelenheilkunde aus. Diese sog. "Achillesferse" der spirituellen Psychotherapie ist bis dato nur von japanischen Gelehrten ausführlich behandelt worden (so z.B. Sakamoto, Saigusa, Kawada, Nakamura u.a.).

Genug: die Formulierung der Universalen Seelenheilkunde ist aus einer Überprüfung von Ergebnissen mystischer Versenkungspraktiken hervorgewachsen und als solche auch aus der spirituellen Praxis.

Was bringt uns das, ganz konkret?

Also der bereits erwähnte "Ur-Schlaf" Begriff der Mystik schenkt uns die Einsicht in die eigentliche Leerheit aller Erscheinungen und befreit uns somit von dem Verlangen, der angeblich so schlechten Welt ("Jammertal" usw.) unnötig oder vorzeitig zu entrinnen. So wird erst die Voraussetzung dafür geschaffen, daß wir dem Heile der Mitmenschen zuliebe in der Welt ausharren und unsere eigene Erlösung notfalls etwas zurückstellen.

Eine Begegnung mit dem Heiland ist so etwas Ähnliches wie eine ontologische Vorwegnahme der Erlösung. Die Erlösung muß dann nicht erst bewirkt oder erlangt werden, weil man vergegenwärtigt, daß die Erlösung i p s o f a c t o ontologisch immer schon gegeben ist - eben als der Heiland, der als Person vor mir steht oder gegebenenfalls eine Abbildung (Ikone) davon.

Der dankbare Leser wird wahrscheinlich zu dem Schluß kommen, daß die Formulierung der Universalen Seelenheilkunde eigentlich aus einer sehr tiefsinnigen Nachbesinnung über mystische und yogische Versenkungspraktiken hervorgegangen ist, also historisch-chronologisch aus der mystischen Praxis und nicht aus rein spekulativen Erwägungen. Es ist doch klar, daß die Wurzeln jeglicher spirituellen Religionsphilosophie in erster Linie in der Versenkungspraxis zu suchen sind.

Kein christlicher Mystiker zu unserer Lebzeit hat diese Wahrheit in der eigenen Person so grandios demonstriert als der im Rufe der Heiligkeit gestorbene französische Benediktiner-Mönch Henri Le Saux (1910 - 1973).

Siehe in dieser Hinsicht sein nicht zu überschätzendes Buch *Das Geheimnis des heiligen Berges*, Herder Verlag, Freiburg i.B. 1989.

Kapitel 10

TEILNAHME AN DER LEBENSENTWICKLUNG CHRISTI

- Die Überwindung der Kritiksucht-

(Daß der Mensch immer der eigenen Berufung folgen soll, ohne über andere zu urteilen oder zu versuchen, Gott erzwingen zu wollen. Und daß dies 'Werk' nicht von menschlicher Weisheit, sondern durch die Gnade Gottes gelenkt wird, vermittels der geheimen Inspirationen Seines Geistes.)

"Steige herab, heilige Taube!"

- Akten des Thomas
in: *Evangelium des vollkommenen Lebens;*
nach Rev. Ouseley, Bern 1974;
Aufl. 1994, S. 55.

Jetzt aber weiter in unserem Thema, das besonders in dieser Schrift nur dir gehört und deinesgleichen ihrer Verfassung nach. Wie ist das nun: Wenn dies die Tür ist, soll der Mensch, der sie gefunden hat, immer davor oder darin stehen bleiben und niemals weiter hineingehen?

Ich antworte statt deiner und sage: Es ist gut, daß er es so lange tut, bis der große Rost seiner groben Körperlichkeit zum großen Teil fortgetrieben ist, nach dem Zeugnis seines geistlichen Beraters und seines Gewissens. Und ganz besonders so lange, bis er durch die geheime Weisung Gottes weiter hineingerufen wird, diese Weisung, die das willigste und sicherste Zeugnis ist, das der Mensch in diesem Leben haben kann über seine Berufung und den Drang der Seele, immer weiter ins Innere, in das besondere Wirken der Gnade vorzudringen.

Solche Weisung mag sich folgendermaßen zu erkennen geben: Wenn jemand in seiner gewohnten Übungspraxis etwa ein sanft wachsendes Verlangen verspürt, Gott in diesem Leben ganz nahe zu kommen.

Es kann sich z.B. in einem besonderen geistlichen Empfinden ausdrücken, wenn er davon reden hört oder es in Büchern findet. Ein anderer jedoch, der sich nicht weiter bewegt fühlt beim Hören oder Lesen über geistliches Wirken und besonders nicht das wachsende Verlangen in seinen täglichen Übungen spürt, Gott näher zu kommen, der möge an der Tür stehen bleiben als einer, der zwar zur E r l ö s u n g , nicht aber zur V o l l k o m m e n h e i t berufen wurde.

Vor einem aber warne ich dich, wer du auch seist, der dieses liest oder hört, und besonders an dieser Stelle, wo ich zwischen dem, der zur Erlösung, und dem, der zur Vollkommenheit berufen ist, unterscheide: Zu welchem von beiden du dich auch berufen fühlst, sieh zu, daß du weder das Tun Gottes noch eines Menschen, der weiter ist als du, beurteilst oder diskutierst. So z.B., wen Gott zur Vollkommenheit bewegt und berufen habe und wen nicht; oder über die Kürze der Zeit; oder weshalb Er den einen eher beruft als den andern.

Wenn du nicht irregehen willst, dann sieh zu, daß du nicht urteilst, sondern höre und verstehe. Bist du berufen, dann preise Gott und bete, daß du nicht fällst. Bist du nicht berufen, dann bitte Gott demütig, daß Er dich rufe, wenn es Seinem Willen gefällt. Aber belehre Ihn nicht, was Er zu tun hat; laß Ihn gewähren!

Er ist mächtig und weise und durchaus bereit zu tun, was für dich das Beste ist, für dich und alle, die Ihn lieben. Sei zufrieden mit dem, was du hast; du brauchst dich nicht zu beklagen, denn beide Vorgänge sind kostbar. Der erste ist gut und unumgänglich nötig; der zweite ist besser; wer kann, erwähle ihn. Oder, richtiger gesagt: Wer durch die Gnade des Herrn dazu erwählt und berufen wurde. Wir könnten stolz darauf bestehen und am Ende straucheln.

Tatsächlich ist nichts, was wir tun, ohne Ihn, da Er denn Selbst sagt: "Ohne Mich könnt ihr nichts tun." D.h. für dich: "Ohne eine erste Regung und ein grundsätzliches Bewegtsein durch Mich, dem ihr nur zustimmt und es duldet, könnt ihr nichts tun, das Mir vollkommen gefällt", so wie es etwa mit dem 'Werk' dieser Schrift sein sollte.

All dies sage ich für die, die sich in der Wißbegierde ihres gelehrten oder natürlichen Verstandes anmaßen, immer selbst die Hauptwirkenden sein zu wollen, und Gott das Erdulden oder nur die Zustimmung überlassen, während in

Wirklichkeit in kontemplativen Dingen genau das Gegenteil zutrifft. Der Kontemplative weist alle Gründe gelehrten und natürlichen Wissens weit zurück, damit Gott der Hauptwirkende sei.

Allerdings: In allem rechtmäßigen aktiven Handeln soll des Menschen gelehrtes und natürliches Wissen Seite an Seite mit Gott wirken, d.h. mit Seiner Zustimmung im GEIST, die sich durch diese drei Zeugen erweist: Die Heilige Schrift, geistlichen Rat und allgemeiner Brauch nach Natur, Entwicklungsstand, Alter und Gemütsverfassung, das heißt, daß der Mensch in Dingen des aktiven Lebens nicht der Regung des GEISTES folgen soll, möge sie noch so passend oder so heilig scheinen, wenn sie sich nicht im Rahmen seiner erworbenen oder natürlichen Kenntnisse hält und wenn sie noch so stark durch alle oder einige der erwähnten Zeugen unterstützt würde.

Und es ist tatsächlich mit gutem Grund, daß der Mensch mehr gilt als sein Werk. Daher wird nach den Statuten und den Anordnungen der heiligen Kirche niemand als Prälat zugelassen - der höchsten Stufe aktiven Lebens -, wenn nicht genaueste Prüfung ergibt, daß das Amt im Bereich seiner Kenntnisse liegt.

In Dingen des aktiven Lebens wie der Arbeit sollen also das natürliche und das erworbene Wissen des Menschen grundsätzlich überwiegen, bestätigt von diesen drei Zeugnissen, Gottes gnädige Zustimmung vorausgesetzt. Und das ist vernünftig, denn alle Dinge aktiven Lebens rangieren unterhalb der menschlichen Weisheit.

In den Dingen des kontemplativen Lebens jedoch rangiert auch die höchste menschliche Weisheit weit unten, damit Gott der Hauptwirkende sei, der Mensch nur seine Zustimmung gibt und sich sonst passiv verhält.

So verstehe ich das Wort des Evangeliums "Ohne Mich könnt ihr nichts tun" auch verschieden, je nachdem, ob es sich um den Aktiven oder den Kontemplativen handelt.

Im Aktiven muß Er entweder passiv oder mit Seiner Zustimmung oder auch mit beidem sein, wenn etwas geschehen soll, ob es nun vor Seinen Augen rechtmäßig und angenehm ist oder nicht. Im Kontemplativen dagegen ist Er als Hauptwirkender; von ihm verlangt Er nichts als seine Zustimmung und Passivität.

Allgemein verstanden steht es also so, daß wir Aktiven und Kontemplativen in all unserem Tun, rechtmäßig oder nicht, ohne Ihn nichts tun können. In unseren Sünden ist Er mit uns nur als der leidende Teil und nicht mit Seiner Zustimmung und das am Ende zu unserer Verdammung, es sei denn, wir besserten uns demütig. In rechtmäßigem aktiven Tun ist Er mit beidem bei uns, als passiver Teil und zustimmend, zu unserem Vorwurf, wenn wir zurückbleiben, zu unserer Belohnung, wenn wir vorankommen. Im kontemplativen Tun ist Er bei uns als Grundregung und Wirkender, und wir stimmen nur zu und verhalten uns passiv: Zu unserer hohen Vollkommenheit und dem geistlichen Einsatz mit Ihm in vollkommener Barmherzigkeit.

Auf solche Weise können alle Menschen in drei Rubriken eingeordnet werden: In die der Sünder, der Aktiven und der Kontemplativen. Daher ist dieses Wort unseres Herrn ganz allgemein zu allen gesprochen: "Ohne Mich könnt ihr nichts tun."

Sieh hier - viel Lärm um nichts? Trotzdem habe ich all das sagen müssen, um dir zu zeigen, wann du deinen Verstand anwenden sollst und wann nicht und auf welche Weise Gott in dem einen Werk bei dir ist und wie im anderen.

Und mit diesem Wissen magst du Täuschungen entgehen, in die du vielleicht sonst verfallen wärst. Und da es einmal gesagt ist, mag es stehen bleiben, wenn es auch nicht unmittelbar zu unserem Thema gehört. Aber nun zu ihm zurück.

Kommentar:
Die Disharmonie zwischen der physischen und der psychischen Entwicklung ist eine Ursache der Kritiksucht. In diesem Widerstreit zwischen Vorwärtsgedrängtwerden von unten (vom Physischen) und dem Zurückgeschrecktwerden von oben (vom Psychischen) trifft den Meditierenden die christliche Botschaft von einem künftigen Weltereignis.

Diese 'frohe Botschaft' kündet an, daß die Zeit kommen werde, da Gott hervortreten wird aus der Seelenbrautkammer seines verborgenen Lebens. Er wird in den Bereich der Schöpfung eintreten.

So erfüllt sich die Verheißung, daß Gott unter uns thronen und gleichzeitig alles gut machen will. Das Warten auf Gott ist nicht Zeitvertreiben, sondern ein inneres Erfülltsein von Ihm. Jede Meditation setzt die Gabe-der-Hoffnung voraus. Man soll über seine ganze Existenz nachdenken unter dem Eindruck dieses

Wartens-auf-Gott. So wird die Seele des Yogi von der Zukunft angezogen, wohin schon die kosmische Evolution drängt. Eine Psyche muß sich vom Körper trennen, ohne ihn zu verlassen; sie muß sich von ihm lösen, wie jemand, der Licht von Hitze scheidet.

Yoga-Großmeister Sri RAMAKRISHNA sagte:
"Richtet euren Sinn nur auf eines, entweder auf den persönlichen Gott (Christus-als-Ishvara) oder auf den Unpersönlichen-Absoluten (Brahman). Nur wenn ihr beständig seid, könnt ihr Gott innewerden, sonst nicht. Ist der Verehrer des persönlichen Gottes beständig, so wird er Gottes ebensogut innewerden wie der des Unpersönlichen-Absoluten.

Ob ihr nun ein Süßbrot der Breite nach oder der Länge nach schneidet, es wird immer süß schmecken. Doch ihr müßt beständig sein, müßt Ihn voller Ernst anrufen. Was ihr einmal ergriffen habt, daran haltet fest. Taucht tief hinab. Wenn ihr nicht untertaucht, werdet ihr keine Schätze auf dem Meeresgrund finden. Ihr könnt sie nicht erlangen, wenn ihr nur einfach an der Oberfläche des Wassers treibt." [8)]

Kapitel 11

SELBSTANALYSE UND INNERER AUFTRAG

-Überprüfe dich selbst-

(Von zwei Arten Zeichen im besonderen, aus denen der Mensch die Berufung Gottes zu diesem 'Werk' entnehmen kann.)

"Dein Wort (o Gott) lobpreist dich durch meinen Mund."

- Hermes Trismegistos, *Die 17 Bücher* (Buch XII,74)

Du magst mich nun fragen: Durch welches eine Zeichen - oder auch mehrere - kann ich am ersten erkennen, ohne mich zu irren, ob dieses wachsende Verlangen, das ich in meiner Alltagsübung spüre, und diese Regung des Wohlgefallens, die sich beim Hören und Lesen dieser Dinge meldet, wirklich die Stimme Gottes ist, die mich zu einem spezielleren Gnadenwerk beruft, wie es das Thema dieser Schrift ist, oder ob es nur ein Wirken zur Stärkung meines Geistes ist, durchzuhalten und in meiner gewöhnlichen Gnade weiter zu arbeiten, in dieser, die Ihr die Tür und den allgemeinen Eingang für alle Christenmenschen nennt?

Darauf will ich dir antworten, so gut ich kann. Du siehst wohl, daß ich dir hier zwei Arten von Beweisen hinsetze, an denen du die geistliche Berufung Gottes zu diesem 'Werk' erproben kannst, einen inneren und einen äußeren. Von den beiden mag in diesem Falle keiner ohne den anderen ganz ausreichen. Sind aber beide und einander entsprechend gegeben, dann ist das Beweises genug und ein Irrtum nicht zu befürchten.

Der erste dieser beiden Beweise, der innere, ist das wachsende Verlangen, das du in deinem alltäglichen Üben verspürst. Von diesem Verlangen mußt du wissen:

Zwar ist dieses Werk der Seele an sich blind, denn das Verlangen der Seele gleicht ganz dem Fühlen und Tasten des Körpers, beide geschehen sozusagen blind, wie du wohl weißt. Aber mag dieses Verlangen noch so blind sein, so ist es doch begleitet und gefolgt von einer Art geistlicher Einsicht, die einerseits Ursache dieses Verlangens ist und es andererseits weiter fördert.

Beobachte also eifrig deine täglichen Übungen. Rufen sie den Gedanken an deine Elendigkeit, die Passion Christi oder ähnliches herauf, was zu dem allgemeinen Eingang aller Christen gehört, wenn also diese geistliche Einsicht, die so dein blindes Verlangen begleitet und ihm folgt, von diesen allgemeinen Betrachtungen ausgeht, dann ist das für mich ein sicheres Zeichen, daß das Wachsen deines Verlangens nur eine Stärkung deines Geistes ist, durchzuhalten und weiter zu arbeiten in der gewöhnlichen Gnade, aber keine Berufung Gottes zu einer spezielleren Gnade.

Weiter. Der zweite Beweis, der äußere, ist die Regung des Wohlgefallens, die du beim Lesen und Hören dieser Dinge fühlst. Ich nenne diesen Beweis 'äußerlich', weil es von außen durch die Fenster deines körperlichen Verstandes hineinkommt, wie durch Hören oder Sehen, während du liest.

Wenn dieses Wohlgefallen nun nicht länger anhält als nur für die Zeit, die du eben liest oder zuhörst, und damit oder bald danach aufhört, so daß du weder darin wachst noch schläfst, ganz besonders, wenn es dich nicht in deinen täglichen Übungen verfolgt und sich sozusagen zwischen dich und sie drängt und dein Verlangen bewegt und lenkt, dann ist das meines Erachtens nach ein Zeichen, daß es sich bei dieser Regung des Wohlgefallens nur um die natürliche Freude handelt, die jeder Christ beim Anhören oder Lesen von der Wahrheit fühlen sollte, besonders jener Wahrheit, welche die Eigenschaften der Vollkommenheit berührt und richtig erläutert, die der menschlichen Seele so sehr entspricht, ganz besonders aber Gott.

Auch das würde also keine geistliche Gnadenberührung, noch eine Berufung Gottes zu einem speziellen Gnadenwerk bedeuten als dem, das die Tür und der allgemeine Eingang für den Christenmenschen ist.

Dein innerer und dein äußerer Beweis aber würden sich entsprechen und zu einem verknüpfen, wenn diese deine Regung des Wohlgefallens so reich an sich wäre, daß es mit dir zu Bett ginge und mit dir am Morgen aufstünde; daß es dir den ganzen Tag in allem, was du tust, folgen, dich deiner gewohnten täglichen Übung berauben würde, indem es sich zwischen dich und sie drängt, und wenn es sich an dein Verlangen heftete, so daß du alles nur für ein einziges Verlangen hältst; wenn dieses Wohlgefallen deine Gesten wandeln und dein Aussehen verschönen würde und, solange es währt, dir alles gefallen und leicht sein würde und nichts dir Kummer bereiten könnte.

Tausend Meilen würdest du rennen, um mit jemandem darüber zu reden, von dem du wüßtest, daß er es wirklich auch kennt und empfände; und doch, wenn du hinkämst, könntest du nichts sagen. Rede, wer reden will; du aber würdest von nichts als nur von ihm reden wollen. Deiner Worte wären nur wenige, aber die wären voller Frucht und Feuer. Ein kurzes Wort deiner Lippen enthielte eine Welt voller Weisheit, und doch schiene es denen nur Torheit zu sein, die im eigenen Verstande wohnen.

Dein Schweigen wäre sanft, deine Sprache kraftvoll. Dein Gebet wäre geheim, dein Stolz ganz rein, dein Verhalten demütig, deine Freude mild; deine Lust wäre, mit einem Kinde zu spielen, wie es der Vater tut. Du würdest lieben, allein für dich zu sein; du würdest fühlen, daß Menschen dich hindern, es sei denn, sie wirkten mit dir. Du würdest keine Bücher mehr lesen und hören wollen, außer solchen, die sich eben hiermit beschäftigen.

Wenn es so mit dir steht, dann entsprechen sich dein innerer und der äußere Beweis und sind zu einem verknüpft.

Kommentar:
Wenn man sich selbst analysiert, so stellt man fest, daß eine konsequent durchgeführte Selbstanalyse innere Befreiung bringt. In diesem Kapitel sind zwei 'Testfragen'. Die Wirkungen geistiger Übungen hängen von der Ausdauer und der Aspiration ab.

Sri RAMAKRISHNA sagte:
"Ein Schiff wird kaum von seinem Kurs abgetrieben werden und in Seenot geraten, solange sein Kompaß richtig Norden zeigt. So wird der Geist eines Menschen (der Kompaßnadel des Lebensschiffes vergleichbar), der ständig und voller Inbrunst auf das Höchste gerichtet ist, jeder Gefahr entgehen."

Die Kardinalfrage hier ist, ob man die Reife und die Berufung hat oder nicht. Unerläßlich für jeden, der Erlösung sucht, ist ernste unablässige Übung in gläubiger Hingabe.

Alle Wege und Praktiken, das Gedanken-Gemüt fest und konzentriert zu machen, zielen (lt. Sri RAMANA MAHARISHI) auf das gleiche Resultat: die Assimilierung der Psyche mit der Seele und dann die Seele assimiliert mit dem 'Höchsten Wesen' (Christus) als Wirklichkeit zu erfahren.

Jeder mag sich den Gegenstand wählen, auf den er seine Hingabe sammelt und heftet; am Ende jeder Konzentrationsübung ergibt sich, daß das Gedanken-Gemüt allein übrig bleibt als der eigentliche Gegenstand. Die Vollendung der christlichen Meditation ist (wie auch im Yoga) die Vollendung der gesammelten Schau. Die scheinbar verschiedenartigen Übungen dienen nur dazu, das Gedanken-Gemüt konzentriert zu machen und aus seiner üblichen Zerstreuung durch Sammlung auf einen Gegenstand hingebungsvoller Schau zur Kernzentriertheit zu erziehen und umzuformen. Solange man nicht festen Halt in dem Stand des reinen Seins gewonnen hat, bleiben mindestens zwei Übungen unentbehrlich:

(1) den Halt an der Seele nicht fahren zu lassen und

(2) der Psyche zu wehren, daß sie sich mit Vorstellungen von außen trübt.

Man soll sich mit diesen Dingen nur dann beschäftigen, wenn man das echte Verlangen danach hat.[9)]

Kapitel 12

DIE THERAPIE DES LEIDENS

- Die Frustration als Vorläufer der Beseeligung -

(Von Verzweiflung und Trost und weshalb Gott sie schickt; mit dem Schluß für die Zeichen.)

> "Grundsätzlich (sollte man) die Frage nach einem neuen oder erweiterten Paradigma (der Theologie) aufwerfen."
>
> - Hans Küng (bei Bauer): *Entwürfe der Theologie*, Graz 1985, S. 181

Nehmen wir jetzt einmal an, du besäßest beide Beweise mit all dem, was sie stützt, wie es hier beschrieben wurde. Wenn sie danach aber wieder auf eine Zeitlang aufhören und du zurückbleibst, als wärst du ganz unfruchtbar sowohl von dem Empfinden dieser neuen Glut wie von deinem altgewohnten Werk, so daß du meinst, du wärst zwischen beide gefallen und hättest keines mehr und mangeltest beider: Dann nimm es nicht alzu schwer, sondern leide es demütig und bleibe geduldig im Willen unseres Herrn. Denn dann bist du sozusagen auf dem geistlichen Meer, auf der Überfahrt von der Körperlichkeit zu geistlichem Wesen.

Viele große Stürme und Versuchungen werden sich vielleicht in dieser Zeit erheben, und du weißt nicht, wohin vor Leid. Alles ist deinem Empfinden entschwunden, gewöhnliche und spezielle Gnade.

Fürchte dich dann nicht zu sehr, wenn du auch Grund dazu zu haben glaubst, sondern vertraue liebend auf unseren Herrn, so wenig du damit im Augenblick auch erreichen magst; er ist aber nicht fern. Er blickt vielleicht ganz bald auf dich und berührt dich von neuem mit einer Regung der gleichen Gnade, stärker, als du sie je zuvor gefühlt hast. Dann bist du wieder ganz heil, und alles ist gut, wie du meinst, es währe, solange es währen mag.

Denn plötzlich, oder selbst während du zusiehst, ist alles wieder fort und du bist im Boot allein, von wilden Windstößen hierin und dorthin geweht, du weißt weder woher noch wohin. Dann sei nicht bestürzt, denn ich verspreche dir, daß Er, wenn es Ihm gefällt, ganz bald wiederkommen wird, um dir Erleichterung zu bringen und dich von deinem tapferen Schmerz zu befreien, weit großartiger noch als je vorher.

Ja, und wenn Er wieder geht, so wird er wiederkommen und jedesmal schöner und freudiger als vorher. Und all dies geschieht, weil Er dich geistlich Seinem Willen so anschmiegsam machen will, wie es körperlich ein Lederhandschuh deiner Hand ist.

Mit diesem Seinem Kommen und Gehen will Er dich in diesem doppelten 'Werk' doppelt erproben und zu Seinem eigenen Werk bereiten. Indem Er deine Glut zurückzieht - du denkst dann irrig, daß Er dich verließ -, stellt Er deine Geduld auf die Probe.

Dann merke wohl: Wenn Gott auch manchmal diese spürbare Süße, diese glühenden Gefühle und dieses flammende Verlangen zurückzieht, so doch niemals Seine Gnade in Seinen Erwählten. Ich kann einfach nicht glauben, daß Seine besondere Gnade jemals von Seinen Erwählten zurückgezogen wird, wenn sie einmal von ihr angerührt wurden, es sei denn um einer Todsünde willen.

All diese spürbare Süße, diese glühenden Gefühle und flammenden Wünsche, die selbst nicht Gnade, sondern nur deren Zeichen sind, werden oftmals zurückgezogen, um unsere Geduld auf die Probe zu stellen, und oft um anderen geistlichen Gewinns willen, an den wir gar nicht denken. Denn die Gnade an sich ist so rein, so hoch und so geistlich, daß sie nicht spürbar empfunden werden kann; aber die Zeichen ihrer Gegenwart machen sich bemerkbar.

Und so zieht unser Herr manchmal deine spürbare Glut zurück, einerseits, um deine Geduld zu steigern, andererseits, um sie zu erproben. Aber nicht nur aus diesem Grunde, sondern aus noch vielen anderen, von denen ich jetzt nicht reden will. Aber weiter zu unserem Thema.

Durch die Kostbarkeit, die Häufigkeit und das verstärkte Auftreten der erwähnten spürbaren Empfindungen - du hältst sie irrtümlich für Sein Kommen -, will Er deinen GEIST nähren und stärken, damit er in der Liebe und Anbetung lebe und währe.

Auf solche Weise will er durch deine Geduld in Abwesenheit dieser Empfindungen und durch jenes lebendige Nähren und liebende Stärken deines GEISTES bei ihrem Vorhandensein dich so fröhlich beugen und so wunderbar geschmeidig und geeignet zur Vollkommenheit machen, daß du ebenso froh und frei bereit bist, auf solche Empfindungen nach Seinem Willen zu verzichten, wie sie dein ganzes Leben lang zu haben und zu spüren waren.

Erst dann ist deine Liebe wirklich keusch und vollkommen. Erst dann siehst du beide, Gott und deine Liebe, und hast das nackte Empfinden Seiner im geistlichen Einssein in Seiner Liebe in der höchsten Spitze deines GEISTES, so, wie Er an sich ist, dabei zwar blindlings, aber aufs Äußerste deiner selbst entledigt und nackt nur in Ihn gekleidet, wie Er an Sich ist. D.h. dann kleidet dich keins dieser spürbaren Gefühle, die in diesem Leben vorkommen mögen, und mögen sie noch so süß und so heilig sein.

Nur in der absoluten Reinheit des GEISTES wird Er richtig und vollkommen wahrgenommen und in Sich Selbst empfunden, wie Er ist, weit entfernt von jeder möglichen Phantasie oder Meinung.

Diese Schau und dieses Empfinden Gottes (so in Sich Selbst, wie Er ist), mag von Gott in Seinem Selbstsein nicht getrennter sein, als Gott selbst es von Seinem eigenen Wesen ist, die beide nach Substanz und Natur nur eins sind; jedenfalls stellt es sich deinem Begreifen so dar.

Wie also Gott wegen ihres natürlichen Einsseins Sich nicht von Seinem Wesen trennen kann, so mag eine Seele, die dieses erfährt, nicht von Dem getrennt sein, was sie erfährt, wegen des Einsseins in der Gnade.

Sieh, auf diese Weise und vermittels dieser Zeichen magst du Weise und Wert deiner Berufung und der Gnadenregung in deinem geistlichen Wirken innerlich und in deinem Lesen und Hören über dieses Thema äußerlich irgendwie fühlen und zum Teil nachprüfen.

Zwar sind nur sehr wenige schon beim ersten Mal so besonders berührt und gezeichnet von dieser Gnade, daß sie schon bald oder gar plötzlich als Beweis alle diese Zeichen zu spüren bekommen; aber es genügt ja, eines oder zwei davon zu haben.

Von der Zeit an aber, daß du oder jeder andere deinesgleichen im GEIST empfindest, daß du eins oder zwei davon wirklich erfahren hast, wie die Nachprüfung an der Heiligen Schrift, an der Bestätigung deines geistlichen Beraters und deines Gewissens ergibt; dann ist die Zeit für dich gekommen, entschlossen aufzuhören mit diesen eingehenden Meditationen und Vorstellungen über die Eigenschaften deines Seins oder die Gottes, über deine oder Gottes Werke, mit all dem, von dem sich dein Verstand genährt hat und das dich schließlich aus der Weltlichkeit und Körperlichkeit zu deinem gegenwärtigen Reifsein für die Gnade geführt hat.

Kommentar:
Zuerst muß die Notwendigkeit des Erlösungsstrebens dargelegt werden. Nur während des Lebens kann der Mensch das Heil erwerben. Vierfach sind die verschiedenen Beziehungen Gottes zu anderem Seienden:

(1) Alles ist von Gott

(2) Gott ist in allem

(3) Gott ist alles

(4) Alles ist in Gott.

Nur im eigenen Selbst kann der Erstgeborene-der-Schöpfung den Urgrund Gottes entdecken. Gottes kosmisches Tun vollzieht sich nicht allein in der Weltschöpfung, sondern auch in der Welterhaltung. Er ist eine Freundliche-Macht, die als '*Avatara*' herabsteigt, damit Seine Frommen Ihn schauen können. So eine 'Herabsteigung' war JESUS. Außerdem wohnt Gott (als die Seele) allem Gewordenen inne. Es ist eine Paradoxie, daß Gott sowohl die Schöpfung ist als auch von ihr getrennt bleibt.*

Die Liebe zu Gott setzt ein verhältnismäßig entwickeltes Bewußtsein von der Personalität Gottes voraus; denn Liebe gibt es nur von Person zu Person. Wer aber diese Liebe (= B h a k t i) hat, der wünscht sich nicht Erlösung - die schenkt ihm Gott hinzu -, sondern nur intensivere und noch intensivere Liebe (= P r e m a). Wer P r e m a hat, der hat die Erlösung in der Hand.

Es ist für die christliche Mystik, die in diesem Buch gelehrt und exemplifiziert wird, bezeichnend, daß ihr der Gedanke "Gott ist in mir" häufiger vorkommt als das Bewußtsein "Ich bin in Gott".

Dem Ungläubigen bietet sich im gescheiterten Leben nur Resignation oder Selbstmord, was oft genug geschieht. Dem Christen aber kommt der Herr in seiner Not durch die sog. Eucharistie, ein Geschenk Seiner Liebe, das gleichzeitig die Erlösung in sich enthält, entgegen. Das Leid wird zu Leidenstherapie.

"Daher sind wir denn eingedenk des heilbringenden Leidens, der Auferstehung von den Toten und der glorreichen Himmelfahrt deines Sohnes."

Die polarisierte Liebe hat am Kreuz den Tod in sich aufgesogen. Jedoch den toten Leib hat das Göttliche zu neuem Leben erweckt und mit P r e m a gefüllt. So ist hier beides polar enthalten: ein Sterben und - der Gegenpol - eine Auferstehung.

* Siehe mein Buch: DER AVATARA (im selben Verlag)

Kapitel 13

DAS LEIDEN ALS GRUNDBEFINDLICHKEIT DES MENSCHEN

- Wach sein ist alles -

(Daß unser Herr Selbst in diesem 'Werk' unterweist und daß der Kontemplative in Demut und Liebe beharren möge.)

"(Diese) Probleme bedürfen auch einer praktisch-theologischen Erörterung."

- H. Schröer, *Forschungsmethoden i. d. Theologie*, Berlin + New York 1994, S. 150

Um aber zu erfahren, wie du dich geistlich im Empfinden deiner selbst oder Gottes verhalten sollst, den du durch dein Nachdenken über dein Handeln so gut kennengelernt hast, dafür sei dir das Leben Christi das Beispiel.

Wenn es so wäre, daß es in diesem Leben keine größere Vollkommenheit gäbe als die Betrachtung Seines Menschseins und die Liebe zu dir, dann, meine ich, wäre Er nicht gen Himmel gefahren, während die Welt weiterging, noch hätte er denen, die Ihn liebten, Seine leibliche Gegenwart entzogen. Es gibt aber eine höhere Vollkommenheit für den Menschen in diesem Leben, nämlich eine reine, geistliche Liebe zu Seiner Gottheit.

Darum sagte Er zu Seinen Jüngern, die darüber unmutig waren, daß sie auf Seine leibliche Gegenwart verzichten sollten, daß dies nötig für sie wäre. (Murrst du nicht auch ein wenig darüber, daß du deine eingehenden Meditationen und deine gescheiten Überlegungen lassen sollst?)

'Es ist euch gut, daß ich hingehe', sagte JESUS. Dieses Wort erläutert St. AUGUSTINUS dahingehend:

"Würde nicht die Gestalt Seines Menschseins von unseren leiblichen Augen zurückgezogen, dann würden unsere geistlichen Augen sich nicht auf die Liebe zu Seiner Gottheit heften."

Und so sage ich dir, daß es nötig ist, daß du auf einige Zeit dein eifriges Arbeiten im Verstande läßt und lernst, in deinem Empfinden etwas von der Liebe zu deinem Gott zu kosten.

Zu diesem Empfinden aber wirst du auf dem Wege kommen, den ich dir genannt habe, durch die vorangegangene Gnade. Das heißt, daß du dich ständig, ohne Aufhören, auf das nackte Empfinden deiner selbst stützen sollst, ständig Gott dein Sein darbringen sollst als das kostbarste Opfer, das du zu bieten hast.

Aber achte darauf, ich komme immer wieder darauf zurück, daß es nackt sei, damit du nicht getäuscht werdest. Ist es wirklich ganz nackt, dann wird es dir anfangs geradezu eine Qual sein, auch nur eine kurze Weile darin zu verharren, und zwar, wie ich schon sagte, weil dein Intellekt keine Nahrung für sich darin findet.

Aber das macht nichts; umso besser. Laß ihn ruhig eine Weile fasten von seinem natürlichen Vergnügen an seiner Gescheitheit. Es heißt sehr richtig: "Der Mensch hat ein natürliches Verlangen danach, zu wissen;" von dem geistlichen Empfinden in Gott aber wird er nur und allein durch die Gnade kosten, möge er noch so viel natürliches Wissen besitzen.

Daher bitte ich dich dringend, trachte mehr nach dem Empfinden als nach dem Wissen, denn Wissen betrügt oft mit Stolz. Demütiges, liebendes Empfinden aber betrügt nicht, denn "das Wissen bläht auf, aber die Liebe baut auf" (1. Kor. 8, 1).

Im Wissen ist Mühen, im Empfinden Ruhe. *

* In der Todesstunde lassen wir unser Wissen zurück;
nur unsere *Empfindungen* nehmen wir mit hinüber.

Nun magst du aber sagen: Von was für einer Ruhe redet Ihr? Mir scheint es qualvolles Mühen und keine Ruhe zu sein. Denn wenn ich mich daran begebe zu tun, was Ihr sagt, dann finde ich darin keine Ruhe, sondern Pein und Kampf auf allen Seiten. Denn einerseits will mein Verstand mich davon weghaben, und ich will nicht; andererseits möchte ich Gott empfinden und das Gefühl meiner selbst loswerden und kann es nicht. Es ist also Kampf und Kummer auf allen Seiten, und so scheint mir das eine sonderbare Ruhe, von der Ihr sprecht.

Darauf kann ich dir nur antworten, daß du noch nicht an dieses 'Werk' gewöhnt bist und es dir daher schwerfällt. Wärst du erst daran gewöhnt und wüßtest aus Erfahrung, welcher Segen darin ruht, du würdest nicht daraus hervorkommen für alle leibliche Freude und Ruhe der Welt. Zwar ist es auch Schmerz und Mühe; ich nenne es aber trotzdem Ruhe, weil die Seele weder in Verlegenheit noch in Zweifel ist, was sie zu tun hat, und auch, weil sie mindestens während dieser Übung sicher ist, daß sie nicht sehr irren kann.

Darum schreite in Demut und glühendem Verlangen in diesem 'Werk' voran, das in diesem Leben beginnt und im ewigen Leben niemals enden wird - und in das der allmächtige JESUS alle bringen möge, die er mit Seinem kostbaren Blut erkauft hat

A M E N .

Kommentar:
Im indischen Denken haben wir den sog. 'Affen-Weg' (*markatakishora-nyaya*) und den sog. 'Katzen-Weg' (*marjarakishora-nyaya*).

Das Affenjunge klammert sich fest an seine Mutter und wird so gerettet. Das Junge muß sich hierbei selbst anstrengen. Hingegen nimmt die Katzenmutter ihr Junges in das Maul und das Junge hat keine Anstrengungen nötig.

In der Meditation kann die Gnade Gottes bis zu einem gewissen Punkt gewonnen werden. In der Bhakti wird sie ohne weiteres verschenkt. Bhakti setzt Prapatti (demutsvolle Unterwerfung) voraus. Die Prapatti umfaßt die folgenden sechs Bestandteile:

(1) Freundlicher Wille zu allem
(anukulyasya samkalpah)

(2) Keine Böswilligkeit
(pratikulyasya varjanam)

(3) Vertrauen auf Gottes Hilfe
(rakshishyatiti Vishvasah)

(4) Zuflucht zu Gott als dem Erlöser
(goptritva-varanam)

(5) Empfindung äußerster Hilflosigkeit
(karpanyam)

(6 Hingebungsvolle Selbstaufgabe
(atmanikshepah)

Auch die Gesetze des Geistes sind zu finden in einer leiblichen Bestimmtheit. In der christlichen und islamischen Mystik, im Chassidismus und Yoga - und vor allem in der Prapatti - übersteigt die Hingabe, die getragen wird von der Liebe Gottes, welche keine Systematik, keine Meditationsübung in abgezirkelte Bahnen gefangennehmen und festlegen könnte, das in der Sprache ausgedrückte Erkennen.

Jetzt handelt es sich nicht mehr nur darum, die ontologische Tiefe des Selbstes zu ergründen; es handelt sich darum, das Ego zu verlieren, um das Selbst wiederzufinden, und zwar umgeformt durch die Liebe und in der Liebe Gottes.

In Asien sieht der echte Mystiker (oder Heilige) das Einswerden mit Gott als das Zeichen seiner Einigung mit der ganzen Menschheit. Das erlaubt uns, unsere Brüder mit der Liebe (mit der Gott sie liebt) zu lieben.[10)]

Es gibt nicht nur eine galante, sondern auch eine mystische Anakreontik. Ein Paradebeispiel davon wäre die allbekannte 'mystische Hochzeit' (als werde die darauf anschließende Liebesnacht) in so gewagter Liebeswerbungspoesie gefeiert wie in dem von Ramana Maharshi komponierten Lied gleichen Namens; ein Triumpf der Tamil Dichtung. Deutsche Übersetzung bei Zimmer. u. a.

ANHANG

SCHRITTE ÜBER GRENZEN

(*Interreligiöse Begegnungen*)

> "Was uns als Materie erscheint,
> ist womöglich geronnener Geist."
>
> - Heusterhuis,
> *Winkler Prinz*, Leyden 1934

In einer der Kurzgeschichten von Conan DOYLE spottet Sherlock HOLMES über die Idee, daß es Vampire gäbe. Darin zumindest hatte der unfehlbare Detektiv Unrecht.

Es gibt solche Dinge wie Vampire. Warum bekommen wir sie denn heute nicht zu Gesicht; und da wir einmal dabei sind, auch keine Geister, Kobolde, Hexen, Feen usw.?

Das Übernatürliche mit all seinen heiligen und unheiligen Schrecken ist vom modernen Leser ausgesperrt worden. Entweder in die Jugendliteratur oder in die Publikationen der theosophischen Gesellschaft. Die augenblickliche protestantische Theologie in Deutschland plädiert sogar für die Abschaffung der Engel; und wenn man das nur richtig anfassen wollte, sollte man auch gleich Gott loswerden, sagen die christlichen Atheisten.

Eine Religion, der das übernatürliche Element fehlt, würde heutzutage eine große Gefolgschaft finden. Wenn man doch das verbannte Übernatürliche in der Verkleidung der Religionspsychologie wieder einführte, dann gewänne man ebenfalls eine große Gefolgschaft, mit anderen Worten, Vampire bekommen die Erlaubnis zu existieren, wenn man sie psychologisch forterklären kann.

Der Grund dafür ist, daß die Spezialisierung (die Methode, einen Gegenstand des Studiums nur aus einem gewissen Gesichtswinkel zu betrachten) die Philosophie entführt und sogar vergewaltigt hat.

So haben wir die Epistemologie, die nur den Erkenntnisprozeß studiert, die Linguistik, die davon besessen ist, nur die Analyse von Wortstrukturen durchzuführen usw.

Der Hauptakzent liegt überall auf der Analyse, und um zu analysieren, muß man spezialisieren. Es ist aber die Aufgabe der Naturwissenschaft, nicht der Philosophie, die Analyse auf den verschiedenen Wissensgebieten weiterzuführen.

Die Aufgabe der Philosophie ist die Synthese, nicht die Analyse; die integrale Interpretation aller Erfahrungen, nicht nur die analytische Prüfung der Art und Weise und der Abläufe der Erfahrung oder das Studium irgendeines spezifischen Problems.

Analyse gehört zur Logik und gibt uns rationales Denken. Synthese gehört zur Philosophie und gibt uns integrale Einsicht. Weisheit ist die Kombination von rationalem Denken mit integraler Einsicht.

Wissenschaft ist, wie sie auch sein sollte, exakt und präzise. Philosophie sollte, aber ach, sie ist es heute nicht, vielgestaltig sein. Jeder möchte den Naturwissenschaftler nachahmen, weil seinem Status scheinbar ein besonderes Prestige zugeschrieben wird.

So haben die Philosophen sich in unserem Jahrhundert sehr darum bemüht, fälschlicherweise für Naturwissenschaftler gehalten zu werden. Mit Erfolg, soweit es das Laien-Publikum angeht, denn wissenschaftliche Anmaßungen machen sich gut bezahlt. Sogar die Theologie hat, wenn auch zu spät, zu diesem Boom auf dem Markt der Naturwissenschaft beigetragen.

Wo der Pseudo-Präzision soviel Wert beigemessen wird, ist es eine tödliche Anschuldigung, daß man vielseitig, vielgestaltig sei oder abschweife. Aber Philosophie muß abschweifen. Man sollte das Recht haben, nach freiem Willen durch die ordentlichen Räume zu wandern, die von der fleißigen und ordnungsliebenden Putzfrau, genannt Wissenschaft, so schön sauber gehalten werden.

Wie sonst könnten wir mittels B r a i n - s t o r m i n g (= Sturm der Gedanken und der Phantasie) unseren Weg zu neuen Ideen finden, zu neuen Einsichten in die Beziehungen zwischen den verschiedenen Abteilungen des Wissens?

Wenn die Philosophie alle Aspekte des Lebens behandeln soll, muß sie aufhören, die Naturwissenschaft nachzuäffen. Und eine integrale Sicht des Lebens ist nur möglich, wenn alle Aspekte, rationale und irrationale, mit ungebundener Kaprice kombiniert und verglichen werden können.

Die Furcht, den akademischen Ruf zu verlieren, erschreckt den professionalen Philosophen. Zu dieser Furcht muß man sich noch einen Minderwertigkeitskomplex hinzugefügt denken und ein schlechtes Gewissen, daß er vielleicht gar nichts 'Nützlicheres' tue.

Wie denn anders als durch Abschweifen erwartet der professionale Philosoph jemals, eine glückliche Intuition zu haben, die ihm einen Aspekt der Ganzheit enthüllt, den er bis jetzt übersah?

LEIBNIZ prägte den Ausdruck P h i l o s o p h i a P e r e n n i s . Die Philosophie der Zukunft muß eine P h i l o s o p h i a T o t a l i s sein, oder sie wird ihre Lebenskraft für immer verlieren.

Eine Disziplin, die lediglich das Ergebnis bloßer Unterdrückung ist, die entsagt, bevor der Andrang der totalen Existenz in seiner Fülle untersucht wurde, die sich mehr vor dem theoretischen Anstoß fürchtet, den Vampire für ihr schematisches Denken darstellen, als vor ihrer Existenz, kann die Rätsel des Lebens nicht länger beantworten, sondern ist - wie an deutschen Universitäten - eine Flucht vor den Problemen des täglichen Lebens.

Was unseren Philosophen in Ost und West traurigerweise fehlt, ist geistige Mannbarkeit. Diese 'Männlichkeit' hat ihren Preis. Man muß die lehrerinnenhafte Schrulle aufgeben, auf jeden Fall Ordnung zu verlangen, und den Mut haben abzuschweifen.

Man muß das Systembauen aufgeben und zum wirklichen Leben zurückkehren. Ist das Leben nicht selbst ein ziemlich umherschweifender Prozeß?

In kurzer Zeit werden wir elektronische Computer haben, die durchaus fähig sind, die Probleme der Epistemologie, der Ontologie usw. zu lösen. Was wir brauchen, ist ein Philosoph, der nicht durch eine Maschine ersetzt werden kann.

Mit der Erfindung der Elektronik sind Exaktheit und Präzision veraltete Tugenden. Die Welt von morgen klagt um ihren Dämonliebsten mit ihrer atonalen Musik, mit ihren aperspektivischen Gemälden, ihren unchronologischen Romanen (Bewußtseinsstrom), ihrer Beatpoesie, ihrer psychokybernetischen Haltung dem Leben gegenüber.

Sollen wir dieser Welt eine Philosophie anbieten, die nur für die ruhigen Klöster von Heidelberg paßt? Ist es ein Wunder, daß niemand mehr geneigt ist, Philosophie heutzutage ernst zu nehmen?

Sie ist der einzige Lehrgegenstand, für den noch nicht einmal die freigebige VW-Stiftung eine Beihilfe gewähren will. Und doch verlangt die Welt nach einem Philosophen, der ihr ihre Wurzeln enthüllt, die aus diesem 'steinigen Abfall' zum Licht drängen.

In jedem Zeitalter, kann man sagen, gibt es einen Typ der Philosophie, der als hauptsächlich repräsentativ und besonders bedeutsam gelten kann.

Sogar die Philosophie hat ihre Helden. In einem Zeitalter wird es der Idealist sein, in einem anderen der Pragmatist, in einem dritten der Positivist und in einem vierten der heiligmäßige Gelehrte, der Materialist usw.

Was wird das bedeutsamste Charakteristikum der Philosophie des Zeitalters sein, das jetzt gerade geboren wird? Des Zeitalters, das jenseits liegt von HUXLEY und JUNG, MARX und EINSTEIN, Tiefenspychologie und interplanetarischen Reisen?

Diese Schrift ist mein stammelnder Versuch gewesen, etwas hervorzubringen, was die Antwort sein könnte, nämlich die Realisierung des integralen Bewußtseins und seiner Entwicklung in all den vielfältigen Aspekten der Existenz. Eine P h i l o s o p h i a T o t a l i s, in der Form ein unzusammenhängendes Umherschweifen, im Inhalt die Vereinigung vieler verschiedenartiger Strömungen, die einander antworten, wie die Sätze einer Symphonie.

Obwohl es im Augenblick der Mode entsprechen mag, neue Liebhabereien auf dem Gebiet der Philosophie zu entdecken, so merkt man doch, daß sie nicht neu sind, sondern nur Versuche, sterbende Ideologien wieder zu beleben.

Der wirklich neue Philosoph muß auch den Propheten spielen, in einem Zeitalter, das zu unheilig ist für ihr Kommen. Seine Aufgabe wird es sein, den verlorenen Berührungspunkt mit der kosmischen Evolution wiederzufinden.

Die Menschheit tritt in eine neue Phase der Evolution. Eine Phase, die charakterisiert wird durch die Wehen einer höheren Dimension des Bewußtseins.

Die Unterscheidung zwischen östlicher und westlicher, amerikanischer und chinesischer Philosophie wird sehr bald der Vergangenheit angehören. Die Philosophie der Zukunft wird eine integrale Philosophie sein (unabhängig von dem Ort, wo der Körper der Person, die bestimmte Ideen vertritt, zufällig geboren wurde). Um diese neue Ära mit Vertrauen zu betreten, haben wir ausführlich die moderne Philosophie in Ost und West geprüft.

Im ersten Teil haben wir die gemeinsame Grundlage zwischen Ost und West aufgezeigt, die auf der geistigen Erfahrung des Kontaktes mit dem höheren Selbst basiert, das in einem jeden von uns gegenwärtig ist.

In der Vergangenheit profitierten nur die Weisen, Yogis und Mystiker von dem realisierten Bewußtsein dieses höheren Selbst.

Nun wird die politische Demokratie abgelöst von der kosmischen Demokratie. Unser Jahrhundert ist das des durchschnittlichen Menschen.

Die esoterische Weisheit der Mysterientempel, die Riten der Initiation und die Regeln für die Aufnahme werden ersetzt durch die Dynamik einer neuen Ära.

Der Held unseres Jahrhunderts, der durchschnittliche Mensch, fängt an, sehr langsam, aber sicher, die unsichere Grundlage des menschlichen Lebens wahrzunehmen, und fühlt, daß Anarchie und Chaos tiefer liegen als die Ordnung, an die man ihn fälschlicherweise zu glauben gelehrt hat. Das philosophische Klima heute hat eine gewisse Ähnlichkeit mit der Periode, in der der BUDDHA lebte und predigte.

Zu jener Zeit trat die Menschheit ebenfalls in eine neue Phase der kosmischen Evolution. Aber da jene Zeit nicht die des einfachen Mannes war, blieb das integrierte Nirvana-Bewußtsein der Schatz der verdienstvollen wenigen.

Der BUDDHA enthüllte mit durchdringender Genauigkeit, was unsere gegenwärtigen existenzialistischen Philosophen nur ungenau und mürrisch andeuten. So kann die Integration zwischen Tiefenpsychologie und der Physik jetzt stattfinden. Dieser Prozeß und sein philosophischer Rahmen wurde gezeigt.

Der große Fehler der Philosophie war es, die flüchtigen Möglichkeiten des Irrationalen zu übersehen und zu unterschätzen. Schließlich ist der Mensch trotz allem kein rationales Tier ('wenn Leidenschaft niemals den Geist verstörte...').

Er ähnelt einem winzigen Fahrzeug der Vernunft in einer wogenden und stürmischen See der Emotionen und Leidenschaften. Die Philosophie aber nahm bis vor kurzem wenig Notiz vom Menschen, wie er in seinem täglichen Leben ist. Sie war zu sehr mit ihrem 'Modell-Menschen' beschäftigt und seinem Platz im S y s t e m der Dinge.

Bevor dargestellt werden konnte, daß das Leben nicht in ein S y s t e m gepreßt werden kann, war es notwendig, HEGELS Geist aus der europäischen Philosophie zu exorzieren.

Es hat in der Vergangenheit Männer der integralen Vision gegeben. Aber niemals konnte man sie als die wahren Sprecher des Zeitalters betrachten - bis heute.

Indem er die ungeheuer komplizierte Aufgabe auf sich nahm, eine gründliche Studie des unbewußten Geistes im Menschen darzustellen, hat RADHAKRISHNAN Bücher geschrieben, die von großer Bedeutung für alle sind, die die Probleme unserer Zeit zu verstehen und zu lösen versuchen. Deswegen habe ich ihn früher so hoch geschätzt. Sogar die christliche Theologie bestätigt die Ansichten, die er vertritt.

Das befähigt uns, ein Problem zu untersuchen, das uns in Zukunft noch sehr beschäftigen wird, die Möglichkeit der Toleranz, religiöser und anderer, in einer Welt, die von dem Kampf um die Seelen der Menschen zerrissen wird.

Wir betrachteten die Werke von Aldous HUXLEY als ein typisches Beispiel der Darstellung des integralen Bewußtseins in der zeitgenössischen Literatur.

Der Übermensch TEILHARD de CHARDINS und AUROBINDOS ist wie der Held der späteren Romane HUXLEYS ein Mensch, der die vierte Dimension des Bewußtseins erlangt hat.

Christopher ISHERWOOD, ein Meilenstein englischer Literatur, gibt uns den Einblick in solch ein Erwachen. Hier ist der Mann, der ein verborgener Heiliger gewesen ist, fast sein ganzes Leben lang, und plötzlich sieht er, wie sich der Abgrund unter ihm öffnet und ruft, daß wir niemals irgendwohin unterwegs waren. Das integrale Bewußtsein ist nicht eine neue oder vierte Dimension des Bewußtseins, sondern eine wesentliche Unterströmung, die die anderen drei Zustände (Wachen, Träumen, Tiefschlaf) des Bewußtseins trägt. Das ist das integrale Bewußtsein, solange man es von der subjektiven Seite sieht, wie es in einem Individuum wirkt. Dies ist nichts Neues.

Wir haben eine klare Darlegung davon im Turiya des Mandukya Upanishad bereits im 8. Jahrhundert vor Christi Geburt.

Was zwingend neu ist in der gegenwärtigen Weltsituation, ist, daß der Mensch durch die Kräfte der kosmischen Evolution dazu gezwungen wird, diese Integration von der objektiven Seite zu realisieren. Rationales Denken (Pragmatismus, Logischer Positivismus, Linguistische Analyse usw.) war die Blüte eines Bewußtseins, das sich jetzt überlebt hat.

Wir müssen loskommen von dieser festgefahrenen Bleib-im-Schlamm-stecken-Philosophie. Man kann nicht sagen, daß diese vergangenen Gedankensysteme an sich nutzlos waren, sondern nur, daß sie aufgehört haben, nützlich zu sein, weil das rationale Denken nicht länger die Vorherrschaft hat.

Ein psychischer Prozeß in kosmischem Maßstab enthüllt plötzlich (fast wie durch eine Mutation des Bewußtseins im Fortschreiten der Evolution) die namenlosen inneren Fähigkeiten des Menschen. Wir müssen noch den 'inneren Weltraum' erforschen.

Der Mensch hat ungezählte Jahrhunderte lang nur mit einem Bruchstück seiner vollen Möglichkeiten auf diesem Planeten gelebt. Wenn hier und dort ein Individuum im Stande war, ein wenig mehr als dieses Bruchstück zu benutzen, wurde es als ein G e n i u s begrüßt, aber wir sind alle ein Genius in der Puppenhülle.

Keine geringere Autorität als Sir Julian Huxley spricht von Psychometabolismus.

"Die andere Haupttendenz der biologischen Evolution ist die Evolution des Geistes, ein Trend in Richtung des höheren Grades von Gewahrsein."

Ferner:
"Man kann Gehirne als psychometabolische Organe betrachten. Falls sie hoch genug entwickelt sind, benutzen sie die Rohmaterialien einfacher Erfahrung und verwandeln sie in spezielle Systeme organisierten Gewahrseins.
Die einzige ursprüngliche Realität, die wir kennen, ist unsere subjektive Erfahrung. Der einzig zufriedenstellende Zugang zu diesem Problem ist der der Evolution. Wir sind gleichzeitig untrennbar beides, Materie und Geist.
Dabei erhalten wir eine gute Analogie der Evolution des Geistes. Mit Hilfe seines Organs des Gewahrseins benutzt er das Rohmaterial seiner subjektiven Erfahrung und formt es in charakteristische Muster des Gewahrseins, die dann kanalisiert werden und helfen, sein Verhalten zu steuern.
Das wage ich Psychometabolismus zu nennen. Während der späteren Stadien der Evolution wird dem universellen physiologischen Metabolismus ein immer wirksamerer Typ des Psychometabolismus hinzugefügt und überlagert ihn."

Wenn das, was Huxley hier sagt, wissenschaftlich korrekt ist, dann geht man recht in der Annahme, daß hinter den Ereignissen, die dem Leben im Kosmos ihre Struktur verleihen, ein Plan besteht, und solange die Philosophie nicht gelernt hat, diesen Plan zu erkennen, kann sie nicht richtig urteilen.

Die wissenschaftliche Methode ist ausgezeichnet, aber nicht erschöpfend. Heute wird sie ergänzt, wenn auch nicht ersetzt, durch andere Methoden oder sogar durch N i c h t - M e t h o d e n , damit der Gesamtüberblick über die Welt ein vollständiger, integraler wird.

Sobald der Mensch anfing zu rationalisieren, entdeckte er zu seinem Schrecken, daß seine Verstandeskraft streng begrenzt und beinahe nutzlos war, wenn er versuchte, die Bedeutung des Universums zu ergründen. So nahm man im Westen die Hilfe der Phantasie, der Intuition und der Poesie in Anspruch. Genau wie im Osten die Hilfe der Religion, der Mystik, des Yoga und der Mythologie. Die Verbindung der Vernunft mit diesen anderen sogenannten primitiven Fähigkeiten, bewirkte das Entstehen der Integralen Philosophie, deren Natur wir schon beschrieben haben.

Was ist der Wert der Integration in der Philosophie? Was sind die Vorteile dieses Denktypus im allgemeinen Plan des Lebens?

Man kann darauf antworten, daß die Poesie eine entscheidende Rolle spielt als ein Vermittler zwischen Philosophie und Weisheit. Wie eng und wie lebenswichtig die Verbindung zwischen den beiden ist, kann man an der Tatsache sehen, daß HEIDEGGER, der bekannteste Philosoph unserer Tage, die Texte romantischer Dichter wie HÖLDERLIN den sogenannten rationalen Philosophen vorzieht.

Wie HEIDEGGER richtig meint:
"Der sensible Dichter und der originale Denker (der Philosoph) leben auf benachbarten Berggipfeln, von denen aus sie miteinander über den Raum hinweg sprechen können."

Die moderne Verachtung für das Okkulte und das Esoterische beruht darauf, daß sie unserem stolz benannten Zeitalter der Wissenschaft Ideen präsentieren, die nur eine vage, undefinierbare Existenz haben, die nur Andeutungen sind, nicht einmal Hypothesen.

Das sind Ideen, die Widerlegungen zulassen, ohne dadurch widerlegt zu werden.

Wenn die Metaphysik versuchte, sie aus der Poesie und Mythologie in den wissenschaftlichen Bereich zu übertragen, wurde sie augenblicklich zurückgewiesen. Ein Schlag, von dem sie sich immer noch nicht völlig erholt hat.

Sie fanden keinen Platz in der Wissenschaft, weil sie da nicht hingehörten. Aber sie gehören zu einer anderen Dimension der Wahrheit, der poetischen Wahrheit.

Diese nicht-wahren, aber nicht-unwahren Ideen sind das Ergebnis bestimmter Kräfte, die latent im Herzen des Menschen schlummern. Sie sind immer mit Mißtrauen betrachtet worden und nicht ohne Grund, denn diese Ideen sind nicht in dem Sinne, daß man sie als wahr beweisen kann, aber sie sind nicht unwahr in dem Sinne, daß man sie als falsch entlarven kann.

Es sind die nicht nachweisbaren Nichtwahrheiten der Mythologie, die PLATO so beschreibt:

"Möglicherweise, nein gewiß, ist das nicht wahr. Aber es gibt etwas, diesem mehr oder weniger ähnlich, was wahr ist."

Wir müssen diese Ideen mit Mißtrauen und Respekt behandeln, ungefähr so, wie der Westen die Botschafter des Kreml empfängt.

Deswegen griffen die romantischen Dichter auf Mythen und Symbole zurück, denn im Menschen lebt etwas, das über die exakte Wissenschaft hinausgeht.

Wie RENAU schrieb: "Niemals hat der Mensch, wenn er eine klare Idee in Händen hatte, sie in eine Mythe verwandelt."

Eine integrale Philosophie versöhnt die Existenz und die Entwicklung von Mythen und die quasiphilosophischen Wahrheiten, die darin enthalten sind, mit der Erkenntnis, daß es sich nur um Mythen handelt und nicht um Wirklichkeit. In dem Bereich der Philosophie muß der Zweifel nicht jenen tödlichen Effekt haben, den er in der Theologie hat.

Die integrale Anschauung, wenn sie von Nutzen sein soll, verlangt, daß wir 2 Überzeugungen haben.

1. Wir müssen wissen, daß Symbole notwendig sind, und

2. wir müssen uns darüber klar sein, daß es nur Symbole sind.

Daher befriedigt eine solche Philosophie die fundamentalen Intuitionen der menschlichen Seele, indem sie nach den Worten BLAKES "die ewige Vision entfaltet, die göttliche Ebenbildlichkeit, die der Mensch nicht mehr lebt, wenn er aufhört, sie zu betrachten".

Schließlich bietet dieser integrale Gesichtspunkt eine Kritik des Lebens von dem einzigen Standpunkt aus, der vielleicht gerecht ist, vom Intuitiven. Die integrale Schau gibt ihr Urteil ab über philosophische, metaphysische und religiöse Ideen, nimmt sie an oder verwirft sie entsprechend dem Reichtum ihres Gehaltes und ihrer Möglichkeiten in bezug auf Schönheit und Harmonie.

Wir haben damit ein Barometer, um das zukünftige Wetter philosophischer Ideen vorherzusagen. Das kann nur eine integrale Schau leisten. Wenn die Barriere rationaler Beschränkungen nur durch Intuitionen zerbrochen werden kann, dann ist die letztere das Band zwischen Philosophie und dem Bewußtsein der sogenannten primitiven Seele. Denn wenn Intuition existiert, muß sie in den primitiven Perioden der Menschheit am stärksten gewesen sein.

In dem Maße, wie unser Wissen vom Primitiven wächst, werden wir den Symbolismus in der Philosophie besser verstehen; in dem Maße, wie unsere Analyse des Symbolismus genauer wird, werden wir die tiefere Bedeutung der primitiven Glaubensformen verstehen, deren Kraft es ihnen immerhin ermöglicht hat, in ihrer rohen Form in der Mitte hochentwickelter Kulturen und unter begabten Rassen weiter zu existieren, im alten Indien und während der ganzen Geschichte Afrikas.

Auch damit sind die vielfältigen Vorteile noch nicht erschöpft. Es gibt noch eine ganze Reihe von Fakten, die der exakten Wissenschaft vorläufig noch unerreichbar sind, z.B. die feineren Tatsachen der Para-Psychologie.

Die Parapsychologie steckt noch in den Kinderschuhen, und daher bleibt die Darstellung besonders subtiler, mächtiger Variationen des menschlichen Fühlens und Begehrens, die einen so bedeutenden Platz in unserem Leben einnehmen, der Poesie überlassen, die sie durch Symbolismus ausdrückt.

Der Philosoph beobachtet und erfährt, lange vor den Naturwissenschaftlern, und sein Werk, wenn es integral ist, basiert ebenso auf dem Experiment, wie es die exakten Wissenschaften von sich behaupten. Diese Art integraler Betrachtung ist ein Teil des unentbehrlichen Erbgutes der Menschheit, da sie die Anwendung der alten Maxime "erkenne dich selbst" darstellt.

In unserer eigenen Zeit sind wir dabei, einen völligen Umschlag zu erleben. Metaphysik wird gewöhnlich für die Hauptwurzel des philosophischen Baumes gehalten. Aber wie HEIDEGGER zurecht fragt, 'wie ist es mit dem Boden?' Man erinnert an DESCARTES berühmten Vergleich der Philosophie mit einem großen Baum, dessen Wurzeln die Metaphysik darstellt.

HEIDEGGER fragt:
"Was ist das für ein Boden, in den die Wurzeln der Metaphysik hinabreichen? Wenn man diese Frage nicht absichtlich aufwirft, werden die Philosophen fortfahren, den Baum der Philosophie als einen sich selbst ernährenden Organismus zu verstehen und nicht als einen, der ernährt wird von der erhaltenden Erde und Atmosphäre."

Was ist dieser fruchtbare Boden der Gedanken? Wo ist diese wunderwirkende Voraussetzung der Metaphysik?

HEIDEGGER kann sie nicht in den Schriften der rationalen Philosophen finden. Er hat sich daher HÖLDERLIN und der romantischen Poesie zugewandt, um Hilfe zu finden.

Diese Umkehr vom Rationalen zum Romantischen in unseren Tagen kennzeichnet den Triumph der Philosophia totalis über die Begrenzungen der Vernunft, die bis jetzt den denkenden Intellekt eingekerkert haben, in dem Felde reiner Erfahrung.

Deswegen bedingt unsere Suche nach den ersten Prinzipien notwendigerweise einen Fortschritt vom Intellekt zur Intuition, von der Philosophie zu der Poesie und, das ist das wichtigste, vom Denken zum Sein.

Die romantischen Dichter, die zu einer Zeit lebten, als die westliche Philosophie noch nicht den Stand erreicht hatte, zu dem HEIDEGGER sie gebracht hat, fanden im Symbolismus eine Sprache, die zugleich enthüllen und verbergen konnte.

Obwohl es auf den ersten Blick weit hergeholt und sogar unglaublich erscheinen mag, daß irgendein Band der Sympathie zwischen den Ideen der östlichen Weisheit und denen der europäischen Dichtung existiert, wird diese Ansicht logisch und sogar unvermeidlich, wenn wir die Kausalkette betrachten, jenen mysteriösen Faktor in der Geschichte der Ideen, die alles, sei es noch so weit entfernt in Raum und Zeit, verbindet und trennt.

Der Fehler liegt darin zu glauben, daß eine Idee durch Raum (im geographischen Sinne) und Zeit bedingt ist. Eine Idee existiert nur an einem Ort im Geist des Menschen.

Welche Absurdität liegt darin, Ideen zu klassifizieren nach dem Ort und der Zeit, in denen der Körper des Denkers, dem sie einfielen, gelebt hat. So wird eine Idee als 'aus dem alten Osten stammend' gekennzeichnet, einfach weil der Denker, dem sie einfiel, zufällig im Osten lebte, zu einer bestimmten Zeit, die man heute als alt bezeichnet.

Auf ähnliche Weise wird die gleiche Idee, wenn sie, sagen wir, SHELLEY einfällt, sofort als englisch und romantisch gekennzeichnet, einfach deswegen, weil SHELLEY zufällig während der romantischen Erneuerungen lebte und auch unter anderem Engländer war.

Wenn wir uns daran gewöhnten, in Begriffen von Ideen zu denken und nicht in Begriffen von Personen, die Ideen hatten, dann erkennen wir sofort, daß alle Ideen im Geist, nicht im Gehirn vorkommen, und wir registrieren sie nicht länger nach geographischen Zufälligkeiten und historischen Zeittabellen. Unglücklicherweise reden wir immer nur von Ideen in Verbindung mit denen, die sie gedacht haben, und nicht *in vacuo*.

Der Neuplatonismus ist ein Mittel, durch das die östlichen Ideen in die romantische Erneuerung gelangten. Daß die griechische Philosophie in einem sehr hohen Maße durch die indische Philosophie beeinflußt wurde, ist nun endgültig festgestellt worden durch Maulana Kalam AZAD in seinem Vorwort zur

History of Philosophy
Eastern and Western.

Eben dieser Typ der griechischen Philosophie, erfüllt von östlichen Ideen, verbunden mit ägyptischen Riten und Mystik fand seinen Weg durch PLOTIN in das übrige Europa und wurde Neoplatonismus genannt.

ABSCHLUSS DER THEOLOGIE?

(Gefahren einer Ideologisierung der Heilsgeschichte)

"... eine alles durchwaltende
Weltgerechtigkeit!"

- G. E. Lessing
Die Erziehung des Menschengeschlechts,
Werke II, S. 987

Für die zeitgenössischen Theologen hat die Konzeption Gottes angefangen zu verblassen. Anglikanische Bischöfe haben versucht, Gott neu zu definieren als den Grund des Seins.

In Übereinstimmung mit der griechischen Tradition haben mittelalterliche Scholastiker Gott als das erhaltende Sein selbst definiert und damit als einen höchsten Schöpfer, dessen Wesen identisch mit seiner Existenz ist.

Moderne Philosophie begrenzt das Wort S e i n auf erkennbare oder geschaffene Dinge. Gott wird mehr und mehr ein Symbol für ein überlebtes, übernatürliches Idol. Sogar die Kirche hat durch ihr Schweigen jene Wirklichkeit jenseits des Seins verleugnet, der sie dienen und die sie predigen sollte.

Falls die Christenheit überleben will, wird sie gezwungen sein, Teile östlicher Weisheit in ihre Lehren aufzunehmen. Bis jetzt hat die Kirche jeder Weisheit - außer der eigenen - gegenüber eine Haltung arroganter Apartheid angenommen.

Die östliche Weisheit ist in einer guten Position, mit den atheistischen Argumenten unserer Zeit fertig zu werden. Sie hat all das schon gehört, bevor BUDDHA geboren wurde.

Die Atheisten von heute verwenden Argumente, die nicht sehr verschieden sind von denen der Carvaka-Materialisten der präbuddhistischen Ära.

Selbst wenn es keinen Gott geben sollte, als Ursache der Welt gibt es doch einen verborgenen, geheimnisvollen Faktor in den Ereignissen der Welt.

Dieser Faktor erklärt die besonderen Ursachen, die für uns dadurch erkennbar werden, daß sie sich als unbegreiflich wunderbare Wirkungen ereignen.

In der Tat, von daher nehmen die Ereignisse der Welt die Substanz ihrer Potenz, zu einer bestimmten Zeit im Ablauf dessen zu erscheinen, was wir Geschichte nennen.

Sogar der Marxismus hat seinen 'Gott'. Er ist der unerklärliche Wille dieser Geschichte. Der Ausdruck 'Gott', der alles umfaßt, was geheimnisvoll und wunderbar ist, soll eben diesen geheimnisvollen und wunderbaren Faktor andeuten.

Kann die Mystik Gott genauer definieren? Sie kann es. Wir brauchen uns nur zu erinnern, in welcher Weise jene besondere Ursache, aus der unser eigener erstaunlich komplizierter und technisch perfekter Organismus entsprungen ist, nämlich die befruchtete Zelle in der Gebärmutter unserer Mutter, ihre Ursächlichkeit erhalten hat.

Es geschah durch unser Ergreifen und unser Sich-an-klammern an diesen Samen in unserer unauslotbaren inneren Natur. Wenn sich kein Eingreifen, kein Anklammern erhoben hätte, wäre dieser befruchtete Same wieder hinweggefegt worden, ohne eine Spur.

Daher ist unsere eigene wesentliche und innere Natur jener geheimnisvolle Faktor in dem Geschehen der Welt, von welchem eben diese Ereignisse ihre gesamte Substanz nehmen.

Die Auffassung des Mystikers von Gott ist eben das unerkennbare geheimnisvolle Wesen-an-sich des Kosmos. Das ist die Grundlage der phänomenalen Welt und in diesem Sinn der Grund des Seins.

So kann der Mystiker ausrufen, wie es Schwester KATHARINA Meister ECKHARD gegenüber tat:

"Frohlocke Herr, ich bin Gott geworden!"

Das bedeutet einfach, daß wir - sobald wir uns auf unser wirkliches Selbst zurückziehen, indem wir unsere ganze Persönlichkeit als ein nur Sorge bringendes Attribut unserer selbst durchschauen - erkennen, daß unsere Natur der des Seins-Grundes ähnlich ist.

Wir sind aus demselben Stoff, aus dem Gott gemacht ist. Das ist der Standpunkt der monistischen Mystiker. So wird die Konzeption Gottes ungeheuer vertieft.

Es kann nicht länger die Rede von einer allmächtigen Persönlichkeit sein, von einer Person, die als Gott angesprochen werden könnte, und also von einem persönlichen Gott außerhalb der Welt.

Im Gegenteil, der wahre Inhalt der Gottesvorstellung ist der Weltengrund. Eben das ist das Kernstück und das Wesen der Welt selbst. Die Verkörperung und Quintessenz der wesentlichen Natur aller Dinge.

Der Mystiker, der so tief hinabgetaucht ist, wird daher die Gottesvorstellung fallen lassen, weil mit ihr das persönliche Element unauflösbar verknüpft ist. Daher versichert derjenige, der die Einheit des Grundes behauptet, gleichzeitig, daß alle Dinge dasselbe Wesen haben, wesentlich Eins sind.

Natürlich kann man nicht versichern, daß der Kern oder das Wesen der phänomenalen Welt etwas in sich Unterschiedenes oder Verschiedenes ist.

"Die wesentliche Natur der Dinge vor oder jenseits der Welt steht keinem Untersuchenden offen." (SCHOPENHAUER)

In der Tat, das ist es, was die Mystiker meinen, wenn sie sagen, daß der Kern oder das Wesen und seine möglichen Beziehungen transzendent sind.

Indem sie das Wesen der Welt als Eine begriffen, kamen die Mystiker dazu, die Rückkehr zu dem wesentlichen Kern als eine Selbstauflösung oder als ein Hinüberfließen in die Gottheit aufzufassen, in Gestalt einer Vereinigung mit ihr (unio mystica).

"Wer immer das weiß, ist ohne Verlangen, von gestilltem Verlangen, frei von Verlangen, ist selbst sein Verlangen, denn er ist Brahman und schmilzt und löst sich auf in Brahman", ruft der vedische Heilige aus.

"Fliehe von allem, wenn du es möglich machen kannst, schlüpfe völlig in seine innerste Stille. Was zuerst für sich selbst war, er dort, du hier, wird nun umgestaltet in ein vereintes Wir. Wo du, jetzt er, ihn mit ewigem Geiste schaust, ein namenloses Nichts, kann ein Ich nicht entstehen", wie Meister ECKHARD in mystischer Ekstase ausruft.

Die letzten Worte des PLOTINUS, der nach seinem eigenen Zeugnis schon während seines Lebens von seinem Körper zu sich selbst erwachte, waren, daß er wünschte, das Göttliche in sich selbst mit dem Göttlichen im Universum zu vereinen.

So stellen alle Mystiker den wesentlichen Kern der Welt als einen Ozean dar, in den die Wesen zurücksinken, aufgelöst werden und fortströmen. Aber wer erkannt hat, daß der wesentliche Kern der Welt sich sogar noch über diese Auffassung der Einheit erhebt insofern, als er für unser Wissen völlig unzugänglich ist, wird sich davor hüten, jenes absolut transzendente Reich mit Worten zu beschreiben, die aus der phänomenalen Welt genommen sind und daher nur für diese Welt eine Bedeutung haben.

"O Amitaya! miß nicht in Worten das Unmeßbare. Erhebe dich nicht mit Gedanken zu dem Unerforschlichen."

Das Reich des Unerschaffenen ist nach den Mystikern das Reich des Wesentlichen. Vor allem ist dort unser eigentlicher wesentlicher Kern verborgen, denn er erhebt sich eben dadurch, daß wir uns selbst aus der phänomenalen Welt zurückziehen in unsere wirklich wesentliche Natur.

"G o t t , wie er in sich selbst ist, hat Wesen. Das Wesen wohnt in unoffenbarter Stille. Daher ist es unbeweglich. Es spricht nicht, es liebt nicht, es schafft nicht, und doch bewegt es das Bewegliche.

Das Ich, das in der G o t t h e i t gegründet ist, hat natürlich Anteil an beiden Zuständen und zieht schließlich aus der Trennung das Unbewegliche zurück in die schwebende Stille der Gottheit, in sich selbst, in das, was frei ist und befreit von aller Aktivität."

"In dieser Einheit der göttlichen Essenz hat der Vater niemals irgendein Wissen von einem Sohn gehabt, noch der Sohn von einem Vater, denn es gibt dort weder Vater noch Sohn, noch Heiligen Geist."

"Versuche es, edle Seele, mit diesem Glanz und dieser Majestät. Natürlich, solange du dich selbst nicht ertränkst in dem grundlosen Ozean der Gottheit, solange kannst du ihn nicht kennen, diesen göttlichen Tod."

Die Darstellungsmethode des BUDDHA ist davon etwas verschieden. Er spricht nicht davon, daß in der Tätigkeit der Welt als solcher ein wesentlicher Kern verborgen liegt in dem Sinne, in dem Vedanta von dem weltschaffenden Brahman spricht und Meister ECKHARD von der Verwirklichung des Wesens seiner Gottheit.

Denn in dem Maße, wie sie davon sprechen, nehmen sie ein einziges, harmonisches, geistiges, ursprüngliches Wesen an oder stellen es sich auch nur vor, das aktiv wird.

Auf der anderen Seite spricht der BUDDHA von dem einzigen erkennbaren Faktum, daß in jedem Fall die phänomenale Welt nicht unser wirklicher und wesentlicher Kern ist, daß sie für uns nur existiert, weil wir uns daran anklammern.

Diejenigen, die sich nicht daran anklammern, die daher nicht länger irgendwelche Attribute haben und die sich so zurückziehen in den wesentlichen Kern, werden von der Rastlosigkeit der phänomenalen Welt nicht mehr berührt und gehen hinüber in die ewige Stille, in den großen Frieden.

Das kann durch folgende Analogie klar gemacht werden. Die Räume, in denen wir leben, werden den ganzen Tag durchdrungen von Vorträgen, Reden, Konzerten und Spielen in Form von elektrischen Wellen, die von verschiedenen Fernsehstationen ausgestrahlt werden, aber in keiner Weise unseren Frieden stören, in der Tat nicht einmal für uns existieren.
Nur wenn wir ein TV-Empfangsgerät (Fernsehgerät) installieren und einen Lautsprecher, werden wir uns dieser ganzen Welt der Bilder und Klänge bewußt, die uns umgibt. Auf der anderen Seite verschwinden sie völlig in dem Augenblick, da wir das Gerät abstellen.

Auf ähnliche Weise vermitteln uns unsere Sinnesorgane als eine Art Erkenntnisapparat die ganze phänomenale Welt.

"Das, Mönche, nenne ich weder Kommen noch Gehen, weder Sich-erheben noch Verschwinden. Ohne Punkt der Unterstützung, ohne Basis ist es, und gerade das ist das Ende des Leidens. Es gibt, Mönche, ein Nichtgeborenes, Nichtgewordenes, Nichtgeschaffenes, Nichtentsprungenes. Wenn es, ihr Mönche, kein nicht Geborenes, nicht Gewordenes, nicht Geschaffenes, nicht Entsprungenes gäbe, dann wäre es unmöglich, einen Fluchtweg zu entdecken aus dem Geborenen, dem Gewordenen, dem Erschaffenen und dem Entsprungenen."

Transzendentale Mystik oder Transparenz (Re-integration durch methodische Selbstbefragung) ist das Wesen des Weges zum integralen Bewußtsein, und die Frage, wer oder besser 'was bin ich?', ist dazu unentbehrlich.

So bedeutet diese Frage, daß sie auch der Titel eines der sehr wenigen Bücher ist, die der Weise und Mystiker vom Arunachala geschrieben hat.

"Wer bin ich und Selbsterkenntnis" besteht aus Instruktionen, die schriftlich von Sri RAMANA MAHARSHI niedergelegt wurden während der Jahre 1901 und 1902.

Es ist der bedeutendste Klassiker der Jnana-Methode. Eine Perle transzendentaler Mystik, den Veden und den Upanishaden gleichzusetzen.

Warum ist die Frage 'Wer bin ich?'* so sehr wichtig? Um das zu erkennen, müssen wir die drei Hauptpunkte und die drei Unterpunkte, die MAHARSHI RAMANA festgelegt hat, prüfen.

* Noch präziser wäre: 'woher komme ich?' bzw. 'woher kommt das "Ich"?'

1. Der erste und hervorstechendste aller Gedanken, die im Geist aufsteigen, ist der ursprüngliche Ich-Gedanke. Nur nachdem dieser Ich-Gedanke sich erhoben hat oder geboren wurde, können die unzähligen anderen Gedanken sich erheben.

a) Daher läßt sich sagen, jeder andere Gedanke kann erst aufsteigen, nachdem der Ich-Gedanke sich erhoben hat.

2. Was man den 'Geist' nennt, was hier soviel wie Intellekt oder Denkapparat bedeuten soll, ist eine S h a k t i (ein Attribut oder die besondere Macht) des A t m a n (SELBST), wodurch einem die Gedanken erscheinen.

Wenn man betrachtet, was übrig bleibt, nachdem man alle Gedanken ausgelöscht hat, wird man finden, daß es unabhängig von den Gedanken keinen 'Geist' gibt. Es sind also die Gedanken selbst, die den 'Geist' ausmachen. Daher gilt:

b) Der 'Geist' ist nichts als ein zusammengesetztes Gebilde, das aus Gedanken besteht.

3. Solange die illusorische Wahrnehmung einer Schlange, für die man ein Stück Seil hält, nicht aufhört, wird das Seil, das die Ursache der Illusion ist, nicht als solche wahrgenommen.

Ebenso gilt, wenn nicht die illusorische Natur der Wahrnehmung der Welt als einer objektiven Realität aufhört, gibt es keine Möglichkeit, die wahre Natur des Wirklichen Selbst zu erkennen, auf dem die Illusion aufbaut.

c) Daher kann man sagen, die Welt wird scheinbar als eine objektive Realität wahrgenommen, wenn der Geist nach außen gewandt ist und dabei die Identität mit dem Selbst aufgibt. Wenn die Welt so wahrgenommen wird, wird die wahre Natur des Selbst nicht enthüllt. In anderen Worten, mystische Erleuchtung wird verhindert und findet daher nicht statt.

Umgekehrt, wenn das Selbst erkannt wird, hört die Welt auf, als eine objektive Realität zu erscheinen. Wenn man a) + b) + c) zusammensetzt, können wir schließen, daß jeder andere Gedanke nur auftreten kann, nachdem sich der Ich-Gedanke erhoben hat, und da der Geist nur eine Zusammensetzung von Gedanken ist, geschieht es nur durch die Frage 'wer bin ich?', daß der Geist völlig zum Schweigen gebracht wird.

Mehr noch, der integrale Ich-Gedanke, der in dieser Frage enthalten ist, wird, nachdem er alle anderen Gedanken zerstört hat, schließlich selber zerstört oder verzehrt.

Da es dann keinen Gedanken gibt, gibt es auch keinen 'Geist'. Daher hört die Welt auf, als eine objektive Realität zu erscheinen, und die große Erleuchtung wird vollendete Tatsache.

Wenn wir den Existenzialismus behandeln, sehen wir, wie ontologische Notwendigkeit früher oder später jeden einzelnen, jedes Individuum dahintreibt, die Frage zu stellen, 'wer bin ich?'.

Sofort stellt sich das Problem, wem muß man diese Frage stellen und wie stellt man sie? Die östliche Mystik sagt:
"Stelle die Frage dem, was immer es sein mag, das du für dein SELBST hältst, und dann versuche, deinen Weg zu erfühlen, bis hindurch zu der Quelle, aus der deine Idee des Ich zu entspringen scheint. Nach einiger Zeit, deren Länge von Minuten in einem Fall, bis zu Jahrzehnten im anderen Fall variieren mag, wird die Antwort dir dämmern."

Das ist Jnana, der Weg der Selbstanalyse durch Unterscheidung und Leidenschaftslosigkeit, auf den einfachsten Nenner gebracht. Der ganze Rest der Botschaft des MAHARSHI RAMANA ist eine Erklärung, eine Ausführung, eine Erhellung und, was noch wichtiger ist, eine Darlegung der Selbstversuche und wirklicher Realisierung dessen, was vorher gesagt worden ist.

Das ist die Grundlage, ganz allgemein gesprochen, von der aus die Mystik des Ostens operiert. Wenn man diese Übung zu schwierig findet, kann man eine Stufe niedriger von einer relativ weniger kühnen Form der Bemühung ausgehen.

Wenn der Mystiker nur die fortwährende tiefe Kontemplation pflegte und sich wiederholt ins Bewußtsein riefe oder sich daran erinnerte, was die wahre Natur des SELBST ist, bis er es realisiert hat, dann würde das allein genügen.

Diese Methode wird A b h y a s a genannt, und wir finden sie auch bei christlichen Mystikern, für die Christus das wahre Selbst repräsentiert.

Z.B. lesen wir in Bruder Laurentius' Übung in der V e r g e g e n w ä r t i - g u n g G o t t e s : "die geringste kleine Erinnerung an ihn wird ihm immer annehmbar sein" (7. Brief).

"Und wenn man daran gewöhnt ist, oft an ihn zu denken, wird man es leicht finden, den Geist ruhig zu halten" (8. Brief). "Wir müssen oft an ihn denken, und wenn wir dazu kommen, ihn zu lieben, dann werden wir auch oft an ihn denken" (9. Brief).

Die G i t a sagt ebenfalls: "darum erinnere dich meiner zu jeder Zeit als des Wahren Selbst".

Der Mystiker muß begreifen, daß die Welt oder Schöpfung, da sie von der Natur der Phänomene ist, zumindest für ihn, den Beschauer, nichts als einen Strom von Gedanken darstellt. So zieht sich die phänomenale Welt vom Blick des Betrachters zurück, sobald man frei von Gedanken ist.

Wenn sich auf dieser Stufe das Bewußtsein nicht ebenfalls zurückgezogen hat, dann wird der Geist völlig ersetzt durch ein volles, erwachtes Gewahrsein, das Selbst, begleitet von einem Zustand, den man nur später als Seligkeit beschreiben kann. Das ist die Erleuchtung der Mystiker.

Es ist daher klar, daß man jedesmal, wenn man aus dem Tiefschlaf erwacht, einen Augenblick zwischen den beiden Zuständen des Bewußtseins eine bruchstückartige und vorübergehende Quasi-Erleuchtung erfährt. Es ist diese vorübergehende und teilweise Erleuchtung, die dem Tiefschlaf die Eigenschaft der Ruhe und der Erholung und des Friedens verleiht, die man erst nachher als eine Art Seligkeit beschreiben kann.

Daraus kann man schlußfolgern, daß eine volle und dauernde Erleuchtung ein nicht umkehrbares Faktum darstellt. Daher ist für jemanden, der sie erfahren hat, der Zustand des Wachseins und des Schlafens, Samadhi, oder der physische Tod so ununterschieden, wie die Vorwärts- oder Rückwärtsbewegung eines Zuges, sein Stillstehen in einer Station oder die Tatsache, daß er von seiner Maschine abgekoppelt wird, einem Reisenden ununterscheidbar wäre, der fest darin schliefe.

Man wird sehen, daß die Mystik, obwohl in erster Linie eine Wissenschaft, auch eine Kunst ist. Die Kunst liegt darin, daß man die Gedanken auslöschen kann, ohne das Wachbewußtsein preiszugeben.

Wie schwierig das auch im normalen Leben sein mag, wir lernen aus tibetischen Manuskripten, daß diese technischen Schwierigkeiten in Augenblicken unmittelbar vor dem physischen Tod sehr weitgehend herabgesetzt werden. Daran ist nichts Übernatürliches.

Wir haben oben erklärt, daß jedesmal, wenn ein Wechsel von einer Hauptart des Bewußtseins zu einer anderen stattfindet, so z.B. vom Wachbewußtsein zum Schlaf, eine vorübergehende und teilweise Quasi-Erleuchtung den Wechsel überbrückt. (Genau wie der Autofahrer den Motor mit Hilfe der Kupplung ausschaltet, wenn er den Gang wechselt.)

Nun ist der Tod ein sogar noch mächtigerer Wechsel zwischen Stadien des Bewußtseins, so daß die Quasi-Erleuchtung, die stattfindet, im Verhältnis länger und weniger vorübergehend ist. Ja mehr noch, die Gedanken eines Menschen, der dabei ist zu sterben, werden aus physischen und psychologischen Gründen langsam still. Er hat nun nur noch die andere Hälfte zu tun und das Wachbewußtsein festzuhalten (d.h. nicht einzuschlafen oder in Betäubung zu verfallen), bis der Augenblick des physischen Todes eintritt.

Gewöhnlich geschieht es in diesem Stadium, wenn die Erleuchtung millionenfach leichter ist als sonst, daß man dem sterbenden Menschen eine Droge oder eine Injektion gibt, um sein Wachbewußtsein zu betäuben. Das ist ein trauriger Fehler, denn die Gelegenheit, die so verloren geht, ist golden vom Standpunkt des Mystikers aus.

Wir lesen in tibetischen Texten, daß der Patient unmittelbar vor dem Tod seinen Geist analysieren sollte. Sein denkender Intellekt, der nun frei ist von besonderen Gedanken, darf nicht verwechselt werden mit dem Nichts, der Leere oder mit einer Lücke zwischen den Gedanken.

In der Tat, das mystische Bewußtsein selbst ist im Begriff heraufzusteigen. Es ist eine Art n o - t h i n g - n e s s , ein Zustand ohne Dinge, in dem es keine Gedanken gibt, ohne daß das Wachbewußtsein verlorengeht. Es ist der

Intellekt selbst in seinem ursprünglichen, nicht von Gedanken erfüllten Zustand. Ungehindert von Gedanken oder vom Ego, leuchtend, erregend und selig.

Es ist das Bewußtsein selbst, *Turiya-Turyateeta* oder der vierte Zustand des Bewußtseins, der entsteht, wenn ein Mensch wach ist, lebendig, aber ohne Gedanken, das Allgute, das SELBST.

Diese Verwirklichung wird der D h a r m a - K a y a , Stand der vollkommenen Erleuchtung genannt. Ein Mensch, der im Begriff ist zu sterben, erfährt ihn ohne Anstrengung als 'das Strahlen des Klaren-Lichtes-der-Reinen-Wirklichkeit'. Alles, was er tun muß, ist, ihn wiederzuerkennen als das wirkliche Selbst, in einem spontanen, passiven Verstehen, ohne darüber nachzudenken.

Wie Bruder Laurentius warnt: "folgt uns der Tod auf den Fersen. Laß uns daher wohl auf ihn gerüstet sein, denn wir sterben nur einmal, und hier ist eine Fehlgeburt nie wieder gutzumachen" (4. Brief).

Ebenso die Gita:
"Und wer auch immer zur Zeit seines Todes seinen Körper aufgibt und abscheidet und dabei an nichts denkt als an MICH (das Selbst), der kommt zu meinem Zustand des Seins (erreicht Erleuchtung), daran besteht kein Zweifel."

M e m e n t o m o r i ! Die alten indischen und europäischen Philosophen haben in diesem Punkt sicher übereingestimmt. Philosophie oder Liebe zur Weisheit meint, über den Tod nachzudenken. Gerade wie jeder Vorgang des Sterbens von einer Art Wiederspiegelung der Erleuchtung begleitet ist, so wird umgekehrt jeder Erleuchtungsprozeß begleitet von einer Art Wiederspiegelung des Todes.

Das ist die esoterische Bedeutung des Purna-Shava A s a n a , einer Art Meditation über den Tod. Der Zweck ist, einen Zustand hervorzubringen, der dem Tod so nahe wie möglich ähnelt, um einen ähnlichen Zustand der Quasi-Erleuchtung hervorzubringen, wie sie den Tod begleitet.

Das ist jedoch gefährlich, weil ein Versuch, künstlich kontrollierte Psychose hervorzubringen, sehr leicht in einer wirklichen Psychose enden kann, die zu unheilbarer Geistes-Krankheit führt. Sogar die sicherste Form der Mystik ist noch gefährlich. Bei dem Prozeß der Auslöschung der einzelnen Gedanken, so wie sie sich erheben, wird die Herrschaft über das Wachbewußtsein schwächer, und das Wachbewußtsein selbst kann ausgelöscht werden.

Das resultiert in einem außergewöhnlich tiefen Schlaf (*Yoga nidra*) oder einem Zustand selbsthypnotischen Dämmerns, der leicht fälschlicherweise für echte Erleuchtung gehalten wird. "Viele sind berufen, aber wenige sind auserwählt."

Der Mystiker sollte sich nie verleiten lassen anzunehmen, daß es zwei Arten des Selbst in jeder Person gibt. Eine, das wirkliche Selbst genannt, und die andere, ein gewöhnliches Selbst oder 'ich'.

Nach der Lehre der Mystiker gibt es nur e i n Selbst, und das ist nicht das Ego, sondern das Christusbewußtsein in mir (das wahre Selbst).

Da das Ego nur eine Null ist, ergeben sich, wenn man es dem einen Selbst hinzufügt, nicht etwa zwei 'Selbste'. Der Unterschied zwischen Null und 1 ist größer als der zwischen 1 und irgendeiner anderen Zahl, weil der erstere Unterschied nicht einer des Grades, sondern einer des ontologischen Wesens ist. Die 1 kann 'viele' werden, aber niemals Null. Null kann der 1 nichts hinzufügen. So sprechen wir z.B. von Sonnenlicht und Mondlicht, als ob es zwei wären.

Aber wenn man einmal das Mondlicht auf seinen Ursprung zurückgeführt hat, erkennen wir, daß es nicht zwei selbstleuchtende Körper gibt, Sonne und Mond, sondern nur einen, die Sonne. Wir verstehen dann, daß es nicht zwei Lichter gibt, sondern nur ein wirkliches, das Sonnenlicht.

Aber im Alltagsleben ist die scheinbare Differenz zwischen den beiden so groß, daß man versucht ist, sie als einen Unterschied im Wesen und nicht als einen Unterschied des Grades aufzufassen.

Mystik ist die bewußte oder unbewußte Gewohnheit, offen zu werden gegenüber unbeschreiblichen Impulsen aus welcher Quelle auch immer, die man für so heilig hält, daß man bereit ist, alles andere zu opfern für die Gelegenheit, entweder mit ihr in Kontakt zu kommen oder durch die Bande der Verehrung mit ihr in Kontakt zu bleiben; und dieser Kontakt bringt ein so intensives Glück hervor, daß man damit unfähig wird zu Gedanken, Worten oder Taten, die in der ethischen Tradition der Menschheit gemäß gängiger Lehre als schlecht gelten.

"Nichts charakterisiert eine Seele besser als die ihr eigene Form der Intimität mit unserem Herrn", sagte Abbé de Tourville, und er hat allen Grund dazu.

"Wer das Tao kennt", versichert Chuang-Tze, "hat mit Sicherheit verstanden, wie er sein Verhalten den verschiedensten Umständen anpassen kann. Mit diesem Wissen wird er nicht zulassen, daß ihn etwas verletzt... nichts kann ihn verletzen."

Heiligkeit und Heiligsein sind voneinander nicht zu trennen; wenn letzteres durch synthetische Mittel zustandekommt, wird ersteres zur Fälschung. Mystik durch Rauschmittel ähnelt Papiergeld in einer Inflation; es war gültig, doch seine Gültigkeit war ein Witz, denn es war ohne Wert.

Das Wort Mystik ist angenehm diffus. Es kann alles Mögliche bedeuten, und es bedeutet für jeden etwas anderes.

Es wurde mit Magie verwechselt, tauchte im Zusammenhang mit Hitler auf, Katholiken verwenden es, um über Wunder zu reden, die unter Aufhebung der Naturgesetze zustandekamen, Politiker benutzen es, um Mao Tse-tungs Unergründlichkeit in den Griff zu bekommen, Huxley bringt es mit Visionen unter Einfluß von halluzinogenen Drogen in Verbindung, und heute bezeichnet es - als Gipfel der Beleidigung - das Unverstandene in der Beatmusik oder den poetischen Erzeugnissen der aufmüpfigen jungen Generation.

So wie Fachleute Mystik definiert haben, gibt es allerdings für solche Verschwommenheit keinen Grund:

(I) Evelyn Underhill:
"Mystik ist die Kunst der Vereinigung mit der Wirklichkeit. Der Mystiker ist ein Mensch, der diese Einheit mehr oder weniger erreicht hat; oder der ein solches Ziel erreichen will und daran glaubt." *Practical Mysticism*, p.3)

(II) Dean Inge:
"Religiöse Mystik kann als Versuch definiert werden, die Gegenwart des lebendigen Gottes in der Seele und in der Natur zu erkennen, oder allgemeiner, als Versuch, im Denken und Fühlen die Immanenz des Vergänglichen im Ewigen und des Ewigen im Vergänglichen aufzuspüren." (*Christian Mysticism*, London, 1948, p.5)

(III) Margaret Smith:
"Mystik ist eine Geisteshaltung: ein der menschlichen Seele angeborenes Streben, über den Verstand hinauszuwachsen und zu einer direkten Gotteserfahrung vorzudringen, und der Glaube, daß es der menschlichen Seele möglich ist, mit der letzten Wirklichkeit vereint zu werden, wenn 'Gott aufhört, ein Gegenstand zu sein, und zur Erfahrung wird'." (*An Introduction to the History of Mysticism*, p.3)

Das sind *drei* hervorragende Definitionen; dürfte ich meine eigene Definition der Mystik wiederholen:

Mystik ist die bewußte oder unbewußte Gewohnheit, offen zu werden gegenüber unbeschreiblichen Impulsen aus welcher Quelle auch immer, die man für so heilig hält, daß man bereit ist, alles andere zu opfern für die Gelegenheit, entweder mit ihr in Kontakt zu kommen oder durch die Bande der Verehrung mit ihr in Kontakt zu bleiben; und dieser Kontakt bringt ein so intensives Glück hervor, daß man damit unfähig wird zu Gedanken, Worten oder Taten, die in der ethischen Tradition der Menschheit gemäß gängiger Lehre als schlecht gelten.

Je erhabener das Ziel, desto verzweifelter ist unser Gefühl, es jemals zu erreichen.

Ein lahmer alter Mann auf der Plattform einer U-Bahn-Station kann daran zweifeln, jemals die Straße zu erreichen, wenn er nie zuvor eine Rolltreppe gesehen hat. Das war das Los der Menschheit bis jetzt. Nur wenige kühne und energische Seelen sind tapfer zur Oberfläche geklettert und haben die Sonne gesehen in ihrer ganzen Pracht.

Nun hat die Evolution ganz langsam und fast unbemerkbar die unbeweglich fest scheinende Rolltroppe beschleunigt, auf der die Menschheit steht. Weil wir rundum schauen und anscheinend Chaos erblicken, kommt die frevelhafte Idee auf, daß 'Gott tot sei'. Weil keine Hand sich aus dem Großen Unbekannten ausstreckt, um uns hochzuziehen, vergessen wir, daß wir sozusagen sanft von unten hoch geschoben werden.

Man stelle sich eine Gruppe Kinder vor, in einem verwunschenen Märchenschloß am Meer eingesperrt. Es gibt eine Mauer auf dem Grundstück, die für einen durchschnittlich großen Erwachsenen nicht zu hoch ist, um den Kindern einen Blick aufs Meer zu verwehren.

Da die Kinder älter und damit größer werden, wachsen ihre Chancen, den Ozean zu sehen; ferner gilt es als eine Art von Auflagen bei diesem unserem angenommenen Märchenschloß, daß derjenige, dem dies auch nur einmal gelingt, aus der Verwünschung und dem damit verbundenen Eingesperrtsein sogleich befreit wird - fast wie durch Magie, so wie es im Märchen üblich ist. Wenn die Köpfe der Kinder sich dem Rand der Mauer nähern, wird ihre Neugier und Sehnsucht immer mächtiger.

Nun war vor vielen Jahren ein Junge in der Gruppe, der heimlich ein Tagebuch führte. Eines Tages verschwand er plötzlich. Kurz bevor die anderen groß genug wurden, um über die Mauer zu schauen, fanden sie dieses Tagebuch und lasen voller Erstaunen eine Beschreibung des Meeres. Wie konnte der Autor vor mehreren Jahren beschreiben, was sie jetzt bald sehen würden?

Beim Lesen entdecken sie, daß der kleine Junge, der das Meer gesehen hatte (und so befreit worden war), eine seltsame Methode praktiziert hatte, die Springen oder Hoch-Sprung genannt wurde. Durch eine Reihe solcher Sprünge war es ihm vor seiner Zeit gelungen, einen Blick auf das Meer zu werfen, und so war er fähig gewesen zu beschreiben, was sie selbst bald erfahren würden.

Er lieferte in seinem Tagebuch nicht nur eine Beschreibung des Meeres, sondern auch eine systematische Lernmethode, wie man hoch genug springen konnte, um über die Mauer zu schauen.

Wir selbst ähneln diesen Kindern, und die Evolution wird uns bald groß genug werden lassen, um über die Mauer zu schauen - und was wir sehen und erfahren werden, wird der unendliche Ozean (das integrale Bewußtsein) sein. Woher wissen wir das?

Weil einer von uns (der Philosoph unseres Zeitalters) ein Tagebuch gefunden hat (eine Schatzkiste verborgener Weisheit), in dem eine Beschreibung dessen, was jenseits der Mauer liegt (jenseits der Grenze des rationalen Denkens), zurückgelassen worden ist. Wer hat es geschrieben?

Einer, der gesehen hat (die Weisen und Mystiker der Vergangenheit). Wie konnte er sehen, was uns verborgen ist?

Weil er ernster war, er tat etwas, er versuchte höher zu springen, wogegen wir unsere Bemühungen darauf beschränken, im Schloß amüsante Spiele zu spielen (weltliche Aktivitäten) oder uns gegenseitig die Köpfe einzuschlagen (Krieg); besonders wenn die Vermutung eines anderen, was hinter der Mauer liegen mag, zufällig von unserer eigenen abweicht. Und der zweite Teil des Tagebuches, die Erläuterung, wie man es lernt, höher zu springen?

Das ist Mystik und Yoga. Sie zeigen uns, wie wir die Mauer überwinden und das Unendliche (den Ozean) anschauen können, sogar bevor wir genug gewachsen sind, um diesen Glanz ein wenig zu erhaschen.

Und sogar nach einem einzigen Anblick des Unendlichen wurden diese erleuchteten Weisen und Mystiker für immer aus dem Verlies erlöst.

Man könnte annehmen, daß so ein Tagebuch mit eifrigem Interesse gelesen würde; daß jeder anfangen würde, den Hochsprung zu erlernen. Weit gefehlt, es gibt in unserer Gemeinschaft Leute, die uns einreden möchten, es sei nicht nötig, den Ozean zu sehen. Laßt uns stattdessen (sagen sie) die Beschreibung des Meeres im Tagebuch auf Fehler in der Syntax hin untersuchen(Linguistische Analyse)!

Dann gibt es andere, die vorschlagen, es sei das gleiche, wenn wir, anstatt auf das Meer zu schauen, eine Tasse mit Salzwasser betrachten und dessen Ausdehnung in unserer Vorstellung vervielfältigen (Neopositivismus).

Die Situation jedoch, in die wir jetzt gestellt sind, ist so, daß es wenig ausmacht, was wir tun oder unterlassen. Da wir Zentimeter für Zentimeter wachsen, da unsere Köpfe anfangen über die Mauer zu steigen, die wir aus Gewohnheit immer mehr lieb gewonnen haben und deswegen nicht missen möchten, werden wir unausweichlich mit dem Unendlichen konfrontiert. Einige Kinder in unserer Gruppe stechen sich schon die eigenen Augen aus, aus Angst vor den Konsequenzen des Wachsens.

Es ist dieses 'noch nicht' des höchsten spirituellen Erlebnisses, das unsere Entrüstung hervorruft oder uns das Göttliche verloren geben läßt. Wir übersehen, daß dieser 'noch nicht'-Faktor in sich selbst ein 'noch Zukünftiges' ist.

Das erklärt, warum mancher Atheist heimlich Gott in einer anderen Form verehrt - sei es ein Bild aus Meisterhand, ein Gedicht von Goethe, das Klavierspiel eines Genies, der Spaziergang durch die Kirschblüte im Frühling oder auch die Fassade einer alten Kirche. Sie rufen Gefühle hervor, die das tägliche Leben normalerweise nicht ergibt.

Es ist eine geistige Kraft in diesen Augenblicken voller ungeteilten Bewußtseins, die sich dem Atheisten dann als eine Ekstase der ästhetischen Schönheit offenbaren kann. Denn was ist dieser Gott eigentlich, nach einem genauen Studium der vergleichenden Religionswissenschaften, wenn nicht das Ideal der absoluten Vollkommenheit, die als eine unendliche Wirklichkeit verkörpert ist!

"Jeder denkende Mensch ist schon einmal gewaltsam mit der völligen Unangemessenheit der Erklärung konfrontiert worden, die jede physikalische Ursache für ihre Wirkung bietet, und mit der daraus resultierenden Notwendigkeit, einen verborgenen Faktor im Geschehen der Welt anzunehmen, dessen Kenntnis alles endgültig und völlig klar machte, so daß keine Rätsel und Zweifel mehr bestehen blieben.

Diese Dinge sind der wirkliche und tiefste Grund für jeden Glauben an Gott, seine unerschütterliche Basis zu allen Zeiten. Die Gottesvorstellung in diesem Sinne ist ein notwendiges Produkt einer gutfunktionierenden rationalen Fähigkeit.

In der Tat kann man in diesem Maße nicht mehr nur von einem Glauben an Gott sprechen, sondern von einem implizite gegebenen Wissen von ihm. Darin, und nicht in der Notwendigkeit, eine im zeitlichen Sinn erste Weltursache anzunehmen, kann der Grund für die Tatsache liegen, daß ein Gewahrsein Gottes unauslöschlich jedem Menschen eingeprägt ist. Deswegen können wir uns auf die Dauer mit keinem philosophischen System versöhnen, das dieses Gewahrsein Gottes, das integrale Bewußtsein, nicht als höchste Blüte seiner Reife manifestiert."

- Georg Grimm;

und siehe auch mein
englisches Buch *Happiness and Immortality*, London 1971

Wer dieses Buch andächtig bis zu Ende gelesen hat, darf getrost davon ausgehen, daß er (oder sie) schon in diesem Leben Gott finden wird - spätestens in der Todesstunde; das ist mein Versprechen.

- der Autor -

TREIBJAGD NACH IDENTITÄT

Ist Beschaulichkeit eine der Reue ähnelnde
Schau nach innen?

Oder gar eine dem Polsprung ähnliche
totale Umdrehung der Achse um 180 °?

Ein sanftes Hinhören
des von dir selbst gesprochenen Namens?

Demutsvolles Beten? Stille Andacht?

Ein den Donner übertobendes Schweigen,
das den von dir gerufenen Namen widerhallt?

Unerbittlich bleibe dabei,
denn das altgriechische Wesen "Echo"
ist kein Fabeltier.

Das Echo führt Dich dort hin
zu der Urquelle des Traum-Traumatischen
worin das eigene Ebenbild
als dein Urenkel stirbt -
Da nur scheinbar geboren als Deine Stimme
die zu dir zurückkehrt -
So als ob von Deinem Leibe selbst hervorgerufen!

Phantomgeister, die Phantome verschlingen.

von
Gralsritter Parsival
(Dr. P.J. Saher)

P.S. ZU STERBEBEGLEITUNG

Und nun, aufrichtiger Leser, fragst auch Du nach dem Tod und dem Sterben. Womöglich ist die nächste Nacht auch Deine letzte. Ist hier Grund zu Sorge, Kummer oder Angst?

Ganz im Gegenteil: aus einem ganz raffinierten Grund (jedoch wohlwollend) hat man den Tod mit den düstersten Farben umgeben. Denn verheimlicht sollte es werden, daß der Tod ein Glück sei - eben damit wir im Leben, trotz dessen zahllosen Zumutungen, verharren. Die Höheren-Mächte haben vorsätzlich die Freuden des Sterbens geheimgehalten, damit nicht ein jeder sich vorzeitig des Suizides bedient. Sonst wäre ja im Nu die Welt entvölkert. Also es entsteht eine biologisch gesteuerte, jedoch durch nichts gerechtfertigte Pseudoangst kurz vor dem Hinscheiden; eben damit die große Masse in Acht und Bann gehalten wird. Ansonsten wirst du erstaunt sein, wieviel Gutes einem gleich nach dem Hinübertreten widerfährt - und das umso mehr nach der Lektüre dieses Buches.

N A C H T R Ä G E

Wege zum integralen Bewußtsein

a) Philosophie in Ost und West

b) Zur Frage nach einem neuen Menschenbild

TRANSPARENZ: = die höchste Stufe der Mystik im Wassermann-Zeitalter.

NACHWORT I

Über einige Unterschiede zwischen morgenländischer und abendländischer Philosophie

> "Die Einsicht, daß Gott der Freiheit der Kreaturen zu seinem eigenen Leben bedarf, ist der beste Weg, sich gegen die falsche Vorstellung einer Allmacht, die jene Freiheit unterdrückt, zu sichern."[1)]

Die größte Schwierigkeit beim gegenseitigen Verstehen morgenländischer und abendländischer Philosophie besteht in der Einstellung, die entweder letztere als "w i s s e n s c h a f t l i c h" hervorhebt und erstere mit dem Urteil einer "n u t z l o s e n A r g u m e n t i e r k u n s t" belegt, oder umgekehrt, die erstere als "e r l e u c h t e n d" preist und die letztere nur geringschätzig als "u n g l a u b w ü r d i g" abwertet.

Das Schlimmste von alledem ist, daß beide Seiten schlechte Argumente gebrauchen, um ihre Sache zu stützen. Das Dilemma dieses ganzen Problems oder eher Pseudo-Problems liegt darin, daß das Abendland eine Vorliebe für die Methode hat, mit der man jeweils zu einem Schluß gelangt, während man im Morgenland zuerst die Antwort wünscht (d i e m a n a u f s e i n e e i g e n e W e i s e a u f d i e P r o b e s t e l l t) und sich für die Methode nicht interessiert, solange die "Antworten" richtig sind. Das bedeutet nicht, daß das Morgenland die Methode unbeachtet läßt, sondern es überläßt sie denen, die sich darauf spezialisieren.

1) Wach, Vergleichende Religionsforschung, Stuttgart 1962, S. 107

Die Philosophie im Abendland ist das reservierte Feld einer Klasse von "Experten" geworden, die allein Zeit und Übung haben, sich der P h i l o s o p h i e zu widmen, welche so nur für andere "Experten" in Sachen Philosophie lesbar wird, die sie, wenn überhaupt, nur zu dem Zwecke lesen, um ihre Kritik anzusetzen.

Wegen der Notwendigkeit, die Methode aufzuzeigen, mit welcher man jeweils zu einer Schlußfolgerung gelangt ist, wird die abendländische Philosophie anstrengend, kompliziert, akademisch und d e s h a l b für den Durchschnittsleser uninteressant oder, wie er sagt, " z u s c h w i e r i g ".

Überdies liest der nach westlichen Bildungsgrundsätzen erzogene Durchschnittsleser " k r i t i s c h ", wie er stolz erklärt. Dies ist zwar eine ausgezeichnete Einstellung, sie führt aber zu einem völligen Durcheinander [2)], wenn man sie sich beim Lesen alles dessen zu eigen macht, was in der Form symbolischen oder schwer zugänglichen Charakter hat.

Nehmen wir als ein Beispiel SHELLEYS berühmte Zeile: "Einem Dichter gleich v e r b o r g e n i n d e m L i c h t e der Gedanken."

Im Normalfalle würde sich hier ein westlicher Leser nicht darüber beschweren, daß etwas i m L i c h t e doch nicht v e r b o r g e n sein könne (das Licht hat ja die Funktion, offenbar zu machen und nicht zu verhüllen). Der Leser im Abendland hat, wenn man von der Bibel und der romantischen Dichtung absieht, selten Gelegenheit, etwas in einer nicht allgemein verständlichen Art Geschriebenes - gemeint ist Esoterisches - zu lesen. Das erklärt auch, warum die Bibel im Morgenland besser verstanden und deshalb in höherem Grade geachtet wird.

2) Kein Wunder, daß *Arthur Avalon* (Sir John Woodroffe - ein englischer Richter des Hohen Gerichtshofes in Kalkutta und die hervorragendste Autorität in tantrischer Philosophie) sagen kann: "Eine westliche Erziehung ... hat nicht selten die Wirkung, die solcherweise Gebildeten nicht nur von der Kenntnis indischer Religionsphilosophie zu scheiden, sondern (sogar) von der M ö g l i c h k e i t , sie zu verstehen!" - The Serpent Power.

Wenn nun etwas in nicht allgemein verständlicher Weise geschrieben ist, kann seine Bedeutung nur von einem Leser verstanden werden, der sich ihm mit der rechten Einstellung nähert. Was auch immer die "rechte" Einstellung sein mag, die kritische Einstellung ist es augenscheinlich nicht.

Das bedeutet nun nicht, daß alles derartige als ein jederzeit wahres Evangelium angenommen werden sollte. Es bedeutet nur, daß der Leser für den Augenblick sein inquisitorisches Vermögen s u s p e n d i e r t und so sein seelisches in die Lage versetzt, mit dem unbewußt Seelischen mitzuschwingen oder sich in es einzuschwingen, über das der Schreibende verfügte, als er schrieb.

Erst dann, gewissermaßen nach einer ausreichend langen Stillle des Lauschens, mag der Leser (wenn er von seinem Unbewußten her keine intuitive Antwort findet) seine Kritik sogar mit Strenge ansetzen. Kritik wird nicht geächtet, sie wird lediglich hintangestellt. Wie nun das Beste der östlichen Philosophie nicht allgemein verständlich geschrieben ist (und auch das allen Verständliche bedient sich weithin nicht gemeinverständlicher Ausdrucksformen[3]), kann ihre Bedeutung nur demjenigen offenbar werden, der sich ihr wie einem Freunde nähert.

Wir wollen die verschiedenen Verhaltensweisen an einem Beispiel verdeutlichen:

Nehmen wir beispielsweise ein Schulbuch über Arithmetik. In einem solchen Buch wird die richtige Antwort für jede Aufgabe ganz am Ende des Buches gegeben, so daß der Schüler sein Tun nachprüfen kann. Der Lehrer wird natürlich nicht damit zufrieden sein, wenn der Schüler ihm nur die Antwort gibt, ohne zu zeigen, wie er sie erarbeitet hat. Die Haltung des Lehrers ist vergleichbar mit der der abendländischen Philosophie.

Wenn nun die letzten Seiten dieses Lehrbuches, die eben nur die Antworten enthalten, herausgerissen und einem Schüler (der das Buch zuvor nicht gelesen hat) gegeben werden, wird er von dieser Antwortensammlung sogar noch mehr verwirrt sein, als er es bei den Aufgaben und Problemstellungen wäre.

3) Vgl. die Bemerkung *C. G. Jungs* über I Ging (Das Buch der Wandlungen), jenes berühmte Zeugnis chinesischen Denkens.

Auf dieselbe Weise wird der westliche Leser östlicher Philosophie in Verlegenheit gebracht durch eine Sammlung von Antworten, denen der Vorgang, durch den man zu ihnen gelangte, nicht beigefügt ist.

Angenommen nun, es findet eine Prüfung in Arithmetik statt und die Schüler wollen sich während der Prüfung schnell vergewissern, daß ihre Antworten richtig sind. Sie fragen einander in eiligem Geflüster nach der Antwort in der Hoffnung, daß die Aufsichtsperson sie nicht ertappt. Da die Zeit knapp und die Lage gefährlich ist, wünschen sie eine rasche Antwort, bevor sie die Aufmerksamkeit der Aufsichtsperson auf sich ziehen. Sie würden entsetzt sein, wenn ein Schüler, anstatt eine rasche Antwort zu geben, mit einer langen Erörterung anfinge, um zu zeigen, wie er zu der Antwort gelangt sei.

Solcherart ist die Einstellung der morgenländischen Philosophie: Methode wird nicht als unwichtig angesehen; sie ist nur unwichtig wegen der nach den Umständen verfügbaren Zeit.

Die Prüfungsarbeit ist mit unserer eigenen Lebensspanne vergleichbar; die Aufsichtsperson ist vergleichbar mit dem Tode, der uns in jedem Augenblick fassen und aus der Prüfung ausschließen kann; deshalb wird den Antworten der Vorrang gegeben und die Methode auf den zweiten Platz verwiesen.

Infolgedessen ist sogar der einfache Mann auf der Straße im Morgenland fähig, an philosophischen Diskussionen teilzunehmen. Schlußfolgerungen, die schon ihrem Wesen nach kurzgefaßt sind, werden leichter verstanden und angeeignet als eine Methode.

Zum Beispiel ist der Schlußsatz [4] von EINSTEINS Relativitätstheorie einfach zu verstehen, und jeder kann ihn sich ins Gedächtnis rufen, der bereit ist, die Methode als gegeben zu betrachten. Niemand aber - außer einem mathematischen Genie - kann hoffen, der Methode zu folgen, mit der EINSTEIN zu dieser Schlußfolgerung gekommen ist.

4) $e = mc^2$ (e = Energie; m = Masse; c = Lichtgeschwindigkeit).

Eine weitere Folge ist die, daß der einfache Mann im Orient durch das Überspringen der Methode imstande ist, eine weit größere Zahl von Schlußfolgerungen gewissermaßen als Ernte einzubringen.

Da überdies Schlußfolgerungen für den einfachen Mann weit interessanter sind als eine metaphysische Methode (die eine lange Übung und strenge Selbstzucht verlangt), findet er Philosophie nicht so langweilig, wie es im Abendland zu sein pflegt, sondern im Gegenteil so aufregend, wie der durchschnittliche westliche Leser Kriminalgeschichten.

Dieses erklärt die paradoxe Tatsache, daß, obwohl es einen sehr hohen Prozentsatz von Analphabeten in östlichen Ländern gibt, der Durchschnittsmensch dort durchaus gewandt und geübt ist in den meisten philosophischen Systemen und daß er an philosophischen Diskussionen seine Freude hat.

Diese Fähigkeit und Teilnahme des östlichen Menschen an der Philosophie ist von westlichen Kritikern einem Mangel an Vitaminen zugeschrieben worden; der Armut und dem Wunsche, ihr zu entfliehen; der Aussichtslosigkeit des Lebensschicksals; Hungersnöten und Naturkatastrophen; in der Tat allem, nur nicht dem echten Verlangen, die ungelösten Fragen menschlichen Daseins zu kennen oder wenigstens geistig in Betracht zu ziehen.

In einem Ausmaße, wie es sich seine westlichen Kritiker kaum vorstellen können, fühlt sich der Mensch im Osten verfolgt und getrieben von einem brennenden Verlangen, den Urfragen des Warum und Weshalb seiner Gegenwärtigkeit auf diesem Planeten auf den Grund zu kommen.

Er hat deshalb wenig Geduld für solche Fragestellungen wie die der mittelalterlichen Scholastik: "Wieviele Engel können auf einer Nadelspitze tanzen?"

Oder wie die Untersuchung eines berühmten englischen Philosophen unserer Tage über die Frage: "Ist ein Satz 'gewöhnlicher' Teetassen ein außergewöhnlicher' Satz?" [5)]

5) "In der westlichen Welt haben Philosophen allzu oft ihre Aufmerksamkeit darauf beschränkt, zu debattieren, ob es solche Dinge wie Stühle oder Tische gibt oder nicht." - *Tomlin* in: Die großen Philosophen der orientalischen Welt, S. 228, 229. ("The Great Philosophers of the Eastern World").

Die zweite Vorstellung, die diesem Menschen zusetzt, ist die des gewissen und unaufhaltsam näherrückenden Todes.[6] Da seine Zeit auf Erden begrenzt und die Zahl der Dinge, die er wissen kann, verhältnismäßig unbegrenzt ist, zieht er es vor, sich auf die "Antworten" zu konzentrieren (vorausgesetzt, daß sie richtig sind oder wenigstens die Möglichkeit, richtig zu sein aufgrund persönlicher Vergewisserung, enthalten), und zwar nur auf die zur Sache gehörigen.

Als ein wesentlicher Unterschied ist hier folgendes festzuhalten: In der Philosophie des Abendlandes wird eine Vorstellung nicht als gültig angenommen, wenn sie nicht als richtig erwiesen ist.

In der morgenländischen Philosophie wird eine Vorstellung nicht verworfen, wenn sie nicht als falsch erwiesen ist (d.h. die Last, das Negative zu beweisen, fällt der Person zu, die abstreitet).

Die Haltung der Philosophie des Abendlandes ist die: Keine Vorstellung, keine Behauptung der Theorie kann als wahr genommen werden (oder überhaupt angenommen werden), wenn nicht überzeugend bewiesen wird, daß es so ist. Was nicht bewiesen ist, wird als falsch behandelt.

Die Haltung der östlichen Philosophie ist die: Eine Vorstellung, Behauptung oder Theorie, von der nicht erwiesen ist, daß sie falsch ist, kann unter dem abwägenden Vorbehalt der Wahrscheinlichkeit als wahr angenommen werden. Was nicht erwiesen ist, kann als wahr angenommen werden, bis es sich als falsch erwiesen hat.
(Man möge bitte beachten, daß es Philosophie, nicht Naturwissenschaft ist, was hier Gegenstand der Betrachtung ist.)

Um Beispiele von zwei bedeutsamen "nicht bewiesenen" Hypothesen anzuführen:

1. KARMA (die Lehre automatischer Wiedervergeltung),
2. REINKARNATION (bzw. Wiedergeburt)

6) Siehe mein "Die Weisheit der Todesstunde", Henn Verlag, Ratingen 1966.

Dieses beides gilt im Abendland als in hohem Maße unglaubwürdig, wird aber im Morgenland weithin als gültig anerkannt. Der Grund dafür kann in den verschiedenen Haltungen gefunden werden, mit denen man die Beweislast verschiedenen Seiten zurechnet. Es macht einen großen Unterschied aus, welcher Partei man die Bürde, das Gegenteil zu beweisen, auferlegt, aber das gibt nicht notwendigerweise der einen Überlegenheit über die andere.

Zum Beispiel liegt in einigen Ländern die Last des Unschuldbeweises auf dem Angeklagten, während in anderen Ländern die Last des Schuldbeweises auf dem Kläger liegt. (Gewöhnlich ist die Last, das Gegenteil zu beweisen, immer Sache der Person, die die Wahrheit einer Behauptung leugnet.)

Ein Weiteres muß festgehalten werden: das erforderliche Beweisverfahren. Im englischen *Straf*gesetz muß der Beweis überzeugend sein, während man im englischen *Zivil*gesetz zu einer Entscheidung aufgrund eines *Abwägens der Wahrscheinlichkeit* gelangen kann.

So steht in der morgenländischen Philosophie die *Bürde*, das Gegenteil zu beweisen, auf der Seite, die die Wahrheit einer jeweils gegebenen Behauptung abstreitet. Das für ihre Annahme erforderliche Beweis*verfahren* ist ein "*Abwägen der Wahrscheinlichkeit*" zu seinen Gunsten.

Das ist der Grund für BUDDHAS berühmte Verweigerung einer Antwort, als er nach der Existenz Gottes gefragt wurde. Er wollte einen Präzedenzfall schaffen, dabei ein gutes Beispiel geben, das fast Tradition in der morgenländischen Philosophie geworden ist. Diesem Präzedenzfall kann man folgende *Goldene Regel* zuweisen:

Da die Lebensspanne des Durchschnittsmenschen begrenzt ist und da er Weisheit nur erwerben kann, solange er lebt, sollten nur diejenigen Antworten gegeben werden oder gesucht werden, die zur Gründung oder zum Aufbau des innerlich Wesentlichen führen. Das heißt, solche Antworten, die

1. entweder *sofort* anwendbar und erkennbar sind (natürlich von der einzelnen Person); oder

2. automatisch eine Antwort geben oder Gelegenheit bieten, andere Fragestellungen zu beantworten; oder

3. die wahrscheinliche Lebensspanne des einzelnen vergrößern (wie es z.B. durch die Ethik oder die Medizin der Fall ist); oder

4. die nicht, um vollständig zu sein, aus sich noch weitere Fragen verlangen, die dann erst beantwortet werden müßten.

Mit einfacheren Worten: es bedeutet, daß Fragen, wenn überhaupt, in der Reihenfolge ihrer Dringlichkeit für die jeweilige Person, die es angeht, beantwortet werden sollten.

Angenommen z.B., jemand möchte nach Hamburg reisen, und zwar mit einem Zuge, der zu einer festgesetzten Zeit Hannover verläßt. Er ist noch nie in Hamburg gewesen, und die Umstände sind derart, daß er, falls er diesen Zug verpaßt, niemals mehr eine Gelegenheit haben wird, nach Hamburg zu kommen, was er aber so sehr wünscht. Er kommt ziemlich spät auf dem Bahnhof Hannover an, und es gibt nur eine winzige Chance, daß er gerade noch jenen Zug erreichen kann.

Nun - was wird er wahrscheinlich den Bahnbeamten fragen, wenn er durch die Sperre geht? Würde er nicht fragen: "Von welchem Bahnsteig fährt der Zug nach Hamburg ab?"

Anstelle von Fragen wie: "Ist das Rathaus in Hamburg sehr groß?" - "Wie lange dauert es, bis man dort ist?" - "Wird mein Zug von einer Lokomotive mit Dampfantrieb oder mit elektrischem Antrieb gezogen?" - "Werden meine Reisegefährten freundlich oder geschwätzig sein?" - "Wird es mir in Hamburg gefallen, wenn ich dort bin?" - "Wie oft hält der Zug unterwegs?" - "Welches ist die längste Straße in Hamburg?" - "Wie teuer sind die Fische in Hamburg?"

Wenn er nun wirklich irgendeine dieser Fragen stellen sollte statt der anfangs genannten, würde er den Zug verpassen und nie nach Hamburg kommen. Andererseits kann er die Antwort auf alle seine oben erwähnten Fragen erhalten, wenn er den planmäßigen Zug nach Hamburg noch bekommt, was nur möglich ist, wenn er der einzigen Frage, deren Beantwortung ihn in den Stand versetzt, jenen Zug zu bekommen, den höchsten Vorrang gibt. Die anderen Fragen können und sollen beantwortet werden, aber erst nachdem er den Zug bekommen hat.

In diesem Beispiel vertritt Hamburg das "Ziel" (der Wahrheit, der Erleuchtung oder der Weisheit). Das Verpassen des Zuges ist das Symbol für den Tod - da seelisch-geistige Erleuchtung nur erlangt werden kann, während wir noch am Leben sind.

Um nicht "den Zug zu verpassen", sollten wir den unerläßlichsten Antworten nachgehen (die Kenntnis davon würde das Geheimnis der Unsterblichkeit mit einschließen).

Wenn wir "nach Hamburg gelangen" (die volle Wahrheit erkennen), werden unsere Nebenfragen Beantwortung finden, und sie können tatsächlich nur beantwortet werden, indem wir selbst nach Hamburg gehen - eine andere Person (wie etwa der Bahnbeamte in diesem Beispiel) kann da keine Antwort erteilen, selbst wenn er es wollte.

"Das Sehen der Wirklichkeit kann, wie der Traum eines Stummen, einem anderen in der Sprache nicht beschrieben werden" - PHADAMPA SANGAY.

Das ist genau das, was der deutsche Philosoph Ludwig WITTGENSTEIN am Ende seiner Logisch-Philosophischen Abhandlung (Tractus-Logico-philosophicus) zu beweisen suchte. Aber durch eine seltsame Ironie des Schicksals haben seine Nachfolger es bei ihrer Ausdeutung nahezu in das Gegenteil von dem verkehrt, was er sagen wollte.

Was er meinte, war, daß das "Reale" nicht mit Worten beschrieben werden kann. Seine Nachfolger kamen zu der umgekehrten Deutung: "Was nicht mit Worten beschrieben werden kann, ist nicht wirklich", und sie bildeten eine Schule der Philosophie, deren Ziel es ist, zu zeigen, daß alles, was unter dem Namen "Philosophie" bekannt ist, nur ein Irrtum ist der Philologie. Caveat lector! (Vgl. Tractus Logico-philosophicus: 6. 51, 6. 52, 6. 521, 6. 522, 6. 5, 6. 432, 6. 4312, 6.4311.)

Ich habe das Beispiel von Hamburg so ausführlich gegeben, damit das drängende Verlangen des östlichen Menschen nach Antworten von seinem westlichen Bruder verstanden werden kann. Es ist nicht so, daß der orientalische Mensch andere Fragen unbeachtet läßt, vielmehr glaubt er, daß durch "seine persönliche Ankunft in Hamburg", d.h. durch das Verschmelzen mit der Wahrheit, die auch das Endziel ist, die anderen Probleme entweder überflüssig oder gelöst werden.

Bei diesem Stande der Erörterung ist es wieder notwendig, die Aufmerksamkeit des Lesers auf die Tatsache zu lenken, daß es Philosophie ist und nicht Naturwissenschaft, über die wir hier sprechen. Und wir wollen nun zeigen, warum es so wichtig ist, zwischen beidem zu unterscheiden.

In der Philosophie kann niemand erwarten, daß die Nachwelt seine Forschungen von dem Punkt aus, wo er sie hinterlassen hat, in derselben Weise fortsetzt, wie es in der Naturwissenschaft getan wird. Dies ist deshalb so, weil man sich an den Ergebnissen der Naturwissenschaft freuen oder sie nutzbringend verwenden kann, ohne sie eigentlich verstanden zu haben, da solche Ergebnisse in einer objektiven, konkreten, körperlichen Form kristallisiert werden können.

Wenn ein Wissenschaftler zum Beispiel sein ganzes Leben mit dem Versuch zubringt, einen Benzinmotor zu erfinden - und das ohne Erfolg, dann vermag nach seinem Tode ein anderer Wissenschaftler die Arbeit an dem Punkte fortzusetzen, wo der erste sie hinterlassen hat. [7)]

[7)] In diesem Sinne kann man es auch in der Philosophie tun; und so begegnet uns hier der Unterschied zwischen den beiden, die wir aufzuzeigen versuchen, nicht, aber später, nachdem die Untersuchungen über die Wissenschaft eine konkretisierte (körperlich-objektive) Form angenommen haben; wie in unserem Beispiel das Motorfahrzeug. Es ist nicht die ununterbrochene Fortführung der Erörterung, sondern die Nutzanwendung ihrer Schlußfolgerungen, die hier ein Abweichen von der Linie verursacht und rechtfertigt.

Wenn jemand gezwungen wäre, den Mechanismus und das innere Ineinanderwirken jeder wichtigeren und jeder mehr abgelegenen Erfindung zu kennen, würde die Zahl der Erfindungen, zu deren Nutzanwendung er möglicherweise in seiner (begrenzten) Lebensspanne kommen könnte, beträchtlich beschränkt werden - würde er in dem Falle nicht gezwungen sein, die wesentlichsten Erfindungen auszuwählen?

Wenn in irgendeinem Bereich, so können gerade in dem der Philosophie Schlußfolgerungen nicht wie in einem Vorratslager in einer körperlich-physikalischen Form aufbewahrt und hinterlassen werden, damit die Nachwelt sie als Erbe übernehmen kann. Die Nachwelt zählt hier nicht, und es gibt da auch keine "Arbeitsteilung" in dem Ausmaße, wie sie in der Naturwissenschaft möglich ist. Jede einzelne Person muß finden, was sie kann (und anwenden, was sie gefunden hat), bevor der Tod sie überwältigt. Von daher das Gefühl äußerster Bedrängnis.

Und so mag es fortgehen, bis nach mehreren Generationen der Benzinmotor ein Erfolg wird. So wird vielleicht die Enkelgeneration des am Anfang stehenden Wissenschaftlers das Automobil benutzen und sich an ihm freuen können, ohne unter dem Zwang zu stehen, zu wissen, wie es zu der Erfindung gekommen ist.

Die Leute können das Ergebnis der Wissenschaft nutzen, selbst wenn sie nicht wissen, wie es arbeitet oder "wie es gemacht ist". Das ist der Grund, warum die Ergebnisse der Naturwissenschaft, indem sie objektiv und physikalisch-körperlich sind, die Forschungen und geistigen Anstrengungen von Personen, die längst tot sind, in ihrer objektiven Existenz (und oft in ihrer physikalischen Konstruktion) zusammenfassen und so weitergeben können.

Die Erzeugnisse aber der Philosophie, die ja selbst geistiger Art sind, erfordern eine geistige Anstrengung (wieder ein zeitraubender Vorgang), bevor man sich Ergebnisse, selbst fertig zubereitete, zu eigen machen kann. Ganz anders als bei naturwissenschaftlichen Erfindungen kann man sich an der Philosophie nicht auf Kosten der geistigen Bemühungen irgendeines anderen erfreuen.

Überdies sind Philosophie und Leben so innig miteinander verknüpft, daß ein Mensch eine philosophische Untersuchung gar nicht anstellen kann mit dem Eindruck, daß seine Enkelgeneration auf jeden Fall zu der richtigen Schlußfolgerung gelangen wird, selbst wenn er bald sterben müßte.

Das Wesentliche der Philosophie schließt für eine Einzelperson die Notwendigkeit des Warum und Weshalb für ihre eigene Existenz ein. Sie, die Philosophie, wird bewußt oder unbewußt die Basis legen und gründen, auf welcher er, der einzelne, sein Leben führt. Es ist seine Lebensanschauung und wird gerade in dem eigntlichen Lebensprozeß zur Gestalt gebracht und nutzbar gemacht. Sie ist so intim persönlich mit ihm wie sein Schatten.

Selbst angenommen, daß er der Nachwelt helfen kann, die Nachwelt kann ihm nicht helfen. Dies hat manchmal zu einer ungerechten Beschuldigung der orientalischen Philosophie geführt, daß sie nämlich eine Wissenschaft ohne Fortschritt sei. Daß Mißverständnis liegt hier darin, daß man von dem Fortschritt als von etwas außer uns Liegendem denkt.

Die Philosophie kann gerade aufgrund ihrer Natur diesen Typ des "Fortschritts" nicht produzieren. Fortschritt im Bereich der Philosophie wird, wie in der Religion, von jedem einzelnen in sich selbst und gewöhnlich unter Bedingungen des Leidens erzielt.

So beruhen Haltung und Auffassung der östlichen Philosophie darauf, daß nur innerhalb der Periode unserer eigenen Lebensspanne unsere eigene Erleuchtung möglich ist und daß unsere Bemühungen, auch kurz vor dem Erfolg, nicht auf die Nachwelt übergehen können.

Die Nachwelt muß, wie wir, beginnen, wo wir begannen, d.h. am Anfang. Dies erklärt das Gefühl des Bedrängtseins in der östlichen Philosophie, das zeigt sich in ihrer Empfänglichkeit für "Antworten" (selbst wenn sie "n i c h t e r w i e s e n" sind wie bei KARMA und REINKARNATION).

Wohingegen im Abendland, da Philosophie und Wissenschaft oft miteinander vermischt werden, Haltungen und Auffassungen, die in der einen richtig sind, sich in die andere einschleichen, wo sie irreführend werden.

Eine ausgezeichnete Darstellung des östlichen Standpunktes findet man in MILAREPAS Antwort an TSAPHUWAS (besonders in dem Vers, der endet mit:
"Mögest du, o du gelehrter Mann, diese Dinge in Standardwerken aufspüren"[8]).

Dies führt uns zu dem nächsten Merkmal der Unterscheidung, und das ist folgendes:

Die orientalische Philosophie ist weit mehr interessiert an dem n o u - m e n o n ; dagegen zeigt sich die abendländische Philosophie weit mehr an dem p h a e n o m e n o n interessiert.

In der Sprache der Theologie würde man sagen, daß der Orientale glaubt, man könne dadurch, daß man mit dem Schöpfer eins ist, seine Schöpfung kennen, und nicht umgekehrt, wie es die Philosophie des Abendlandes (und mehr noch seine Wissenschaft) zu tun versucht.

8) "Jetsün-Kahbum" - englische Übersetzung von *W. Y. Evans-Wentz*, London 1928

Wir wollen uns das folgendermaßen verdeutlichen: Ein Mann will herausfinden, wieviel Geld der Kaiser von Persien besitzt, wieviele Paläste, Geheimzimmer, Diamanten, Juwelen usw. Um das ausfindig zu machen, muß er zuerst versuchen, mit dem Kaiser in ein vertrauliches Verhältnis zu kommen. Dann könnte dieser ihm seinen Besitz enthüllen. Wenn er aber, ohne jemals dem Kaiser vorgestellt oder bei ihm eingeführt worden zu sein, versucht, in dessen Angelegenheiten hineinzuspähen, würde es ihm mißglücken, und er würde, wenn man ihn finge, als Spion bestraft werden.

Auf dieselbe Weise versucht die westliche Wissenschaft, b e v o r sie mit dem Göttlichen bekannt geworden ist, die Besitztümer des Göttlichen zu analysieren und mit Forscherblicken in ihnen herumzugehen. Und von diesen bruchstückartigen Besitztümern aus erwartet sie das innere Wesen ihres Herrn (n o u m e n o n) zu entdecken, der von seinen Besitztümern (p h a e n o m e n a) völlig verschieden sein kann, gerade so wie der Kaiser von Persien (als ein menschliches Wesen) unvergleichbar verschieden ist von seinen nichtmenschlichen Besitztümern.

Ich habe diese Analogie hier gebraucht, um zu erklären, warum der (orthodoxe) Orientale oft die moderne westliche Bildung verachtet als eine "vergebliche", als eine "trockene", "schale", "unvollständige", ja sogar als eine "nutzlose". Die Beschuldigung ist eindeutig ungerecht, aber warum wird sie erhoben? Weil vom östlichen Standpunkt aus sich alles Wissen und Erkenntnisstreben im Abendland (einschließlich der Philosophie) in Analogie zu dem Versuch zeigt, die wesentlich innere Natur des Kaisers durch eine chemische Analyse seiner Krone herauszufinden!

Das bedeutet nicht, daß ein Studium der Phänomene an sich vergeblich oder nutzlos ist. Eine ganze Welt von Unterschieden hängt davon ab, ob man hier studiert, b e v o r oder n a c h d e m man "mit dem Göttlichen bekannt" geworden ist (Wissen um das noumenon). Offensichtlich zeigt sich der Westen in den Augen des Ostens nicht als "mit dem Göttlichen bekannt".

An dieser Stelle würde nun der westliche Kritiker einhaken und erwidern, daß das Göttliche nicht w i s s e n s c h a f t l i c h erkannt werden kann. Es könne höchstens "im Glauben" erfaßt werden.

Die Antwort der östlichen Philosophie würde darauf (und hier begegnen wir einem weiteren wichtigen Grundunterschied zwischen den beiden) folgende sein:

Um "wissenschaftlich" zu einer Erkenntnis zu gelangen, muß man zuerst Experimente machen. Sogar der überskeptische Wissenschaftler muß den "Glauben" haben an irgendein vorausgesetztes Ergebnis, andernfalls würde er nicht wissen, welches Experiment er anstellen sollte, um die Richtigkeit oder Unrichtigkeit seiner Hypothese herauszufinden.

Hätte EDISON nicht den "Glauben" an die Möglichkeit elektrischen Glühlichtes gehabt, hätte er dann die Kraft oder den Antrieb gehabt, den neuntausendundersten Versuch zu machen, nachdem 9000 Versuche fehlgeschlagen waren?

Überdies, kann ein Wissenschaftler überhaupt auch nur vermuten, in welcher A n o r d n u n g er den Versuch durchführen muß, ohne einen "Glauben" an irgendeine Hypothese? Glauben ist deshalb nicht unvereinbar mit Wissenschaft, sondern für sie unentbehrlich. Geradeso, wie man bei dem Studium, bei der Erforschung der "Schöpfung" auf äußerliche Erscheinungen zielende (oder ins Labor gehörige) Versuche anstellen muß, so muß man, wenn man den Schöpfer kennen will, auf innerliche Erscheinungen abgestellte Experimente machen (d.h. transzendental gerichtete Yoga-Mystik).

Die westliche Philosophie besteht zu Recht auf der Disziplin der Logik. Die östliche Philosophie behauptet, daß Logik nur eine von mehreren Disziplinen ist. Logik gibt einer Person, natürlicherweise, die Vorbildung nur für i n t e l l e k t u e l l e s Verstehen. Völliges Verständnis (d.h. Selbstverwirklichung) erfordert die Kräfte und Maßregeln anderer Disziplinen zusätzlich zu der Logik (und nicht ersatzweise).

Diese Gesamtsumme von Disziplinen kann - in grobem Umreißen - "Transzendental-Yoga" genannt werden (nicht zuverwechseln mit dem, was man so v o l k s t ü m l i c h und unrichtig Yoga nennt). Yoga ist ein Wort, das alle Bedeutung verloren hat, wegen kritiklosen Gebrauchs.

Mit "Transzendental-Yoga" meinen wir ein planmäßig geführtes Studium (ohne irgendwelchen Zusammenhang mit irgendwelchen übernatürlichen oder sogar unwirklichen Erscheinungen) der Psychologie eines Individuums in den verschiedenen Stufen des Bewußtseins, vorgenommen mit dem ausdrücklichen und ausschließlichen Zweck, eine Methode zu finden, die es jenem Individuum ermöglichen wird, seine Identität mit einer besonderen Stufe des Bewußtseins aufzuspüren (NITYASUDDHABODHARUPAM) und dadurch ihn darauf vorbereitet, die Grenzen gewöhnlichen (durch die Sinne abgeleiteten) Wissens zu übersteigen.

Während die westliche Philosophie niemals darauf besteht, daß ihr Leser irgend etwas außer (intellektueller) Intelligenz haben sollte, um sie zu verstehen, weigert sich die östliche Philosophie - über ein gewisses Stadium hinaus - ihre Geheimnisse zu offenbaren, wenn der nach Wissen Begierige nicht willens ist, sich solchen Disziplinen zu unterziehen wie sittliche Besserung, Kontrolle über seine emotionale Natur, Unterdrückung körperlicher Lüste usw. Sie hält es für lächerlich zu erwarten, daß die letzten Wahrheiten einer sittlich unreifen Person offenbart werden können, nur weil sie klug ist in Logik und Wissenschaftskunde. Das ist jedenfalls der östliche Standpunkt.

So würde es zweckdienlicher sein, die östliche Philosophie in drei weiter gefaßte Gruppen zu gliedern:

1. Gewöhnliche exoterische Philosophie (oder Philosophie, wie sie im Abendland verstanden wird): Sie versucht, die Schöpfung zu erkennen als eine im Lichte der Sinne geprüfte, und vermittelt so erworbenes Wissen.
Beispiele: Logik, Wissenschaftskunde, atomistischer Realismus, Metaphysik usw. so wie auch der Großteil der Philosophie Persiens, der südbuddhistischen Schulen und Chinas - ausgenommen der Taoismus.

2. Esoterische oder yogische Philosophie (einschließlich der Philosophie, der ein spezifisches System nach innen gekehrter Disziplin zur Seite steht und die ihren Höhepunkt in Erleuchtung findet):

Sie versucht den Schöpfer zu erkennen (wie es den christlichen Heiligen zu tun gelang, z.B. dem Hl. AUGUSTIN und dem Hl. THOMAS VON AQUINO). Beispiel: PATANJALI Sutras; Teile von Mimamsa; Samkhya; Vedanta; die Lehren von MILAREPA; der Großteil der Philosophie von Tibet, die nordbuddhistischen Schulen, des Taoismus und ein Teil der Gita.

3. Integrale Weisheit (oder Philosophie des Über-Yoga): Die Schöpfung und ihre Urprobleme werden im Lichte der Weisheit, die von dem Zuerstkennen ihres Schöpfers erworben wurde, aufs Neue geprüft.

Beispiele: Sie besteht zum Großteil aus der unveröffentlichten Philosophie Asiens, geheimgehalten in sorgsam gehüteten Handschriften oder in Büchern von höchst esoterischem Charakter bekanntgemacht:

Teile der Gita; das tibetanische Totenbuch; Ashtavakra Samhita; eine oder zwei der Upanishaden; GAUDAPADAS Karika; wenig bekannte Werke arabischer und persischer Dichtung und mehrere andere Bücher und Handschriften, die dem Namen nach nicht genannt zu werden brauchen.

Da die letzten beiden Gruppierungen in der Philosophie des Abendlandes meistens fehlen, bedeutet ein Vergleich mit östlicher Philosophie gewöhnlich einen Vergleich mit nur einem Teil der morgenländischen, weil die Philosophie des Morgenlandes ihren größeren Teil wie ein Eisberg untergetaucht und unsichtbar hält.

Wann immer in der abendländischen Philosophie etwas der Mühe und Erwähnung wert gefunden wird, so ist es Brauch und Sitte, es weit und breit bekanntzumachen, für alle und jeden, ganz ohne Unterschied.

Im Osten besteht die Neigung, außergewöhnliche kostbare Wahrheiten nur ausgewählten wenigen zu offenbaren, die genügend vorbereitet sind, sie sich anzueignen und sie wertzuschätzen, so daß die Philosophie dadurch ihre Würde und ihren Wert behauptet.

Diese unterschiedlichen Auffassungen über den Weg zur Philosophie und über ihr Wesen werden sicherlich nicht heute und auch nicht morgen auf einen Nenner gebracht werden können - und wer wollte das auch wünschen? - aber auf beiden Seiten sollte der gute Wille bestehen, den anderen zu begreifen und zu respektieren.

NACHWORT II

Zur Frage nach einem neuen Menschenbild

"Wer fertig ist, dem ist nichts recht zu machen;
Ein Werdender wird immer dankbar sein."

Faust I, Vorspiel, Vers 182/183

Seit ein paar Jahren tauchen die Namen *Maharshi, Aurobindo, Chardin, Gebser* immer wieder auf, und zwar überall, in Asien ebenso wie in Amerika, in Afrika ebenso wie in Europa. Wer sich mit ihren Werken beschäftigt, wird gewahr, daß es sich hier nicht um vedantische oder christliche, indische oder europäische Spiritualität handelt, sondern rein und einfach um Spiritualität. Aus diesem Grunde findet der Europäer in den Schriften *Aurobindos* und *Maharshis* (wie der Asiate in den Schriften *Chardins* und *Gebsers*) eine Sprache, die er verstehen kann.

Die Kluft zwischen indischer Weisheit und westlichem Denken zu überbrücken, ist eine Aufgabe, die schon eine Reihe von westlichen Schriftstellern verlockt hat.

Wenn wir an *Jean Gebsers* Denken erinnern, verweisen wir auf seine Konzeption der Bewußtseinsentfaltung in "Ursprung und Gegenwart" und in seinem Buch "In der Bewährung" und gehen weniger auf die "Asienfibel" ein, wohl aber auf seine in New Delhi und Tokyo gehaltene Vorlesung "Asien und die Wissenschaft des Abendlandes". [1)]

1) Publiziert in "Indo-Asia", 4. Jg. Heft 2, Stuttgart, April 1962 S. 144 ff. Siehe auch: *Jean Gebser*, The Spiritual Dimension of Modern Science, in "Yearbook 1962", published by Max Mueller Bhavan, New Delhi 1962, p. 17 - 27.

Wir berücksichtigen dabei, daß man von ihm als Europäer das Eindringen in alle Einzelheiten und Feinheiten der verzweigten Geistesgeschichte Asiens nicht verlangen kann, die niemand in einem Menschenleben zu bewältigen vermag. Dennoch ist seine Argumentation - die übrigens ihrerseits ganz "asiatisch" vorgeht - zweifelsohne ein bedeutender Beitrag zur Beurteilung der asiatischen Denkungsart.

Besonders erwähnenswert ist eine kleine wenig bekannte Schrift von ihm unter dem Titel:

Der unsichtbare Ursprung (Evolution als Nachvollzug)

- eine bibliophile Kostbarkeit -

die er am 20.6.1970 mir persönlich mit Widmung zukommen ließ.

Diese Schrift ist von ungeheurer Bedeutung, zumal er darin viele seiner Fehleinschätzungen der östlichen Weisheit revidierte.

Dieses Buch macht ersichtlich, daß das heute zum Durchbruch gelangende integrale Bewußtsein bereits im Ursprung veranlagt ist; also Aussagen über die Gegenwärtigkeit der Zukunft.

Durch seine wohlwollende Einstellung und sein liebevolles, fast intuitives Verständnis für Asien hat *Gebser* Einsichten errungen, die vielen Fach-Indologen entgangen sind.

Auf den ersten Blick zeigen die Werke *Chardins* und auch *Aurobindos* eine große Mannigfaltigkeit. Bei genauerer Analyse stellen wir jedoch fest, daß sie in Wirklichkeit auf ein zentrales Thema zurückgeführt werden können. Ihr Kern liegt in den beiden Begriffen:

1. **Mensch** (als Ebenbild Gottes) und
2. seine **Entwicklung** (als Steigerung und Entfaltung des Bewußtseins).

Chardin hat in seinem Buch "Der Mensch im Kosmos" auf Grund von naturwissenschaftlichen Daten die Theorie erarbeitet, daß Evolution der Aufstieg des Lebens zum Bewußtsein sei und ferner daß die Entstehung des Bewußtseins und die Verwirklichung der Vereinigung mit Gott einander gleich seien.

Dementsprechend sei die Erlangung dieses höchsten Grades des Bewußtseins oberhalb des normalen, aber stets l i n e a r e n Verlaufs der Entwicklung, eine Leistung, die die Welt mit dem Titel "Gottes Sohn" honoriere.

Chardin behauptet, daß Menschen, die an ihrer eigenen Entwicklung bewußt beteiligt sind, zur Konvergenz der geistigen Wesenheiten gelangen können, weil sich das Leben in ihnen noch weiter entfaltet.

Die charakteristische Kraft solcher Wesenheiten oder Entitäten ist die Fähigkeit, sich auf sich selbst mehr und mehr zu konzentrieren und dadurch die Persönlichkeit zu entwickeln und sich dann mit anderen Personen in einer freien Verbindung zu treffen und zu verbinden.

Der Omega-Punkt ist gleichzeitig der Fokus-Punkt, in dem diese Konvergenz stattfindet, weil er die Supra-Persönlichkeit wie auch das All darstellt. Diese Konvergenz war schon zu Anfang der Evolution anwesend, jedoch nicht in seiner manifesten Form.

Die Realisation dieses Omega-Punktes ist *Christus.*

Schaffen bedeutet: in christliche Auffassung Sichvereinigen mit der Schöpfung durch Versenkung in sie; zu einem Element werden, daß seine Entwicklung bis zu dem Zustand fortführt, wo Gott Alles in Allem sein wird. Dieser "christliche Pantheismus" ist für *Chardin* der Rahmen für eine Evolution; und die christliche Liebe erfüllt diesen Vorgang.

Die grundlegende alt-indische Auffassung von der Schöpfung war, daß der Geist (Spirit) herabsteigt und sich in verschiedenen Graden des Bewußt-Werdens entfaltet. Der "Durchschnittsmensch" steht genau in der Mitte der Scala des Bewußtwerdens.

Auf der untersten Stufe steht die Materie. Sie erscheint kaum irgendeine Art von Bewußtsein zu haben, es sei denn als gewisse Erscheinungsformen, die im Kristall manchmal auftauchen.

An zweiter Stelle stehen die Pflanzen, die einen weit höheren Bewußtseinsgrad aufweisen als die Materie.

Das Tier steht am dritten Entwicklungsgrad der Bewußtseinsentfaltung. Es zeigt Instinkte, Triebe, Zu- und Abneigungen und kann vor allem sich bewußt bewegen von Ort zu Ort, nach zielgerichtetem Denken, was ein Zeichen bedeutend höherer Bewußtseinsentfaltung ist.

Noch eine Stufe höher steht der "Durchschnittsmensch", denn er hat Denkvermögen, auch im Sinne von Verstand. Er denkt bewußt.

Mit dem nächsten Entwicklungsschritt macht der Mensch den großen Sprung: Er hebt sein Bewußtsein aus der Ebene der Wirkungen in die Ebene der Ursachen. Sein Bewußtsein kann sich jetzt entfalten, nicht nur als Verstand, sondern auch als Einsicht. Wer diese Einsicht in irgendeiner schöpferischen Form darstellen kann, wird als "Genie" gefeiert.

Den Bewußtseinsgrad der nächsthöheren Ebene könnte man als "prophetisches Sendungsbewußtsein" bezeichnen. Meine Forschungen in vergleichender Religionswissenschaft haben mich überzeugt, daß sich für die Erlebnisse des Sendungsbewußtseins der Propheten (der großen Weltreligionen) im ganzen doch etwas allen Gemeinsames herausschälen läßt.

Ein vergleichendes Studium der metaphysischen Erfahrungen erweist, daß alle Propheten auf eine solche Höhe der Bewußtseinsentfaltung gelangt waren, daß sie in den Verdacht kamen, mediale Menschen zu sein. Deswegen schreibt das einfache Volk ihnen auch okkulte Kräfte zu.

Die höchste und vollkommenste Entfaltung des Bewußtseins ist aber, wie *Aurobindo* sagt, "the Superman", (der Ganzheits-Mensch, der integrierte Mensch).

Von *Chardin* hat *Aurobindo* in seinem "The Life Divine" und anderen Werken die Idee herausgearbeitet, die Welt sei das Ergebnis des Herabsteigens des Bewußtseins in das Stoffliche zu einer vollkommenen Offenbarung in der Welt.

Evolution ist nach ihm der Aufstieg des mystischen Bewußtseins über Stufenebenen zu göttlichem Wissen, Kraft und Liebe. Ihr Schwung treibt von "Mind" zu "Supermind" durch des Menschen bewußte Zusammenarbeit mit dem göttlichen Plan seiner Bestimmung. Der "Supermind" in einer Rasse von "Super-Menschen" wird das Mittel zur Gründung eines neuen gemeinschaftlichen Lebens in der Welt sein. Jeder "Superman" wird eine eigene geistige Person sein und helfen, eine Gemeinschaft von Personen mit Gott als Mittelpunkt zu bilden. Sein Sichtbarwerden wird ebenfalls alle Aspekte des Lebens der Menschheit tief beeinflussen.

Chardin sieht die Harmonie der Person und des Alls durch Liebe auf einer gemeinsamen Ebene als den Scheitelpunkt der Entwicklung an. Dieses Ideal, das durch viele einzelne Mystiker und die Gemeinschaft der Heiligen Tatsache würde, ist im Grunde genommen keine eigentliche Weiterentwicklung, es sei denn, seinem Ausmaß nach.

Eine totale Sublimierung des menschlichen Bewußtseins, wodurch der Mensch in die Lage versetzt wird, seine ur-eigentliche zugrundeliegende Gottebenbildlichkeit in allen ihren Aspekten und allen ihren Zielen vom Geistigen bis zum Materiellen hin zu entfalten, stellt sicherlich eine Höherentwicklung dar.

Der "Integrale Yoga" soll, nach *Aurobindos* Auffassung, das praktische Mittel sein, um die erwünschte Neu-Formung des Menschen durch das Herabkommen des "Superminds", die in dem göttlichen Wissen von ihm selbst und seiner Schaffenskraft liegt, hervorzubringen. Dieses Ereignis kann die nächste Stufe der Entwicklung (nach *Aurobindo*), die die Grundlegung des vollkommenen Geistes im Menschen bedeutet, bewirken.

Merkwürdigerweise ist es nicht *Aurobindo* oder *Chardin,* sondern *Gebser,* dessen Auffassung der altindischen am nächsten kommt, eine immerhin bemerkenswerte Koinzidenz, da *Gebser* sie unabhängig von jener erarbeitet hat.

Um überhaupt ein Urteil fällen zu können, muß man einige Studien zur Geschichte der Bewußtseins-Lehre treiben. Denn, ob wir *Gebser*, *Chardin*, *Maharshi* oder *Aurobindo* nehmen, alles dreht sich ja bei ihnen um den Ausdruck "B e w u ß t s e i n".

Die ersten Keime einer systematischen Bewußtseins-Lehre finden wir (wahrscheinlich zum ersten Mal in der Weltgeschichte) in der Mandukya Upanisad, wo die verschiedenen Arten von Bewußtsein dargelegt und definiert werden. Diese kleine Upanisad von 12 Versen ist vielleicht die größte Schatzkammer der Weisheit in der Geistesgeschichte der Menschheit. Denn dort finden wir auch den Evolutionsvorgang angedeutet, längst vor *Aurobindo*, *Chardin* oder *Gebser*.

Diese Upanisad spricht auch von "turiya", was eigentlich genau das ist, was *Gebser* als "Ichfreiheit" bzw. als die Fähigkeit, "die offene Fülle des Ganzen wahrzunehmen" usw., beschreibt.

Interessant ist *Gebsers* Behauptung, daß dieses Bewußtsein stets vorhanden sei und nicht etwas, was erst durch Evolution entwickelt werden muß.

Genau das betont auch die Mandukya Upanisad, nämlich das Turiya, die Erleuchtung oder das plötzliche Hervorbrechen eines "göttlichen Überbewußtseins" weder ein anderes Bewußtsein noch eine neue Stufe des Bewußtseins ist, sondern vielmehr: "eka eva tridha smrtah" (Gaudapada), d.h. das eigentliche Bewußtsein, das den anderen Arten und Graden des Bewußtseins s t e t s zugrunde liegt .

In diesem Sinne ist auch *Gebser* zu verstehen, wenn er sagt: "Wir besitzen bereits, was wir noch suchen" (In der Bewährung, S. 150).

Vielleicht läßt sich das mit einem Beispiel erklären. Angenommen, ich möchte noch mehr Raum haben in meinem Zimmer. Den Raum kann ich aber nicht von draußen her in mein Zimmer hineinbringen. Im Gegenteil, wenn ich noch mehr Raum haben will, so muß ich die Gegenstände aus meinem Zimmer hinausstellen, so daß der Raum (der stets vorhanden war) sich bemerkbar macht.

So ist diese Turiya oder dieses Überbewußtsein stets im Menschen vorhanden, und es ist nicht nötig, es sich auf dem Wege der Evolution erst zu "verschaffen" (*Chardin*); es ist auch nicht irgend etwas, was sich erringen und erkämpfen läßt (*Aurobindo)*, sondern wie das "Königreich Gottes" stets in uns vorhanden, wenn wir es nur zur Geltung kommen lassen würden, indem wir "die Gegenstände aus unserem Zimmer entfernen".

"Der Mensch", sagt *Gebser* mit Recht, "ist nur eine getrübte Erscheinungsform dessen, was mehr ist als er" (In der Bewährung, S. 24).

Hier sehen wir, daß *Gebser* unbeabsichtigt das Weltbild von *Sri Ramana Maharshi* bestätigt. Das ist gar nicht zu verwundern, wenn man bedenkt, was *Gebser* unter dem Terminus "spiritual" versteht:

"... the term 'spiritual' should be understood to mean that region, which, from the human point of view, is closest to A t m a n ".[2)]

(Der Atman ist nur Synonym für Turiya; die Erklärung *Sri Ramana Maharshis* über Turiya und Atman findet man in *Zimmers* "Der Weg zum Selbst", Rascher-Verlag Zürich, 1954).

Eine bessere Definition des Wortes "spiritual" läßt sich kaum finden. Noch bewunderswerter ist, wie geschickt *Gebser* das Wort "spiritual" von jeglichem okkulten Beigeschmack, der dem Wort "spiritual" anhaftet, bereinigt, indem er gleich sagt: "on the other hand it is by no means to refer to the psychic-irrational and intellectual-rational possibilities of man".[3)]

Turiya wird in der Mandukya-Upanisad, Vers 7 auch als "advaitam" (d.h. "ohne Gegenüber" bzw. ohne Zweiheit) bezeichnet, und das deckt sich mit dem, was *Gebser* als "die Welt ohne Gegenüber" beschreibt:

"Die Welt ohne Gegenüber ist nicht die Welt des Nichts, der Leere, der Inhaltlosigkeit, der Haltlosigkeit, der Beziehungslosigkeit. Die Welt ohne Gegenüber ist eine Welt der Durchsichtigkeit, die unverstellt und unbegrenzt dem geistigen Auge das Ganze in seiner Transparenz, in seiner Diaphanität wahrnehmbar macht. Sie ist eine Welt der unverstellten Fülle".[4)]

Bekanntlich war der Buddhismus, der später auf die Upanisaden folgte, in allen psychologisch-metaphysischen und ontologischen Fragen sehr gewandt. Denn im Buddhismus wird das Heil weder durch Gnade noch durch Glaube erlangt, sondern verlangt einen völlig durchdringenden psychologischen Vorgang, in dem der Akt des Erkennens (C o g n i t i o n) genauestens analysiert wird.

2) *Gebser*, a. a. O., p. 2 - Die deutsche Fassung s. in "Indo-Asia" IV, 2, 1962, 144 ff.

3) *Gebser*, a. a. O.

4) *Gebser*, In der Bewährung, S. 132.

Der Buddhismus war (und ist noch), was psychologische und tiefenpsychologische Erkenntnisse anlangt, dem Westen Jahrtausende voraus. Und gerade in der buddhistischen Psychologie spielt das Bewußtsein (v i n n a n a) eine sehr bedeutende Rolle als Glied Nr. 3 in dem 12gliedrigen Kausalnexus (P r a t i t y a s a m u t p a d a = Entstehen in Abhängigkeit).

So groß ist die Bedeutung der Bewußtseinslehre für den Buddhismus, daß die gesamte Philosophie der späteren buddhistischen Idealisten V i j n a n a d - v a i t a (Bewußtseins-Monismus) genannt wurde.

Meines Erachtens war der V e d a n t a (hinduistisch-brahmanische Nichtzweiheits-Lehre, dessen Fortentwicklung der heutige Hinduismus darstellt und dessen Anfang auf das 6. und 8. Jahrhundert n. Chr. zu schätzen ist) wie auch sein einflußreichster Lehrer *Gaudapada* sehr stark von der buddhistischen Bewußtseins-Lehre angeregt. Bezeichnend ist, daß das erste grundlegende Werk des Vedanta *Gaudapadas* Mandukyakarika (also *Gaudapadas* Kommentar zu den bereits erwähnten Mandukya Upanisad) ist.

Obwohl der Inhalt vieler Begriffe im frühen Vedanta vom Buddhismus her bestimmt war, so war der Buddhismus auch vor allem in seiner Mahayana-Form von dem Vedanta bzw. der upanisadischen Bewußtseins-Lehre beeinflußt.

Einen markanten Schritt in dieser Richtung vollzieht der " V i j n a - n a v a d a " *Vasubandhus*. Für diese "Nur-Bewußtseinslehre" besitzt allein das Bewußtsein Realität.

Man versucht hier, durch introspektive Betrachtung des Bewußtseins zu der innersten Schicht unserer Persönlichkeit vorzudringen. Diese höchste absolute Realität, die allem zugrunde liegt, ist aber k e i n e beharrende Substanz, sondern ist im innersten Kern nur " v i j n a p t i m a t r a t a ", d.h. reine Bewußtheit, leer von allen ihm anhaftenden Trübungen. Es ist die letzte Essenz alles Seienden und als solches mit Erleuchtung der Christen, J n a n a der Hindus, S a m a d h i der Yogis, N i r v a n a der Buddhisten oder Satori im Zen, gleichzusetzen. Deswegen wird es auch als P a r i n i s p a n n a (das Vollendete) bezeichnet. Nach dieser Lehre kommt "die Welt m i t Gegenüber" nur dadurch zustande, daß sich das Bewußtsein in einen Subjekt-Teil und einen Objekt-Teil spaltet. Somit erscheint das Bild eines "Ich" und einer ihm gegenständlich gegenüberstehenden Welt.

Die "Illusion" dieser konträren Polarität kann durch Meditations-Übungen (oder Zen-Praktiken oder Yoga-Übungen oder hingebungsvolle Anbetung oder durch das ständige Forschen nach der Frage "Wer bin ich") aufgehoben werden.

Als Resultat erfolgreicher Introspektion tritt dann ein grundlegender Wandel-des-Bewußtseins und damit ein Wandel-der-Persönlichkeit ein (P a a v r t t i), der die "plötzliche Erleuchtung" (laut *Hui-neng*) zur Folge hat.

Mit dieser "Plötzlichkeit" ist nur gemeint, daß die Erleuchtung (weil es Ichfreiheit bedeutet) in einem zeitlosen Augenblick eintritt. (Wie auch *Gebser* sagt: "Ichfreiheit ist aufs engste mit der Zeitfreiheit gekoppelt." [5])

Jetzt verwandeln sich die verschiedenen Bewußtseine in das vollendete Allbewußtsein eines Buddha. Nun wird der Mystiker von Wahn, Leidenschaften, Karma und anderen Begrenzungen für immer frei und kann sich in einer Art von "a p r a t i s t h i t a - n i r v a n a" dem Wohl aller lebenden Wesen widmen.

Die weitere Geschichte dieser und ähnlicher Vorstellungen, welche der spätere Mahayana-Buddhismus entwickelt hat, ist in chinesischen und tibetischen Texten zu finden, wie auch in der unverfälschten Zen-Lehre Japans.

Mit fern-östlicher Naturverbundenheit und mystischer Intuition haben die Menschen dort von dieser Bewußtseinsentfaltungs-Lehre ein ganz anderes Lebensgefühl entwickelt. Da geglaubt wird, daß allen Dingen ein Buddha-Bewußtsein innewohnt, sehen diese Menschen die erlösende Kraft als immerwährende Bewußtheit an und als solches, was stets vornehmbar sei. Man kann nichts dazu tun, "the all-enlightend Mind" zu erreichen. (Vielleicht liegt gerade dort das Mißverständnis des Abendländers, daß er denkt, diese Erleuchtung genau so erkämpfen zu müssen, wie "Erfolg" im weltlichen Leben erkämpft werden muß. Deswegen ist auch seine Begeisterung für systematisch ausgearbeitete, stundenplanmäßige Meditationsübungen auffallend).

5) Gebser, a. a. O., S. 127

Wie alle außersinnlichen Erfahrungen wird die Erleuchtung als außerhalb der Zeit betrachtet und als ein Akt des Absoluten selbst.

Interessant und wissenswert ist die Lehre von T r i k a y a im Mahayana Buddhismus (die Auffassung von den drei Körpern *Buddhas*).

Die drei Betrachtungsweisen des Buddhakörpers als grobstofflich, feinstofflich und als absolutes Wesen entsprechen den drei Aspekten der Realität, welche die "Nur-Bewußtseinslehre" aufgestellt hat: fictiv, relativ, absolut.

Aber genau so, wie " T u r i y a " (der Mandukya Upanisad) nicht ein vierter Bewußtseinszustand ist, sondern das eigentliche "Wahre", was den anderen drei Bewußtseinszuständen (v i s v a = Wach-Zustand; t a i j a s a = Traum-Zustand; p r a j n a = Tiefschlaf-Zustand) zugrunde liegt, so ist auch in den "drei Körpern" *Buddhas* nur dasselbe geistige Prinzip wirksam.

Auch hier findet sich übrigens eine bemerkenswerte Koinzidenz, da das "integral-arationale Bewußtsein", das der Überwachheit, welches *Gebser* beschreibt und für dessen heutiges Wirksamwerden er den Nachweis erbringt, für ihn nicht etwa eine zusätzliche vierte Bewußtseinsstruktur ist, sondern jene, welche die drei anderen, das magische Schlafbewußtsein, das mythische Traumbewußtsein und das mentale Wachbewußtsein, als welche er sie von sich aus bezeichnet hat, integriert.

Ein tibetischer Geheim-Text sagt uns, daß der T r i k a y a im Grunde genommen nichts anderes sei als das ewige Gewahrsein.

Wer die Erlösung durch Meditation anstrebt, der muß den objektiven Aspekt des Ich, das Es-im-Ich (I d a m a m s a) durch logisches Nachdenken über die Unterscheidung zwischen Ich und Selbst eliminieren. Denn nur das Ichbewußtsein veranlaßt den Irrtum, das unwandelbare Selbst (oder Bewußtsein-an-sich) sei Subjekt der Erfahrungen.

In jüngster Zeit hat Indien zwei Gestalten hervorgebracht, die dieser uralten Bewußtseins-Lehre eine dauernde Prägung gegeben haben, jeder nach seiner Art. Ich meine *Sri Ramana Maharshi* und *Sri Aurobindo*.

Die weitere Entwicklung der Bewußtseins-Lehre führt aber nun zu einer Stufe, die eigentlich jenseits der Philosophie liegt: zu einer Einstellung, die keine Mehrung der Erkenntnis ist, sondern nur noch die Vertiefung des Seinsgrundes.

Nach *Maharshi* genügt es nicht, diese Lehre bloß theoretisch anerkannt zu haben, sondern man muß sie auch meditativ quietistisch vollziehen. So bleibt nicht aus, daß *Maharshis* Lehre dasselbe vorgeworfen wird, was man ungerechterweise auch dem Buddhismus vorwirft, nämlich, das "Nein zur Welt".

Aurobindos Auffassung ist natürlich dem extraspektiven Westen viel attraktiver wegen ihres dynamischen Elementes.

Der extraspektive Mensch ist sehr dazu geneigt, schon längst vor seiner Erleuchtung zu wissen, was er mit der Erleuchtung anfangen kann. Befriedigt man diese harmlose Neugier nicht mit einigen altruistisch klingenden Plattheiten, so besteht die Gefahr, daß dieser Mensch überhaupt kein Interesse mehr für das Fortschreiten zur Erleuchtung zeigt.

Deswegen sei hier auch die Frage erlaubt, ob diese Bewußtseins-Lehre, in ihren mannigfaltigen Variationen von den Upanisaden bis zu *Gebser* (oder bis zu dem Zeitpunkt, wo wir alle "Supermen" geworden sind), nur von geistesgeschichtlichem Interesse ist oder ob wir auch praktische Schlüsse ziehen können, die wir vorteilhaft zur Meisterung unseres eigenen Lebens verwenden können.

Ich neige zu der Ansicht, daß diese Lehre gerade im praktischen Leben von ungeheurer Bedeutung ist.

Erstens: schon die Möglichkeit, daß unser innerstes Kern-Bewußtsein mit dem Göttlichen Bewußtsein identisch sein könnte, gibt uns einen ganz anderen Halt im Leben. Durch den ganzen sinnlosen Hexentanz, den wir unser Leben nennen, diese ununterbrochene Kette von Demütigungen und Enttäuschungen, diesen schauderhaften Vorgeschmack der Hölle, verlieren wir unsere Heiterkeit nicht ganz, wenn wir uns vergegenwärtigen, daß vielleicht trotz allem unsere tiefgründigste Bewußtseinsschicht stets im Zustand der Glückseligkeit bleibt.

Das ermuntert den Menschen, gerade wenn er sich niedergeschlagen fühlt, die Quelle dieses uralten und ewig neuen Bewußtseins aufzusuchen. Auch wenn es ein derartiges Bewußtsein nicht geben sollte, würde der Sterbende, indem er seine Gedanken andauernd jene überpersönliche Einstellung erleben läßt, erfüllt von einer Einsicht in die Zusammenhänge (so widersprechend sie sind) des Lebens.

Zweitens: Durch diese Lehre gelingt es uns, den Zustand nach dem Tode auf eine Weise zu betrachten, ja sogar zu erleben, die nicht furchterregend ist.

Die vornehmste Aufgabe des Lebens ist, sich für den Tod vorzubereiten. Das kann man eher, wenn man Grund hat zu glauben, daß man in sich selbst einen Zustand erzeugen kann, der, losgelöst von der Zeit, das ewige Gewahrsein vertritt.

Derjenige, der diesen Zustand errungen hat, bekommt auch, wenn er ein "Atheist" ist, großen Ernst den Dingen der Ewigkeit gegenüber. Und, wenn er dazu noch gewisse Übungen fügt, werden ihm vielleicht kurze Einblicke in sein "Atman-Bewußtsein" vergönnt. Diese Einblicke könnten ihm offenbaren, daß jenes Bewußtsein keine Zeit kennt.

So, daß die Evolution, obwohl sie als Vorgang in der Zeit erlebt wird, als Endresultat außerhalb der Zeit erlebt wird ("only in time, is time conquered" - *T. S. Eliot*).

Wer sich so weit gebracht hat, braucht nicht mehr ins Jenseits hinüber, denn er führt sein Leben, während er im Diesseits ist, über Dies- und Jenseits hinaus.

"Der Sinn in diesem scheinbaren Widerspruch ist: Wer in Erkenntnis erleuchtet ist (Jnanin), ist nicht mehr der göttlichen Ordnung für Welt- und Menschenleben untertan, vielmehr beruht diese Ordnung selbst auf ihm und empfängt an seiner beispielhaften Erfüllung ihre Bestätigung. Denn er hat die Wirklichkeit erfahren, aus der sie fließt und die zu erlangen die göttliche Menschenordnung als Mittel gesetzt ist - darum ist er ihr nicht mehr unterworfen.

Sie aber hängt in ihrer Gültigkeit und ihrem Erweis von ihm ab, denn er gibt den übrigen Sterblichen ein unvergängliches Beispiel ihrer Erfüllung.

So ist er eine Quelle und Stütze der ewigen Ordnung, in der er selber über sie hinaus ist." (*Maharshi* in *Zimmers* "Weg zum Selbst", S. 243, Zürich, 1954).

Was der *Maharshi* mit dem Jnani meint, das behauptet auch *Aurobindo* für sein "Superman"; und *Chardin* spricht in ähnlicher Weise vom "Universalen Christus", vom "Christus Evolutor" vom "Super-Christus" und "Christischen".

Das Universum war nach *Henri Bergson* eine Art Maschine, um Götter zu erzeugen. Nach *Chardin* führt die "Kosmogenese" zu einer "Noogenese" über die "Biogenese". Aber die "Noogenese" findet ihre Vollendung erst in einer "Christogenese". So daß die ganze Welt summa summarum für keinen anderen Zweck bestimmt ist, als den g a n z e n *Christus* zu realisieren.

Das sagte ja *Paulus* auch: Omnia vestra sunt, vos autem *Christi*, *Christus* autem Dei. (I. Kor. 3, 22 - 23).

Aber ist die Erlösung des Menschen nur eine Wiederherstellung der durch die sog. "Sünde" verunreinigten Gottesebenbildlichkeit, oder ist sie nicht viel mehr die Herstellung eines völlig neuen Geschöpfes aus dem Spiritus Sanctus?

Aurobindo meint, daß der "Künstler hinter der Schöpfung" sich niemals mit der geringsten Unvollkommenheit zufrieden geben wird. Seiner Auffassung nach macht das Göttliche keine "Reparaturen", sondern schafft stets etwas Neues. Also eine fortlaufende Selbst-Entfaltung des Göttlichen durch cumulative Selbstverwirklichung bis zur Perfektion im "Übermenschen".

Die Anhänger dieser beiden Großen (*Maharshi* und *Aurobindo*) sehen in diesen Männern selbst die Erfüllung dessen, was *Jesus* uns als Ziel unserer künftigen Perfektion verheißen hat. Sie sind also nicht als Lehrmeister einer neuen Evolutionstheorie zu betrachten, sondern als lebende Beispiele für dessen Endprodukte - was wir auch eines Tagen werden!

Auch der eigentliche Y o g a ist streng genommen ein Evolutions-Katalysator. Der Yogi versucht schon jetzt die Fähigkeiten zu verwirklichen, die die allgemeine Menschheit in ferner Zukunft naturgemäß erwerben wird.

Auch die indischen Christen sind geneigt, in *Jesus* den Herold eines neuen Menschheitsbildes bzw. eines höheren Grades des Mensch-Seins zu sehen.

Das Petrusbekenntnis zu Christus als "Sohn des lebendigen Gottes" wird so interpretiert, daß mit IHM eine ganz neue "perfekte" Art Mensch in der Entwicklungsgeschichte hervorgetragen sei. (Man denke an ein Zitat aus *Bernhard Shaws* "Back to Methuselah".

"The power that produced Man when the monkey was not up to the mark, can produce a higher creature than Man if Man does not come up to the mark." (Constable, London 1925, S. XVI;

Die "Preface" des Buches enthält eine faszinierende Skizze über die Entwicklung der Evolutionslehre im Abendland. Es erübrigt sich daher, dasselbe hier nochmals zu behandeln).

Die berechtigte Verehrung *Jesu* zwingt seine Anhänger, in IHM das erste Muster eines höheren Mensch-Seins zu betrachten. Man sieht in IHM eine "integrale" Wirklichkeit, d.h. die Wirklichkeit des Spiritus Sanctus sui generis. Zweifelsohne bringt jede Inkarnation (Avatara) eine "neue" kosmische Kraft in den biologischen Lebensstrom hinein - nämlich die Personwerdung (Inkarnation) des Spiritus Sanctus.

Deswegen findet der Religionshistoriker, daß eine "jungfräuliche Geburt" (in irgendeiner Form oder zumindest als ein außergewöhnlicher Geburtsvorgang) stets den großen Religionsstiftern zugeschrieben wird.

Damit versuchten die Menschen, einen Neuanfang in dem Prozeß der Fortpflanzung anzudeuten. Denn es ist eine der wichtigsten Charakteristika metabiologischen Wandels, daß ein ähnlicher Wandel in der Art der Fortpflanzung ihm vorausgeht.

In dieser Hinsicht liefert uns auch die Genesis interessante Andeutungen über die Evolutionslehre, die wir erst verstehen, wenn wir sie im Lichte gewisser tantrischer Texte (vor allem des Kundalini-Yoga) interpretieren.

Auch der menschliche Leib ist nicht ausschließlich das Produkt der Evolution, sondern eine Sonder-Schöpfung Gottes ("und Gott der Herr machte den Menschen aus einem Erdkloß, und er blies ihm ein den lebendigen Odem (Odem-Atem-Atman) in seine Nase, und also ward der Mensch eine lebendige Seele" - I. Moses 2,7 - *Luthers* Übersetzung), da der Tierleib nicht das Organ hat, göttliches Bewußtsein zu entfalten.

Dieses Organ im Menschen ist das, was der Kundalini-Yoga mit dem "tausend-blättrigen Lotus" am obersten Ende des Rückgrates bezeichnet. Das Rückgrat ist dann auch der Stock des "Baum des Lebens" mitten in dem "Garten" (d.h. im Körper).

Das Rückgrat ähnelt nach indischer Beschreibung einem umgekehrten Baum, dessen Wurzeln oben liegen (die Nervenenden im Gehirn) und dessen Frucht (Zeugungsorgan) unten.

Nach Auffassung der alt-indischen trantrischen Texte war (vielleicht) der menschliche Körper ursprünglich nicht dazu bestimmt, sich über den üblichen Zeugungsakt fortzupflanzen ("Und Gott schuf den Menschen ihm zum Bilde, zum Bilde Gottes schuf er ihn" - I. Mose, 1, 27), sondern durch eine Art von Vergrobstofflichung der eigenen Bewußtseins-Potenzen.

Das Ausbleiben des Geschlechtsverkehrs sollte der Aufwärts-Entwicklung dienlich sein über den Weg der Sublimierung der Libido (die Kundalini wird als eine Schlange beschrieben, die von der Gegend des Geschlechtsorgans bis zum Bewußtseinszentrum im Gehirn aufklettern muß = vgl. "und die Schlange war s u b t i l e r (*Luther:* "listiger, englische Authorised Version = more subtil") denn alle Tiere auf dem Felde" - I. Mose, 3, 1).

Das Verbot, vom Baum der Erkenntnis zu essen (d.h. sich des üblichen Zeugungsvorganges zu bedienen), könnte den "Tod" herbeirufen (atavistischer Rückfall: Identifizierung des Ich mit dem Leib statt mit dem Atman, d.h. Göttliches-Bewußtsein).

So gesehen ist die "jungfräuliche Geburt" des künftigen Heilandes eine religionspsychologische Notwendigkeit.

Der Menschenkörper entsteht in seiner Kompliziertheit durch mannigfache Formbildungsvorgänge. Die Entwicklungsgeschichte des Individuums beginnt schon mit der Befruchtung - die eigentliche Geburt ist nur ein Stadium in dieser Entwicklung, keineswegs aber dessen Ende, denn es gibt eine embryonale wie auch eine postfötale Entwicklungsgeschichte.

Auch der embryologische Aspekt der Entwicklungsgeschichte ist in altindischen Texten behandelt worden. Ich verweise hier nur auf einige:

1.: Caraka - Samhita ... Narendranathasastrina sampadita samsodita ca - Lahore 1929

2.: Susrata - Samhita - Hrsg. v. J. T. Acharya - Bombay 1931

3.: Vagbhata's Hrdaya - deutsche Übertragung von Hilgenberg und Kirfel, Leiden 1941.

4.: Vagbhata's Samgraha - ed. r. S. A. Kinjawadekar, Poona 1939.

Eine kurze Zusammenfassung über die altindische Ontogenese, Prootogenese, Blastogenese und Organogenese wie auch morphogenetische und histogenetische Einzelheiten findet der Leser bei *Reinhold F. G. Müller*, Nova Acta Leopoldina, Leipzig 1955, Bd. 17, Nummer 115, die Seiten 5 - 52.

Diese Embryologie beschränkt sich aber nicht auf körperliche Belange, sondern arbeitet weiter bis zur Beachtung des P u r u s a ("Seele" hier fast gleichbedeutend mit Atman) hin.

Aldous Huxley hat einmal in einem Roman ("After Many a Summer")[6)] die These vertreten, daß es möglich sein könnte, daß der Mensch gleichzeitig zwei gegensätzlichen Evolutionsrichtungen ausgeliefert ist, d.h., falls der menschliche K ö r p e r 200, 300 Jahre leben könnte, würde er völlig zum Affen-Körper sich transformieren.

Der Mensch aber hat die Möglichkeit (während sein Körper ganz allmählich die Affen-Richtung einschlägt), sein Bewußtsein vom Körper zu lösen und es in der engelhaften Richtung bis zum Atman hin zu entwickeln.

6) London 1939; deutsch "Nach vielen Sommern", Steinberg-Verlag, Zürich 1948

Das "ewige Leben" im Sinne eines verlängerten Lebens ohne den klinischen Tod würde dann praktisch eine Entartung bis zum Affenwerden bedeuten.

Eine wichtige Ähnlichkeit zwischen *Aldous Huxleys* Auffassung (in seinen zwei Büchern über seine Meskalin-Experimente "The Doors of Perception" und "Heaven and Hell")[7)] und die *Gebsers* ist, daß beide die Meinung vertreten, daß das "Universale Bewußtsein" bzw. die "Raumzeitfreiheit", oder wie man sonst diese sog. "vierte Dimension" bezeichnen will, nicht Ziel der Evolution sei.

Wie *Huxley* sagt, sucht dieses Supra-Bewußtsein ("Mind-at-Large") stets Zugang in uns, wird aber verhindert durch gewissen Faktoren. Evolution heißt die fortlaufende Beseitigung dieser verhinderten Faktoren.

Auch die indische Philosophie betrachtet das Göttliche nicht als etwas durch den Prozeß kosmischen Wandels Evoluiertes. Das Wirkliche (als einwohnendes Bewußtsein-an-sich = Atman) ist bei uns hier und jetzt. Als Ziel der Evolution gilt: das Ego, reabsorbiert von der Urquelle, der es entsprungen ist (d.h. vom Atman); Reabsorbtion des Atmans von der göttlichen Urquelle ("Gott"?); und "Gottes" (Manifestationsphase; Isvara-Aspekt) vom Absoluten (Nitya, Braham-Aspekt).

Der Einzelmensch wird hier stets als ein integraler Bestandteil seiner Umwelt betrachtet. Das dem Menschen einwohnende Bewußtsein-an-sich (d.h. nicht ein Strömen von Gedanken, sondern DAS, was die Gedanken möglich macht. D a s j e n i g e , von dem jeglicher Einzelgedanke entspringt und dahin zurücksinkt) hat, da es der Geist einer immanenten Göttlichkeit ist, Freiheit als seine wahre Wesenseigenschaft.

Die Raum- und Zeitfreiheit, von der *Gebser* spricht, ist eine Begleiterscheinung dieses wesenseigenen Gewahrseins.

So auch der *Maharshi:* "Die Vorstellungen Bindung und Befreiung sind nichts als Wandlungsformen, wechselnde Gestalten (v i k a r a) des Gemüts. Sie haben kein eigenes Wesen, keinen eigenen Bestand und können nicht aus eigener Kraft wirken. Sie sind nur Veränderungen an einem anderen; es muß eine Göße da sein, die unabhängig von ihnen ist, die ihre Quelle ist und sie trägt.

7) deutsch "Die Pforten der Wahrnehmung"; "Himnmel und Hölle", Piper-Verlag 1954, 1957

Forscht man dieser Quelle nach, um zu wissen, von wem eigentlich Bindung und Befreiung gelten, so findet man, sie wird von "mir" ausgesagt: von einem selber.

Wenn du dann ernstlich fragst: "Wer bin ich?, so wirst du sehen: etwas wie "Ich" oder "mir" gibt es nicht.

Was übrig bleibt, wenn man erfährt, daß kein Ich da ist, wird zweifelsfrei und lebendig als Licht in sich selbst und allein in sich ruhend erlebt. Dieses lebendige Erlebnis, geradezu und unmittelbar als Erfahrung der höchsten Wahrheit, kommt ganz lautlos und von selber und hat gar nichts Außergewöhnliches und Befremdendes an sich, kommt jedem, der nur eben stillhält, in einwärts gewendeten Fragen, und sein Gemüt keinen Augenblick nach außen fließen läßt...

...wer diese Wirklichkeit erlebt hat ... - für den gibt es nicht Bindung noch Befreiung... Unser eigenes Da-Sein, zu allen Zeiten und unabhängig von allem übrigen, ist ein Ding zweifelsfreier unmittelbarer Erfahrung.

So ist das reine Sein, einig und gleich für alle, unmittelbar zu erfahren in ewiger Gegenwart als unser eingeborener ursprünglicher Stand.

Alles Übrige, ...sind bloße Veränderungen oder Wandlungsformen an der Zuständigkeit des Gemüts (b h a v a - v i k a r a). Alle diese Erfahrungen und Erlebnisse sind unserem eingeborenen ursprünglichen Wesen völlig fremd - das ist der Weisheit letzter Schluß."[8)]

Auch der Buddha sah die Hauptursache für das Versagen des Menschen bei der Erlangung der Erleuchtung (das Nirvana) in der Unwissenheit von dem ursprünglichen W e s e n des Geist-Gemütes ("the essential nature of one's own mind").

Warum kennen wir das Geist-Gemüt nicht in seiner Essenz? Weil unsere Gedanken uns das Wissenkönnen von der Quelle der Gedanken versperren. Es ist daher offensichtlich, daß diese Urquelle durch eine Methode erkannt werden muß, die ganz abseits vom Denken liegt; denn sonst würden die Gedanken wieder obstruieren.[9)]

8) H. Zimmer, Der Weg zum Selbst, Zürich 1951, S. 255/56

9) Siehe mein: Indische Weisheit und das Abendland - religionsphilosophische Parallelen, Meisenheim/Glau 1965, s. 138 ff. wo auch das ganz ausführlich auseinandergesetzt wird.

Auch die tibetische Geheimlehre macht einen Unterschied zwischen R i g - p a (Bewußtsein-an-sich) und S h e s - r i g (Bewußtsein als Fähigkeit, Phänomene zu erkennen). Der Rig-pa kommt dann dem upanisadischen Turiya gleich.

Sehr lehrreich ist auch die tibetische Einteilung der sechs Stufen des B a r d o (Bewußtseinszustände):

1 Pränatal (1)	= Skye-gnas	= dieweil im Schoß
2 zu Lebzeit	= Rmi-lam	= während des Traumzustandes
3 zu Lebzeit	= Ting-nge-hzin-Bsam-gtam	= während der Erfahrung ekstatischen Gleichgewichts
4 an der Grenze	= Hchi-Khahi	= während des Augenblicks des Todes
5 Postmortal	= Tschös-nyid	= durch "Himmel" und "Hölle" (falls es die gibt!)
6 Pränatal (2)	= Srid-pahi	= während der Verstorbene Wiedergeburt sucht.

Wenn wir dem Vorgang vom Pränatal (1) zu Pränatal (2) folgen, sehen wir, daß (von dem entwicklungsgeschichtlichen Standpunkt her) das Sterben nur der Geburtsprozeß i n r e v e r s o ist.

Die Geburt ist dann als In-karnation, der Tod als Entkörperung des Bewußtsein-an-sich (Rig-pa; Turiya) zu betrachten. In jedem Fall aber findet ein Wandel von einem Bewußtseinszustand (Bardo) in einen anderen statt.

Aber das eigentlich Herrliche an dieser tibetischen Weisheitslehre ist, daß durch alle Bardos und trotz aller Wandlungen der Weg (vom Affen zum Atman) stets frei ist. Stets offen ist die Tür, die zum wahren Selbst des Menschen oder zum "klaren Licht der Leere" führt.

So wird gesagt:
"Dein eigenes Bewußtsein, leuchtend, leer und untrennbar von dem großen Strahlungskörper, hat weder Geburt noch Tod und ist das unveränderliche Licht (the clear-Light-of-the Void) - Buddha Amitabha."

So lernt der Mensch am Schluß des Evolutionsganges, daß er nicht nur ist, sondern immer war, vom Wesen des eigenen Erwachtseins.

Die Erlösung wirkt e x p o s t f a c t o - ein als Findling verwechselter Prinz wird nicht "Prinz" erst, wenn er wiederentdeckt wird, die Entdeckung wirkt auch rückläufig. Er ist immer "Prinz" gewesen, auch als er noch als Waisenkind angesehen und behandelt wurde.

Und so geschieht es auch mit uns Prinzen, die wir noch in diesem erbärmlichen Waisenhaus der Welt verweilen. Denn der Mensch wird gewiß nach seiner Vollkommenheit streben, weil er m u ß .

Alles, was "affenähnlich" in ihm ist, wird langsam ausgebrannt werden, während alles, was "atmangleich" ist, sich langsam entwickeln wird.

Nur das Tierische in seiner Natur wird ausgerottet, wie es ausgerottet werden soll.

Nur das Engelhafte wird gefördert, wie es gefördert werden soll.

Das ist die eigentliche Evolution, und ich glaube die einzige, die uns erwartet.

Wir sehen, daß das *Nein zur Welt* in der östlichen Weisheit, was uns auf den ersten Blick so erschreckt hat, im Grunde genommen ein *Ja zum Leben* ist.

Zeichnungen aus der FRAKTAL-Geometrie
im Lichte religiöser Mystik

(Studien zu Quellen der fünfdimensionalen
FRAKTAL-Geometrie im Sinne der modernen
"Chaos" Theorie)

Geometrie in diesem Sinne ist nicht mehr Mathematik, sondern Mystik. Eben weil sie hier zu einer Wissenschaft wird, die die Totalität universeller Rahmenbindungen (auch ohne Bezug auf deren Vorhandensein) erforscht; die 5. Dimension einer solchen Geometrie kann dann nur die EWIGKEIT-an-sich sein.

Das Aufsteigen der Kundalinikraft in der Wirbelsäule, gesehen durch hochempfindliche Röntgen-Strahlen (von Glaxo Labors) während tiefer Meditation, so wie in diesem Buch erläutert.

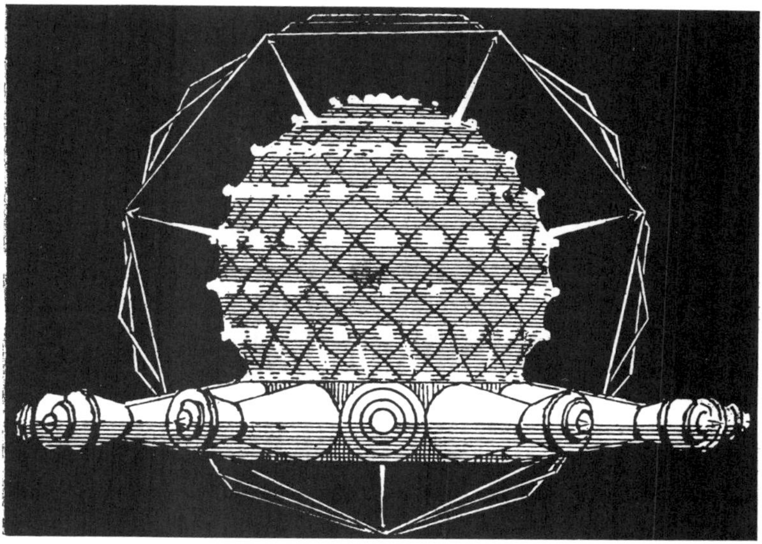

Das anatomische Gehirn, wie ein Computer nachgebaut, der die besagten Zentren kybernetisch miteinander koordiniert, sinnbildlich verbindet.

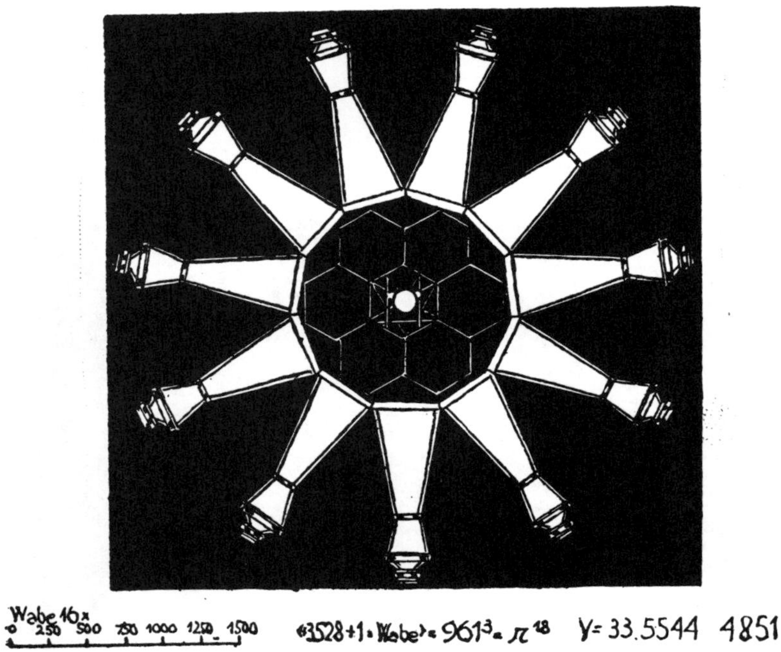

Ein Zentrum gesehen als Mandala und bestehend aus anatomischen Rekonstruktionen so im Sinne der fraktalen Geometrie.

Das Menschengehirn, gesehen als eine Achse von sieben diversen Kanälen, die jeweils von den Zentren zu ihm führen; eine Art Mandala der Esoterischen Wissenschaften.

Der Tempel von Aloma-Alomanaris (Hauptstadt Lemurias), von woher diese Geheimwissenschaft ursprünglich stammt.

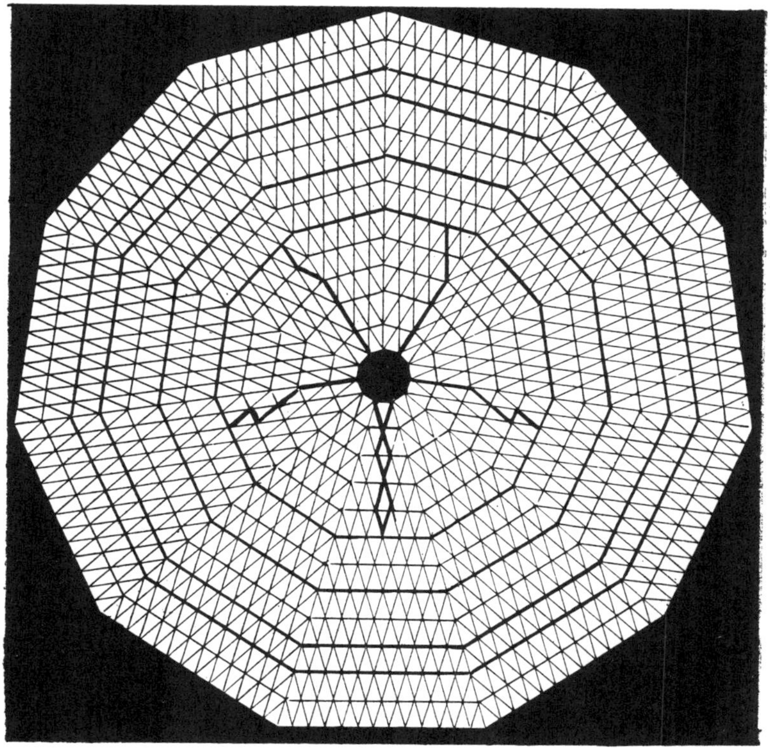

Ein Bild zwecks Mandala-Meditationsübung für Anfänger; Vorläufer der tibetischen Kalacakra-Meditation.

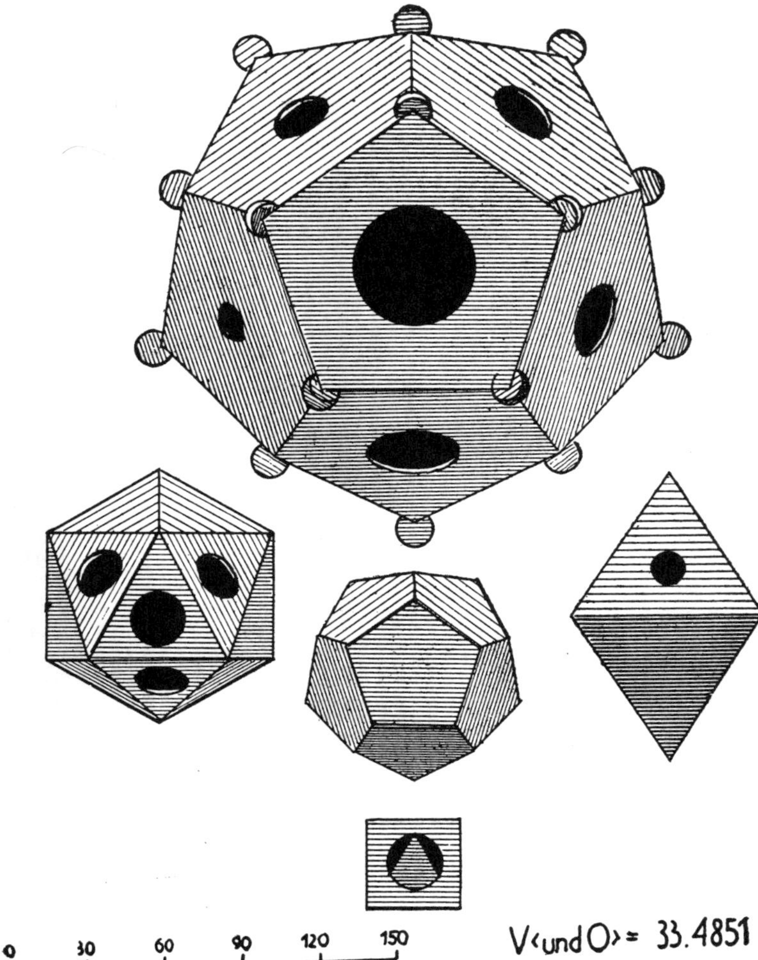

Die Zentren - und wie sie (bildhaft gesehen) innerhalb eines anatomischen Gehirns zusammenpassen.

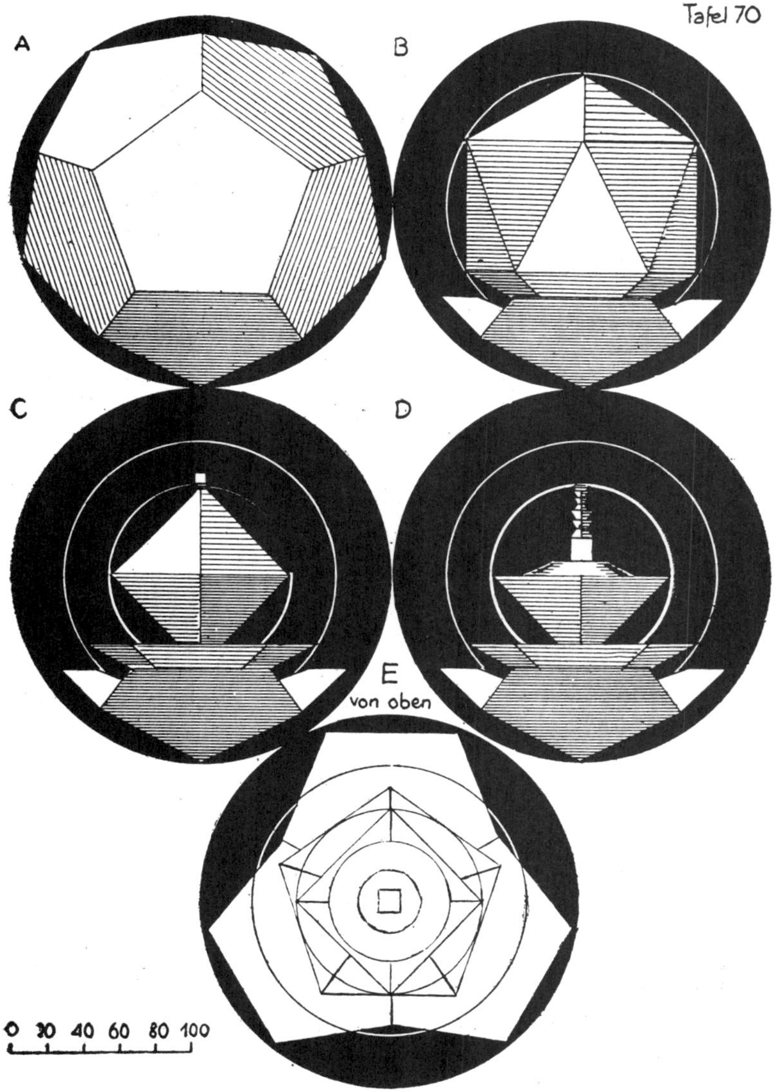

Morphologie der feinstofflichen Anatomie der ersten 5 Zentren.

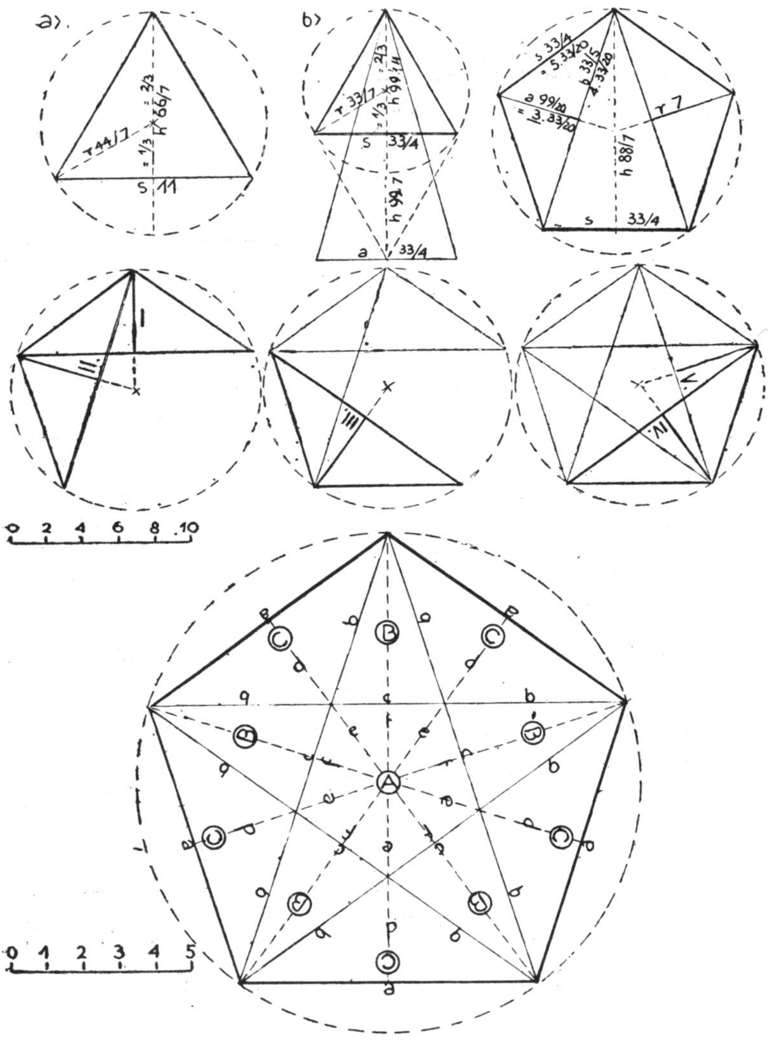

Psychokybernetischer Strukturwandel der besagten 7 Zentren.

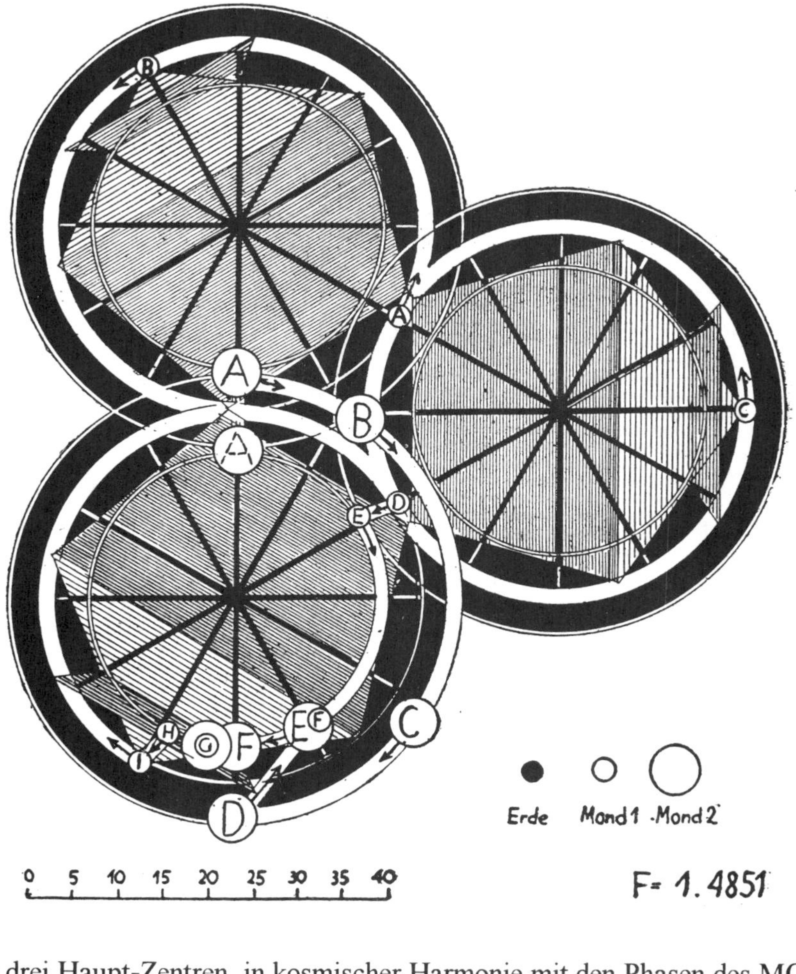

Die drei Haupt-Zentren, in kosmischer Harmonie mit den Phasen des MONDES funktionierend.

Reisen mit dem Astralleib zu anderen Galaxien.

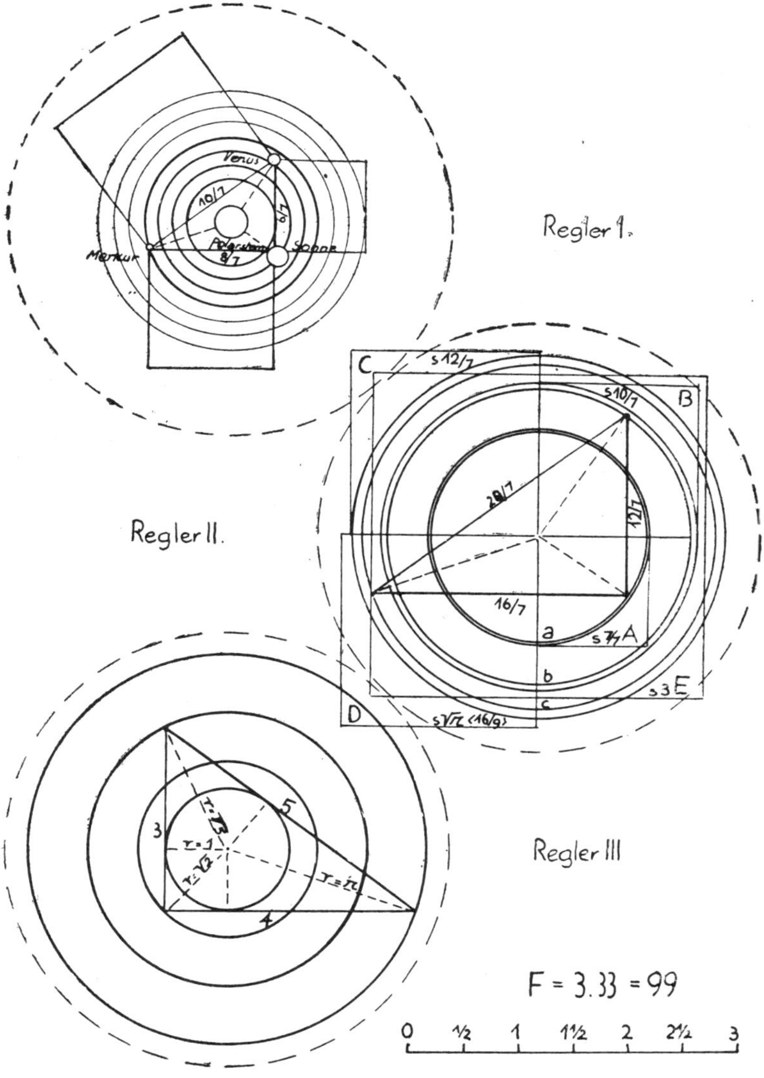

Die drei Haupt-Zentren in wechselseitiger und gegenseitig beeinflussender Interaktion miteinander; die 5. Dimension dieser neuartigen Geometrie wird hier evident:

Übergang von Mathematik zu Mystik.

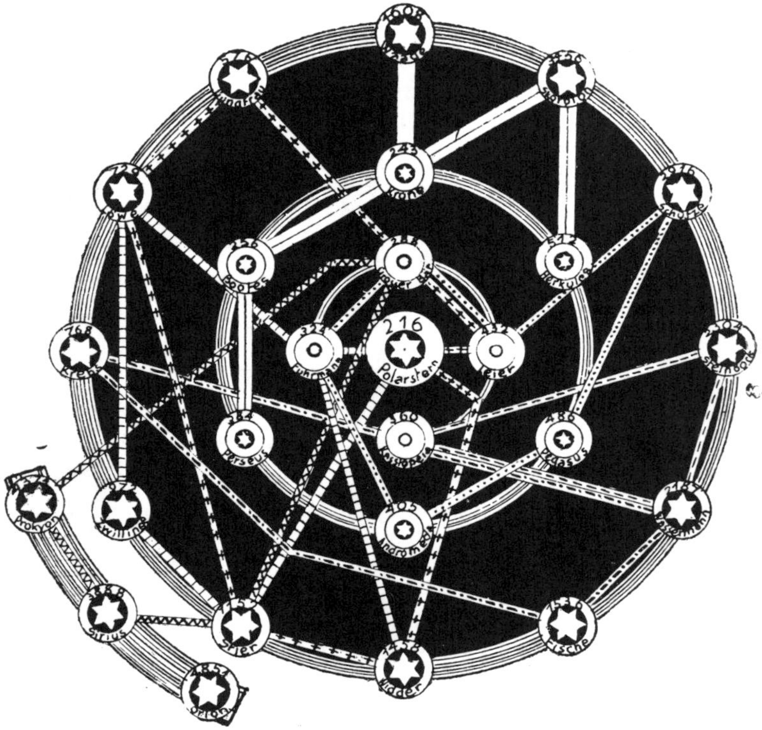

Unsere Milchstraße erscheint hier wie eine genaue Nachbildung bzw. Entsprechung der psychoastralen Meridianpunkte im feinstofflichen Gehirn eines Mystikers kurz vor der Vollendung.

Ein Zentrum, das mit einem Chakra der Kundalini zusammentrifft und verschmilzt; man beachte hier besonders das Prinzip der internen Selbstwiederholung als wesentlichen Bestandteil der fraktalen Geometrie.

Das dritte Chakra der Kundalini, wie es in einem Astralkörper gesehen wird.

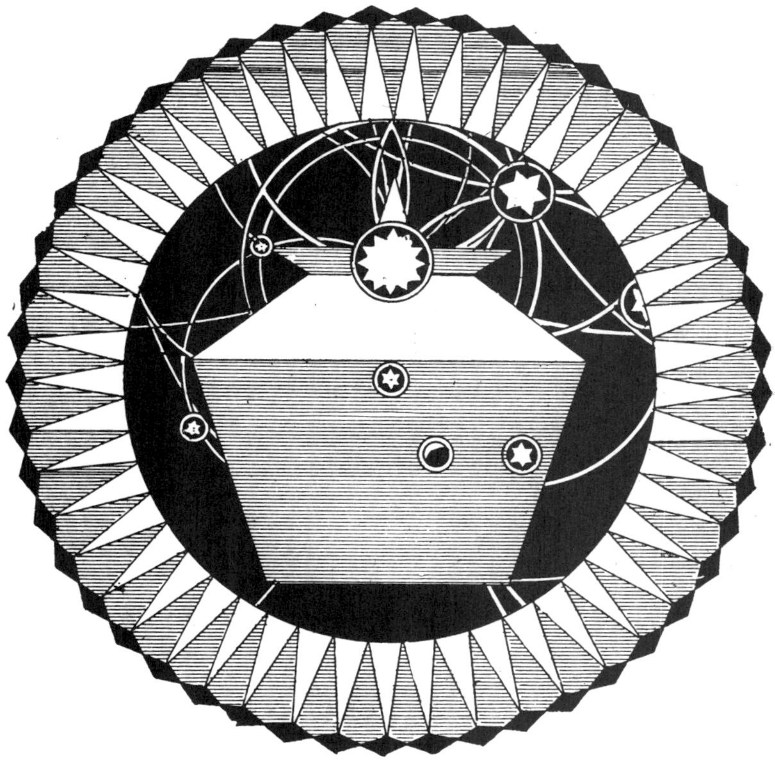

Das gleiche dritte Chakra, wie es in einem Mental- oder Kausalkörper gesehen wird.

Der vollständige Astralkörper, gesehen während einer Meditation; so wie sie in diesem Buch anderweitig beschrieben worden ist.

Der Mentalkörper - entsprechend dem vorangehenden Bild.

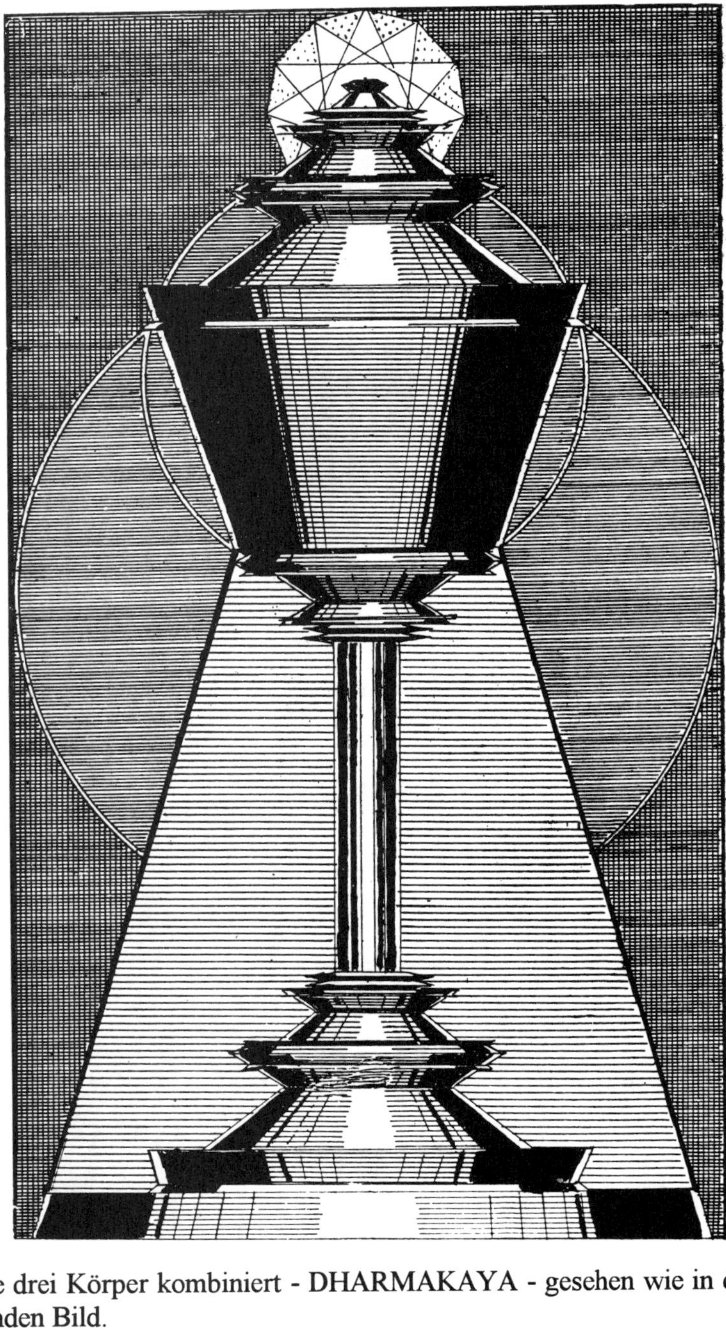

Alle drei Körper kombiniert - DHARMAKAYA - gesehen wie in dem vorangehenden Bild.

Der zentrale Stern als makrokosmisches Zentrum, die mikrokosmischen Zentren koordinierend.

Der Mensch im Kosmos: gesehen als Mittelpunkt von koordinierten astralen Einflüssen - das Ur-Horoskop der Menschheitsgeschichte auf diesem Planteten.

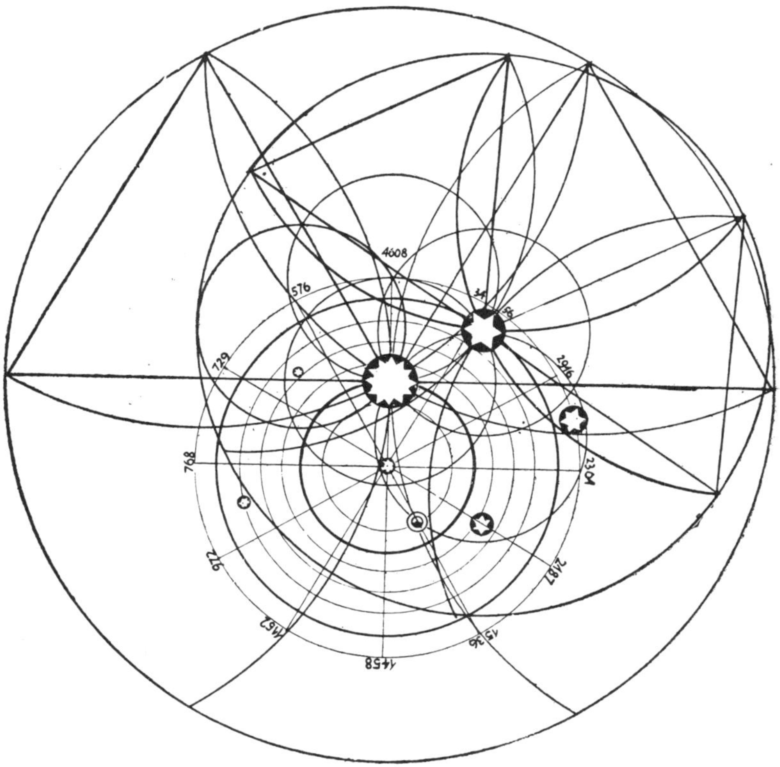

Die innere astro-geometrische Struktur eines Chakras; Beispiel von Strukturwandel im Sinne der fraktalen Geometrie.

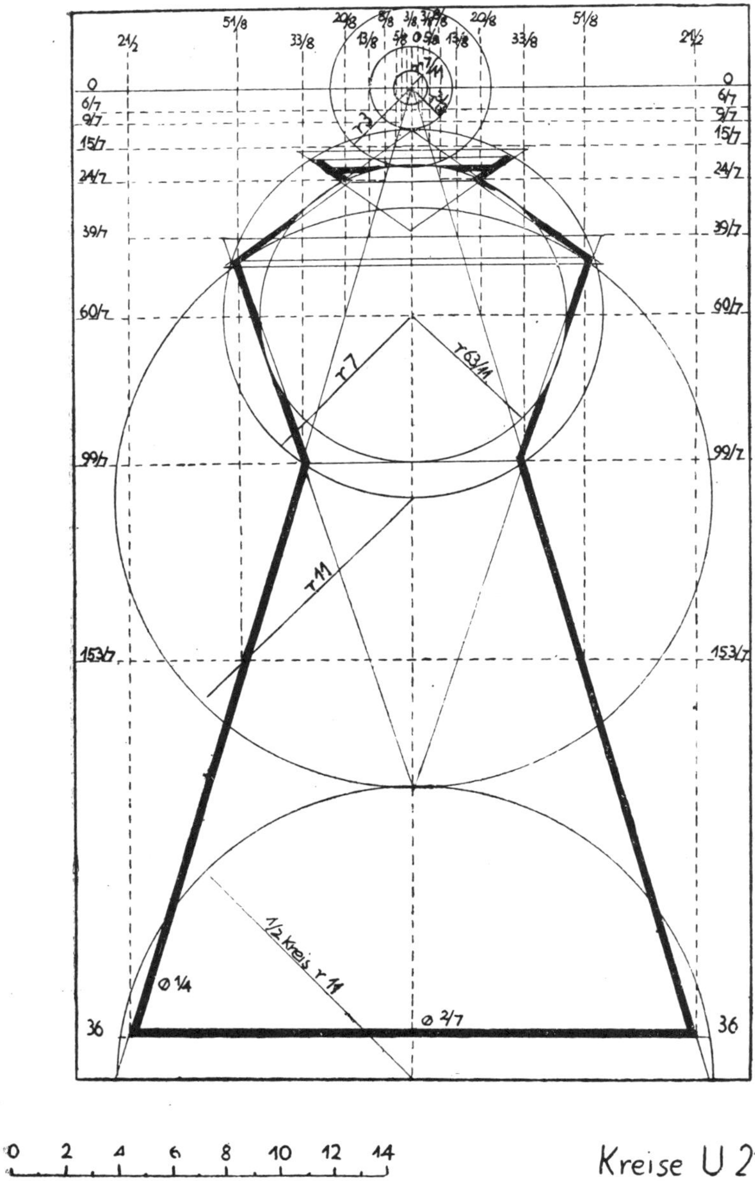

Kreise U 216

Geometrische Proportionen, man könnte hier sogar Perspektiven sagen, eines Astralkörpers zu den zu ihm gehörenden Chakras.

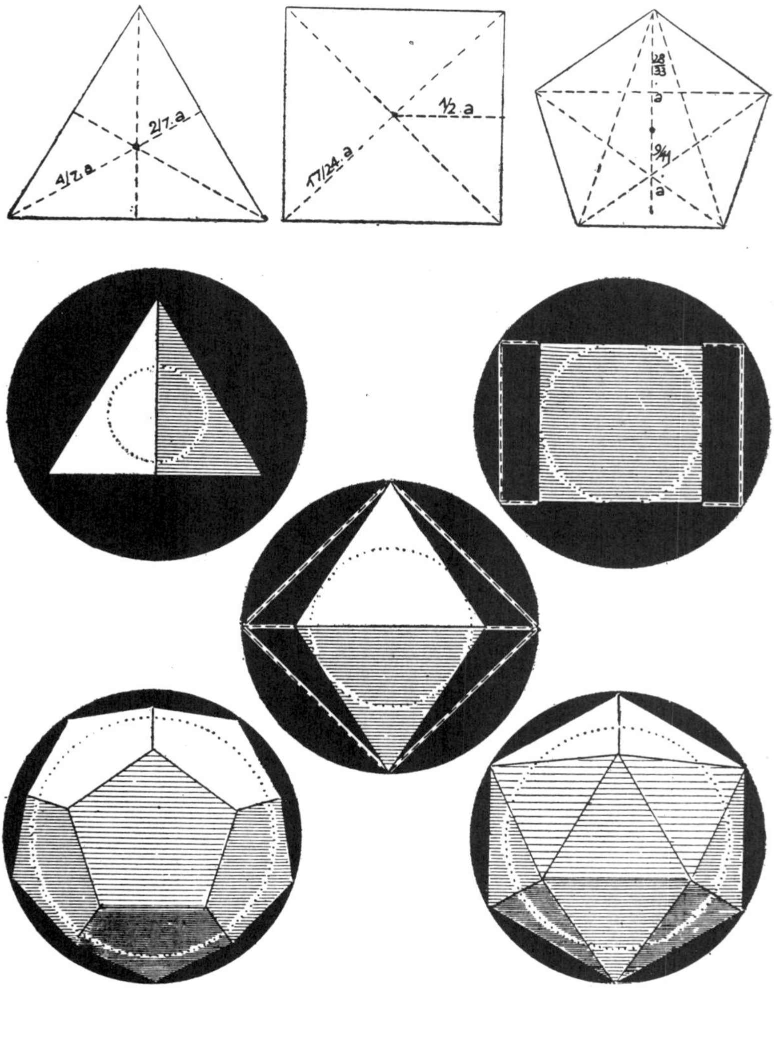

Die ersten fünf Zentren in ihrer geometrischen Verhältnismäßigkeit im Sinne einer esoterischen Mathematik, die in die Mystik übergeht.

Das Mandala des sich ausdehnenden Universums.

ANMERKUNGEN

1) . . . Zum Geleit

2) . . . zur Allgemeinen Einleitung

3) . . . zum Teil I

4) . . . zum Teil II

Anmerkungen "Zum Geleit"

1): Proklos, in remp, 369.

2): Man denke hier auch an Mozarts Ermordung: als Vergleich!

3): Philo Iudaeus; vgl. Zeller, *Philosophie der Griechen*, V 3, 277.

4): Vgl. Siegfried, Philo v. Alexandrien als Ausleger des Alten Testaments, Jena 1875.

5): An einer anderen Stelle werde ich zeigen, daß der christlich orientierte Leser im Abendland Zarathustra unter einem anderen Namen aus der Bibel kennt, und zwar einmal in der Gestalt eines Königs der Gerechtigkeit (Hebr. 7,2), eigentlich jedoch in Gen. 14, 4 unter dem Namen Melchisedek.

Der erwähnte König von Salem, der Brot brachte und Abraham segnete und von Abraham mit den höchsten Ehren, nämlich denen des Zehnten verehrt wurde, ist niemand anders als Zarathustra unter dem Namen Melchisedeks.

Bezeichnend bei dieser Episode ist die starke Unterstreichung von beiden Seiten, daß der Ein-Gott-Glaube das Höchste sei (" *'el 'eljon*"). Wo anders als bei Zarathustra gab es damals auf der ganzen Welt einen vergleichbaren Ein-Gott-Glauben?

Eigentlich ist Zarathustra unter dem Decknamen Melchisedek von beiden Testamenten der Bibel höchst gepriesen und verehrt worden. So z.B. soll im NT (Hebr.) erwiesen werden, daß sogar das Priestertum Christi die von Zarathustra geprägte levitische Formel überragt ("Priester für immer", Hebr. 7, 3).

Obwohl es klar hervorgeht, daß keiner der beiden Namen, Zarathustra noch Melchisedek, Levit ist, wird diese Person dennoch von Abraham selbst als ein Priester des wahren Gottes anerkannt und gepriesen. Ja die Bibel geht sogar noch weiter: Mit keiner anderen historischen Person wird Jesus je verglichen - jedoch mit Melchisedek wird er sogar gleichgestellt, und zwar so, daß Jesus durch den Vergleich mit Melchisedek legitimiert wird und nicht umgekehrt.

So eine ungeheure Ehrenbezeugung erscheint nur dann plausibel, wenn die Person, die so verehrt wird, der Begründer des Monotheismus und somit der ethisch fundierten Hochreligion schlechthin ist.

Genug: Zarathustra ist der Melchisedek der Bibel. Diese Bemerkung soll dazu dienen klarzustellen, daß die Vorlage dieses Werkes nicht weniger christlichen Ursprungs ist als der hier wiedergegebene endgültige Text.

6): Numenios bringt uns alle Beweise dafür; und zwar bei Eusebios, praep. ev., IX, 7. Siehe auch Windelband-Heimsoeth, *Lehrbuch der Geschichte (der Philosophie)*, Tübingen 1957.

7): "Daher soll es unter diesem Blickwinkel noch von viel mehr suchenden und fragenden Menschen entdeckt werden." Christian Schütz, *Praktisches Lexikon der Spiritualität*, Herder 1992.

8): Altpersische Dynastie um 700 - 330 v. Chr.

9): Cf.: Monika Maßen (Hg.), *Handbuch Feministische Theologie*, Münster 1986, 256 - 284.

10): Henning Schröer bringt seit langem solche Fragen in die praktisch-theologische Diskussion ein. Siehe auch: Prakt. theol. Hermeneutik, Zilleßen u. a., Bonn 1991.

11): So unterscheidet Paul Tillich zwischen 'originale' und 'abhängige' Offenbarung! Vgl. *Systematische Theologie*, Bd. I, Stuttgart 1956, 159.

12): Eine Theologie aus Erfahrung des Geistes bietet auch indirekt Karl Rahner; vgl. *Schriften zur Theologie, 16 Bände,* Zürich 1984.

13): Vgl. R. Bultmann, *Glaube und Verstehen* II, Tübingen 1958.

14): Vgl. Gestalten des 19. Jh. wie Ch. de Foucauld, Thérèse Martin oder Léon Bloy.

15): Cf. K. Barth, *Kirchliche Dogmatik*, IV/1-2; Zollikon 1955. Als auch D. Bonhoeffer, *Sanctorum Communio*, bei Soosten, München 1986; als auch J. Ratzinger, *Die christliche Brüderlichkeit*, München 1960.

16): Vgl. Ignatius von Loyola, *Exercitia Spiritualis*, Rom 1969. Eine Neubesinnung hat sich (nach d. 2. Weltkrieg) durch Hugo Rahner durchgesetzt.

17): Vgl. Augustinus: "moriar, ne moriar" (= Sterben will ich, damit ich nicht sterbe), *Bekenntnisse* I, 5.

Anmerkungen z. d. Allg. Einleitung

1): Vgl. Simone Weill, "Gott bedient sich mit seinen Freunden einer Sprache der Übereinkunft", *Zeugnis für das Gute*, München 1990, 203.

2): Cp. Hans-Erich Thomé, *Gottesdienst frei Haus*? Göttingen 1991.

3): Auch als religiös verstandene unendliche Melodie! Siehe R. Eichenbauer: *Polyphonie - die ewige Sprache der deutschen Seele*, Berlin 1938, S. 206.

4): Ich verweise hier auf eines der wichtigsten Bücher, die sich mit einer religionshistorischen Rückbesinnung auch feministischer Rituale auseinandersetzen: *Unsere Wunden heilen*, Rosemary R.-Ruether, Stuttgart 1988; vor allem die Sicht der Frauen als feministischer Exodusgemeinschaft, in der die eben hier geschilderte Pneumatologie eine große Rolle spielt.

5): Als Hauptquelle der Verbreitung gilt in Fachkreisen das Buch: *Aufrichtige Erzählungen eines russischen Pilgers*, Kazan 1870. Als Autor dieses Buches vermute ich den Starez Theophan d. Klausner (1815 - 1894); siehe auch: *1000 Jahre zwischen Wolga und Rhein*, München 1988.

6): So resümiert (sinngemäß) Edgar CAYCE - (ein großer Mystiker der U.S.A.):

Die große Bedeutung der Meditation bei unserer spirituellen Suche ergibt sich aus unserer Geschichte der Seelen. Wir wurden als spirituelle Wesen erschaffen, ein jedes Ebenbild Gottes, von IHM (World-Mind) geprägt. Am Ur-Anfang verfügten wir über ein vollkommenes über-bewußtes Gewahrsein von der Anwesenheit unseres Schöpfers.

Aber wir benutzten unseren freien Willen (= 'Eva'), um gegen Gott zu rebellieren, und trennten uns selbst von Ihm. Wir bauten sowohl in das, was unser Unterbewußtsein als auch Bewußtes werden sollte, wie auch in die physischen Körper, in denen sich unsere Seelen schließlich inkarnieren würden, Defekte ein.

Aber die Einprägung Gottes ("*Over-Soul*" = lt. R. W. Emerson), da sie göttlicher Natur ist, wurde nicht beeinträchtigt.

Auf tiefster Bewußtseinsebene (= *'turiya'*) haben wir uns unser überbewußtes Gewahrsein (= *Atman*) von unserer Einheit mit Gott weiter bewahrt.

Meditation (bzw. Mystik) hilft uns dabei, auf die innere Stimme Gottes zu hören. Ihre Wirksamkeit gründet sich auf die Gewißheit, daß ich wirklich und wahrhaftig in Ihm wohne und daß dieser göttliche Geist (= Overself), der immer nach Ausdruck (= Realisation) **für uns** strebt (denn das eigentliche Selbst ist stets 'verwirklicht'), sich durch unser Leben manifestieren wird, sofern wir es zulassen.

Vgl. hier die sog. 'Trance-Bestätigung' durch den fast unüberschätzbaren CAYCE; E. Schrist, *Meditation*, Virginia 1964; auch Goldmann, T. B. 12085, 3. Aufl. 1991.

7): So singt auch DANTE in *Paradiso* (canto quarto, 124 - 126):
"Io veggio ben che gia mai non si sazia nostro inteletto, se'l ver non lo illustra di fuor dal qual nessun vero si spazia".

Eben diese Stelle bezeugt (sinngemäß), daß:

Gottanschauung besagt höchste Erfahrung von Wahrheit, sie ist also ein hochintensives Erkenntnisleben.

8): So meint der zum Katholik konvertierte Theodor HAECKER aus Eberbach bei Künzelsau (1879 - 1945):

"Die Menschwerdung als Ebenbild Gottes gibt uns das Recht - sogar die Pflicht -,
jenes Humane, das in offenbarer, vor aller Augen liegender Weise durch Christus selber und später durch seine Kirche, die sein mystischer Leib ist, sanktioniert und mit Übernatur durchdrungen wurde, mit aller Kraft zu wahren und als unsere geistige und physische Heimat zu verteidigen."

Sammel- und Werkausgaben, 5 Bde., S. 58 - 67;
Neuausgabe 1992
Siehe auch: *Der Buckel Kierkegaards*, vom selben Autor, Stuttgart 1946

9): Cp. *Die Seherin von Prevorst*, Stuttgart 1958/93.

10): Joachim v. FIORE, *Das Reich des Hl. Geistes*, Weilheim 1955/92.

11): Scheffer, *Hellenistische Mysterien u. Orakel*, Stuttgart 1948/94.

12): Uxkul, *Einweihung im Alten Ägypten*, Berlin 1931.

13): A. SCHWEITZER, *Die Mystik des Apostel Paulus*, Tübingen 1981; neu 1993.

14): Cp. R. McL. Wilson, *Gnosis und Neues Testament*, Stuttgart 1993.

15): Cp. R. BULTMANN, *Jesus*, Tübingen 1988.

16): Cp. M. Black, *Die Muttersprache Jesu*; das Aramäische der Evangelien und der Apostelgesschichte, Stuttgart 1982.

17): Siehe auch S. Weill, *Das Unglück und die Gottesliebe*, München 1953; 4. Brief an J. M. Perrin, datiert 15. Mai 1942, 50 f.

18): Cp. E. Weidinger, *Die Apokryphen*; verborgene Bücher der Bibel, Augsburg 1991.

Anmerkungen zu Teil I

1): Cp. Martin Buber, *Die chassidische Botschaft*, Heidelberg 1952, S. 13

2): Es gibt ein sonderbares Dokument aus dem Leben PASCALS (Mathematiker 1623 - 1662). Erst nach seinem Tode fand man im Futter seines Wamses eingenäht jene Denkschrift, sein sog. *'Memorial'*; Nationalbibliothek Paris, Signatur Cote 9202, Blatt E.

In einer Novembernacht fühlt sich Pascal (der doch sein Leben lang, wenn auch heimlich, 'Jansenist' geblieben war) umfangen von einem Meer von Liebe, Friede und Seligkeit = so wie Sai Baba in unserer Zeit.

So wird die Lehre auch des Shirdi Sai Baba bestätigt durch Pascals Satz: "Der Mensch übersteigt um ein Unendliches den Menschen"; Ausgabe von Port-Royal XXIII, 5; nach Brunschvieg Frag. 434; vgl. auch Frag. 1 der *Pensées*.

3): Cp.: Die neuesten Turfan-Tibet Entdeckungen entlang der Seidenstraße von d. Team Gruber u. Kersten: "Der Jesus, den uns die Kirche vermittelt, ist nicht der wirkliche Jesus. Er ist eine Kunstgestalt, zusammengesetzt aus wahren und unwahren Fragmenten seiner Biographie, aus authentischen und unauthentischen Aussagen und aus sehr viel Erfindungsgabe christlicher Schriftsteller.

Wenn das Christentum behauptet, sich auf Jesus zurückführen zu können, dann nur auf Jesus als literarisches Produkt. Das Eigentliche, die geschichtliche Person 'Jesus' und sein Anliegen, ist verborgen wie ein Portrait unter Firnisschichten, die 2000 Jahre Kirchengeschichte darübergezogen haben.

Wenn wir sie ablösen, vorsichtig wie ein Restaurator, ohne das kostbare Original zu zerstören, kommen nach und nach die ursprünglichen Farben zum Vorschein. Sie leuchten in anderen Tönen als jene, die uns die christlichen Kirchen zu sehen gelehrt haben."

UR-Jesus
(Die buddhistischen Quellen des Christentums), München 1994, S. 7

4): Vgl. Helmut Kuhn in der Reihe: Beiträge zur Philosophie.

"Faust erblindet beim Anhauch der Sorge. EPIMELEIA (dagegen) bezeichnet die Sorge, die sehend macht. Epimeleia heißt: = mit den Gedanken, fragend und in Verantwortung für sie, bei der Sache sein."

Siehe auch Alfonso Verdu, "Abstraktion und Intuition als Wege zur Wahrheit in Yoga und Zen", in *Beiträge zur Phänomenologie und Metaphysik der nicht-christlichen Mystik*, München 1965, S. 7

5): Vgl. dazu E. Drewermann, *Psychoanalyse und Moraltheologie*, Band III, die Seiten 39 - 56.

6): Vgl. R. Schnackenburg, Das Johannesevangelium, Bd. III, S. 235 plus S. 392. (Freiburg, 1972 - 1975).

7): Recht hat R. Bultmann, *Das Evangelium des Johannes*, S. 540. (Göttingen 1962).

8): Vgl. wg. d. Todesstunde: L. Boros, *Mysterium Mortis*: (- der Mensch in der letzten Entscheidung), Olten 1962.

9): Cp. J. Brinktrine, *Die Lehre von der Mutter des Erlösers*, Paderborn 1959.

10): Eine wahre Fundgrube bietet: R. Bultmann, *KERYGMA UND MYTHOS*, hrsg. von H. W. Bartsch, *6 Bände*, Hamburg 1948 - 1963, spl. Bd. IV.

11): P. Eicher, *Neues Handbuch theologischer Grundbegriffe*, 4 Bände, München 1984 - 85, Bd. III 92 - 106.

12): Vgl. *Auf Buddhas Pfaden*, Peter van Ham, München 1994, S. 37

13): Cp.: *Sagen, Mythen, Menschenrätsel* (Ein Atlas der heiligen Orte, geheimnisvollen Kultstätten und versunkenen Kulturen), Jennifer Westwood, Frederking & Thaler 1994.

14): G. W. F. Hegel, Vorlesungen über die Philosophie der Religion, Einf. v. Ph. Marheineke; hrsg. v. H. Glockner, in: *Sämtliche Werke in zwanzig Bänden*, Bd. 16, Stuttgart - Bad Cannstatt 1965.

15): Vgl. M. Heidegger (mein Philosophielehrer in meiner Studentenzeit in Freiburg i. Br.), *SEIN UND ZEIT*, (neu) Tübingen 1963.

16): Vgl. *Atlas der Weltreligionen*, Peter B. Clarke, München 1994, S. 218.

17): Vgl. Felix R. Paturi, *Geister, Götter und Symbole* (Ein Atlas der geheimen Botschaften), München 1994, S. 112.

18): C. Amery, *Das Geheimnis der Krypta*, Leipzig 1990.

19): Auch E. Benz in *Indische Einflüsse auf die frühchristliche Theologie*, Mainz 1951.

20): Cp. G. A. Bergh van Eysinga, *Indische Einflüsse auf evangelische Erzählungen*, Göttingen 1904.

21): Vgl. F. Dexinger in: *Qumran. Ein Symposium*, Graz 1993, die Seiten 29 - 62.

22): Cp. E. R. Gruber, *Traum, Trance und Tod*; Freiburg 1985.

23): Vgl. E. Hofmann, *Unser jenseitiger Leib*. (Zuversicht aus dem apostolischen Glaubensbekenntnis), Leutesdorf 1988.

24): Vgl. Immanuel KANT, *Kritik der praktischen Vernunft*, Riga 1788, in Werke in *zwölf* Bänden, hrsg. v. W. Weischedel, Frankfurt 1968, Bd. VII 98 - 303.

25): Cp. Mircea Eliade, *Das Mysterium der Wiedergeburt*, Zürich 1961.

26): Vgl. A. Fierz-Monnier, *Initiation und Wandlung*. (Zur Geschichte des alt-französischen Romans im 12. Jahrhundert), Bern 1951, Bd. V.

27): Vgl. Thomas von AQUIN, *Summa contra gentiles*. (oder: Die Verteidigung der höchsten Wahrheiten) hrsg. v. R. Fahsel in *6 Bänden,* Zürich 1942 - 49.

28): Siehe auch: K. Vorländer in *Geschichte der Pilosophie* (mit Quellentexten), 5 Bände, Hamburg 1967, Bd. 4, S. 198.

29): Vgl. Hummel & Bühler, *Wir leben weiter*. (Altmexikanische Gesichter), Wien 1986.

30): Cp. KALEVALA, *Das finnische Epos des Elias*, Neudruck Stuttgart 1985.

31): So auch Karl Jaspers, *Vom Ursprung und Ziel der Geschichte*, München 1949.

32): Cp. N. Klatt in: *Literaturkritische Beiträge zum Problem christlich-buddhistischer Parallelen*, Köln 1982.

33): C. Lassen, *Indische Altertumskunde*, *3 Bände*, Bonn (47 - 58).

34): Ganz besonders: M. Lidzbarski, *Das Johannesbuch der Mandäer*, Gießen 1915. Man vergesse nie, daß MANI in der Religion der Mandäer erzogen wurde!!

35): So auch Maier u. Schubert, *Die Qumran-Essener*. (Texte der Schriftrollen etc. vom Toten Meer), München 1991.

36): K. Mylius, *Geschichte der altindischen Literatur*, Bern 1988.

37): Vgl. E. Pagels, *Versuchung durch Erkenntnis*. (Die gnostischen Evangelien), Frankfurt 1981.

38): Cp. Th. J. Plange, *Christus - ein Inder*?, Stuttgart 1906 (4. Auflage).

39): K. Rudolf, *Die Gnosis*, Göttingen 1990 (3. Aufl.).

40): Vgl. auch H. W. Schomerus, *Ist die Bibel von Indien abhängig*?, München 1932.

41): Ebenfalls L. v. Schroeder, *Pythagoras und die Inder*. (Eine Untersuchung über die Herkunft und Abstammung der Pythagorischen Lehren), Leipzig 1884.

42): Vgl. A. Schütze, *MITHRAS*: *Mysterien und Urchristentum*, Stuttgart 1972.

43): Ebenfalls: G. Schwarz, *Fehler in der Bibel*?, München 1990.

44): "Ketzer sind (lediglich nur) Opfer im Streit um die Wahrheit." - *Die Ketzer*, Hrsg. von Adolf Holl, Hoffmann & Campe, 1994.

Anmerkungen zu Teil II

-

1): K. Ruh (Hrsg.), *Abendländische Mystik*, Symposion Kloster Engelberg; Stuttgart 1986.

2): Vgl. Thomas von Kempen (1380 - 1471), der 72 Jahre lang als Mönch im Kloster Agnetenberg bei Zwolle lebte; siehe auch : H. N. Janowski, *Devotio Moderna*, Olten 1978.

3): G. Kranz, *Religiöse Erfahrung und Literatur*, München 1987.

4): Der DANK ist eine Gesinnung - die DANKBARKEIT jedoch ist eine handelnde Haltung; beide sind eine aus überlegender Wahrnehmung entstehende Tugend. Siehe auch Romano GUARDINI in W. Wolbert: *Dankbarkeit als christliche Moral*, in "Catholica" 41, (1987), S. 287.

5): So sagt d. hl. Franz von Sales (1567 - 1622) "man muß alles aus Liebe tun und nicht aus Zwang". Theotimus, in Ars Sacra, *Textgeschichte der Mystik*, Bd. III v. Otto Karrer, München 1978; neu 1992.

6): So sagt George Fox (1624 - 1690): "Es war, als wenn zwei Stimmen in mir sprächen." - Journal of George Fox, Kap. I (Vol.I); Übers. v. Marg. Stähelin, S. 10; Tübingen 1908; Reprint: London 1994; a. a. O. *Briefe des ersten Quakers*.

7): So predigt Augustinus mit Recht, daß "wer im Gesetze des Herrn Tag und Nacht meditiert, der kaut (= ruminatio) gleichsam wieder und wird gleichsam am Gaumen des Herzens vom Wohlgeschmack des Wortes erfreut". E. Bianchi, *Dich finden in deinem Wort*, Freiburg 1988; als auch *Grundbegriffe christlicher Meditation*, in: EuA 53 (1977) 93.

8): "Hättest du ein gutes Gewissen, würdest du den Tod nicht sonderlich fürchten." - *De Imitatione Christi*, Thomas a Kempis, Dt. neu durchgesehen von Lothar Hardick OFM Kevelaer 1987/94: Buch I, Kap. 23, Sec. I.

9): "Du, den Sterblichen Verehrte, süßen Frühlings süßer Bote." Gedicht des heiligen FRANZISKUS in der Übersetzung von J. W. v. GOETHE, Herderbücherei 1994.

10): Cp. = d. hl. Benedikt (480 - 547). Der in England auch als Schriftsteller sehr berühmte Kardinal Newman legt Wert darauf, eben diese 'benediktinische' Bildung abzuheben von der dominikanischen, die er die wissenschaftliche Bildung nennt, und von der Bildungsidee der Jesuiten, ihrer *ratio studiorum*, die Newman als empirisch-rational kennzeichnet und von der Toffanin meint, sie lasse die Enzyklopädie Diderots vorausahnen.

Newman, *Apologia pro sua vita*, London, o. J.; Neuausgabe 1993; deutsch bei Herder.

Kurzerklärung zu Seite 25

1)	G a	=	steht für: 'Grace' aus der indo-germanischen Wurzel: *Anugraha* = eine ganz besondere Form der Gnade Gottes, ohne die die Seele sich nicht angesprochen fühlt. Zu *Anugraha* siehe mein *Indische Weisheit und das Abendland*, A. Hain Verlag 1965, S. 14
2)	N e	=	die Nicht-Erkennens Wolke
3)	S h a	=	steht für SCHWEIGEN. Nicht umsonst heißt Schweigen golden. Beides, Gold und Schweigen, sind Attribute der höheren Liebe: Gold im Grobstofflichen, das Schweigen im Feinstofflichen.
4)	Y a	=	Yoga-Disziplin
5)	N a m h	=	das Namentliche; d.h. Reverenz für sämtliche Namen Gottes; gerade von dem selbst empfundenen.

Alle 5 Silben zusammen

= G a n e s h a y a - n a m h

= das Entschlüsslungsmantram.

PRESSESTIMMEN UND MEINUNGEN NAMHAFTER KRITIKER:

... "ein Maßstäbe setzendes Buch über ein ungemein faszinierendes Thema. Saher (ist) ohne Zweifel ein Genie, ein 'ganzer Mensch', dem kein Aspekt der spirituellen Seite des Menschen fremd ist..."
- Prof. Zuzuki Okasa

"... viele der ungelösten Probleme der Wissenschaft erscheinen jetzt in einem anderen Licht... jeder, der (dieses Buch) liest, wird unweigerlich zu der Erkenntnis gelangen, daß er hier einen genialen Seher vor sich hat, der zugleich der belesenste Gelehrte ist, der über solche Themen schreiben kann..."
- Earl P. K. Rutherfors

"Endlich haben wir ein glaubwürdiges Buch über spirituelle Zustände, geschrieben von einem Autor, der selbst diese erhabenen Zustände erlebt hat...
Saher beschreibt nicht nur die Selbstintegration, sondern liefert auch eine klar umrissene Methode, wie vorzugehen ist und wie man sie selbst erreichen kann..."
-Yogi Raj Krishna, Himalaya Forest University

"... man kann in einem von Sahers Büchern aus einer einzigen Fußnote oft mehr lernen als aus der ausführlichsten Darlegung in den gelehrten Werken einer ganzen Bibliothek..."
- Father Berton

"... der Autor hat Zugang zu den tiefsten esoterischen Geheimnissen des tibetischen Yogas; Saher ist der Milarepa unserer Zeit..."
-Lama Tulku

"... Saher weiß mehr über Yoga und Buddhismus als jeder andere Gelehrte heute..."
- Prof. Dr. Tarapore

"Saher zieht die modernsten Entdeckungen der Wissenschaft zur Bestätigung alter östlicher Weisheit heran... er ist in beidem zu Hause."
- Guru Satyananda

"Die Kritik feiert Sahers Werk zu Recht als Aufdämmern eines neuen Denkens, dessen Bestimmung es ist, die Zukunft der Menschheit zu verändern."

- Principal Jackson

"Dieses Buch wird für den Leser mit jeder Zeile, die er liest, wertvoller... Dieses großartige Werk wird der Prüfung der Zeit standhalten, und man kann es jedem empfehlen, der die Wahrheit sucht..."

- Dean Ingersoll

"Geschrieben mit der dem Autor eigenen Sorgfalt, der seinen Lesern, die er offenkundig liebt, leichte und praktische Übungen liefern will."

- Rishikesh Maharaj

"... ein Buch, das man in Erinnerung behalten wird..."

- Mary J. K. Stalwart

"Beim Lesen von Sahers Werk traf mich der 'Blitz-von-Apoll' (= Augenblick der wahren Empfindung).

Das macht einen offen für 'Pfingsterlebnisse'.

Er (= Saher) ist ein Hermeneutiker des geistlichen Lebens und zugleich ein Polyhistor des geschichtlichen. Dieses beides erzeugt zusammen eine Symbiose von GEIST und 'Geschichte', worin die Geistesgeschichte endlich ihrer Zeit mächtig wird. Insofern ist die *unio mystica* (= Blitz-des-Apoll) eine *theomagica* (= Pfingsterlebnis)."

- Prof. Lando del Sierre
(*Theologische Gesellschaft,*
Milano)

Der Autor:

**Dr. *phil.* Purvez Ji. K. SAHER Hp.
eingetragener
P A R A P S Y C H O P E U T
im Bundesverband**

Am 19. April 1932 wurde der Verfasser als einziger Sohn des persischen Theaterdirektors Jamshedji K. Saher und seiner Ehefrau Tehmina in Bombay (Indien) geboren.

Er besuchte zunächst eine englische (christliche) Grundschule und wechselte dann in ein einheimisches Privatinternat über. Nach der mit Erfolg bestandenen, staatlichen Abschlußprüfung (Abitur) immatrikulierte er sich 1947 an der Universität Bombay (R.A. Podar College), wo er die akademischen Grade B. Com (1951) und B.A. (1952) erwarb.

Im Jahre 1952 wurde er als postgraduate scholar nach England gesandt und studierte an der Universität London Literaturphilosophie und Metaphysik und an Lincoln's Inn Rechts- und Staatsphilosophie. Mit Erfolg absolvierte er in der Zeit bis 1955 sämtliche Prüfungen im Rahmen des gestellten Curriculums und erwarb somit die staatlich anerkannten Grade LL.B. (with Honour) und Diploma-in-the-Humanities (Philosophy of religious Literature and Metaphysics). Zusätzlich erwarb er den Grad des Barrister-at-Law durch die den englischen Universitäten vom Staat übergeordnete Rechtsanwalts-Innung (Council of Legal Educations, Inns of the Court of Law). Dieser Grad entspricht dem deutschen Dr. jur. (Wahlfach: Hindu- and Moslem-Law. Relationship between Religion and Jurisprudence.)

Anschließend ging er nach Holland für ein kurzes Studium im Rahmen des dortigen Internationalen Gerichtshofes in Den Haag, wo er ein Zertifikat für Völkerrecht ausgestellt bekam.

Danach siedelte er über nach Freiburg i. Br. Dort promovierte er 1956 in der *philosophischen* Fakultät mit Auszeichnung (Fächer: Philosophie, Philologie, Politologie).

In Freiburg besuchte er die Vorlesungen von Martin HEIDEGGER. (Ein Vergleich zwischen M. HEIDEGGER und K. JASPERS findet sich in seinem Buch *"Evolution und Gottesidee"*.)

Die Begegnung mit HEIDEGGER inspirierte ihn zu einem Versuch, eine der heutigen Zeit entsprechende, "existentielle" Ost-West (d.h. Asien-Europa)-Synthese auf dem Gebiet der Religionsphilosophie und Geistesgeschichte zu entwerfen. Dazu riet ihm auch sein Lehrer Arnold BERGSTRAESSER. Man dachte an etwas, vergleichbar mit R. OTTOS "West-östlicher-Mystik", nur etwas zeitnäher.

Ein über mehrere Jahre befristeter Forschungsauftrag des Landes Nordhein-Westfalen veranlaßte ihn, nach Münster zu gehen, wo er dann blieb. Hier machte er im Laufe der Jahre die Bekanntschaft namhafter Theologen und Religionswissenschaftler, wie z.B. GLASENAPP, HEILER, MENSCHING,

OHM, RADHAKRISHNAN, HAUER, ELIADE, RATSCHOW, BENZ und GEBSER.

1960 war er in Marburg an den Vorbereitungen des Weltkongresses der Religionen beteiligt. Hier hatte er eine Wiederbegegnung mit dem Zarathustra-Forscher A. BODE, mit welchem er eine Interpretation der GATHAS und des Zarathustra erarbeitet hatte, die, wie Prof. ZAEHNER, Oxford, während des Kongresses erwähnte, in England bereits Anerkennung gefunden hatte.

Später kam es zu einer engen Zusammenarbeit mit dem Team ALTHEIM-STIEHL. Nach der Berufung von Prof. STIEHL von Berlin nach Münster beauftragten sie ihn, u.a. Vorlesungen über Religionsgeschichte des Altertums an der Universität Münster zu halten. Da keine Planstelle vorhanden war, mußte er seine Tätigkeiten unterbrechen. Ferner arbeitete er zusammen mit Prof. R. HAUSCHILD in Jena auf dem Gebiet Iranistik/Indologie (Avesta-Sanskrit-Parallelen) und mit Prof. FRAUWALLNER in Wien, dem Kenner der indischen Philosophiegeschichte (vor allem Buddhismus).

Die Bekanntschaft und ein Briefwechsel mit EVANS-WENTZ, dem Herausgeber des sog. "Tibetanischen Totenbuches", erbrachten einen Gedankenaustausch, die tibetischen Varianten des Buddhismus betreffend.

Der Hauptgegenstand seiner vergleichenden religionswissenschaftlichen Forschungen (auch unter religionssoziologischem und religionsphänomenologischem Blickwinkel, wie man es ähnlich, wenn auch nicht ganz in diesem Sinne, bei Joachim WACH findet) war zu der Zeit RADHAKRISHNAN und seine Religionsphilosophie. Hinzu kamen Vergleiche mit HUXLEY, TILLICH, ROMAIN ROLLAND u.a. Das Manuskript mit den Ergebnissen dieser Studie wurde von d r e i Fachleuten geprüft:

1) von dem theologisch orientierten Professor der Philosophie Otto MOST (als Prodekan, Vertreter der phil. Fakultät der Universität Münster),

2) von Prof. H. von GLASENAPP (Seminar für Indologie und vergleichende Religionswissenschaft der Universität Tübingen),

3) vom Orientalischen Seminar der Universität Münster durch dessen Vertreter H. BERGER, jetzt ordentlicher Professor für Indologie am Süd-Asien-Institut der Universität Heidelberg.

Aufgrund dieser Gutachten, die alle drei stark befürwortend waren, ließ das Kultusministerium von Nordrhein-Westfalen diese Arbeit, die einer Habilitationsschrift entsprach, 1962 auf eigene Kosten drucken. Diese de facto Habilitation war nur deswegen nicht mit venia legendi verbunden, weil zu der Zeit ein Fach mit dieser spezifischen Ausrichtung nicht vorhanden war. Das Buch erschien mit dem Vorwort von G. MENSCHING. Es fand auch im Ausland gebührende Anerkennung, so daß der englische Verlag G. Allen and Unwin mit der Bitte an ihn herantrat, ein ähnliches Buch in englischer Sprache zu verfassen, was er - den neuesten Stand der Forschung berücksichtigend - auch tat. Das so verlegte Buch *"Eastern Wisdom and Western Thought"* erfuhr in entsprechenden Fachkreisen eine so positive Aufnahme, daß ihm bald ein zweites Werk im gleichen Verlag folgte unter dem Titel *"Happiness and Immortality"*, ein Werk, das speziell dem Buddhismus und dem Werk Georg GRIMMS gewidmet ist.

In der Zwischenzeit sind etwa zehn Bücher von Saher in deutscher Sprache erschienen, und einige andere sind bereits im Druck bei verschiedenen Verlagen und werden im nächsten Jahr erscheinen, u.a. *"The Conquest of Suffering"* (ein Vergleich zwischen christlicher und buddhistischer Theologie).

Der Verleger A. HENN, Düsseldorf, ernannte ihn zum Herausgeber seiner Schriftenreihe *"Religionspädagogik und Erwachsenenbildung"*, weil er sich in den letzten Jahren zunehmend damit beschäftigt hatte, eine spezifische, interdisziplinäre Didaktik des Faches "Religionswissenschaft" als Projekt der Curriculumforschung zu entwickeln.

Diese Schriftenreihe hat bereits Erfolg gehabt mit dem Lehrbuch *"Im Lichte des Meisters"*, Die Lehre des Buddha in Frage und Antwort von M. KELLER-DHAMMAPALA, das gemäß der intendierten Zielsetzung die Didaktik des Religionsunterrichts ebenso berücksichtigt wie den theologischen Inhalt selbst.

Abschließend wäre noch seine Beschäftigung mit Sinologie, Zen, Shintoismus und den tibetischen Religionen zu erwähnen, wobei hier die Herren Prof. Dr. GRIMM (ehemals Münster, jetzt Bochum) und Prof. Dr. E. WALDSCHMIDT (ehemals Göttingen) seine Lehrer und Vorbilder waren.

Saher hält als Zen- und Yoga-Lehrer sowie Naturheilpraktiker laufend praxisorientierte Kurse, in denen fernöstliche Meditationstechniken (Zen, Yoga, tibetische Meditation), Akupunktur, geistiges Heilen u.a. dargelegt werden. Auch die von ihm entwickelte "Tiefen-Meditation " als Methode zur Bewußtseinserweiterung und Persönlichkeitsentfaltung wird in diesen Kursen unterrichtet.

GESAMMELTE WERKE VON P. J. SAHER:

LEBENSWEISHEIT UND CREATIVE MYSTIK
244 Seiten, 4 Tafeln, Ganzleinen, Der Leuchter,
Otto Reichl Verlag, Remagen, 1974

DIE WEISHEIT DER TODESSTUNDE
Henn Verlag, 1958, 1967

INDISCHE WEISHEIT UND DAS ABENDLAND
Anton Hain Verlag, 1965

EVOLUTION UND GOTTESIDEE
Studien zur Geschichte
der philosophischen Gegenwartsströmungen zwischen Asien
und dem Abendland. Mit einer ausführlichen Einleitung von
Julian Huxley, Henn Verlag, 1967

DER SOZIALISMUS IN DER SICHT
DER ENTWICKLUNGSLÄNDER
Henn Verlag 1968
(Einleitung von Bundespräsident a. D. Walter Scheel)

SYMBOLE
Die magische Geheimsprache der Poesie -
Zur Logik der Begriffsformen im östlichen Denken
und in der abendländischen Romantik. Henn Verlag, 1968

WEISHEIT DER INDER
Erkenntnis aus fünf Jahrtausenden, Delp Verlag, München, 1968

VOM TODE, Weisheit aus sieben Jahrtausenden, Delp Verlag,
München, 1968

EASTERN WISDOM AND WESTERN THOUGHT
G. Allen and Unwin, London, 1969

HAPPINESS AND IMMORTALITY
G. Allen and Unwin, London, 1970

DIE VERBORGENE WEISHEIT
Wege zum transzendentalen Bewußtsein. Mit praktischer Anleitung in psychotherapeutischen Methoden und Yoga-Übungen,
Henn Verlag, 1970/71

ZEN + YOGA
Creative Psychotherapie, Motilal u. Co., Delhi, 1977

WEGE FERNÖSTLICHER MEDITATION
Vorlesung gehalten auf Einladung der Universität Salzburg,
Octopus Verlag, Wien, 1976

DAS LIED VON DER PERLE
Vedantische Poesie, Octopus Verlag

THE CONQUEST OF SUFFERING
Delhi, 1980

IM LICHTE DES MEISTERS
Henn Verlag, 1970

DAS SONDERBARE LEBEN EINES INDISCHEN FAKIRS
Henn Verlag, 1970

WEISHEIT DER CHINESEN
das Geheimnis des ewigen Lächelns, Delp Verlag, München, 1971

NEUE WEGE IN DER HEILKUNDE
Ayurveda, 1981

ASTROSOPHIA THEOMAGICA
Spirituelle Malerei, 1982

DER AVATARA
Hilfe aus dem Unfaßbaren, Mosaik eines multidimensionalen Lebens - ein biographischer Roman? Ewertverlag, 1994

Erlebnisse aus dem Unfaßbaren
Dr. phil. P. J. K. Saher

Best.-Nr.: 8-089-4 - Hardcover
ca. 300 Seiten - DM 44.80

Bereits im Ewertverlag erschienen:

DER AVATARA

Hilfe aus dem Unfaßbaren

Mosaik eines multidimensionalen Lebens
- ein biographischer Roman? -
ISBN 3-89478-090-8

(c)

AYURVEDANTA

- was ist das?

(Die der spirituellen Psychotherapie zugrundeliegende
Philosophie aus dem Ayurveda)

Betr. Seminare über A Y U R V E D A N T A

1) Angst Neurose

2) Brustkrebs Nachbehandlung

3) Brustkrebs Prophylaxe

4) Potenzprobleme und Prostata

5) Abnehmen und Eßstörungen als Probleme

6) Mobbing und Streß-Syndrom

7) Schizophrene Erscheinungen

8) Kommunikationsprobleme

9) Emotionen und Entfaltungsschwierigkeiten

10) Aurafarben Therapie

(Für Einzelheiten siehe Anschrift auf Seite 363!)

